市民裁判官の研究

齋藤 哲 著

信山社

はしがき

一九九三年、文部省若手在外研究員としてケルン大学手続法研究所において研究滞在する機会に恵まれた。当初、研究は市民裁判官制度を目的としたものではなかったが、初めて裁判の傍聴に連れて行かれたとき、商事部の市民裁判官（商事裁判官）に接してみて、ドイツでは実際に市民が司法の主体として位置付けられているということを強く感じた。そのとき、長い間眠っていた学生時代の知的興味がよみがえってきた。当時はまだ、民事裁判における市民参加とはどのようなものであるのか、またイメージとして民事裁判における市民のかかわり方をつかむこともできていなかった。二〇年も前のことである。

ドイツに滞在してみて、この国では、わが国でいう広義の民事訴訟に、市民が司法の主体となって裁判に携わる法廷が多々あること、しかしその携わり方は一様ではないこと、また、民事裁判権と刑事裁判権における市民参加とは本質が異なるということを感じた。爾来、ドイツの市民裁判官制度の機能についての研究に着手し、ようやく一区切りとしてまとめたのが本書である。

本書は、まずプロローグにおいて、わが国における市民裁判官論についての研究を概観している。次に第一章の中で、わが国における市民裁判官制度について、沿革をたどりながら今日までを整理した。第二章から第一六章においては、ドイツ名誉職裁判官制度の考察を試みた。ここでは、さまざまな局面における、すべての裁判権の名誉職裁判官を、沿革にも触れながら、相互に比較検討した。そして、エピローグでは、参審制または陪審制の導入の是非を含め、広く市民裁判官制度について、基本的な考え方を記している。

研究のきっかけになったのは「市民法における国民の司法参加」中村英郎先生古稀祝賀上巻『民事訴訟法学の新たな展開』（成文堂、一九九六年）と「民事裁判における市民参加の研究――ドイツ名誉職裁判官の役割を中心にして(一)～(九・完)」判例時報一五八七号～一六一一号（一九九七年）である。本書における第二章から第一六章までは、これが基盤になっている。ただし、この段階では、少年司法を含め刑事司法については、研究の直接の対象になっていない。

その後、研究にはずみがつく契機として、稲盛財団による「オーストリアにおける国民の司法参加について――同国における国民の司法への直接・間接参加の制度がわが国に示唆するものは何か」に対する研究助成（平成一〇年度）と、それに伴う日本弁護士連合会司法改革推進センター・東京三弁護士会陪審制度委員会とのオーストリア視察（一九九八年一一月）があったことである。ウィーン視察を通して、研究の対象は民事手続から刑事手続および少年事件手続へ拡張せざるをえなかった。その結果、新たな視点から従来の研究を見直すことができたとともに、本書の構想が大きく膨らんできた。オーストリア視察の成果の一部は、「オーストリア刑事陪審制度の成立略史――国民の司法参加を唱える憲法国家の刑事法廷を訪ねて」島大法学四二巻四号（一九九九年）、「オーストリア少年司法の特色」『少年審判に参審制を』（現代人文社、二〇〇〇年）および本書の中の**コラム**（8）「国民の司法参加を唱える国家の刑事司法――オーストリア刑事陪審制度」として記している。

渡航調査はその後も続き、一九九九年一月、ウィーンおよびリンツにおいて、前年傍聴することのできなかった陪審法廷や商事裁判所の法廷を見学した。後者については**コラム**（5）「オーストリア素人裁判官協会、ウィーン商事裁判所」として収めてある。また、同年一一月には、日弁連司法改革推進センターの視察団に同伴してミシガン大学およびミシガン州の司法関係機関を訪問し、民事陪審制度とロースクールをもっぱら調査の対象にした。**コラム（7）**「民事陪審制度（米国）」参照。そしてデトロイトからフランクフルトへ飛び、ドイツの刑事裁判権を中心に補充調査を試みた。さらに、二〇〇〇年二月、再びドイツ各地をめぐり、市民裁判官の法廷を訪ねてみた。しかし、刑事司法について職権主義を基調とするドイツの制度は、当事者主義を採用するわが国の将来のイメージにそぐわない。そこで、ひとつの締めくくりとして試みたのがデンマークとノルウェーの訪問である（二〇〇〇年一二月）。両国は、刑事訴訟において当事者主義を採用している。もっとも、北欧についての研究は日が浅く、本書では十分触れられていない。これについては、改めて調査・研究したいと考えている。

一九九九年七月、内閣の下に司法制度改革審議会が設置され、法の精神、法の支配がこの国の血肉と化し、「この国のかたち」となるために、一体何をなさなければならないのか、そして、個人の尊厳（憲法第一三条）と国民主権（同前文、第一条）が真の意味において実現されるためには何が必要とされているのかを改革の柱に、いままさに審議されている。その中で、国民の司法参加は、司法の国民的基盤を確立するものとして、その改革の柱の最重要課題のひとつとされてきた。本書が、今後の国民の司法参加論の一助になり得れば幸いである。

本書が公刊にたどり着くことができたのは、信山社の袖山貴氏から出版の快諾をいただくとともに、編集工房ＩＮＡＢＡの稲葉文子氏に構想の段階から完成に至るまで、常に励まし、ご尽力いただいたからにほかならない。衷心よりお礼申し上げたい。また、日本学術振興会平成一二年度科学研究費補助金（研究成果公開促進費）の交付を得ることもできた。本書を評価していただいたことは、何よりも精神的な支えとなっている。感謝申し上げる。
研究を始めるにあたってご指導、ご教示いただいたケルン大学手続法研究所長ハンス・プリュッティング教授

（Prof. Dr. H. Prütting）と同研究所の仲間、および調査に協力してくれた訪問先の皆様、また、校正のさいたいへんお世話になった鳥取女子短期大学の浜田章作氏、そして市民裁判官制度についてしばしば勉強の機会を与えてくださった日本弁護士連合会司法改革推進センターの皆様に感謝申し上げる。特に、佐藤博史弁護士、四宮啓弁護士には暖かいご支援を頂いた。記して謝意を表したい。

そして最後に、この場を借りて、両親と家族にも感謝の気持ちを表したいと思う。

二〇〇一年一月

齋藤　哲

目次

市民裁判官の研究

アッペンツェル（スイス）の裁判所法廷

プロローグ

市民の司法参加のあり方はいかにあるべきか。昭和六〇年代、裁判に市民感覚の息吹を、との当時の最高裁判所長官矢口氏の発言[1]は、刑事司法における市民の司法参加いわゆる陪審制度や参審制度の研究を駆り立てた。また、一九九九（平成一一）年七月、「二一世紀の我が国社会において司法が果たすべき役割を明らかにし、国民がより利用しやすい司法制度の実現、国民の司法制度への関与、法曹の在り方とその機能の充実強化その他の司法制度の改革と基盤の整備に関し必要な基本的施策について調査審議するために」（司法制度改革審議会設置法二条）司法制度改革審議会が発足し、「国民の司法制度への関与」の問題は、その対象が刑事司法の枠組みを超えて、市民法の領域にまで拡大するとともに、国民的テーマとなった。

わが国は、昭和の初期（一九二八年）から第二次世界大戦期（一九四三年）にかけてのわずかの期間、陪審制度を採用した経験があること、また、戦前施行された「陪審法ノ停止ニ関スル法律」付則第三項が「陪審法ハ今次ノ戦争終了後再施行スルモノトシ其ノ期日ハ各条項ニ付勅令ヲ以テ之ヲ定ム」とし、また裁判所法第三条三項が陪審の設置に含みを持たせていること（「刑事について、別に法律で陪審の制度を設けることを妨げない」）などもあり、刑事司法における議論は活況を呈している。さらには、外国の刑事裁判制度の紹介や、スキャンダラスで、ときには日本人も関与した事件報道[2]が、学界のみならず、国民の関心を一層掻き立てているに違いない[3]。

しかし、とりわけ近代陪審制に関していえば、一三世紀のイギリスにおけるマグナ・カルタに始まり[4]――この制度をさらにむかしにさかのぼれば、九世紀のフランスにおいて、それも民事訴訟において出現したものであり、征服王ウィリアム一世（在位一〇六六～八七年）とともにノルマンディからイギリスにわたった[5]――、これが一七九一年フランスに輸入され、ドイツはそれを一八四八年にフランスから輸入しているが、絶対主義に対する反動の時代、すなわち民主主義思想の現れとして国民参加による裁判の観念が興隆した一九世紀をピークに、ヨーロッパにおいては既に廃止もしくは縮小の方向にあったが、近年、スペイン（一九九五年陪審法、憲法一二五条）とロシア（一九九三年）において復活している。[6]民事陪審は縮小への流れが趨勢であり、アメリカにおいては全民事事件の一・七パーセント、イギリスにおいては日本の地裁に相応する高等法院で一パーセント未満といわれる。

ところで、刑事事件[7]の分野に比べ、民事司法における市民参加に関する議論は不況であり、法律家の関心の空白を感じざるをえなかった。[8]本書での紹介、検討の中心は、ドイツ連邦共和国において採用されている市民裁判官制度すなわち「名誉職裁判官（Ehrenamtliche Richter）」制度である。[9]同国においては、刑事手続のみならず、私人の提訴にもとづく権利もしくは法律関係の存否の確定または請求権の実現を目的として行われる司法手続（わが国でいういわゆる広義の民事訴訟）にも市民が裁判官として関与している。[10]ドイツでは早い時期から裁判権の分化が進み、刑事事件と狭義の民事事件を扱う通常裁判権のほかに、特別裁判所を伴う特別裁判権が設けられ（ド基本九五条）、各裁判権において法律専門家である職業裁判官と市民の共同による種々の紛争解決が図られてきた。すなわち、以下、本書において説明するように、同国ではほぼすべての裁判権において職業裁判官ではない、いわゆる法律知識に関して素人である市民が裁判に関与する（いわゆる参審）制度が社会生活に根付いているのである。しかしそのそれぞれは、統一的法政策にもとづくものではなく、現在の名誉職裁判官制度の背景には、各裁判権の分化の中で市民関与の制度が独自に発生、展開してきたという歴史的経緯がある。かかる事情も手伝って名誉職裁判官と一口にいっても、その性質や担っているものは必ずしも同じではない。したがって、市民の司法関与の形態における顕著な差異に注目しなければならない。

周知のとおり、わが国においては多くの外国制度の紹介、研究がなされているが、市民の司法関与の賛否は分かれている。同様のことがドイツにおける名誉職裁判官制度に関しても少なからずいえるであろう。しかし、ドイツにおける市民裁判官制度は、それぞれの裁判権において市民の関与形態の本質を異にするので、個々の裁判権におけるそれぞれを比較検討する必要がある。ちなみにドイツ法において民事事件とは、実体私法に関するもののほかに、非訟事件や労働事件を包括する意味で用いられ、これらは通常裁判権や労働裁判権において取り扱われている。さらに、わが国における広義の民事事件に相当する、私人の申立てにもとづく公法上の請求に関わるもののために、特別裁判所を伴う行政裁判権が設けられている。これには、通常行政裁判権ならびに特別行政裁判権としてさらに社会裁判権と財政裁判権があり、それぞれのために特別裁判所が設置されている——そのほか、特許事件を扱う連邦特許裁判所がある。本書の研究目的は、国民の司法への関与の在り方全般についてであり、したがって、参考とするドイツの市民裁判官の対象は、少年事件を含む刑事事件と狭義の民事事件（商事事件、農業事件）を扱う通常裁判権、さらにその他の特別裁判権、すなわち、労働、社会、行政、および財政の各裁判権における裁判主体としての市民の司法参加制度である。

わが国では簡易、迅速、低廉で、わかりやすい民事手続をスローガンに、一九九八（平成一〇）年一月、新民事訴訟法が施行された。これは従来の民事裁判の問題点を整理し、これを刷新したものであるが、今回の改正では当初検討事項として裁判機構の改革も掲げられていたにもかかわらず、それには手が加えられなかった(11)。市民が関与し、事件群ごとに取扱いを異にするドイツの裁判制度は、わが国においてこれまでに生じていた諸問題やそれに対する今後の新たな視点の発掘とその解決の一助になりうるものとして、我々の関心を強く引きつける。

ところで、従来議論が盛況であった刑事司法における陪審制度や参審制度等の行方が、いまひとつ見通しのきかないものとなっているのはなにゆえであろうか。市民の司法参加を語りながら刑事法におけるその検討に傾倒しすぎたことに原因がなくはないか。本研究は、刑事事件のみならず民事事件や行政事件にも市民を取り込むドイツ名誉職裁判官制度を軸に、総合的な分析を試みたものである。名誉職裁判官とは、ドイツにおいて官吏でない市民が裁判官として司法に関与する場合の総称であるが（第二章3）、本書において用いた「市民裁判官」とはまさに、官吏でない裁判官という意味で用いている。ドイツの市民裁判官の中には、その性質に関して参審員（ドイツの刑事裁判権における市民裁判官の呼称）のそれと相似するものもあるが、これとはまったく異質のものもある。それぞれの市民裁判官制度の検討を通して、本研究が刑事法における市民裁判官論のみならず、広く国民の司法への関与の在り方をめぐる議論を促すことができればと考えている[12]。

便宜的に、第二章～第一六章にわたりドイツ名誉職裁判官制度を中心に検討を試みた。これにより、手続過程におけるそれぞれの場面でのドイツ市民裁判官の関与形態の相違を一層鮮明にできるであろう。また、関連する事項については適宜コラムを挟んでいる。

ここでは、ドイツにおける裁判官としての市民の司法参加制度の研究を通した市民裁判官論について考究するが、これはわが国における職業裁判官以外の者の裁判への直接関与の問題のみならず、既に現行法において運用されている検察審査会、司法委員（民訴二七九条）、参与員（家審三条）、民事・家事調停委員（民調五条～七条、家審三条・二二条）の制度や、裁判外の調停制度（労調一九条～二六条、国企労二九条）などをはじめとするＡＤＲのような紛争処理制度への市民の関与のあり方を再検討するうえでも、基礎的な資料として寄与し得るものと考えている。

（1）　矢口洪一「陪審制研究」『最高裁判所とともに』（有斐閣、一九九三年）一一四頁以下。
（2）　最近の事件としては、日本人高校生銃殺事件や O. J. Simpson 裁判などが記憶に新しい。前者については板倉宏「陪審制度と服部君問題」書斎の窓四二八号（一九九三年）一七頁、後者について、棚瀬孝雄「虚構と実在の間――シンプソン裁判の意味するもの――」井上正三他編『対話型審理――「人間の顔」のみえる民事裁判』（信山社、一九九六年）三一二頁、四宮啓『ＯＪシンプソンはなぜ無罪になったか』（現代人文社、一九九七年）、牧野和夫「Ｏ．Ｊ．シンプソン評決がアメリカ司法界に与えた教訓」法律文化一九九七年一〇月号二三頁などがある。

(3) 刑事司法における市民の司法参加の議論は枚挙にいとまがない。このテーマを中心に組まれた特集や著書として、「〈特集〉諸外国における参審・陪審制度」法律ひろば一〇巻六号（一九五八年）、「〈特集〉陪審」自由と正義三五巻一三号（一九八四年）、青木英五郎著作集Ⅲ『陪審裁判のすすめ』田畑書店、一九八六年）、宮本三郎『陪審裁判』（イクォリティ、一九八七年）、梅沢利彦『陪審制・市民が裁く――冤罪構造の克服』（社会評論社、一九八九年）、佐伯千仭『陪審裁判の復活』（第一法規出版、一九九六年）、「〈特集〉『司法』にとって何が必要か」法と民主主義二三〇号（一九八八年）、大阪弁護士会監修『陪審制度――その可能性を考える』（第一法規出版、一九八九年）、「〈特集〉続『司法』にとって何が必要か」法と民主主義二三五号（一九八九年）、埼玉陪審フォーラム『「国VS伊藤」陪審裁判――その実践』（イクォリティ、一九八九年）、「〈特集〉陪審制をめぐる歴史・理念の検討」法時六四巻五号（一九九二年）、「〈特集2〉市民の司法参加」自由と正義四八巻四号（一九九七年）、甲斐克則＝紺谷浩司編集『国民の司法参加と司法改革』（一九九八年）、新潟陪審友の会『市民の手に裁判を』（尚学社、一九九八年）、「〈特集〉陪審・参審・職業裁判官」刑法雑誌三九巻一号（一九九九年）、丸田隆編『日本に陪審制度は導入できるのか』（現代人文社、二〇〇〇年）、「〈特集〉陪審制導入の課題」月刊司法改革二号（二〇〇〇年）、中原精一『陪審制復活の条件』（現代人文社、二〇〇〇年）、「特集――刑事陪審裁判のビジョン」季刊刑事弁護二三号（二〇〇〇年）、陪審制度を復活する会編著「陪審制の復興――市民による刑事裁判」（信山社、二〇〇〇年）などがある。なお、外国制度の紹介、検討を主とする文献については、**コラム**（1）「欧米主要国の市民裁判官制度」のなかで、また停止中のわが国の陪審法（大正一一年法律第五〇号）を主に扱ったものについては、第一章一「陪審制度の軌跡」においてそれぞれ掲記した。

人はどのようにして正義を行うのか、人はどのようにして他人を裁くのか、事件として陪審を描くものとして、セイムアー・ウイッシュマン『陪審制の解剖学』梅沢利彦＝新倉修＝田中隆治（訳）（現代人文社、一九九八年）、パトリック・デブリン（内田一郎訳）『イギリスの陪審裁判――回想のアダムズ医師事件』（早稲田大学出版部、一九九〇年）ほか、B・M・ギル（島田三蔵訳）『十二人目の陪審員』（早川書房、一九八五年）、ジョージ・ドーズ・グリーン『陪審員』（早川書房、一九九六年）、ジョン・グリシャム『陪審評決』（新潮社、一九九七年）、久保田誠一『グレイゾーン』（文藝春秋、一九九七年）、芦辺拓『十三番目の陪審員』（角川書店、一九九八年）等がある。

また、第三〇回司法制度改革審議会（平成一二年九月一二日）の議事録は貴重である。「国民の司法参加」について、藤田委員からの論点整理、ならびに日本弁護士連合会、法務省、および最高裁判所の各意見が報告され、さらに意見の交換がなされている。議事録については、月刊司法改革四号（二〇〇〇年）一〇頁に掲載。そのほか、平成一一年一二月、審議会が最高裁判所に対して行った意見聴取の際の説明資料「二一世紀の司法制度を考える——司法制度改革に関する裁判所の基本的な考え方——」については、判時一六九五号（平成一二年）三頁、判タ一〇一七号（二〇〇〇年）四頁、裁判所時報一二六〇号（平成一二年）を参照のこと。

（4） 竹之内信「陪審の起源を探ねて其の本質を論ず(1)〜(4)」法律新聞三五五五・三五五六・三五九五・三五六〇号（昭和八年）および田村豊「陪審制度の現在及び将来」法曹一六巻一一〜二号（昭和一三年）は、陪審の起源を次のように説明する。一二一五年、ラトランの教議会は、わが国の盟神探湯にあたる試罪法（神判）を禁じた。このときフランスは拷問を採用し、自白をもって証拠の王とした。しかし、信仰が強く、宗教や伝統が混在していたイギリスではこれを採らず、「十二人の使徒の会合が聖霊を喚起した」という伝説を思いつき、十二人の男子が会合すると真実が彼らの間に現れる、と考えたというのである（竹之内・法律新聞三五五六号三頁）。イギリスでは、証拠資料の収集が不可能なとき、裁判は、格闘により終わらなければならなかった。ヘンリー二世（一一五四〜八九年）はこれを解消するために、格闘に代わる憲章（手続）を発布した。これは、郡奉行が四人の騎士を召致し、これらの騎士は隣人の中から十二人を指名し、事件について全員一致で裁判（小陪審）させるというものである。十二人が一致しないときは、新たな十二人を選定し、全員一致するまで更新した。陪審は被告の権利とされていたが、陪審に同意するまで拷問にかける傾向があったため、起訴の陪審（大陪審）と公判の陪審（小陪審）を分ける必要が生じた（一三五一年）、と（田村・法曹一六巻一一号六八頁）。イギリス陪審の歴史については、鯰越溢弘・法時六四巻五号（一九九二年）二六頁等がある。

（5） ラートブルフ著作集第三巻『法学入門（碧海純一訳）』（東京大学出版会、改訂版、一九九一年）一九〇頁、セイムアー・ウイッシュマン・前掲『陪審制の解剖学』二四二頁。

（6） ロシアの陪審は、一八六四年のアレクサンダー二世による農奴解放などの政治改革の一環としての導入以来である。See, Carmen Gleadow, Spain's return to trial by jury, International conference, lay participation in the judicial process in Japan at 77-; S. A. Pashin, Theoretical foundations and practical results of reintroducing trial by jury, supra International conference at 55-. その他、上田寛「ロシアにおける陪審裁判の復活」庭山英雄先生古稀祝賀『民衆司法と刑事法学』(現代人文社、一九九九年）五一頁、上野達彦「ロシアにおける陪審裁判の実情」前掲『民衆司法と刑事法学』六七頁、ステファン・サーマン「ヨーロッパにおける新しい陪審制度――スペインとロシアの場合」(有本美幸訳）月刊司法改革五号（二〇〇〇年）四二頁参照のこと。

(7) わが国において陪審論が活況なのは、「わが国にも既に戦前から実定法として存在している『陪審法』が、戦争末期にその施行を停止されたまま今日まで放置されているのを復活させ再施行することにあるのであって、いまさら新しく陪審制を導入することではない……陪審問題の今日的課題は、現存しながら、戦後不当に施行停止のまま放置されてきた陪審法に、戦後大きく変わったわが国の裁判制度や刑事訴訟法と調和するような修正を加えたうえで、それを現在のわが国の司法制度、刑事裁判の組織の中になだらかに再導入する」ことを目的（佐伯・前掲『陪審裁判の復活』二〇一頁）としていた。したがって、ここには、陪審制か参審制かの議論は基本的には存在しない（陪審制度を復活する会（下村幸雄）・前掲『陪審制の復興』四九頁参照)。これは日本の刑事司法の現況を憂えての一刻も早い陪審の再導入を望むからに他ならないのであろう。

(8) 萩原金美「民事司法における国民の司法参加」木川統一郎博士古稀祝賀『民事裁判の充実と促進・上巻』(判例タイムズ社、一九九四年）一〇五頁以下でも同旨の指摘がなされている。さらに、近年では、島谷六郎元最高裁判事の発言（「素人裁判官（Laienrichter)」判タ八八〇号（一九九五年）四頁）も注目される。刑事事件の分野ではなく、民事事件の分野における「名誉職裁判官」の制度に目を向けるべきであるとの意見は、まさに著者が本書、ならびに既に本書に先立ち発表した研究（拙稿「市民法における国民の司法参加――ドイツ民事参審制度（名誉裁判官の沿革的考察を中心にして）――」中村英郎教授古稀祝賀上巻『民事訴訟法学の新たな展開』(成文堂、平成八年）七八九頁以下、同「〈資料〉ドイツ民事参審制度（名誉職裁判官）に関する法律(1)～(3)」島大法学三九巻一・三・四号（一九九五～六年）を始めた動機と異ならない。

(9) 名誉職裁判官とは何かについては、その役割は本書に詳述するところであるが、さしあたり、ここでは、職業裁判官と同等の「完全な評決権をもって裁判に関与するが、職業裁判官としての地位になく、また、二度の国家試験により取得する裁判官職に就く資格を備える必要のない者」(Creifelds, Rechtswörterbuch, 11. Aufl.) との定義を与えておく。なお、従前の拙稿では、Ehrenamtlicher Richter の訳語を「名誉裁判官」としていた。名誉職裁判官と「職」をいれなくても、わが国においてはその意味が伝わると考えたことと、「職」を入れると若干語呂が悪いと感じたからであるが、ここでは訳語例の多数に従い、「名誉職裁判官」の訳語を用いた。

(10) 従来、わが国においては、刑事陪審や参審制度について詳細に紹介・検討されてきたにもかかわらず、民事に関してはほとんどそれがなされていなかった。これは後に述べるように、しばしば制度の参考とされるドイツにおいて、狭義の民事事件には市民参加が原則として認められていない、ということにも一因があると思われる。しかし、それ以外の領域すなわち広義の民事事件では市民裁判官制度が採られているのである。これまで多くの研究者が欧州に渡航しており、本書の紹介については「この程度のことは知っている」ということもあるかもしれないが、活字に現れた紹介は意外に少ない。民事裁判における市民の司法参加について論じるものとして、著者の気づいたものに次のようなものがある。

木川統一郎『民事訴訟政策序説』(有斐閣、昭和四三年)八七～九六頁は、ドイツ「ハンブルク地裁の商事部の審理」についての実情を報告するとともに、その問題点に言及していた。兼子一＝竹下守夫『裁判法』(有斐閣、新版・昭和五四年)二七～四〇頁は、ドイツ参審制度一般について論じるキッシュの見解を紹介し、これを刷新した同書(有斐閣、第四版・平成一一年)二八～三六頁は、各国における民衆の司法参加制度とわが国の議論を概観する。W・K・ゲック(慶応義塾大学司法制度研究会編訳)『西独における法曹教育と裁判所構成法』(慶応義塾大学法学研究会、昭和五五年)一五〇頁以下、および木佐茂男『人間の尊厳と司法権』(日本評論社、一九九〇年)二七三頁以下はドイツ名誉職裁判官制度について言及する文献である。また、朝日新聞「孤高の王国」取材班『孤高の王国・裁判所』(朝日文庫、一九九四年)一六四頁以下は、ドイツとアメリカの司法制度を伝え、梅沢・前掲『陪審制・市民が裁く』は刑事事件のみならず行政および国賠事件に焦点をあてた。そのほか、第一四回司法シンポジウム・基調報告Ⅲ『司法改革の課題と実践――国民の司法をめざして――』(日本弁護士連合会、一九九二年)などもある。

最近では、萩原・前掲論文『民事裁判の充実と促進・上巻』一〇五頁以下が、スウェーデンの民事参審制度を紹介するとともに民事参審制度についての具体的な私案を提示する。島谷六郎・判タ八八〇号(前記注8)四頁および同「日本の司法制度について」法の支配一一二号(一九九九年)四三頁は「名誉職裁判官」制度の研究の必要性を説き、小島武司『現代裁判法』(三嶺書房、一九八七年)二八頁以下は陪審と参審制度の検討に関する基本的視点を教示する。また、司法制度に関する教科書等においてこの問題が取り上げられている。

木佐・前掲『人間の尊厳と司法権』は、とりわけ行政裁判権における名誉職裁判官を中心にしながら、三七頁をドイツ全裁判権における名誉職裁判官の紹介に割く。インタビューを交えての紹介は、対象として刑事裁判における市民参加に傾きすぎたきらいのあった従来の研究と比較し、とくに威光を放つ業績である。本書におけるドイツの制度研究もこれに負うところが少なくないが、各裁判権における市民関与の司法制度を、訴訟法的な観点から段階的にいくつかに分けて、それぞれをパラレルに、しかも客観的に紹介することに力を注いだ点で、この先行業績に対して存在理由をもちうると考えている。このような制度に対する主観的な評価や意見等は、いずれのものであるにせよ、できうる限り本文に記載せず注において紹介するか、またはそれを控えることとした。制度の是非や長短等の意見の大半は、多かれ少なかれ種々の文献において紹介され、もしくは言い尽くされてきた側面があること、また、同じ立場にある者に意見を求める場合ですら誰に意見を求めるかにより結論が大きく異なるという危険を伴う、と考えたからである。また、素人関与の長短に関する論争の一般的な内容については、キッシュを紹介する兼子＝竹下・前掲『裁判法（新版）』三〇頁以下が詳細である。アメリカ民事・刑事陪審制度については、後記**コラム（✎7）**を参照のこと。

参審制度全般を扱うドイツ文献として、F・バウアーが取り上げた参審制度に対する問題提起は貴重である。F. Baur, Laienrichter — Heute in : Tübinger FS für E. Kern 1968, S. 49 ff. これに対して、カペレッティがバウアーに献呈した同一名の論文M. Cappelletti, Laienrichter — Heute?, in : FS für F. Baur 1981, S. 313 ff. がある。名誉職裁判官に関する実証研究として、全裁判権を扱ったE. Klausa, Ehrenamtliche Richter — Ihre Auswahl und Funktion, empirisch untersucht, 1972 および行政裁判権における名誉職裁判官を扱ったG. Shiffmann, Die Bedeutung der ehrenamtlichen Richter bei Gerichten der allgemeinen Verwaltungsgerichtsbarkeit, 1974 などがある。また、最近では、バッサーマンの著書Die richterliche Gewalt, 1985 の中で、司法への市民参加が大きく取り上げられている。

(11) 例えば、日本弁護士連合会民事訴訟法改正問題委員会「民事訴訟法改正にあたって検討すべき事項」一九九一年では、改正のための検討事項として、国民の司法参加の制度が掲げられていた。

(12) 現在でも妥当しうるか否か判断し難いが、クラウザ・前掲書に名誉職裁判官制度の評価に関するアンケート調査がある。この結果をまとめると、［表0－1］のようになる。これは、各裁判権の職業裁判官と名誉職裁判官からみたその裁判権の名誉職裁判官制度に対する五段階評価（長所大、長所有、無関心、短所有、廃止論）を、人数と比率で表わしたものである。いずれの裁

［表０－１］　クラウザによる名誉職裁判官の関与に関するアンケート調査の結果

		長所大		長所有		無関心		短所有		廃止論		回答
		人数	%	人数	%	人数	%	人数	%	人数	%	総数
地方裁判所（刑事裁判権）	職業裁判官	1	10.0	3	30.0	1	10.0	1	10.0	4	40.0	10人
	参審員	5[1]	45.5	6	54.5		——		——		——	11人
地裁少年参審	職業裁判官	1	20.0	4	80.0		——		——		——	5人
	少年参審員	5[2]	55.5	4[3]	44.5		——		——		——	9人
区裁判所（刑事裁判権）	職業裁判官	1[4]	5.2	13[5]	68.5	2	10.5	2	10.5	1[6]	5.2	19人
	参審員	5[7]	26.3	12	68.4	1	5.2		——		——	19人
区裁少年参審	職業裁判官	1	20.0	3	60.0	1	20.0		——		——	5人
	少年参審員	3[8]	30.0	7	70.0		——		——		——	10人
行政裁判所	職業裁判官	2	14.3	6	42.9	4[10]	28.6	1	7.1	1	7.1	14人
	名誉職裁判官	4[9]	25.0	10	62.5	1	6.2		——	1	6.2	16人
上級行政裁判所	職業裁判官		——	1	11.1	2	22.2	2	22.2	4	44.4	9人
	名誉職裁判官	1[11]	12.5	5	62.5		——		——	2	25.0	8人
地裁商事部	職業裁判官	2	66.7	1	33.3		——		——		——	3人
	商事裁判官	8	80.0	2	20.0		——		——		——	10人
労働裁判所	職業裁判官	3	30.0	7[12]	70.0		——		——		——	10人
	名誉職裁判官	13	50.0	12	46.2	1	3.8		——		——	26人
州労働裁判所	職業裁判官	1	33.3	2[13]	66.7		——		——		——	3人
	名誉職裁判官	6	75.0	2	25.0		——		——		——	8人
社会裁判所	職業裁判官	2	22.2	5	55.5	2	22.2		——		——	9人
	名誉職裁判官	15	55.5	11	40.7	1[14]	3.8		——		——	27人
州社会裁判所	職業裁判官	4[15]	40.0	5	50.0		——		——	1[16]	10.0	10人
	名誉職裁判官	4	44.5	5	55.5		——		——		——	9人
財政裁判所	職業裁判官	1	14.3	2[17]	28.5	2	28.5	1	14.3	1	14.3	7人
	名誉職裁判官	4	36.4	6[18]	54.5		——	1	9.1		——	11人

※調査結果の留意点：
(1)　このうち１人は「非常に」と付け加える。
(2)　このうち１人は適任者が選任されることを条件とする。
(3)　このうち２人は「ときどき」、「おそらく」と限定的に「長所有」と答えている。
(4)　「経済事件（本裁判官の担当領域）の見地から」「長所大」と付言する。
(5)　このうち３人は「量刑に際して」、「多くの事件では」、「ときおり」と「長所有」を補足する。
(6)　「経済事件に関してはいかなる場合も」と限定して廃止論を選択した。なお、本裁判官の専門領域は労働事件である。
(7)　このうち１人は「すばらしい」と付け加える。
(8)　このうち１人は「たいへん」と付け加える。
(9)　このうち１人は長所大と長所有の中間であるとする。
(10)　このうち１人は回答の選択肢がないとし、さらに「素人裁判官が識者であるならば長所であるに違いないが、これは稀であろう」と付言する。
(11)　この裁判官は「限定的に」と付言する。
(12)　このうち１人は「多くの事件では長所大」と付言するが、「長所は若干の部について言うことができる」とする者も１人ある。
(13)　このうち１人は「多くの事件では長所大」と付言する。
(14)　この回答のニュアンスとしては、消極的であった。
(15)　このうち１人は長所大と長所有の中間であるとする。
(16)　ある職業裁判官は回答を拒否したため、本来９人に対するのアンケートがなされたというべきである。この裁判官は、州社会裁判所名誉職裁判官の関与を拒否し、したがって何も発言しないことをほのめかした。このアンケート結果は、少なくともおおまかな判断材料には加えられる（回答選択肢の中では短所大に）。
(17)　このうち１人は「若干の事件に」と限定的に。
(18)　同様にこのうち１人は「長所であるか否かは、すべて部しだいである」と限定的である。
（出典：E. Klausa, Ehrenamtliche Richter, 1972, S. 54, 96 F., 114, 129, 154, 176.）

判権における制度も、非職業裁判官（名誉職裁判官）である市民が職業裁判官とともに裁判主体を構成するが、例えば、地裁の商事部や労働裁判所など、法律家ではないがそれぞれの分野における専門家の加わる裁判所に対しては、名誉職裁判官からもまた職業裁判官からも評価が高いことがわかる。また、ポジティブな評価が職業裁判官に比べ名誉職裁判官には多いのに対して、職業裁判官によるそれにはネガティブな意見が際立つ。プロフェッションである法律家とそうでない市民の描く裁判像の違いの現れとして興味深い。

コラム（1）　欧米主要国の市民裁判官制度

ドイツ以外にも欧米主要国においては、次のような司法への市民参加が制度化されている。広く各国の裁判制度について言及するものとして、福島正夫編『社会主義国家の裁判制度』（東京大学出版会、一九六五年）、野村二郎『ヨーロッパの裁判所』（有信堂、一九八四年）、財団法人最高裁判所判例調査会編集・発行「海外司法ジャーナル」別冊『世界の裁判所』（一九九五年）、塚本重頼『裁判制度の国際比較』（中央大学出版部、一九八九年）などがある。特に、前掲『世界の裁判所』は五二の国または地域を網羅した裁判制度の報告であり、必携書といえる。

(1)　**アメリカ合衆国（面積九三八万四六七七平方キロメートル、人口約二億六〇〇〇万人、首都ワシントン）**

世界の陪審の九〇パーセントが行われているとも言われる米国では、刑事事件のみならず、民事事件についても陪審制が採用されている。連邦および州憲法は、「国民の陪審裁判を受ける権利」を定め、それぞれ手続法を整備する。それぞれ陪審の扱いは異なるが、概ね、一二人による陪審員に裁判を行わせている。詳細は、連邦および一八州の裁判所を紹介する前掲『世界の裁判所』八八頁以下を参照のこと。その他、同国の陪審制を伝えるものとして、丸田隆『アメリカ陪審制度研究――ジュリー・ナリフィケーションを中心に――』（法律文化社、一九八八年）、メルビン・

B・ザーマン〔篠倉満＝横山詩子訳〕『陪審裁判への招待』（日本評論社、一九九〇年）、東京三弁護士会陪審制度委員会編著『ニューヨーク陪審裁判』（日本加除出版、一九九三年）。民事陪審については、コラム（✎7）「民事陪審制度（米国）」を参照のこと。また、最近のアメリカ国民の陪審に対する評価について、飯田裕美子「陪審のある社会、ない社会」自由と正義五一号（二〇〇〇年）二六頁。

(2)　イングランドおよびウェールズ（面積二四万四一一〇平方キロメートル、人口約五八〇〇万人、首都ロンドン）

「マジストレート裁判所」において、地域の諮問委員会の助言にもとづき大法官により任命される無給治安判事（管轄区地域内の市民）が関与する。当裁判所は、刑事軽罪事件の第一審を管轄するほか、少年事件、養育費の支払、後見人等に関する家事事件を扱い、原則として法曹資格のない無給治安判事二人以上が、法曹資格を有するマジストレート補佐官の補佐のもとで審理を行う。詳細は、T. G. Moore, Anthony and Berryman's Magistrates, Court Guide 1997。同国に関する文献として、繁田實造「英国における陪審制度に関する文献(1)～(10)」龍谷法学九巻三・四号～一七巻三・四号（一九八四年）、ジョーン・エンライト、ジェームス・モートン〔庭山英雄＝豊川正明訳〕『陪審裁判の将来』（成文堂、一九九一年）、日本弁護士連合会・第一三回司法シンポジウム『この目で見たヨーロッパの司法——国民の司法参加をめざして——』（平成二年）三八頁以下、日本弁護士連合会・第一四回司法シンポジウム『開かれた司法をめざして——英・米・独の司法の現状——』（平成四年）、鯰越溢弘編『陪審制度を巡る諸問題』（現代人文社、一九九七年）。

(3)　スイス連邦（面積四万一二九三平方キロメートル、人口約七〇〇万人、首都ベルン）

第一審として連邦に対する反逆罪等の重罪を扱う連邦最高裁判所重罪部は、裁判官と一二人の陪審員により審判。「商事裁判所」は、商取引から発生する一定訴額以上の事件について第一審裁判所として機能し、高等裁判所裁判官二人以上と州議会により二〇～五〇人の市民裁判官が選任される。「労働裁判所」では、雇用契約に伴う雇用者・被雇用者の団体から選ばれた三人もしくは四人の市民裁判官が職業裁判官に加わり審理が行われ、ジュネーブでは市民裁判官が裁判長を務める。

(4)　**フランス共和国（面積五五万一二〇八平方キロメートル、人口約五八〇〇万人、首都パリ）**

法定刑が五年以上の拘禁である刑事事件の第一審を管轄する「重罪院」と一六歳以上一八歳未満の少年の重罪事件を審理する「未成年者重罪院」において参審制度が採用されている。前者では職業裁判官三人と市民裁判官（ただし、名称は「陪審員（jury）」）九人により、また後者では重罪院の構成員に少年裁判所裁判官が加わる。また、一六歳未満の刑事重罪事件および一八歳未満の刑事軽罪事件の第一審を扱う少年裁判所では、職業裁判官一人と市民裁判官（少年問題の有識者）二人による。さらに、控訴審においても、裁判官三人と市民裁判官二人による。また、商事事件の第一審を扱う「商事裁判所」では商人により選挙された商事裁判官三人が、労働事件の第一審を扱う「労働裁判所」では労使双方から選挙された任期六年の市民裁判官による合議が行われる。詳細は、日弁連・前掲『この目で見たヨーロッパの司法』七一頁以下、東京三弁護士会陪審制度委員会『フランスの陪審制とドイツの参審制——市民が参加する刑事裁判——』（一九九六年）、笠井之彦「フランスにおける非職業裁判官等の関与する裁判制度について」判時一七〇五号（二〇〇〇年）一六頁。少年司法については、日本弁護士連合会司法改革推進センター・東京三弁護士会陪審制度委員会編『少年審判に参審制を——フランスとオーストリアの少年司法調査報告』（現代人文社、二〇〇〇年）、商事裁判所については、**コラム（✎4）**「フランスの商事裁判権」参照のこと。

［写真０－１］　ウィーン労働社会裁判所

(5)　**イタリア共和国（面積三〇万一二七七平方キロメートル、人口約五八〇〇万人、首都ローマ）**

「憲法裁判所」が大統領や大臣に対する弾劾裁判を行う場合、憲法裁判所裁判官一五名のほかに抽選で選出された市民一六名が参加する。そのほか、刑事事件については、法定刑が懲役八年を超える刑事事件について第一審（「重罪院」）と控訴審（「重罪控訴院」）において、裁判官二人と参審員六人による審理が行われる。後者の参審員は、中学教育を修了した三五歳以上六五歳以下の市民から選出される。さらに未成年者に関する民事・刑事事件および農業事件については地方裁判所内に特別部が設置され、それぞれの審理は専門知識を有する参審員が参加して行われる。

(6) オーストリア共和国（面積八万三八五五平方キロメートル、人口約八〇〇万人、首都ウィーン）

地方裁判所が管轄する刑事事件（少年事件を含む）のうちで、重罪事件の一部と特に参審裁判所の管轄とされた事件が、職業裁判官二人と参審員二人とによる合議制度によるほか、すべての政治犯罪と短期五年以上で長期一〇年以上の自由刑に相当する事件は、職業裁判官三人と陪審員八人により構成される陪審裁判所において扱われる。ただし、少年事件の参審員および陪審員には、教育についての専門知識と経験が求められる。労働社会事件について地方裁判所では職業裁判官一人と市民裁判官二人、高等裁判所と最高裁判所では職業裁判官三人と市民裁判官二人、最高裁判所大法廷では職業裁判官七人と市民裁判官四人による合議制度を採用。地方裁判所における商事事件について、職業裁判官二人と市民裁判官一人による審理が行われる。Vgl. N. A. Schoibl, Aspekte der Laiengerichtsbarkeit im österreichischen zivilgerichtlichen Verfahren, Österr. Z. öffentl. Recht u. Völkerrecht, 37, 4. 邦語参考文献として、河邊義典「オーストリアの司法制度——ドイツの制度との比較——」『ヨーロッパにおける民事訴訟の実情（上）』（法曹会、平成一〇年）三二五頁以下、少年司法については日弁連司法改革推進センター・東京三弁護士会陪審制度委員会・前掲『少年審判に参審制を——フランスとオーストリアの少年司法調査報告』、および後記**コラム**（✎8）。

(7) ベルギー王国（面積三万五一九平方キロメートル、人口約一〇〇〇万人、首都ブリュッセル）

法定刑が五年以上の拘禁刑に相当する刑事重罪事件、政治犯罪、出版に関する犯罪等を第一審として「巡回裁判所」が管轄し、ここでは職業裁判官三人と陪審員一二人による法廷が開かれる。また商事事件および労働事件の第一審のために特別裁判所として、「商事裁判所」と「労働裁判所」とが設けられているが、前者には裁判官一人と商人である参審員二人が関与し、後者にも裁判官一人と参審員二人が関与する。労働事件のために第一審の構成と同じ「労働控訴裁判所」が設置されている。なお、労働事件と商事事件相互間の管轄に関する争訟については、「地方裁判所」が管轄し、これには市民は加わらない。

(8) デンマーク王国（面積四万三〇七五平方キロメートル、人口約五二〇万人、首都コペンハーゲン）

刑事事件につき、地方裁判所の否認事件についての参審制度（裁判官一人と参審員二人）と、高等裁判所における控訴事件についての参審制度（裁判官三人と参審員三人）とがある。さらに、重罪事件の事実認定については高等裁判所（第一審裁判所）において陪審制度（一二人）が採用され、量刑は裁判官との合議による。その他、「コペンハーゲン海事・商事裁判所」および「労働裁判所」において、参審制を採用する。労働裁判所は労使間協定に関する事件を扱い、当事者は自ら参審員を指名することができる。しかし、ここでの判決に対して上訴することはできない。詳細は、佐藤博史「デンマークの陪審制・参審制」季刊刑事弁護一二号（一九九七年）一二八頁、日本弁護士連合会司法改革推進センター・東京三弁護士会陪審制度委員会編『デンマークの陪審制・参審制――なぜ併存しているのか』（現代人文社、一九九八年）、松澤伸「デンマークの刑事裁判と陪審制・参審制」立教法学五五号（二〇〇〇年）三〇九頁。

［写真０－２］ 東高等裁判所参審（控訴審）法廷（コペンハーゲン）左から参審員、陪席裁判官、ケアスゴー裁判長、参審員、陪席裁判官、参審員

(9)　スウェーデン（面積四四万九九六四平方キロメートル、人口約八七〇万人、首都ストックホルム）

地方裁判所では、刑事事件および家庭事件について職業裁判官一人と参審員三人、第二審の高等裁判所では刑事事件および家庭事件について職業裁判官三人と参審員二人による審理が行われる。そのほか、土地裁判所、水利権裁判所、行政地方裁判所、行政高等裁判所、県際租税裁判所、住宅裁判所、労働裁判所、地方保険裁判所、保険裁判所、市場裁判所において参審制が採用されている。詳細は、萩原金美「司法に対する国民参加」『スウェーデンの司法』（弘文堂、一九八九年）二一一頁以下、日弁連・前掲『この目で見たヨーロッパの司法』一〇七頁以下、東京三弁護士会陪審制度委員会『スウェーデンの参審制度――国民参加の刑事裁判――』（一九九五年）、トシュテン・カーシュ「講演・スウェーデンの参審制度について」自由と正義四六

巻一一号（一九九五年）九五頁。

⑽　ノルウェー（面積三八万六三〇〇平方キロメートル、人口四四〇万人、首都オスロ）

［写真０－３］　裁判所（地方裁判所と高等裁判所）庁舎（オスロ）

地方裁判所において、否認事件について参審制（裁判官一人と参審員男女各一人）が採用されている。高等裁判所は控訴審として、量刑と法定刑上限六年以下の事件について、裁判官二人と参審員男女各二人により裁判する。法定刑六年以上の事件の有罪・無罪に対する控訴事件は、裁判官三人と陪審員男女各五人による陪審裁判所が扱う。この場合、量刑については、裁判官三人と陪審長および抽選された陪審員三人による。民事事件については、原則として調停前置主義が採用されているほか、各種の専門参審制（裁判官一人と参審員二人）が整備されている。

参考文献として、Asbjørn Strandbakken, Lay Participation in the Criminal Trial in the 21 Century ; The Royal Norwegian Ministry of Justice and the Police in collaboration with the Royal Norwegian Ministry of Foreign Affairs, Administration of Justice in Norway, 1998.

第一章　わが国における市民裁判官論

わが国にもかつて陪審法が存在し、わずかな期間ではあるが実施されていたことは周知のとおりである。では、どのような沿革を経て陪審制度が設けられ、その内容はどのようなものであったのか。また、なぜ陪審制が停止されるに至ったのか。そして、その後の陪審に関する論議はどのような推移をたどっているのだろうか。

わが国における市民裁判官制度のあるべき姿を考えるためには、従来の議論やわが国の経験を検証しておく必要がある。その歴史をたどることにより、転ばぬ先の杖を得よう。以下では、第一に、先行業績の力を借りながら、明治維新期から今日に至るまで、わが国における陪審の経験とそれに関わる議論の経緯を大まかにたどっておく。次に、日本国憲法の下における市民裁判官の許容性を探っておく必要があろう。さらに、わが国における現在の市民の司法への関わり方を概観し、その問題点を整理することで、エピローグにおいて展開する提言の礎としたい。

一　陪審制度の軌跡

陪審制度導入の経緯について既に、尾佐竹猛『明治文化史としての日本陪審史』（邦光堂書店、大正一五年）一七六頁を初めとして、所一彦「刑事裁判における信頼性の問題（一）〜（四・完）」（立教法学三・五・七・一一号、昭和四〇～五二年）、利谷信義の一連の論稿（「司法に対する国民の司法参加――戦前の法律家と陪審法――」『岩波講座・現代法⑹』（岩波書店、昭和四一年）および「国民の司法参加」『いまの日本の法は』（日本評論社・第二版、一九九五年））と三谷太一郎『近代日本の司法権と政党』（塙書房、昭和五五年）がある。尾佐竹『明治文化史としての日本陪審史』は、幕末から明治初期にかけての陪審思想の流入や参座制の導入について考究する。所「刑事裁判における信頼性の問題」は、裁判に対する信頼性と適正の観点から、わが国における陪審論の軌跡を追う。利谷論文は、枢密院を頂点とする在朝法曹（天皇制司法官僚）と在野法曹（ブルジョアジー）との陪審制度導入をめぐる拮抗の中での後者の役割を高く評価しながら、陪審法成立過程を考証した。これに対して、三谷『近代日本の司法権と政党』は、陪審法成立過程における主役を政党ととらえ、政党制の確立を志向する政友会の政治的課題として、すなわち政党制を支えるサブシステムとして捉える。いずれも陪審制成立過程について精緻を極め、他の追随を許さない。特に、陪審制を単なる司法制度として捉えるのでなく、政治制度として理解する三谷『近代日本の司法権と政党』は、今日、陪審制度の沿革に関わる多数の文献の拠所となっている。以下も、これに負うところが大である。

1　幕末期における陪審思想の流入――陪審制度の紹介⑴

尾佐竹・前掲『明治文化史としての日本陪審史』によれば、わが国に初めて陪審が紹介されたのは、一八五四（嘉永七）年の『美理哥國總記和解』における一節であった。この書物のオリジナルは、一八三八（天保九）年、米国人ブリジメンが著した『万國地理書』である。これを清の林則徐が部下に漢訳させ、魏源が収録して『海國圖志』と題して出版し、これが日本に輸入された。一八五三（嘉永六）年、幕吏中の俊傑川路聖謨が、部下の正木鶏窓に、英国および米国の部分を翻訳させて出版したもので、この中に北米合衆国では、一二人から二四人の「衿」（わかいしゅ）と「耆」（としより）が、裁判所において刑事裁判の手助けをする、と記されている。

そのほか、一八六一（文久元）年、箕作阮甫が、前掲『海國圖志』に訓点を付し出版した『聯邦志略』、清の徐松龕の著した『瀛環《えいかん》志略』に訓点を付し阿波藩から出版したものの中の「英吉利國」、トーマスミルの『英国史』の漢訳に訓点を付して出版された『英国志』において陪審の紹介がなされた。また、一八六二（文久二）年、堀達之助編纂による『英和對譯袖珍辭書』に、Juryとは裁判のために宣誓をした役人、Jurymanとは宣誓した人または宣誓した役人の仲間と紹介されている。

もっとも、陪審の訳語が最初に用いられたのは、一八五六（安政三）年、英国人ゼームスレッグが訴訟法の教科書として英語と漢語の対訳で発行した『智環啓蒙』である。これが一八六〇年（萬延元年）年長崎に輸入され、さらに一八六四（元治元）年、わが国でも出版された。さらにこの漢文部分が英学者瓜生寅により和訳され、一八七二（明治五）年と一八七四（同七）年に出版されたが、ここではJuryを「立合役」と訳していた。「立合役」または「立合人」との訳語がその後の文献に続くが、これはひとえに、一八六六年（慶応二年）年、福沢諭吉が著した『西洋事情』巻之三英国史記のなかで「裁判役の独断にて罪人を吟味し刑罰を行ふことを得ず。必ず立合のもの有て、裁判の正否を見て之を議論し、罪人も其罪に伏し、立合のものも其裁判に付き異論なきに至て初て刑に処するなり。其立合の者とは平生国内にて身分よきものを選び置き、裁判の起る毎に入札を以て其人数の内より二十四人或は十二人づつを呼出して裁判局に列座せしむるなり。此法を『トライエル、バイ、ジューリ』と云う。[2] 但し合衆国も同様の法なれども、佛蘭西荷蘭等には此法なし……」（ひらがな、句読点、濁点は著者による）との説明にもとづくといわれている。[3]

オランダで陪審が導入実施されたのは、フランスの支配下に置かれたからであり、その期間は一八一一年三月一日から一八一三年一二月一一日までのわずか三年間にすぎない。[4] したがって、オランダ（荷蘭等）に陪審法がないというのは正しいがフランス（佛蘭西）にないというのは誤りであろう（後記**2**参照）。

2 岩倉使節団――陪審法廷の傍聴

一八七一（明治四）年一一月一二日、横浜を出発した幕末維新期において最大にして最も質の高い「岩倉使節団」には、参議木戸孝允、大蔵卿大久保利道、工部大輔伊藤博文、外務少輔山口尚芳を副使とする約五〇名と、米欧留学をめざした華・士族五四人および女子留学生五人が加わっている。留学生には金子堅太郎（参照、後記***6***および***8***）や中江篤介（兆民）、女子留学生には津田梅子の名がある。一行は、翌月六日、サンフランシスコに到着し、翌年（明治五年）七月一三日からはイギリス・コーブを始めとして欧州を訪問している。一行の旅は、一年一〇カ月余に及び、その逐一が権少外史（後の太政官少書記官）久米邦武により記録され、今日、我々は『米欧回覧実記』としてこれを知ることができる。

この記録によると、使節団の米国滞在期間は約七カ月にわたるが、意外なことにアメリカにおいて陪審を見学したとの記述は見当たらない。英国・マンチェスター（慢識）警察裁判所における陪審法廷の記事が初めてであり(5)（明治五年九月六日）、次いで得た光景はフランス・パリ（巴黎）高等法院の法廷である。尾佐竹・前掲『明治文化史としての日本陪審史』二四頁に「我邦人にして陪審裁判を傍聴し、其採用の可否を論じたる初めである」とあり、これがおそらく誤解されて、日本人がはじめて見聞した陪審裁判と紹介され、これが広く文献上流布しているが、『米欧回覧実記』によれば、上述のように、裁判の傍聴を記したものはマンチェスターの法廷が先である。しかし残念ながら、これには久米の批評にあたる「記者ノ論説」がない。

久米の目に写ったフランス陪審とその印象（記者ノ論説）は、次のようなものであった（原文は片仮名、読点およびルビのみであるが、著者が平仮名に直し、句点、濁点を加えた）(6)。

一八七三（明治六）年一月二一日　「……夫より裁判の庁に入れば、此時正に夫を殺せる婦人を糾問《きゅうもん》中にてありけり。裁判役五人は、正面に列席し、検事は左に坐す。証人『ヂュリー』代言師、其前に分れて席を占め、罪人は右に出でて、『ポリス』之を護衛す。英の裁判席と位置小異あり。此婦人は英国の生まれにて、仏人の妻となれるものなり。欧州にて夫を弑虐《しいぎゃく》せる婦人は、其原因多くは夫の財産を貪り、之を殺して其遺金を占領し、而て後に他に嫁するの欲情より出る。日本の奸淫より原《みなもと》すると、其情を異にす。

西洋の裁判には、刑事にも代言師ありて、罪人に代りて辯すれば、罪状に粉冗の憂いなし。『ヂュリー』ありて、其情偽を審聴し、是が允諾《いんだく》を待て、後に罪状を定む。冤枉《えんおう》なかるべし。証人ありて其事実を当面にて保証す。諞誆《へんきょう》の幣端を繁くし難し、必ず数人の裁判役にて聴く。偏聴の恐れなし。其法寔《まこと》に周備なりと謂べし。然れども此法を日本に行はんとすれば、蓋し亦難きものあり。全国法律学に通じ、代言師免許を与へて、法庭に出席せしむるべき人なし。『ヂュリー』を挙れば、官を恐れて唯唯《いい》するに過ぎず。其強項換言の者を選するとも、法理に闇《くら》く、道徳上の論と葛藤を繁くし、必ず互に相諍論して、不用の地に言を労せん。証拠人に至りては、実を以て吐露するものなかるべし。其罪科軽ければ、憎みを隣里に得る。若し重ければ怨みを横泉に獲る。是みな人情の尤も畏るる所なり。然ば即西洋人は人情なきか。是は然らず。西洋の十戒ある。日本の五倫あるが如し。十戒の其一に曰く、妄証する勿れ。裁判役の前に出でて、真実を証認するは戒の一つたり。相習ふこと二千年。人みな以て宜く然るべしとす。猶日本にて道徳上に関することは、敢言し顧みざるものの、衆に悦ばるる如し。而て日本の習ひに於て、人の難を保隠すを義とし、訐《あばき》て以て直とするを憎む。此等の風尚よりして、罪は隠すを義とし、道とする多し。安《いずく》んぞ敢て言わんや。東西洋の風俗毎に相反す。此に類すること多し。西洋の良法善制を取て、之を東洋に行ふには、其形跡をすてて、其旨意をとり、能く酌量して行はざれば、柱柱に柄鑿《ぜいさく》合せざるものあり。達者は必ず此に其宜を酌量する所あるべし。」

要するに、ヨーロッパでは弁護士制度があり、被告人の権利が擁護され冤罪が生じ難いこと、また陪審制度が整備されていることから、冤罪が生じる恐れがなく、また公正な裁判を期待することができることを説明したうえで、わが国には弁護士の資質を備えた者が少なく、また、陪審制導入については、陪審員に適当な市民が少なく、日本の国民性にも合わないことを説くのである。今日、陪審を始め市民の司法参加についての論議が活況を呈しているが、識者のこれに消極的な理由は、当時と本質的に変わっていない。また、これが明治政府の陪審制に対する姿勢の基本となったことは想像に難くない。

3　参座制の採用——官員陪審の試み

米欧使節団が帰国（明治六年九月）してまもなく、「参座制」が試みられている。参座制とは、各省庁の代表から選出した「参座」に事実認定を委ねる制度であり、各国の陪審制度を参照して作られたものである。(7) 参座の構成員がこのようなものであることから、「官員陪審」とも呼ばれている。明治政治史上、一八七三（明治六）年一〇月九日の「小野組転籍（京都府知事および参事被告）事件」と一八七五（明治八）年の「広沢参議暗殺事件」とを参座制の採用例として挙げることができる。「小野組転籍事件(8)」では、九人の参座を選び、手続が開始されたが、有罪無罪を決しないうちに、陪審員全員が解任され、通常の訴訟手続によって裁判することになった。したがって、広沢事件が参座制のリーディング・ケースといえる。

広沢参議暗殺事件(9)とは、参議広沢真臣（一八三三〜七一年）が東京の私邸で暗殺された事件である。広沢真臣は、長州藩出身で、一八六三（文久三）年には下関外国船砲撃事件に参加した。六四（元治元）年、征長の役に保守派により投獄されたが、六五（慶応元）年、許されて政務役に進み、王政復古（一八六七年）の後は明治政府に仕え、要職を経て参議に進み、木戸孝允と並ぶ長州の二巨頭と称されていた。

広沢暗殺事件は、一八七一（明治四）年一月九日発生し、容疑者は多数浮かび逮捕されたものの、容疑者の自白は変転し、四年の歳月が流れた。容疑者を追及しようとする警視庁側と、証拠不十分を理由として有罪判決を拒む裁判所側の対立は激しくなっていった。当時、司法省と裁判所の関係も目まぐるしく変遷している。七一年一二月、司法省内に裁判所が設けられたが、七三（明治六）年一二月、裁判所は司法省から独立し、七五（明治八）年四月、時の立法府（元老院）と同格の地位を有する司法権の府としての大審院が設置された。「このように警察側、裁判所側ともに権限の拡張を志しているさなか……、一番苦慮したのは司法省検事一同であった。検事らは一方において、犯人追求の職務上、警察側の圧力を受けながら、他方裁判所構成員としての判事には圧力をかける権限はない。そこで……窮地を打開する方策として」司法卿あてに、この事件について「参座制」を採用するよう建議を行ったとされる[10]。

この建議にもとづき、司法省はただちに参座規則の起草に着手するが、参座制は先の「小野組転籍事件」においてすでに採用された先例経験があり[11]、今回は、これを礎に、詳細に、「広沢故参議暗殺事件別局裁判規則」が定められた。裁判所は原告官、弁護官、参座、裁判官の四種類で構成された（規一条）。原告官は「事件に付いて苦情の最も深き者」すなわち検事、警察側であり（同三条）、弁護官は司法卿により官吏二人が任命された（同四条）。そして参座は、政府が選出、任命した七人であり（同六条）、その任務は「罪の有無を決するの任にして、捜索の精粗糾弾善悪裁判の当否を論ずるを得ず、故に裁判官の問条を出すまでは敢て発言せざるものとす」（同七条）と定められた。

裁判は、まず原告官から裁判官に対する起訴をもって行われ、その後、裁判官が糾問を行う。審理終結後、別室にて弁護官の参座に対する弁論が行われ、裁判官からは参座に対して事件の顚末が報告される。これにもとづき参座はさらに別室にて有罪無罪の判決の評決を行い、参座主席が結論を裁判官に報告する。無罪の評決後、裁判官はその場で被告を釈放し、有罪の場合には、司法卿に決裁を求めることとしていた。

本件裁判は一八七五（明治八）年三月一九日開廷された。裁判官には、裁判長として司法卿大木喬任、そして司法大輔山田顕義、権中判事小畑美稲ほか判事二人と、司法大丞青山貞、同渡辺驥、および大解部より三人が命じられている。参座には、内務大丞村田氏寿を首座に、外務省一人、大蔵省二人、元老院三人、陸軍省二人、文部省一人、教部省一人、内務省一人の計一二人を選任した。翌月（四月）大審院が創設され、裁判は大審院判事の合議によることと「大審院章程」に定められたことから、それまで参座制裁判の裁判長は司法卿自ら行っていたこととの関係が問われ、五月一三日、大木司法卿は、三条実美太政大臣に司法卿が参座制裁判長を兼ねることができるか否かの伺いを立てたところ、六月二日に至り、ようやく判事を裁判長に命ずるとの回答を寄せ、これに四等判事西岡逾明を任じた。七月一三日には、参議兼内務卿大久保利道も列席しているが、評決の結果は無罪と決まり、裁判長西岡から無罪の申渡しがなされた。

この事件は、当初から無罪説が色濃く漂っていたのであり、参座制を採らずに裁判所側は無罪判決を言い渡すこともできたはずである。にもかかわらず、参座制を採用したのはなぜか。参座制により、裁判官が下すであろう判決を正当化し、権威づけするための措置であったとも言えよう。しかし本当の理由は、当時、司法当局が行政当局に対する関係で立場が弱かったからであり、司法当局が行政当局の非難を回避することにあったと評価されている。(12)

前述のように、参座制は諸外国の陪審制度を模倣して創設した制度であるが、導入の直接の契機は省庁間の対立の調整にあり――小野組転籍事件の背景にも同じ事情があった――、また事実認定を行う参座も市民からではなく官吏から選ばれたので、市民裁判官制度とは本質において異なる。しかしこの制度が、行政の司法への干渉を排除することも目的としていたことに鑑みると、今日の司法における市民参加論に少なからず示唆を与えるものがある。

4 西南戦争──福沢の陪審適用論・島津の参座制適用論

広沢暗殺事件（一九七一年）の後は、陪審もしくは参座適用に関する事件はないが、西南戦争の処理をめぐり唱えられた福沢諭吉と島津久光の主張を取り上げておく。

西南戦争自体は一八七七（明治一〇）年の出来事であるが、福沢の提出した陪審適用に関する「建白書」には伏線があった。一八七〇（明治三）年に発生した佐賀の乱の政府の対応に対する不信不満である。[13]

征韓論に破れ辞表を提出した初代司法卿江藤新平は、佐賀に帰郷した。当時佐賀は、人口に比べ士族が多く、その上、明治六年には大干ばつと台風に見舞われ、稲・粟等に被害を受けていた。これに連動して、米相場が急騰し、さらに征韓論での江藤の辞職に対する佐賀士族の憤激が加わり、一八七三（明治六）年一二月、佐賀の不平士族約三〇〇〇人が戦備を整え気勢を上げた。翌年二月、政府軍との決戦がはじまり当初佐賀軍は勝利したが、同月二二日、朝日山攻防で始まった本格的な戦闘において、佐賀軍は一週間で鎮圧された。そして一八七四（明治七）年三月二九日、江藤は逮捕された。問題は、江藤らの裁判にある。当時、新律綱領（明治三年公布）、改定律例（明治六）では内乱罪の規定を欠き、百姓一揆を対象とした放火（懲役一〇年以下）程度の規定しか見当たらなかった。しかし、佐賀出張中の大久保利通は、三条太政大臣から委任状を取り付け、まず、佐賀に裁判所を設置し、二日間で審理を終えた（四月八日、九日）。審理は非公開、拷問の末、十分な尋問・審理もなく、また弁護人もないまま、控訴の途も閉ざされた。四月一二日断刑伺が出され、翌一三日早朝判決言渡し、江藤らは斬首され、江藤と首領島義勇の首は三日間嘉瀬の刑場で梟首された。髑髏の写真が市販され、大久保はこれを内務省の応接間に掲げたという。この六日の間に、梟首二人、斬首一一人、懲役または禁錮一五九人、除族二三九人、免罪一万一二三七人の処分が実施された。

この佐賀の乱に対する政府の対応に憤激した福沢諭吉は、同じく征韓論に端を発する西南戦争の裁判に対して、[14]

旧中津藩出身者若干名とともに「西郷隆盛の処分に関する建白書」を提出した。[15] これによれば、裁判の公開、弁護人の選定、報道の自由、そして皇族、非役華族、各府県士族平民の中の名望ある者による陪審裁判を提言した。しかし、処分は、佐賀の乱のときのように、大久保主導により九州臨時裁判所が長崎に設置され行われた。ただし、その裁判の性質は、行政権による裁判である。

福沢は、一連の事件と処置について次のように述懐している。「維新後、佐賀の亂の時には斷じて江藤を殺して之を疑はず、加之この犯罪の巨魁を捕へて更に公然たる裁判もなく其場所に於て刑に處したるは之を刑と云ふ可らず、其實は戰場に討取たるもの丶如し。鄭重なる政府の體裁に於て大なる缺典と云ふ可し。一度び過て改れば尚可なり。然るを政府は三年を経て前原の處刑に於ても其非を遂げて過を二にせり。故に今回城山に籠たる西郷も、亂丸の下に死して快とせざるは固より論を俟たず、假令ひ生を得ざるは其覺悟にても、生前に其平日の素志を述ぶ可きの路あれば、必ず此路を求めて尋常に縛に就くこともある可き筈なれども、江藤前原の前轍を見て死を決したるや必せり。然らば則ち政府は啻に彼れを死地に陷れたるのみに非ず、又従て之を殺したる者と云ふ可し」。[16]

また、当時左大臣を辞職して帰郷していた島津も、太政大臣三条に書簡を送り、西南戦争の即時休戦と参座制による衡平な裁判を唱えていた。[17]

5　ボアソナードの治罪法（刑事訴訟法）草案——オーストリア陪審法の導入

箕作麟祥により翻訳されたフランス刑法典の一部を見て、その優秀さを悟った江藤新平の構想もあり（明治二年）、ナポレオン法典を基本とした諸法典編纂を推進するためのフランス人教師の雇い入れは、明治政府の課題の一つとなっていた。この最適の人物として白羽の矢が立てられたのが他ならぬパリ大学教授ボアソナードである。既に四八歳になっていたボアソナードが来日したのは一八七三（明治六）年、その任務は、法典編纂の指導と主任教授として法学教育を担当することであった[18]。

明治政府の法典編纂が軌道に乗るのは一八七五（明治八）年である。まず、ボアソナードは、刑法典草案を作成し、一八七七（明治一〇）年、引き続き治罪法の草案起草が彼に委ねられた。この作業は同年七月から開始され、翌年末には六五〇カ条の草案が完成するが、その中に、ボアソナードは陪審制を盛り込むのである。ボアソナードが「是レ日本ノ法制ヲ他国ノ法制ト同等ノ地位ニ置クニ於テ必要ナルカ如シ」と述べているように、陪審制の導入は治罪法の最大の眼目とされていた[19]。ボアソナードは、不平等条約改正の必要条件として、陪審制の導入を主張したのである。これが日本においてはじめて法案に現れた陪審制である。これによれば起訴については予審判事が行い、陪審員は、裁判長の説示に従い、有罪か無罪かの事実認定について決める（公判陪審）。起訴陪審（大陪審）を採用せずに、公判陪審を採用した理由は、公判陪審は予審判事の誤りを是正できると考えたからである。陪審法廷は、控訴院または地方裁判所において、一〇人の陪審員と三人の裁判官により構成され、公判終結後、裁判官が問題点を提示し、陪審員が過半数をもって判断した。この治罪法草案は、ナポレオン法典を模範としているが、この陪審の部分だけはオーストリア刑訴法を模範にしている[20]。

この治罪法案は、太政官にまず提出されたが、太政官はこれを元老院に下付し、審議させた。元老院は治罪法草案審査局を設け、一八八〇（明治一三）年二月二七日、陪審の規定に関する限りほぼ無修正の治罪法案修正案を太政大臣三条実美に提出する。しかし、同年三月二九日、元老院会議に下付されたときには、陪審の規定は削除され、陪席判事の数が増やされていた。井上毅の反対論にあい、あっさりと削除されてしまったのである。元老院が治罪法案修正案を太政大臣に提出した翌日（二月二八日）、ボアソナードの治罪法案を支持していた参議兼司法卿大木喬任が司法卿を辞任し、参議に専念した。これに伴い、三月五日付で、内務大書記官であった井上は太政大書記官に転じ、太政官から元老院会議に下付（三月二九日）される前に治罪法案の主導権を握っていた[21]。

井上とボアソナードとの意見の相違は、今日の陪審論議に共通するものがあり、参考となるので、両者の趣旨を整理しておこう。まず、井上の陪審導入に対する反対意見は次の五点に集約できる。①陪審は公選によらないので国民の代表（国民裁判）とは言えない、②政治は多数決によっても、裁判は衆論により判断されるべきものではない、③裁判は事実問題と法律問題とが混在し、陪審員は法律問題に関わらなければならず、その結果、事実問題を陪審員に行わせる陪審制の趣旨に反する、④陪審員は情に流され刑事被告人に対する刑の量定に過ちを犯す恐れが大きい、⑤フランスでは有罪にしなければならない者を無罪にしている例がある。後に、若槻禮次郎は、井上の考えを承継し、陪審法案の廃案に追い込みをかけた（後記***8***(4)を参照のこと）。

これに対してボアソナードは、①陪審は公選された国民の代表とは異なり、被告人との同等性が陪審の条件である、②井上は陪審が衆論に傾く例として「決闘」を挙げ、しばしば無罪となることを指摘するが、例として不適切である、③陪審に法律問題を委ねないのは、事実問題と法律問題をともに委ねるより弊害が少ないからであり、他方陪審は裁判過程を通して法理に明るくなる、④被告人に対する偏見は、陪審より裁判官の方が著しい、⑤陪審の被告人に対して寛容なことは、陪審の長所である、と反論した（一八七七（明治一〇）年一一月二一日、於東京）[22]。

しかし、陪審制導入に関して二人が意見を異にする背景には、不平等条約の改正に対する思惑の相違が指摘される。ボワソナードは、国内法の整備こそが条約改正の必要条件であると考えていたのに対して、井上は、強力な政府を確立すること――政府は国民の権利を犠牲にしても、政府自身が自由を確立すること――が欧米諸国からの信用を勝ち獲る第一歩と考えたのである。この井上の考えは、後の陪審推進論者江木衷の回想によるものであり、またこれは伊藤博文の陪審に対する最終的な結論であったともいう[23]。

また、英国人法律顧問ロバート・ブレーダーにも、陪審に対する意見が求められていた。彼は、陪審制度の理論上の優れた点を認めつつも、実際問題として日本における陪審制度の導入に消極的であった。ブレーダーは、一般論と前置きしながら、教育の行き届いていない国民に難解な事件の解決を委ねることは判断の誤りが生ずる可能性の高いこと、陪審員は裁判官の意向を常に伺うこと、専制国家にあっては裁判官が陪審員を誘導すること、母国イギリスの経験から言えば陪審法は「虚飾物」にすぎず、国民に政治意識を植えつけるには陪審よりも地方自治に参与させた方がよいことを主張し、その設置に警笛を鳴らしていた（一八七九年一二月九日）。(24)

この治罪法草案は、陪審制が削除されたまま太政官布告第三七号として公布され（明治一三年）、一八八二（明治一五）年から、裁判所構成法の改正に伴う刑事訴訟法典の公布施行（同二三年）まで施行された。しかし、一八九〇（明治二三）年の刑事訴訟法典の主体は治罪法典であり、その意味で、ボアソナードの影響を受けたこの法典は、ドイツ法系の刑訴法典が成立する一九二二（大正一一）年まで生き続けたことになる。(25)

6　自由民権運動――陪審制導入論と私擬憲法案

人間は本来自由であり、民衆は政治に対する発言権を持つ、との思想は、既に幕末期から紹介され、その後明治期の啓蒙思想家らによって唱えられ、自由民権運動の思想的柱とされていた。これら自由民権運動を背景に、運動家らは陪審制導入論を唱えた。他方、全国で様々な私擬憲法案が作成され、そのなかでまた陪審制が盛り込まれていった。

陪審制導入を掲げたものとしては、陪審を国民の司法参加という民主主義的側面ではなく国民の権利保障という自由主義的側面を唱えた馬場辰猪の『法律一班』（明治一一年）や古沢滋の「自由論」（明治一五年）、陪審の間接的利益として政治権力の自己抑制を『郵便報知新聞』の社説欄に掲載した矢野文雄の「陪審論」（明治九年七月一〇日）、愛国心の培養と陪審制を結びつけた尾崎行雄執筆と思われる『郵便報知新聞』の社説「今日ノ急務」（明治一一年一二月四日）、後の陪審消極論者金子堅太郎の『東京横浜毎日新聞』社説「陪審官ヲ置クベキ論」（明治一二年一二月二五日）、陪審を自治権確立の橋頭堡と位置づけた後の桂内閣文相小松原英太郎の論説『朝野新聞』（明治一一年八月六日および八月二六日）などがある。[26]

一方、一八七九（明治一二）年から一八八一（明治一四）年にかけて約四〇編の憲法私案が作成されたが、民権派の作成によるものは二〇編ある。[27]また、陪審制を明規したものは、判明しただけでも一〇案あると言われている。[28]明治期、比較的早く起草され、当時の博識家グループの作った案としてかなり評価され、他のグループが作成した私擬憲法案に影響を与えたとされる「嚶鳴社案」（全一〇七カ条）の司法権（全八カ条）のなかに、「凡ソ法律ヲ以テ定メタル重罪及国事犯ハ陪審官罪ヲ決ス」（第八条）の一カ条がある。この草案ができたのは一八八〇（明治一三）年末頃である。[29]

この嚶鳴社案と前後して、東京都五日市町において、三〇余人が憲法草案の作成に着手していた。[30]この憲法研究グループ「学芸講談会」が起草作成した「日本帝国憲法（五日市憲法草案・千葉卓三郎草案）」は、司法に関する独創的な規定を設けるとともに、陪審についても比較的詳細な規定を定めた。司法権について定める第五篇第一章は、全三四カ条ある。ここでは、まず「司法権ハ国帝之ヲ検任ス」（一七〇）として司法権の主体を明らかにし、次に「司法権ハ不羈独立ニシテ法典ニ定ムル時機ニ際シ及ヒ之ヲ定ムル規定ニ循イ民事並ヒニ刑事ヲ審理スルノ裁判官判事及陪審官之ヲ執行ス」（一七一）と司法権の独立を宣言し、裁判所構成に関する五カ条を定める。そして「凡ソ裁判官ハ国帝ヨリ任シ其判事ハ終身其職ニ任ジ陪審官ハ訴件事実ヲ決判シ裁判官ハ法律ヲ準擬シ諸裁判ハ所長ノ名ヲ以テ之ヲ決行宣告ス」（一七七）と定め、裁判官の身分保障ならびに裁判官と陪審員の役割を規定した。さらに裁判官の身分保障、管轄に関して詳細に規定し、再び陪審に関する規定が現れる。「国事犯ノ為ニ死刑ヲ宣告ス可ラス又其罪ノ事実ハ陪審官之ヲ定ム可シ」（一九四）、「凡ソ著述出板ノ犯罪ノ軽重ヲ定ムルハ法律ニ定メタル特例ノ外ハ陪審官之ヲ行フ」（一九五）、「凡ソ法律ヲ以テ定メタル重罪ハ陪審官其罪ヲ決ス」（一九六）。この章ではさらに、住居の安全、信書の秘密、財産権の保護など人権保障に関する規定が続く[31]。

陪審制を盛り込む様々な私擬憲法案を概観して特筆すべきは、民権派を超えた人々が作成したものも存在するという点である[32]。例えば、当時の参議山田顕義の憲法草案（「何人タリトモ陪審人ト為ルベキ撰挙ニ応セサルヘカラス」明治一九年）、三権分立およびモンテスキューの紹介者西周の憲法草案（「何人ヲ論セス裁判所ニ於テ陪審タル撰挙ニハ応セサルヲ得ス」明治一五年）、さらに、民権派と対立していた『東京日々新聞』主宰の福地源一郎までもが「国権意見」として、陪審は人権保障の砦であり、国民は「公衆」に裁かれる自由を持つ、と主張したのである（明治一四年三月～四月）。しかし、このような自由民権運動の熱気も、まもなく陰りを見せ始める。

明治憲法（明治二二年）は陪審を採らなかったが、その理由について中原精一は、①明治憲法の構成が天皇主権を中心にしていたこと、②次に、江藤新平なきあと井上毅という強力な陪審反対論者がいたこと、③第三に、条約改正時に欧米諸国がわが国での陪審制度を歓迎しなかったこと、④そして、当時の知識層ないしは権力者たちが一般市民に対する愚民思想を持っていたこと、の四点を指摘する[33]。そのいずれもが、これまでたどってきたわが国の陪審論の軌跡から十分にうかがえる。このなかで最も重要なのはやはり、井上が陪審制導入に反対した点であろう。しかし、自由民権運動を超えて陪審制導入運動が展開されたにもかかわらず、なぜ陪審制は最終的に明治憲法において取り入れられなかったのか。前述した井上のボアソナードに対する反対意見（前記***5***）だけからとは思われない。条約改正に対する思惑がもっとも重要に思えてならない。条約改正のために、国内法の整備と強固な政府の確立のどちらを優先させるかが、陪審制導入の是非の背景にあることは述べた（前記***5***）。政府の力を強化固持しようとしてきたことは、征韓論やそれに関わる一連の事件に対する政府の対応（前記***4***）をみても明らかである。

明治憲法が模範とした一八五〇年プロイセン王国憲法は、第九四条で重罪事件について陪審によることを原則としていた。伊藤博文は、一八八二（明治一五）年から八三（一六）年にかけてヨーロッパへ憲法調査に出かけている。この過程においてルドルフ・グナイストは明確に第九四条を「削るべし」と指示した[34]。モデル憲法国の第一人者による陪審制削除の一言は、シュルチェの国家主権論を読み、ドイツ人法律顧問ヘルマン・ロェスエルから憲法上諭草案を得た井上を陪審制消極論に引きとどめるのに十分であったろう[35]。

7 陪審法制定論の端緒——検察権の肥大

明治憲法下における政党の陪審論議は、公布施行後まもなく、自由党の総会に「陪審の制を置く事」が付されているが(明治二三年二月)、しばらく論議の対象にならなかった。これが再び党議として取り上げられるのは、立憲自由党の流れを汲む立憲政友会によってであり、これを主導したのは他ならぬ原敬であった(同四三年)[36]。原が陪審を主張したのは、前年までの欧米巡遊で得た経験と、特に、検察権力の拡大を顕著とした一九〇九(明治四二)年の日糖事件、一九一四(大正三)年のシーメンス事件、および一九一五(大正四)年の大浦事件など一連の贈収賄事件と、司法における天皇の責任問題が顕在化した一九一〇(明治四三)年の大逆事件が大きな契機となっているとの見方が一般的である。これらの事件では、後の陪審論者といわれる弁護人が名を連ねた。

① 日糖事件[37]　日露戦争後の日本経済は、空前の好景気に見舞われたが(明治三九年下半期~四〇年上半期)、反面物価騰貴による輸入超過を招いた。一九〇七(明治四〇)年一〇月、アメリカで恐慌が勃発し、その影響もあり、日本経済は輸出品の価額暴落、在庫増、生産縮小など「内地の不景気」に陥った。日糖(日本精製糖会社)もその例外ではなかった。事業不振を打開するため、原料輸入砂糖戻税改正案の成立、砂糖産業を官営にするための国家保護を受けるため、政友会、憲政本党、大同倶楽部らの多数代議士を買収し、これらの者が検挙され、有罪判決を受けた(明治四二年)。これが、この事件の概要である。

問題点はいくつか挙げられるが、陪審論との関係で言えば、藩閥勢力や政党から相対的に独立した検察官僚が司法部に地位を得て検察権を行使するようになり、時の政府の恣意から相対的に独立するようになったことである。この事件で検察側はきわめて優越的に国会議員を追及し、実刑判決を受けた議員や政党関係者等は、陪審制があったならば無罪か、少なくとも刑が軽くなったと考える契機に至ったのである[38]。「彼らは不幸にして発覚したるまでなり」と記す。『原敬日記・第三巻』(乾元社、昭和二六年)では、日糖事件に関する多くの記録を残している。なお、この事件では、鵜沢總明、磯部四郎、花井卓蔵、江木衷といった陪審推進論者が弁護人として登場する。

② シーメンス事件[39]　ドイツ・シーメンス社東京支店に勤務していたタイピストが、脅迫の目的で重要文書を盗みベルリンで裁判に付されたが、彼の刑事裁判での自白により、シーメンス社やイギリス・ヴィカース社の日本総代理店であった三井物産から、日本海軍高官に対する贈賄の事実が明らかになった。これを契機に、日糖事件(前記①)や大逆事件(後記④)の指揮をとった平沼騏一郎が再び総指揮をとり、司法部の政治的威信をかけて海軍の捜索を断行した結果、海軍を代表する山本権兵衛内閣は崩壊した。この事件でも、先の鵜沢、花井、江木といった後の陪審推進論者のほかに、原嘉道、卜部喜太郎、井本常治、松尾鶴太郎、今村力三郎といった弁護士が名を連ねた。特に原が、無罪を弁論したことは有名である[40]。海軍関係者は軍法会議にかけられたが、判決は執行猶予付の軽いものであった(大正四年四月)。

③ 大浦事件(高松事件)[41]　シーメンス事件により倒れた山本内閣のあとを受けて、大隈重信は第二次内閣(立憲同志会・国民党・中正会)を発足させ、二個師増設案と軍艦建造案を提出し、その成立を図ろうとしていた。これに対して、立憲政友会が延期を唱えたり、党内に反対派があったため、農商務相大浦兼武が、政友会議員の買収を図った。これがいわゆる大浦事件である。大浦は、検事局の訴追を免れるため画策したが、いずれも失敗し、反対に平沼検事総長から追いつめられ、結局、辞表を提出し、政界を引退することになった。そのため、起訴猶予とさ

れたが、大浦の幇助者と被買収議員らは高松地方裁判所に起訴され、全員有罪判決となった（大正五年六月五日）。この事件では、鵜沢、花井、磯部のほかに、岸清一、石井謹吾、横山勝太郎ら三二名が弁護人を務めたが、概ね判決に好評価を与えている。

④ 大逆事件（幸徳秋水事件）(42)　事件の発端は、一九一〇（明治四三）年五月二五日、長野県で、製材所職工長宮下太吉ほか三名の逮捕である。明治末期に及んで社会主義運動が漸く展開し、社会主義者の取締が厳しくなっていた時代である。宮下は山梨県生まれの機械工であるが、社会主義文学に親しみ、大阪平民社森近運平や、巣鴨の平民社幸徳秋水らと親交があった。また、皇室の役割について疑問を持ち、天皇も血の流れる人間であることを示したいと考え、爆裂弾の製法の研究、原料・器具の入手に努力していた、というのである。検察は、宮下ほか逮捕者から、天長節を機に天皇の馬車に投弾する計画があったとの自白を得て、刑法第七三条「大逆」事件による起訴となり（五月三一日）、翌月一日には、幸徳秋水、管野須賀子等の検挙に発展している。さらに、大審院検事局は無政府主義者撲滅キャンペーンを掲げ、全国に捜査の網を広げ、多くの逮捕者を出した。宮下らは、平民社を何度か訪ねていたが、幸徳は、明治四三年三月から管野と湯河原に投宿していた。当時司法省民刑局長だった平沼は、綿密な予審調書を作成させた。大審院特別部が構成され、一二月一〇日に公判が開かれたが、審理は非公開、被告人尋問以外証人尋問は一切許されず、一二月二五日論告求刑、二七日から三日間、磯部、鵜沢、花井、今村、平出修ら一一人の弁護人が弁論して審理は終了し、一九一一（明治四四）年一一八日、幸徳ら二四人に死刑が宣告されている。翌一九日、一二人に対しては恩赦で無期懲役に減刑されたが、二四日と二五日の両日、幸徳ら一二人に対して死刑が執行された。佐賀の乱（前記**4**参照）をほうふつとさせる異常に早い裁判と処刑である。

陪審制の導入が再び政治課題となるのは、一九一〇（明治四三）年の立憲政友会によることは前に述べた。その直接の契機となったのが、前述した一連の事件であることに間違いない。しかし、それ以前、奇しくも政友会結成の一九〇〇（明治三三）年、磯部四郎（政友会会員）と三好退蔵（元大審院長）とにより「我国に陪審制度を設くる件」が日本弁護士協会評議会に提出された（四月七日）[43]。これが協会の総意として結実するのは、一九〇九（明治四二）年一二月の臨時総会における二号決議（「……文明諸邦ニ行ハルル陪審制度ノ精神ヲ斟酌シ我国情ニ適スヘキ陪審制度ヲ設クル事」）である。

原敬が、一九一〇（明治四三）年二月の第二六議会に『陪審制度設立ニ関スル建議案』を提出し、人権擁護、司法への国民参加、司法権の独立、および公平な裁判を確立するために「刑事裁判ニ陪審ヲ用ウルノ法律案」を提案する原動力となる人がいた。日糖事件やシーメンス事件に関わった弁護士江木衷である。江木は、大逆事件で当初、弁護人として依頼されていたが、これを断ったため、平出修弁護士に保身から出たものと厳しく批判された。江木は、一八八四（明治一七）年、東京大学を主席で卒業し、検事、司法省参事官を歴任して弁護士に転身しているが、この事件を契機に陪審制は「危険思想の安全弁」たりうるとして法成立に導くのである。江木は、一連の検察ファッショが顕著となり不祥事まで引き起こした大逆事件を取り上げ、裁判が「天皇ノ名ニ於テ」（旧憲五七条）行われるなら、不祥事は天皇の責任問題を引き起こすので、むしろ陪審制を採用し、事実認定の問題を国民に分担させるべきだ、と原に説いた（明治四三年一一月二八日）[44]。江木の陪審論は既に、前年出版された『冷灰漫筆』（有斐閣、明治四二年）や『山窓夜話』（有斐閣、明治四二年）において展開されている。さらに、鵜沢総明は、四つの事件すべてを弁護した経験から、裁判所の国民に対する人権感覚の鈍さを説いて、陪審研究の必要性を主張したのであった[45]。

当時、陪審制反対論がなかったわけではない。陪審制推進派は弁護士と政治家であり、裁判官、検察官はいうまでもなく研究者の多くも陪審制導入に反対であった。一瞥しても、素人の感情による裁判を危惧するとともに[46]、刑の適用は裁判官の専権とすれば陪審を設置する意味がないとする司法省民刑局長平沼騏一郎や大審院院長横田国臣[47]、さらに司法権の独立が保障されている国における不要論を説く司法省参事官泉二新熊[48]、科学的裁判の到来を主張する牧野英一[49]、日本の国情（日本人のメンタリティ・教育水準・裁判に対するものの考え方）、憲法問題（第二四条の法定裁判官の裁判を受ける権利および第五八条の終身裁判官）、および費用について問題視する司法省参事官大場茂馬（後に改説）[50]、陪審制の導入を主張するのは一連の疑獄事件で司法による責任追求の脅威を感じた政治家の身勝手とする梅謙次郎[51]等がある。

8 陪審法の成立過程

大正期前半から原内閣期にかけて、陪審論議は、議会内外に急速に広がっていく。議論は、司法部の人権侵害に対する「人権擁護」と司法の「民主化」のふたつの側面から進展する[52]。

まず、人権擁護からの陪審論は、刑事手続の運用に対する批判である。これには、検事や予審判事らによる未決勾留の濫用、予審判事による恐喝・詐欺まがいの調書の作成、長時間に及ぶ調書の作成、予審判事や司法警察官による恣意的な調書の作成、拘禁日数の長期化、接見交通権の侵害などが挙げられる。一九一五（大正四）年四月、東京鈴ヶ森で起きたお春殺し事件では、お春の情夫小守惣助が逮捕され、拷問のすえ自白した。弁護士布施辰治、福島一郎をはじめ弁護士協会は取調官の拷問を追及していたところ、数多くの強盗殺人を犯した石井藤吉がお春殺しを名乗り出た。石井は起訴され、その認定を受け死刑となった。小守は無罪となっている[53]。

また、人権擁護論の高まりとともに、一九一八（大正七）年に起きた「京都豚箱事件」[54]では、多くの検察側関係者を更迭・辞職に追い込んでいる。「豚箱事件」というのは、京都疑獄事件で府知事木内重四郎をはじめ警察部長ら六〇余名が起訴されたが、検事の取調のために監獄内の板製の囲い（幅約六〇センチメートル、高さ約一七〇センチメートル）で待たされた。これを称して「豚箱のようなところ」と語られ、今日の留置場の語源になっている。

この最中に、悶死者、狂死者を出し、人権蹂躙と騒がれた事件である。京都地裁の公判には、花井や原のほか、勝本勘三郎ら多くの著名な弁護士が立った。結果的に、この事件は、検事局の活動を抑制し、陪審論を大きく推進することになる。

次に、陪審論の動機付けとなったのは、司法への国民参加論である。大正デモクラシー運動において、陪審が普通選挙制と並んで運動目標に掲げられたことが挙げられる。この観点から陪審を展開したものとして、松田源治（政友会）、原悦三郎（立憲国民党）、鈴木梅四郎（国民党）、さらに政治学者の吉野作造等がいる。

(1)　原敬内閣の成立――臨時法制審議会

一九一八（大正七）年九月、原（政友会）内閣が成立し、原は、平沼検事総長らに陪審立法を諮った。これに対して、平沼は、刑事訴訟法のなかに陪審制を盛り込むことを主張する。明治期以来、刑事訴訟法の改正問題が懸案とされていたこともあり、原は、陪審制の立法化を一時は見送ったが、翌年には閣議に陪審制を立法化することの了承を取り付け、再び、総裁に穂積陳重、副総裁に平沼（検事総長）を据えた臨時法制審議会を設置し（大正八年七月八日）、穂積の推薦により、委員長に互選された一木喜徳郎（枢密顧問官）のほか、横田国臣（大審院長）、倉富勇三郎（帝室会計審査局長官・親任待遇）、富谷鉎太郎（東京控訴院長）、美濃部達吉（東京帝国大学教授）、磯部四郎（貴族院議員・弁護士）、花井卓蔵（衆議院議員・弁護士）、鵜沢總明（衆議院議員・弁護士）、江木衷（弁護士）、原嘉道（弁護士）が委員に任命された（一〇月二四日）[55]。

一九一九（大正八）年一一月五日、第一回委員会が開催された。委員の布陣は、江木をはじめとする花井、磯部、鵜沢、原らの陪審推進派と倉富、美濃部、横田、富谷と新たに委員となった松室至（貴族院議員・元法相）らの反対派に別れた。陪審制の是非について紆余曲折を経て、第六回委員会（大正八年一二月一〇日）では、陪審制を刑事訴訟法改正ではなく単行法とすること、陪審は一定の刑事事件について――民事・行政事件に不適用――小陪審を採用することが確認された[56]。

第一回委員会から議論は沸騰し、美濃部はこの席でまず陪審違憲論を陪審推進派に向けた。美濃部の論拠は、憲法上陪審規定が存在しないこと、憲法第五七条が「司法権ハ天皇ノ名ニ於テ法律ニ依リ裁判所之ヲ行フ」とあり、憲法に掲げられた天皇主権および裁判官の独立を侵すおそれがあること、法定裁判官の裁判を受ける権利を定めた憲法第二四条に違反することの三点である[57]。最終的に委員会は、各条項の検討を通して、被告人にいかなる場合も陪審を受ける自由を与えることで「法律ニ定メタル裁判官ノ裁判ヲ受ケル権利」（旧憲二四条）を保障し、また裁判所が最終的事実判断権を持つことで「裁判官の独立」および「天皇主権」を遵守（同五七条）できることを全員一致で確認し、違憲問題を回避した（大正九年四～五月）[58]。しかし違憲問題は、後に付される枢密院においても、陪審消極論者による執拗な批判に晒されることになる。

(2) 陪審法調査委員会

その他細部にわたる審議を経て臨時法制審議会から答申された「陪審制度ニ関スル綱領」にもとづき、大正九年七月二八日、司法省に陪審法調査委員会が設置され、臨時法制審議会の委員だった穂積、平沼、一木、富谷、倉富、花井、鵜沢、泉二、江木のほか、同委員会幹事を務めていた鈴木喜三郎（司法次官）、豊島直道（司法省刑事局長）、馬場鍈一（法制局参事官）、谷田三郎（司法省行刑局長）、小山松吉（大審院検事）、飯島喬平（司法省参事官）、松田源治（政友会）、林頼三郎（大審院検事）の計一七名が委員に任命された。第一回委員会において穂積が委員長に推され、穂積の指名にもとづき、平沼、倉富、花井、馬場、小山、飯島、江木の八名が起草委員に選定されたが、消極派の思惑があり、草案執筆は小山、馬場、飯島、および豊島が担当し、林と泉二が補助することになった。

重要論点は多岐に及ぶが、一点、陪審員の具体的な選定方法を巡る議論について簡単に言及しておきたい[59]。これは、国民の陪審員適格性の問題として、久米邦武（岩倉使節団権少外史）や井上毅の意見（前記**2**・**5**）にも見られることと結びつき、また両者は、後の枢密院の議論もさることながら、時代を超えて今日でも争点となっていることは言うまでもない。一九二〇（大正九）年五月一二日の第一七回主査委員会において、幹事原案は、陪審員の資格要件を衆議院議員の選挙資格と同一としていたが、美濃部は、陪審員には「相当ノ知識階級ノモノヲ資格ノ標準トスル」こととし、例として中学や専門学校卒業者を主張していた。これに対して、江木は、「学校ヲ卒業シタ者ガ幾何カト云ウコトハ統計ニ於テハ調アラズ」と、原案を支持しているが、これは美濃部との本質的違いを示したものではない（後記）。江木は、学校卒業者では当時その範囲が狭すぎて陪審員候補者名簿の作成ができないと踏んだのである。結局、委員会は、制定された陪審法第一二条に引き継がれる陪審員の資格要件を決定するのであるが、具体的な陪審員の選定方法を巡って若干もめた。

原案では、名簿の作成は市町村会とし、区裁判所は異議を述べることができるとしていた。これに対して、美濃部、鵜沢、富谷、一木は、要するに自治体が陪審員を選定できる、言い換えればここに政治的要素が入るとの理由で反対した。これについて江木は意外にも原案に賛成し、町村長が陪審員を選出する主体となるのは、もっぱら「智識階級ヲ採ランガ為メ」と、当時の司法への市民参加論の水準を示す発言を残している。結局、美濃部発言に従い、地裁所長が候補者の員数を各市町村に割り当て、区裁判所判事の監督の下、各市町村長が選定することになった。

結局、委員会は延べ九回開かれ、陪審法案は一九二〇（大正九）年一二月三日および四日、司法省案として決定、翌年一月一日付で「陪審法諮詢案」として枢密院の審査に付された[60]。

(3)　枢密院——消極論から積極論へ

枢密院は「重要ノ国務ヲ審議スル」天皇の諮問機関であり（憲五六条）、陪審法案について必ずしも枢密院に諮る必要はなかった。しかし、原は、陪審法案は重要な政治課題であることもあり、枢密院副議長清浦奎吾と会見し、審査委員会を設置した上で、早期審査の終了を要請するとともに、議長山県有朋を直々に訪問してその了解を求めた。一九二一（大正一〇）年一月八日、枢密院は、伊藤博文のアシスタントとして、陪審を削除する憲法起草に関与した委員長伊東巳代治（元枢密院書記長・元農相）や金子堅太郎（元枢密院議長書記官・元法相）をはじめとした司法省や内閣法制局において豊富な経験を持つ九人を選任した。伊東は憲法の番人を自負し、清浦はかつてボアソナード治罪法草案に盛り込まれていた陪審規定の削除の役割を担ったこともあり、当初楽観視していた原に、暗雲が立ちこめてきた。三月二六日までに二二回開かれたが、帝国議会会期満了を口実に、伊東、清浦らは、原に、政府が諮詢を撤回し、相当の修正の上、再諮詢の手続をとるよう勧告した。政府は、結果的にこれを受け入れ、五月四日枢密院は諮詢案を返上、しかし六月二一日には字句的修正を加えただけで再諮詢の手続をとっている。この第二次諮詢は、刑事訴訟法が改正されたため、それとの整合性を整えさせるため伊東の指示にもとづき、再び政府は撤回し（一〇月二五日）、翌日第三次諮詢案を提出した。[61]当時、伊東は、陪審制に期待する新しい政治的安定化要因としての役割の重要性を認め、枢密院における審議を遅らせることは得策でないと考えるようになっていた。[62]しかし、翌月四日、原敬は、東京駅で一九歳の少年の凶刃に倒れるのである。[63]

(4) 高橋是清内閣から加藤友三郎内閣——陪審法の成立

陪審法案は、高橋是清（政友会）内閣に引き継がれた。枢密院における審査委員会は直ちに再開され、一九二二（大正一一）年二月一五日、第四回審査委員会において、諮詢案は数々の修正を受け同修正案が可決された。採決は四対四の賛否同数であったが、委員長伊東が賛否同数の場合には賛成票を投ずるという既定の方針に従い、かろうじて委員会を通過した。賛成票の中には、陪審反対説から再び態度を変更した金子の一票も投じられている。この修正案は同年二月二七日開かれた枢密院本会議に提出され、山県議長の後を継いだ清浦議長により主宰され、枢密院側は一八名の顧問官が出席（欠席は金子を含む九人）、政府側はワシントン会議に出席中の加藤友三郎を除いて、高橋首相を含む全閣僚が出席した。会議は、伊東委員長の審査報告に始まり、穂積の法案擁護の意見表明、有松英義、平山成信の反対意見、一木の賛成意見等が闘わされ、一四対四の賛成多数で可決された(64)。

この陪審法案は、直ちに第四五議会に提出され、一九二二（大正一一）年三月一四日の衆議院本会議を通過し、貴族院に送付された。ここでは議会閉会間際、若槻禮次郎（憲政会）等の反政友会勢力の反対にあい、廃案となってしまった(65)。

しかし、この廃案となった陪審法案が加藤友三郎内閣によって再び取り上げられ復活した。第四次諮詢案は、大正一一年一二月五日第一回審査委員会可決、同月二〇日枢密院本会議、一九二三（大正一二）年三月二日衆議院本会議(66)をそれぞれ可決通過し、いよいよ同月二一日、貴族院における採決の日を迎えることとなった。同日、若槻の四時間に及ぶ反対演説、花井の賛成演説（二時間）等を経て、夜更けに及び、賛成一四三、反対八により可決された。陪審法は、大正一二年四月一八日法律第五〇号として公布され、五年間の準備期間を経て、一九二七（昭和二）昭和二年九月その一部を実施して陪審員候補者名簿を作成し、一九二八（昭和三）年一〇月一日より施行されている。一〇月一日が「法の日」とされるのはここに由来すること、周知のとおりである(67)。政府は陪審実施のために、判事、検事二五六人を増員し、陪審法廷、陪審員宿舎を全国七一地裁に設置、延べ三三三九回の講演会を全国で行い、啓蒙用パンフレット類二八四万部、四巻の外国版映画、七巻の日本版映画を製作した(68)。また、数多くの模擬陪審も行われた(69)。

9　大正「陪審法」の施行(70)

①　一九二三年陪審法の概要

わが国で実施された陪審の特徴は、まず刑事陪審のうち公判陪審（小陪審）にのみ認められることと、陪審事件を法定陪審と請求陪審に二分したことである。陪審が許された事件は、(1)殺人、放火など死刑または無期懲役もしくは禁錮に該当する場合で被告人が陪審を放棄しなかった事件（法定陪審事件）と、(2)刑期が三年以上の禁錮または懲役に処せられることのある場合で被告人が陪審を請求した事件（請求陪審事件）である（陪審二条・三条）。被告人が第一回公判までに陪審を請求した場合に限られる。ただし、①皇室、皇族に対する危害罪、②内乱、外患罪、国交に関する罪、騒擾罪、③陸海軍刑法その他軍機に関する罪、④選挙法違反事件、⑤国体の変革、私有財産否認に関する罪などは陪審不適事件とされていた（同四条）。その結果、裁判所構成法上、陪審は地方裁判所においてのみ行われる。ところが、公訴提起の権限は検事に専属し、例えば窃盗罪の刑期は長期一〇年であることから、この種の事件は検事の意見ひとつで、地裁に係属して陪審事件ともなり、あるいは区裁事件となり陪審事件から外れることにもなる。すなわち、請求陪審事件を陪審に付するか否かは、被告人に委ねられているというのは名ばかりで、実質的には検事がこれを握っていることになる。

陪審員は、①三〇歳以上の日本帝国臣民男子で、②引き続き二年以上同一市町村内に居住し、③直接国税三円以上を納め、④読み書きができる者である必要があった（同一二条）。陪審法の施行（昭和三年）よりも早く、普通選挙法が成立しているが（大正一四年）、要件は男子について、まもなく年齢以外のものは撤廃されている。陪審法について右記の要件が残されたのは、「我国現在の事情から見て、女子を陪審員に加えるのは、まだ適当でな（く）、……少なくとも直接税の三円位は納める事の出来る、土地其他の財産を有つて居るか、又はこれ位の納税の出来る、営業をして居る人でないと、陪審員といふ甚だ大切な職務を行ふに、不都合であ（り）……読み書きの出来ること云ふのは、陪審員は法廷で、証拠書類を見なければならぬ事もあり、字を書かなければならぬ場合もあります、然るに全く読み書きが出来ぬと云うのでは、陪審員としての職務が勤（まらない）」という理由からである。(71) 当初、陪審員の資格要件は衆議院議員の選挙資格要件に一致させていたが、一九二五（大正一四）年、衆議院議員選挙法の改正により男子普通選挙が実現され、前者は当時の後者よりも制限されることになった。

陪審員資格者名簿および同候補者名簿は市町村長が作成する。陪審員候補者の選定は、公平性を確保するため、抽選によった。一九二八（昭和三）年、全国の陪審員資格者予定数は一八三万五五八一人、陪審員資格者数一七八万一一三二人、陪審員候補者数五万四三三九人であった[72]。資格者であっても、禁治産者や準禁治産者、国務大臣および公務員など公職に就く者、医師、弁護士のほか、学生などは欠格者とされ、除外された（同一三条・一四条）。

公判期日から五日以上前に、抽選で選ばれた三六人の候補者に呼出状が発送され、当日、二四人以上出頭しなければ陪審は構成されなかった。公判当日は、まず、非公開で候補者の資格要件および除斥事由が調べられた。その後、検事と被告人とが忌避手続を行うが（非公開）、これには理由を付する必要はなかった。検事および被告人がそれぞれ同数を忌避できるが、忌避できるものの総数が奇数の場合、被告人が一人多く忌避できた（同六四条）。忌避手続を経て、最終的に正陪審員および補充陪審員をそれぞれ一二人選び（同六五条）、候補者は陪審員として陪審員席に着席するのである。これらを陪審の構成手続というが、これが終わると法廷は初めて公開される。まず、裁判長は、陪審員に注意事項を説明（論告）し、陪審員に宣誓させ（同六九条）、公判が開始した。

公判は、犯罪事実に関する弁論と法律の適用に関する弁論を分けて行う。従来は、裁判官が双方を認定していたため同時に行われていたが、陪審制の採用により、区別されることになる。公判は、被告人が自白した場合、通常訴訟に移行するが、そうでない限り、弁論終結の後、裁判長は陪審員に対して説示を行い（同七七条）、「問書」を渡す（同八一条）。説示に際して裁判長は、法律上の論点、事実上の論点、および証拠の要領を説明し、犯罪構成事実の有無を問うのである。問書には、犯罪構成事実の有無を評議させる「主問」、起訴されたものとは異なる犯罪事実の有無を評議させる「補問」、違法阻却事由を問う「別問」の三種類があり（同七九条）、それぞれに「然り」とか「然らず」と答申させ、一部肯定一部否定のときはその事実について然りとか然らずと答申させた（同八八条）。すなわち、有罪・無罪を決める制度ではない。

陪審の評議は別室で行い、過半数により決定し（同九一条一項）、陪審長が署名捺印して裁判長に提出し（同九二条）、公判法廷において書記官に問書と答申を朗読させた（同九三条）。答申の読み上げは、深夜に行われることもあった。公判廷において取り調べた証拠物件等は、評議室に持ち込むことができた。評議室に入った陪審員は、原則として外部との交通を一切禁止された（同八三条・八四条）。また、裁判終了後は、守秘義務が課された。

評決が可否同数の場合、被告人の利益に評決した（同九一条二項）。答申は直ちに受け入れられたわけではなく、裁判長と裁判官二人による採否の合議が別室でなされ、答申を正当と認めれば採択を宣告した——つまり事実認定権は裁判官にある。答申が採択されないときは、改めて陪審候補者を呼び出し、新たに陪審を構成してその事件をやり直し、裁判所の意見と一致するまでやり直す（陪審の更新）ことができた（同九五条）。これは、明治憲法が天皇主権における司法（「司法権ハ天皇ノ名ニ於テ」旧憲一条・五七条）および法定裁判官の裁判を受ける権利（同二四条）を明規していたからである。すなわち、裁判所は陪審を無視できず、陪審も裁判所を拘束できないという、これも世界の陪審には希な日本型陪審の特色のひとつである。これらは、審議の段階で幾重にも討議された点である。結果的に、これは積極派と消極派の妥協の産物といえよう。それだけに「陪審制度の根本理念が否定され」、「日本の陪審法とは、成立のはじめから、このように骨抜きにされていた」との批判は免れない。[73] 陪審が犯罪構成事実を否定する答申をしたときは、検事はこれを争うことはできない。なお、答申に理由は必要ないが、「陪審員は素人であるから法律学や論理学の力によりて、其の答申の理由を汲み上げることはできない。直接に常識に訴て判断するのである、しかして陪審制度は裁判を常識の上に置こうと云う制度であるから、理由の無い常識判断を尊重するのである」。[74]

裁判所が答申の犯罪事実を受け入れれば、検事の求刑、弁護人の弁論がなされた（陪審九六条）。陪審の判断について控訴は許されず（同一〇一条）、被告人および検事は大審院に対する上告のみが認められたにすぎない（同一〇二条）。控訴審は事実審であり（覆審）、既に一度陪審により十分審理している以上、控訴審の必要はない、というのが理由である。陪審費用は、請求陪審の場合で被告人敗訴のとき、被告人に全部または一部を負担させた（同一〇七条）。一件につき二〇〇円前後必要であると想定していたが[75]、各年度の平均額は一件につき最高四八二円九四銭（昭和一二年度）、最低は二二五円七二銭（同一七年度）であった[76]。

② 陪審制度の評価　これらから分かるように、当時の陪審は、制度自体に問題を抱えていたことは確かである。陪審員の資格の財産による制限、陪審事件の範囲が狭いこと、陪審の答申に多数決を採用したこと、陪審に拘束力がなかったこと（陪審の更新）、陪審判決に対する控訴の禁止、陪審費用の被告人負担、これらが、陪審の利用を少なくしていた原因のひとつであったことは否めない。とりわけ、陪審の更新制度は、陪審の精神を骨抜きにし、官僚による司法の支配を露呈した。また、陪審による裁判に対しては控訴できないため、弁護人は、被告人に陪審を受ける権利を辞退させることが多かった[77]。しかし、それにもかかわらず、当時の陪審は、概ねよく機能していたとはよく語られることである。

陪審法が施行された一九二八（昭和三）年の一一月二七日、大阪では第一回陪審裁判の公判があり、陪審は叔父殺しの殺人事件について傷害致死の答申をし、裁判所もこれを採用して軽い刑を言い渡した。また、同年一二月一七日、東京において第一回陪審裁判の公判が行われ、放火事件の被告人は無罪答申にもとづき無罪が確定した。当初政府の見込みでは、全国で一年

［表１－１］　陪審事件数

昭和３年	31件
４年	143件（７件）
５年	66件
６年	60件（１件）
７年	55件（１件）
８年	36件（１件）
９年	26件（２件）
10年	18件
11年	19件
12年	15件
13年	4件
14年	4件
15年	4件
16年	1件
17年	2件
18年	0件
合　計	484件（12件）

※カッコ内は請求陪審

無罪件数	81件
無罪率	16.7%
有罪件数	378件
公訴棄却	1件
陪審更新	24件

間に約三五〇〇件の陪審事件を見込み、約一二万六〇〇〇人の陪審員が必要であると試算していた。[78] しかし、一九二八年一〇月一日から一九四三（昭和一八）年四月一日までの間に、全国で実施された陪審は四八四件にすぎず、特に昭和一三年以降は極端に少ない。[79] 無罪判決の平均割合は一六・七パーセント、放火罪が最も多く三一パーセント（一八〇件中五六件）、殺人罪は六・三パーセント（二二三件中一四件）、強盗一三パーセント（二三件中三件）であった。陪審の評議に付された事件の公判所要日数は、二日が最も多く一九二件、一日一八〇件、三日八八件、四日一八件、五日三件、六日二件、そして七日一件、平均所要日数は一・七日である。一件あたりの証人尋問数は約一〇人である。最も多かった事件は嬰児殺被告事件で四二人、この事件の被害者は一九人であった。[80]

一九四三（昭和一八）年、第八一回議会において「陪審法ノ停止ニ関スル法律」が通過し、裁可を得て公布施行された。[81] 当時、法律の施行の停止という例はなかったらしく、同法の解説によれば、「法律の効力其のものを停止するのではなく平たく謂へば法律其ものは活かしておいて只当分の間眠らしておくようなもの」である。[82] ところで、なぜ陪審制度が停止されたのだろうか。大正陪審法自体が様々な欠陥を抱え、当初、期待した役割を十分に果たしえず、その結果、陪審制度の利用数の激減が一因していることに間違いはない。とくに、法定陪審事件では、事件を否認した被告人も、陪審裁判において陪審員が宣誓を終えた後の公判で「検察官の被告事件の陳述前は何時にても事件を陪審の評議に付することを辞し又は請求を取下」げることができた（陪審六条一項）。また、公判前の公判準備（非公開）の段階で、裁判長が被告人に対して事件の認否を行い、否認しても「被告人に対し事件を陪審の評議に付することを辞し得べき旨を告知」し（同四一条）、さらに被告人は「公判又は公判準備に於て公訴事実を認めた」ときも陪審を受けることはできなかった（同七条本文）。しかも公判準備で裁判長は、陪審の場合には控訴できないこと、有罪になれば費用を払わなければならないこと、天皇の名において裁判する裁判官と陪審員のどちらを信用するのかと、実際には辞退の勧誘さえ行われたといわれている。[83]

戦時下にあって、利用数は年間一～二件にすぎなかった。また、戦時に即応するために、区裁判所の管轄権拡大、二審級制の採用、調停の積極的活用等、司法体制の変化や治安立法が出現したことも看過されてはならない。しかし、陪審法廃止の主張がなされながら停止にとどまった理由は、陪審員資格者名簿および同候補者名簿の作成に、自治体は、多大な手数を費やさなければならなかったことにある。そのため一九四一（昭和一六）年には既に、両名簿の有効期間は一年から四年に伸長されていた。また、戦時下における国民のみならず裁判所および検事局の負担も考慮された。したがって、「元来我国の陪審制度は民衆をして裁判に関与せしめ犯罪事実の有無につき常識ある判断をなさしめ以て裁判に国民の法的意識感情を注入せんとする高遠な理想の下に設けられたるもので其の運用の妙を得るときは平時に於ては寧ろ望ましいものと云ひ得よう。……陪審制度を廃止せず単に施行停止に止めて戦争終了後之が再施行を考慮せんとした趣旨は即ち茲に在る(84)」。

（1）尾佐竹猛『明治文化史としての日本陪審史』（邦光堂、大正一五年）一〇頁以下参照。

（2）引用は、福沢諭吉編纂輯『西洋事情・初編巻之三』（慶應義塾出版局、再々版、明治六年）九頁。

（3）三谷太一郎『近代日本の司法権と政党――陪審制成立の政治史――』（塙書房、昭和五五年）一〇〇頁以下。なお、同書九九頁が指摘するように、『西洋事情・初編巻之二』に連邦憲法の翻訳を載せているが、第三条（司法）において、陪審の部分がない。

（4）山名京子「オランダにおける陪審制の導入と廃止」奈良法学五巻三号（一九九二年）六七頁。

（5）久米邦武編『特命全権大使・米欧回覧実記(2)』（岩波文庫、一九七八年）一八一頁以下。マンチェスターにおける記述は次のとおりである。

「比日ハ、時計を盗みし罪人一人、『ステーション』某外に於て、窃盗を働きし、夫婦の罪犯を、巡査の捕へ来りて、審問中なりしによって、姑《しばら》く裁判役の席に於て、之を聴問せり。此訟庭の位置は、巡査は証人の席に出る。罪人は中央の席に、巡査の付添にて出る。『ヂュリー』の席は、壇の前に羅列す。裁判役は罪人の正面に列座し、其席壇の下に書記官列席す。『ヂュリー』は府中の人民より公選し、常に審問の席に列座し、立会をなし、務めて罪人を荷担し、其罪を末滅する道を求め、罪人に代て辨駁《べんばく》をなすことを心得とす。審問の時は、罪人を其定席に立しむ。固より束縛を加えることなし。巡査にて看護するのみ。之を捕えし巡査は、証人の席に立て、『バイブル』をなめて、誓ひをなし、捕えし証跡顚末を明陳す。夫より引連れ来りし、証拠人教名、次第を以て其席に進み、誓いをなすこと例の如くして、各人見聞の証跡を辯陳す。其時裁判役、書記官、『ヂュリー』、各筆を取って其陳明の語を書き留む。裁判役は、其陳する語中に於て、裁判に肝要なる肯綮《こうけい》の語を書す。『ヂュリー』は、務めて其罪を末減する。肯綮の語を書す、書記官は、総て其口供せる語の顚末を書記す。若し陳明する語中に於て、肯綮の処に曖昧《あいまい》なる所あれば、裁判に於て肝要なるは、裁判役より更に推問し、罪状の軽重に関するは、『ヂュリー』より推問す。其外は満坐の諸人、口を開くことなく、只証人の陳説を審聴するのみ。証人の陳説のとき、罪人より辨明をいるることあれば、『ヂュリー』を制止して言はざらしむ。又傍より証人に添説をなすことあるも、亦此の如し。罪人より、証人の申口に、不承服のことあれば、耳語して『ヂュリー』に告げ、己の申分を言ふも自由なり。『ヂェリー』は罪人よりの申分と、証人の申口とを、十分に聞済し、審問一応すみたる後に、裁判役に向ひ、罪人に代り、口を極て其辨明をなし、罪人の親ら辨するより明晰なり。故に罪人は席を終わるまで、一語を吐す。只裁判役に面して立のみ、此日捕えたる所の罪犯は、其盗状もとより明白なれども、固より窃盗をなす愚人なれば、只証人の申口は、己の親戚に荷担して、往往に実を失ふなとの申分あるにすぎず。『ヂュリー』一一に其意を受次て、十分に声を張り、備《つぶ》さに抑揚をきはめ、滔滔《とうとう》として辯明せり。裁判役は他を顧るのみ。窃盗の愚人をして、冗長に申開きをなさしめんより、『ヂュリー』代わりて、明快に辯明すれば、罪人も甘心し、又審問人も煩冗《はんじょう》を省き、簡便の法なるを覚ふなり」（原文は、片仮名、読点、およびルビのみ）。

なお、岩倉使節団については、歴史家による多くの書籍が公刊されている。容易に入手できるものだけでも約二〇冊あるが、陪審について触れるものは見当たらない。

（6）久米邦武編『特命全権大使・米欧回覧実記(3)』（岩波文庫、一九七九年）一四二頁以下。

（7）尾佐竹猛『疑獄難獄』（実業之日本社、一九四八年）三八頁。

（8）両替商小野組の転籍に関し、京都府権大参事槇村正直（一八三四～九六年）が謹慎を命じられた事件。「槇村事件」とも呼ばれる。事件の詳細は、尾佐竹・前掲『明治文化史としての日本陪審史』二六～九四頁参照。

（9）本事件については、尾佐竹・前掲『疑獄難獄』九四頁以下、同『明治警察裁判史』（邦光堂、大正一五年）一二三～一二七頁、花井卓蔵『訟庭論草・満鐵事件を論ず・附陪審法に就て』（無軒書屋、一九二七年）一〇頁以下、および田中時彦「広沢真臣暗殺事件――陪審制度の試行――」我妻栄編『日本政治裁判史録（明治・前）』（第一法規、一九六八年）二五四頁。

(10) 田中・前掲『日本政治裁判史録（明治・前）』二六三頁。
明治期の初めの手続は、ほぼ江戸時代の吟味筋の方法が踏襲されていた。最初の手続法ともいうべきは一八七〇（明治三）年五月二五日の「獄庭規則」であり、これによれば罪人の最初の吟味は判事が出座し、内容は江戸時代の奉行所によるものと大差なかった。一八七一年（明治四年）七月九日、それまで裁判所の役割を担っていた弾正台と刑部省は廃止されるとともに司法省が置かれ、裁判所はその傘下に治められた。裁判所が司法省から独立するのは、一八七三（明治六）年一二月一〇日、司法卿の司法省裁判所長兼任廃止からである。以上、小田中聡樹「明治前期司法制度概説」我妻編・前掲『日本政治裁判史録（明治・前）』五三三頁以下等参照。

(11) 小野組転籍事件における「参座規則」によれば、内閣において議定し、諸官吏の中から命じられた九人の参座により構成され、「罪ノ軽重ヲ決スルハ判事ノ任」務とし、「罪アルト否トヲ定ルハ参座ノ権」能とした。また、信じ難いことに「拷問ヲ用フル時ハ参座ノ承諾ヲ得テ然ル後行フ事ヲ得ル」とし、参座と拷問が並立していた。なお、当初この事件は、「陪審」設置の問題とされていたが（明治六年九月二十二日太政官達）、後に「参座」と改められ（同一〇月九日太政官達）、「参座規則」の制定となった。溝淵孝雄『陪審法釋義』（清水書店、大正一三年）一頁以下参照。このほか、小泉輝三郎『明治黎明期の犯罪と刑罰』（批評社、二〇〇〇年）二二頁以下が、同事件について言及する。これによれば、「参座は裁判官に伍して判断にも与《あずか》る」ものと説明する。

(12) 田中・前掲『日本政治裁判史録（明治・前）』二七一頁。

(13) 佐賀の乱については、大島太郎「佐賀の乱──元参議の梟首──」我妻編・前掲『日本政治裁判史録（明治・前）』三三八頁以下。

(14) 西南戦争については、田中時彦「西南戦争叛徒処分──最後の反乱戦争と司法権の阻却──」我妻編・前掲『日本政治裁判史録（明治・前）』三九五頁以下。

(15) 三谷・前掲『近代日本の司法権と政党』一一三頁から。

(16) 福沢諭吉『丁丑公論』『福沢諭吉選集・第七巻』（岩波書店、昭和二七年）三一〇・三三八頁以下。

(17) 尾佐竹・前掲『明治文化史としての日本陪審史』一四四頁以下。

(18) 以下主に、大久保泰甫『日本近代法の父ボワソナアド』（岩波新書、一九七七年）を参照。

(19) 三谷・前掲『近代日本の司法権と政党』一〇四頁から引用。治罪法草案における陪審制について、三谷・前掲『近代日本の司法権と政党』一〇三頁以下を参照のこと。
(20) 新倉修「序論・陪審裁判の歴史と理念」法時六四巻五号二四頁。
(21) 三谷・前掲『近代日本の司法権と政党』一〇六頁以下・一一二頁以下。
(22) 花井・前掲『訟庭論草』七六頁。
(23) 江木衷「憲政に対する防長人士の責任」『理想の憲政』(有斐閣、大正六年)四八～五五頁。
(24) 花井・前掲『訟庭論草』八五頁以下。
(25) 大久保・前掲『日本近代法の父ボワソナアド』一二二頁。
(26) 詳細は、三谷・前掲『近代日本の司法権と政党』一一八頁以下を参照のこと。
(27) 永井秀夫編『日本の歴史㉕自由民権』(小学館、一九七六年)一二六頁。
(28) 大田雅夫「大正陪審法制定記――政治史の視点から――」「陪審制度を復活する会」編著『陪審制の復活』(信山社、二〇〇〇年)一〇九頁。
(29) 稲田正次『明治憲法成立史の研究』(有斐閣、昭和五四年)七五頁以下。なお、明治一二年とする文献も若干ある。
(30) この日本帝国憲法(五日市憲法草案)の全文二〇四カ条については、色川大吉編『民衆憲法の創造――埋もれた多摩の人脈――』(評論社、昭和四五年)三二五頁以下。なお、この草案には条文は付されていない。本書括弧内の条数は、色川編・前掲書が便宜的に記した数字である。
(31) 五日市憲法草案の脱稿は、一八八一(明治一四)年四月下旬から五月上旬頃とされる。稲田・前掲『明治憲法成立史の研究』一〇四頁。
(32) 以下、家永三郎＝松永昌三＝江村栄一編『明治前期の憲法構想』(福村出版、昭和四二年)二六四・二八九頁、三谷・前掲『近代日本の司法権と政党』一三〇頁以下参照。
(33) 中原精一『陪審制復活の条件――憲法論と日本文化論の視点から』(現代人文社、二〇〇〇年)一八頁。
(34) 稲田正次『明治憲法成立史(上巻)』(有斐閣、昭和三五年)五七八頁、三谷・前掲『近代日本の司法権と政党』一三一頁以下。
(35) 「ロェスレル起草憲法上諭草案と明治憲法上論の成立」について、稲田・前掲『明治憲法成立史の研究』一三九頁以下参照。

(36) 三谷・前掲『近代日本の司法権と政党』五五・一二九頁以下。
(37) 雨宮昭一「日糖事件」我妻栄編『日本政治裁判史録（明治・後）』（第一法規、昭和四四年）四八六頁参照。
(38) 梅謙次郎「陪審論」法学志林一一巻一一号（一九〇九年）二六頁は日糖事件との関わりを強く指摘する。
(39) 大島太郎「シーメンス・ヴヲッカース事件――倒閣原因となった軍拡による海軍疑獄――」我妻栄編『日本政治裁判史録（大正）』（第一法規、昭和四四年）五二頁、「〔座談会〕シーメンス事件を聞く」法の支配三号（一九六〇年）三七頁参照。
(40) 大島・前掲『日本政治裁判史録（大正）』六三頁。原嘉道は、陪審制度を設ける目的は、裁判制度に対する少数の国民の不安を取り除くためであり、したがって、陪審は任意制になっている、とする。同「司法制度の目的を論じて陪審制度に及ぶ」法学新報四七巻一〇号（昭和一二年）一頁。
(41) 田宮裕「大浦事件――政府の高官と起訴猶予――」我妻編・前掲『日本政治裁判史録（大正）』一〇六頁、法律新聞一〇一七号一頁、一〇二八号一頁、一〇三八号一八頁、一〇三九号一頁、一〇四〇号一頁、一〇九四号一頁、一〇九六号一一頁、一一二三号一九頁参照。
(42) 松尾浩也「大逆事件――疾風のような裁判と処刑――」我妻編・前掲『日本政治裁判史録（明治・後）』五四四頁、村井敏邦「大逆事件（上）（中）（下）」法セミ五四三～五号（二〇〇〇年）、「〔座談会〕大逆事件を聞く」法の支配三号（一九六〇年）二一頁参照。
(43) 尾佐竹・前掲『明治文化史としての日本陪審史』一六六頁。
(44) 『原敬日記第三巻』（乾元社、昭和二六年）六五・六六頁参照。
(45) 鵜沢総明「陪審制度ニ就テ」国家学会雑誌二四巻三号（明治四三年）六九・八一頁。
(46) 江木衷『山窓夜話』（有斐閣、明治四二年）一四三～一五六頁。江木によれば、平沼のヨーロッパ司法制度の視察が彼の陪審否定論を決定づけた。平沼は、自らの欧州視察について「英国の刑事裁判制度（明治四十一年六月の司法官会議に於ける演説）」法曹記事一八巻七号を残している。
(47) 横田国臣「陪審制を排して情実裁判所の設置に及ぶ（上）（下）」法律新聞五八六号三頁、五八七号五頁（明治四二年）。
(48) 泉二新熊「陪審制度に就て」国家学会雑誌二四巻三号（明治四三年）四九・六七頁。参審制度について触れる文献が少なかった当時、泉二は、欧州特にドイツの陪審裁判所、参審裁判所、刑事部の三つを重点的に紹介し、素人の関与する前二者の比較を試みている点で興味深い。
(49) 牧野英一「陪審制度に就て」国家学会雑誌二四巻四号（明治四三年）七三頁以下。ここでは評決について全員一致のイギリス陪審と多数決のフランス陪審の相違について、グロファロおよびグラッセリーを引用して言及する部分がある。それによると、イギリス国民は責任感が強く（個人主義）、しかも犯罪者に対して厳格に対応するので陪審に向いているが、フランス国民は犯罪者に対して同情的であり、きわめて無責任（社会主義）、つまり付和雷同する気質であるので陪審に向いていない。
(50) 大場茂馬「陪審制度反対論の一節」国家学会雑誌二四巻五号（明治四三年）六一頁以下。
(51) 梅謙次郎「陪審制度に就て」国家学会雑誌二四巻五号（明治四三年）八三頁は、「近来日本の裁判所の裁判が弁護士或いは衆議院議員等の多数の人に気に入らぬことが多いというので、是は陪審の制と云うものが西洋にあるさうだが、それを用いたら此度良くなるだろうと云う位の、極めて浅薄なる議論から起つて居る」と。同旨、同・前掲法学志林一一巻一一号二六頁以下。また、同・前掲国家学会雑誌二四巻五号八九頁では「似寄った問題が例の普通選挙の問題で……実際に弊の多いと云うことを信じて疑わぬ……」と、普通選挙と陪審の導入に懐疑的であった。
(52) 三谷・前掲『近代日本の司法権と政党』一五〇頁以下参照。
(53) この事件について、当該弁護人自身による布施辰治『噫々刑事裁判の時弊司法機関改善論』（大正六年）、福島一郎『小守疑獄事件の真相』（大正五年）がある。
(54) 日本弁護士連合会『弁護士百年』（非売品、昭和五一年）六九頁参照。
(55) 三谷・前掲『近代日本の司法権と政党』一七八頁以下。なお、花井は、大正一二年には貴族院議員に勅選されている。
(56) 三谷・前掲『近代日本の司法権と政党』一八六頁以下。
(57) 三谷・前掲『近代日本の司法権と政党』一八〇・一八一頁。
(58) 三谷・前掲『近代日本の司法権と政党』一九二～二〇二頁。
(59) 以下、三谷・前掲『近代日本の司法権と政党』二〇四～二〇九頁参照。
(60) 三谷・前掲『近代日本の司法権と政党』二一一～二一三頁。
(61) 三谷・前掲『近代日本の司法権と政党』二二二～二六九頁
(62) 三谷・前掲『近代日本の司法権と政党』二八二・二八五頁。

(63) 雨宮昭一「原敬暗殺事件」我妻編・前掲『日本政治裁判史録（大正）』三〇五頁参照。
(64) 三谷・前掲『近代日本の司法権と政党』二八〇～三一一頁。
(65) 当時の回顧録として、若槻禮次郎『明治・大正・昭和政界秘史――古風庵回顧録――』講談社学術文庫（一九八三年）二三八～二四八頁がある。ただし、若槻の主張は、陪審制を全面的に否定するものではなく、大陪審の必要性は認めていた。大陪審ならば、検事の拷問、自白による起訴を防止することができ、人権擁護に資するであろう、というのである。
(66) 第四五・四六回衆議院議事録、同特別委員会議事録、第四五・四六回貴族院議事録、同特別委員会議事録の概要について、阪村幸男「大正陪審法の制定過程における論議」前掲『陪審制の復活』一四〇頁以下、第四六回衆議院陪審法案委員会の議事録は、法律新聞二〇九六号付録および四宮啓監修・稲葉慶和編『資料で見る陪審法判例集成』（大学図書、二〇〇〇年）一五一頁に掲載されている。
(67) 田中茂樹「日本国憲法における陪審制度――歴史的分析――」神戸大学教育学部研究集録四八集（一九七三年）七九頁によれば、偶然にもこの日、支配層は、天皇を大審院、東京控訴院、東京地裁に赴かせたが、その目的は裁判所内に国民の血が流入することを防ぐためと推測している。
(68) 丸田隆『陪審裁判を考える』（中公新書、一九九〇年）一三五頁。また、当時の様子を知る手掛かりとして梅沢利彦『陪審制・市民が裁く』（社会評論社、一九八九年）五三～七一頁が最適である。
(69) 模擬陪審の弊害を唱えるものとして瀧川幸辰『刑法雑筆』（文友堂書店、昭和一二年）二八四～二九三頁がある。同書は、模擬裁判には、弁護人の弁論に血が踊る殺人事件、恋か義理により殺人を犯した女性被告人、有罪を答申すべき事実が明瞭にも拘らず無罪言渡による見物人の喝采の三パターンがあると、辛辣に批評する。
(70) かつて施行されたわが国の陪審制度のあらましと運用状況について簡潔に示すものとして、後藤昌次郎編『陪審制度を考える』岩波ブックレット一九〇号（一九九一年）がある。また、陪審に関する手引書として大日本陪審協会『陪審手引』（昭和六年）九四頁（新書版）、入門書として、中島玉吉『我国の陪審法』（大阪毎日新聞社・東京日日新聞社、大正一二年）七二頁、黒住成章監修・陪審制度普及会編『陪審法の実際知識』（甲子社書房、昭和二年）二七六頁、注釈書として溝淵・前掲『陪審法釋義』三三七頁、林頼三郎『日本陪審法義解』（有斐閣、大正一五年）等がある。前掲『陪審手引』については、復刻版が現代人文社（一九九九年）から公刊されている。

(71) 大日本陪審協会・前掲『陪審手引』二六・二七頁。
(72) 黒住監修・前掲『陪審法の実際知識』付録六四・五頁。
(73) 青木英五郎『陪審裁判』（朝日選書、一九八一年）五三・五四頁。
(74) 中島・前掲『我国の陪審法』五一・五二頁。
(75) 中島・前掲『我国の陪審法』六〇頁。
(76) 岡原昌男「『陪審法ノ停止ニ関スル法律』について」法曹会雑誌二一巻四号（昭和一八年）二三頁。
(77) 東京弁護士会編『陪審裁判――旧陪審の証言と今後の課題』（ぎょうせい、一九九二年）六八・一四八頁参照。
(78) 黒住監修・前掲『陪審法の実際知識』付録六四〜六六頁。
(79) 法律新聞三一三五号（昭和五年六月二八日）一七頁は、施行後一カ年の実績を見ると、陪審裁判該当事件は一二八二件あったが、被告人から辞退した数が六八九件、自白のため陪審にかけられなかったものが三五〇件、実際に陪審にかけられたものが二四三件、また被告から請求できるものが一八五七件あったが、一三八七件は自白してしまい、一五件の請求があったが、そのうち五件は取り下げられたと報じている。実施件数が二四三件というのは、岡原・前掲論文（法曹会雑誌二一巻四号）に掲げられた件数と異なるが、当初はかなりの割合で陪審に持ち込まれたこと、言い換えれば、陪審は次第に辞退されていく傾向にあったことが推測できる。
(80) 統計については、岡原・前掲法曹会雑誌二一巻四号一九〜二二頁を参照。昭和一一年四月まで（九年間）の総件数は四四三件になるが、それまでの地裁別件数については、法律新聞三九八八号（昭和一一年）一九頁を参照のこと。
(81) 法施行後の陪審改正問題、陪審法停止の社会背景、および同法を審議した貴族院特別委員会（第八一回帝国議会）における答弁について、利谷信義『戦後改革4司法改革』東京大学社会科学研究所編（東京大学出版会、一九七五年）八六〜九八頁。
(82) 岡原・前掲法曹会雑誌二一巻四号一三頁。
(83) 佐伯千仭「陪審裁判の復活はどのように阻止されてきたか」立命館法学二五五号（一九九七年）一六頁以下。陪審制の実態調査研究について、浦辺衛「わが国における陪審裁判の研究――経験談による実態調査を中心として」司法研修所調査叢書九号（一九六八年）、東京弁護士会・前掲『陪審裁判』「〔座談会〕陪審制度について」法の支配四号（一九六一年）三一頁等がある。
(84) 岡原・前掲法曹会雑誌二一巻四号一一頁。なお、一九九一年、近畿弁護士会全会員（二六七二人）に対して行われたアンケート調査によると（回答七六四件）、陪審制が定着しなかった理由について、約半数の回答が「職業裁判官への信頼の厚さ」（五七・七％）と「制度が時局に合わなかった」（五四・七％）ことを挙げる。陪審法制研究班『民衆の司法参加の可能性と限界――弁護士意識調査の分析――』（市原靖久）関大法学研究所研究叢書六冊（一九九一年）五九頁以下。

二　日本国憲法の下における市民裁判官

日本国憲法の下における市民裁判官の許容性について整理しておこう。戦後における市民裁判官論の特色は、刑事裁判における陪審制のみならず参審制にまで議論が及んでいることと、民事における陪審制および参審制へも考究がなされている点にある。しかし、議論の中心はやはり刑事陪審の憲法上の許容性にあったといえよう。

1　憲法制定過程における市民裁判官論

(1)　憲法改正草案発表以前の市民裁判官論

一九四五（昭和二〇）年一〇月、内閣による憲法制定作業が開始するが、既に一九四五年、ふたつの民間憲法草案において陪審法制定が提唱されている。ひとつは、高野岩三郎、大内兵衛等からなる憲法研究会「憲法草案要綱」（一二月発表）である。同草案は「司法権ハ国民ノ名ニヨリ裁判所構成法及陪審法ノ定ムル所ニヨリ之ヲ行フ」と定めていた。この草案は、連合国最高司令部民政局行政部により注目されるが、陪審自体に対する批評はない(1)。もうひとつは、布施辰治による「憲法改正私案」（一二月発表）であり、第三六条「司法及行政裁判ハ、陪審制ニヨリ、裁判所及検事局ニ於テ之ヲ行フ」である。その理由によれば、本条は「司法行政の独断認定を恣意にする官僚裁判制度を撤廃して、民、刑、人事、行政のすべてにつき民意を反映する陪審裁判制度の確立を明らかにした正文」である。[2]

一九四五（昭和二〇）年一〇月一一日、首相新任挨拶のため、マッカーサー元帥を訪問した幣原喜重郎に突きつけられたのは、憲法改正を始めとする五大改革であった。その二日後、国務大臣松本烝治を委員長とする憲法問題調査委員会が発足するが、翌月二四日に行われた第四回総会において、憲法第六〇条（「特別裁判所ノ管轄ニ属スヘキモノハ別ニ法律ヲ以テ定ム」）について、家庭裁判所における素人の関与、商事裁判所の設置、陪審制度の存続の問題が生じ、これらの導入に積極的な意見と消極的な意見が表明されている。[3]

このように、国民の司法参加の議論は無視しえないものとなるなか、野村淳治（東京大学名誉教授）の「憲法改正に関する意見書」が提出されている。野村は、人権擁護の見地から、刑事事件に関する小陪審および大陪審の設置、損害賠償請求に関する民事陪審の導入、陪審費用の国による負担、予審制度の廃止等を提唱したが、松本は急激な改革としてこれを取り入れることはしなかった。[4]

(2) 憲法改正草案発表後の市民裁判官論

一九四六（昭和二一）年四月七日、憲法改正草案（後記*3*）が発表された後の民間草案として、陪審員の全面的導入を図る日本共産党の「日本人民共和国憲法（草案）」第八二条（「裁判はこれを公開しその審理には陪審員の参加が必要である。」）や、大綱において政府案に賛成し、司法について修正を試みた日本弁護士協会・東京弁護士会の「政府の憲法改正案に対する修正案とその理由」がある。後者は、陪審の答申に拘束力を認め、陪審員の公選制を採用し、請求陪審のみ認めるものであった。[5]

そのほか、中村宗雄（早稲田大学教授）は、司法制度を民主化し、名実ともに「人民に依る人民の為の裁判」を実現するためには、裁判および裁判手続を民衆化する必要があり、「民事・刑事を問はず、裁判は民衆の立場に立ち、民衆の気持を理解したものであって、初めて一般国民に納得せられ、又、共鳴せられる」として、陪審制ならびに参審制の大規模な実施を提唱した。中村によれば、刑事事件については公判陪審のみならず、起訴陪審も取り入れ、民事事件については損害賠償額認定に陪審を導入し、特殊事件のために特別裁判所または特別部を設けて専門参審制を取り入れる必要があるとした[6]。これは前述した野村淳治の意見（前記(1)）と方向性を同じくする。

また、自由法曹団員の意見をまとめた岡林辰雄「司法制度の民主化――とくにその政治的意義について――」がある。これによれば、「司法裁判は大衆の政治的生活と分離して存在するものではないにも拘らず、これを分離して……司法裁判を支配階級の支配の道具にしようとする」企てがあり、司法を民主化するために「人民の政治的意識および欲求を司法制度に……全面的に反映せしめる」必要性を説いた。その方法として、裁判官の公選、国会の選挙による検事総長の選出、警察署長の公選の採用を唱えるとともに、「民事刑事その他いつさいの裁判に一般人民が参加するために、全部にわたつて参審乃至陪審の制度」（陪審員の選定も選挙による）を主張する[7]。

しかし、多くの憲法草案は、司法権の独立強化や司法制度改革の必要性は認めるものの、司法への国民の直接参加を憲法上保障するまでにはいたっていない[8]。

(3)　憲法改正草案を巡る審議[9]

時の内閣は、憲法問題調査委員会[10]を設置するが（一九四五年一〇月一三日）、マッカーサーは、ここでの審議[11]を横目に、一九四六（昭和二一）年二月三日、憲法草案の作成を民政局に命じ、同月一三日、総司令部案を日本政府に交付させた。三月六日、日本政府はこれを受け入れ、四月一七日、これを憲法改正草案として公表している。ここに陪審規定は見られないが、第二次試案まで「陪審審理は、死刑を科しうる罪について起訴された者にはすべてに、重罪（felony）について起訴された者にはその者の請求により、与えられる」との部分があった。しかし、二月一〇日の一応の成案に至る段階で削除された[12]。

一方、司法省は、終戦に伴う新たな事態に対応する司法制度を確立し、従来の制度に再検討を加えこれを改正するために司法制度改革審議会を立ち上げた（一九四五年一一月九日）。ここにはふたつの小委員会が設けられ、参審制度を含む国民の司法参加制度が議論された。しかし、先に述べた憲法改正に関する総司令部案が政府に交付されるのに伴い、裁判所構成法と刑訴法の改正を求めるＧＨＱ民間情報部保安課法律班マニスカルコ大尉の提案が司法省に交付されている。前者は法曹一元、後者は起訴陪審および公判陪審を要求するものであった。その後、政府もしくは司法省直轄の数々の委員会に仕事は引き継がれるが、陪審制度のみならず参審制度の導入は凍結されてしまう。これらの代案のひとつとして生まれたのが検察審査会の設置である。これは司法の民主化を要請する米国側の顔を立てるとともに、将来の課題として裁判所法三条三項の文言が残された[13]。またこの段階で、簡易裁判所の司法委員制度――当初、司法委員の刑事事件への関与も予定されていた[14]――の構想も生まれるが、これは参審制の代案といえよう。当時、政府にとってマニスカルコ提案は重圧に違いなかった。しかし、日本側の良き理解者であったオプラー氏をチーフとする裁判所・法律課が民政局にできたこと、法文化の質の異なる日本にアメリカ法の諸原理を入れることに無理があったこと、占領政策としての司法改革に限界が内在していたこと等が重なり、国民の司法への直接参加を生むには至らなかったのであろう。

政府は、当初、「憲法改正草案に関する想定問答（法制局）」のなかで、「憲法に陪審をみとめる明文の規定はないにもかかわらず、裁判を受ける権利の保障が、「裁判官」が「裁判所」と改められ、……裁判官以外の者を加へてこれを構成することも差支ないものと解せられるから、現行憲法におけるよりも以上に陪審制を認める余地があるといい得る。寧ろ強制陪審も許される……」と、枢密院における五月一三日の審議では、「裁判所トハ裁判官ヲ中心ニスルノ意ニシテ趣旨ハ別段変改ナシ」、「新憲法ノ下ニ大体アメリカ式ノ陪審裁判ガ実施セラルルモノト考フ」、「裁判官ニハ陪審員ヲ含マズ」[15]と、積極的な姿勢を示している。

最後に、第九〇回帝国議会（昭和二一年六月二〇日～一〇月一二日）における陪審に関わる質疑の重要部分を押さえておこう。(16)議会における司法大臣木村篤太郎の陪審に対する表向きの姿勢は、司法の民主化を唱える質問を受けて、内心とは裏腹に徐々に積極的なものに変容せざるを得なかった。

六月二八日の衆議院本会議において、安部俊吾（無所属倶楽部）は、米国憲法第六条に倣い、陪審「制度を条文化して憲法に挿入する用意ありや否や」との質問を呈した。国務大臣金森徳次郎は、「陪審問題に付きましては、憲法にはこれに対しまする特別の規定はございませぬが、民主政治の趣旨に則りまして、必要なる規定は法律を以て定められ、現在の制度を完備することは憲法の毫も嫌って居る所ではございませぬ」と回答した。しかし、司法大臣木村篤太郎は、「日本人の国民性に果たして適当であるか」再検討の必要があるが、陪審が仮に復活されたとしても、各地の裁判所は戦災に遭い、莫大な建造物を必要とする。さらに、「運用に関して内容を十分に検討する必要がある」と慎重な態度を示している。(17)

七月五日の衆議院委員会においては、三浦虎之助（日本自由党）が陪審制度を「この憲法草案にも入れておくべきだと思うのでありますが」との質問に対して、司法大臣木村は、「民主政治に基いて裁判の運用をやる以上に於ては、陪審制度はこれを適当かと考えて居ります。併しこれを実際に運用するに於ては非常に難かしい問題で……日本の国情に合って居るか居ないかと云うことも、非常に検討してみなければならぬ……」と答弁している。これに対して山崎岩男（日本進歩党）は、「現行憲法に於きましては、私共は裁判官の裁判を受くる権利を持って居るのであります。裁判官と云うことになると陪審員はこれに入りませぬ。陪審員は単に裁判の材料たる事実を認定する。その評決に加わるに過ぎないのでありまして、裁判官じゃない。随いまして日本の陪審制度と云うものが、この裁判官の資格と云うことに禍いされまして発達しなかったものでなかろうかと私は考えるのであります。今度の草案には裁判所となって居りますするので、意味が非常に拡大されて居ります。そこで私は日本の民主主義的なる政治を断行する上に於ても、この陪審制度の発達が、大いにこれから輝きを持って来るのじゃないかと考えて居る……」

との憲法解釈を述べている。[18]

司法大臣木村は、九月二三日の貴族院委員会における野村嘉六（同成会）の意見陳述の後、「陪審制度は何処迄も復活させたいと云うことを考えて居る……陪審制度に付ては何とかして復活すべきであると云う気持ちは持って居る……」、と答弁せざるを得なくなった。[19]

また、裁判所法案を審議した衆議院特別委員会は一九四七（昭和二二）年三月一七日、「陪審の制度に関しては単に公判陪審に止まらず起訴陪審をも考慮するとともに、民事に関する陪審制度に対しても十分なる研究を為すべし」との附帯決議を行っている。[20]

2　最高裁判所の市民裁判官制度に対する見解

日本国憲法は、陪審・参審を許容するのであろうか。戦後、最高裁判所大法廷は、強盗事件における上告審として、憲法第三七条および憲法前文と陪審裁判との関係について言及した（昭和二五年一〇月二五日刑集四巻一〇号二一六六頁）。最高裁は、上告理由を退け、裁判官全員一致で「憲法三七条及び憲法前文は陪審による裁判を保障するものではない。その他の民主主義国家であるからといつて、必ずしも陪審制度を採用しなければならぬという理由はない」と判示した。上告趣意（陪審に関する事項）は次のとおりである。

「……憲法第三七条の公平な裁判所の裁判とは、陪審裁判を要請しているものといわねばならぬ。その理由は憲法前文が、国政は、『その権威は国民に由来し、その権力は国民の代表者がこれを行使し』とあるところから当然にでてくることである。陪審裁判は民主主義国家の刑事裁判には固有の制度であり、民主主義とは切りはなすことのできないものである。陪審裁判をしないからこそ第二点でのべたような事実誤認もする。結局原判決は公平な裁判所による裁判ではないのである」（刑集四巻一〇号二一六九頁以下）。

3　市民裁判官の憲法上の根拠に関する学説

職業裁判官以外のいわゆる素人が、裁判に直接関与することが憲法上できるか否か、この問題については少なからず議論がある。市民裁判官の憲法上の根拠について、新憲法公布後、いちはやく公刊された兼子一＝木村亀二『新憲法と司法・新憲法と人身の自由』において、相対立するふたつの基本的見解が示されている。

兼子・前掲『新憲法と司法』は、まず陪審制度について「憲法において、裁判官は良心にしたがい、独立して職権を行なうべきものとして居る以上（憲法七六条三項）、裁判官の判断を拘束する陪審の答申は許されず」、また参審制度については、「裁判官の任期、報酬、身分保障等が、専門的裁判官だけを前提として、規定されている以上、素人の臨時裁判官を認める余地がない。……民主司法の当然のあり方として（参審制を――著者挿入）採用する趣旨であったならば、これに関する規定を設けたはずである」と違憲説を唱えていた。[21] すなわち、違憲説の理由として、市民による裁判は、法定裁判官の裁判を受ける権利を保障した憲法第七六条三項に違反する点と、憲法第七八条および第八〇条は職業裁判官制の採用を前提に規定していることを挙げる。

これに対して木村・前掲『新憲法と人身の自由』は、まず「裁判官がその職権を行なふについて独立でなければならぬというのは全然何ものにも拘束されないという如き意味ではなく、憲法および法律には拘束せられねばならぬこと第七六条第三項から見て当然である。従つて、法律を以つて陪審制が規定せられその陪審法に基き構成せられた陪審の答申に常職裁判官が拘束されても、それは、『この憲法及び法律にのみ拘束される』ことにほかならず」、また、憲法第七八条および第八〇条にある裁判官の任期などの規定は常職裁判官のみに関するものであることはその性質上当然であつて、民主主義憲法が、陪審制度や参審制度など民主的な司法制度を否定することは憲法それ自体の精神を否定することになる点を指摘する。また、新憲法第三二条（「公平な裁判所において裁判を受ける権利」）は旧憲法第二四条（「法律ニ定メタル裁判官ノ裁判ヲ受クルノ権」利）と同じ趣旨で――用語上の相違にすぎない、「法律に定めた」とは「事物及び土地の管轄等の管轄のみならず更に司法事務の分配まで定めたる法律を意味(し)……、かかる法律は行為が為される以前に於て予め定められて居るものでなければなら(ず)……、何人も自己の行為の以前に於て予め管轄及び司法事務の分配を定めた法律に依つて具体的に自己の為めに定つたところの裁判官の裁判を受ける権利を奪はれないことを意味する……。従つて、『法律に定めたる裁判官』とは資格とか身分保障とかが法律を以つて定められた裁判官を意味するものではない」。いずれにしても、新憲法は、参審制および陪審制を認めない趣旨ではないとした[22]。

新憲法の下、裁判官の独立規定からして、陪審の答申に拘束力を認めることは問題があること、裁判官として市民裁判官を予定していないこと(前記兼子説参照)[23]、さらに新しい司法構造は市民裁判官を予定していないことを理由に、陪審制度違憲説を唱える見解もあった。しかし、今日では、合憲説が通説的地位を占めていると思われるが[24]、この問題に言及しない文献も多い。合憲を唱える見解は、その根拠を次のように整理する。第一に、憲法第三二条は「裁判官の裁判を受ける権利」ではなく「裁判所」のそれを保障している。第二に、憲法第七六条一項は下級審裁判所の構成について法律に委ね、しかも裁判所法は「この法律の規定は、刑事について、別に法律で陪審の制度を設けることを妨げない」(裁三条一項)とした。第三に、政府は憲法制定過程において結果的に積極的な答弁をしている(本章*1*(3)参照)。第四に、憲法が求める裁判官の独立は、裁判官が国民に基礎を置きつつ活動することを期待している。第五に、日本国憲法の民主主義の原理から、立法、行政、そして司法の「権力」を国民の代表者が「行使」することを憲法前文は要求している、などである[25]。

また、「すべて刑事事件においては、被告人は、公平な裁判所の迅速な公開裁判を受ける権利を有する」(憲法三七条一項)における「裁判所」の英原文は"court"でなく"tribunal"としていたこと、すなわち、後者は"jury"とほぼ同義であり、GHQは、憲法制定当時、陪審制の復活については裁判所法に規定すれば足りると考えていたのであり、当然、陪審は合憲であるとする見解もある。[26]

しかし、陪審制を合憲であるとの見解に立つ場合でも、その内容により合憲性の意味は大きく異なってくる。例えば、陪審員は事実認定のみを行うから合憲であるとの今日の憲法学における通説的立場に立てば、裁判官と同等の地位を持つドイツ型参審制度は、違憲となろう。実は、わが国の憲法学における通説と評価されているものは「日本国憲法のもとでも、裁判官が陪審の評決に拘束されないものであるかぎり、陪審制を設けることは可能と解される」という条件付合憲論である。[27] この見解を敷衍すると、参審制を採用した場合、参審員に評決権を与えることができなくなる。[28] しかし、これでは、司法委員や参与員と変わらない。

ドイツ基本法上、名誉職裁判官制度の合憲性に疑いはない（第三章参照）。著者は、ドイツ法の「裁判を受ける権利」の流れを汲む憲法第三二条の解釈においては、陪審制・参審制いずれの市民裁判官制度を導入しても違憲問題は生じないと考えられている。わが国では、いつの頃からか、「法定裁判官の裁判を受ける権利」は、職業裁判官——憲法に身分保障のなされている裁判官——の裁判を受ける権利と解されてきているように思われる。職業裁判官の職務遂行の根拠は、法律の専門知識に求められるのではなく、法律の規定にもとづくのである。法定裁判官は職業裁判官のみを意味するのではない。市民裁判官も同様に、法規に従い、司法に関与しなければならず、法定裁判官である。憲法第八〇条の規定は、職業裁判官を予定していることは間違いない。しかし、非職業裁判官の採用を否定したものではない。市民裁判官の合憲性の根拠を、旧憲法における「裁判官の裁判を受ける権利」が「裁判所の裁判を受ける権利」に改められたことにのみ求めることには賛成できない。裁判所で裁判を受ける保障を与えても、法定裁判官の裁判を受ける権利を保障する必要はある。裁判所で裁判を受けることができれば、事件係属の後に恣意的に裁判官を配置することを許す見解はありえないであろう。[29] この理は、陪審員・参審員についても同じである。さらに、日本国憲法が謳う「国民主権」の原理は、市民裁判官制度の根拠として加えておくべきであろう。

日本国憲法は、単に国会や地方議会が国民の代表により構成されるというにとどまらず、国民が司法権を積極的に行使することを求めているはずである（前記(3)参照）。

4　沖縄の陪審裁判

沖縄では、一九六三（昭和三八）年三月から一九七二（同四七）年五月の施政権返還までの間、陪審制度が実施されていた。この間、沖縄で行われた陪審裁判の件数は、刑事事件と民事事件を合わせて約一〇件ある。これについては、沖縄米兵死傷事件の陪審員を務めた伊佐千尋によるノンフィクション『逆転――アメリカ支配下・沖縄での陪審裁判――』（新潮社、一九七七年）[30]による紹介のほか、まとまったものとして、日本弁護士連合会編『沖縄の陪審裁判』（高千穂書房、一九九二年）[31]がある。

当時「沖縄に対するアメリカの施政権は、国防長官が大統領の指揮監督の下に大統領行政命令にしたがって行使するが、国防長官は、国務長官に諮り、大統領の承認を得て、合衆国軍隊の現役軍人の中から琉球列島高等弁務官を選任し、彼を長とする民政府をおいて沖縄統治にあたらしめている。そして、大統領行政命令の規定にしたがって、沖縄にも立法、行政及び司法の組織が設けられているが、これらは、いずれも、高等弁務官の権限の下にあり、いわば行政の下の形式的三権分立」[32]となっていた。このような沖縄統治組織の下、司法制度もアメリカ民政府裁判所制とこれに従属する琉球政府裁判所制となっており、後者の管轄は前者を除く沖縄におけるすべての人々に及んだ。しかし、アメリカ民政府裁判所の管轄は広く、琉球政府裁判所に係属中の事件でも、一定のものは、高等弁務官がいつでも民政府裁判所に移送を命じることができた。

当初、アメリカ民政府裁判所においても陪審は採用されていなかったのであるが、法改正により、まず一九六三年、刑事裁判について大陪審と小陪審が導入され、次いで一九六四年五月には同裁判所における民事裁判にも陪審制が導入された。陪審導入の契機については、日系二世アメリカ人が沖縄で刑事事件について告発されたところ、アメリカ本国の裁判所に人身保護命令を請求した事案が起きたという説と、一九六〇年に、海外にあるアメリカ国民も合衆国憲法の保障する陪審裁判を受ける権利を奪われないという合衆国連邦裁判所の判決が出され、これに後押しされたという説とがあるが、いずれの説も相互に相容れない内容ではなく、にせよアメリカ人およびアメリカ人弁護士の要求があったことは間違いないようである(33)。

沖縄陪審の特色は、まず、アメリカ民政府裁判所において行われたにもかかわらず、陪審員の資格要件としてアメリカ国籍を求めず、年齢二一歳に達した三カ月以上琉球列島内に居住した者で、英語の読み書きが出来ればよい、とされていた点が挙げられる。さらに、刑事事件のみならず民事事件にも認められたこと、重罪（死刑または一年以上の懲役をもって処罰する犯罪）については大陪審による正式起訴を受ける権利を保障され、微罪以外のすべての犯罪については小陪審による裁判を受ける権利が保障されたことも特徴といえよう(34)。

5　司法制度改革

日本国憲法公布後、一九六二（昭和三七）年五月、政府は臨時司法制度調査会を内閣（池田内閣時代）に設置し、司法制度の見直しを図った。調査会は、衆議院議員四人、参議院議員三人、裁判官三人、検察官三人、弁護士三人、および学識経験者四人の合計二〇人で組織され、二年一カ月の期間、六二回におよぶ審議を重ねた。調査会の任務は、司法制度の運営の適正を確保するための方策の検討にあったが、その中でも、法曹一元制度に関する事項と裁判官および検察官の任用および給与に関する事項に重点が置かれた。もちろん、この中でも陪審制度および参審制度の議論がなされたが(35)、決定された意見書ではこれについて一言も触れられていない。日本では陪参審制度の地盤があるかどうか、ことに国民性に合うかどうか、司法制度は国の伝統と社会的な地盤と密着したものであり、法律制度を作ることにより、地盤を急激に引き上げることはできない、という考え方の委員が相当多かったからと言われている。そして、平成一一年七月、内閣に司法制度改革審議会が設けられ、再び陪審制度を始めとした国民の司法参加の問題が、審議内容の重要事項として挙げられたことはいうまでもない(36)。

(1) 高柳賢三他編『日本国憲法制定の過程Ⅰ』(有斐閣、一九七二年)二七～三九頁。しかし、拷問禁止規定について、日本では、種々の警察機関、とくに特別高等警察および憲兵隊の何ら制限されない行動ならびに検察官(検事)の行為による個人の権利侵害が著しく、これを解消するために、公開法廷における拘禁理由の開示、人身保護令類似の手続の制定、迅速な公開裁判、二重危険の禁止の実施を求めている。また、無罪裁判を受けた者に対する国家賠償規定について触れ、日本は、国家の資金を守るために、警察および検事は、被告人を長期に拘禁し、自白を強要するであろうから、削除すべきであると提言する。

(2) 利谷信義『戦後改革4司法改革』東京大学社会科学研究所編(東京大学出版会、一九七五年)一〇一～一〇二頁。

(3) 利谷・前掲『戦後改革4司法改革』一〇五頁。

(4) 利谷・前掲『戦後改革4司法改革』一〇六～一〇九頁。

(5) 小田中聡樹『現代司法の構造と思想』(日本評論社、昭和四八年)八三頁以下、利谷・前掲『戦後改革4司法改革』一〇二頁。

(6) 中村宗雄「司法の民主化」法時一八巻六号(昭和二一年)三～七頁。

(7) 岡林辰雄「司法制度の民主化――とくにその政治的意義について――」法時一八巻六号(昭和二一年)一〇～一二頁。

(8) 小田中・前掲『現代司法の構造と思想』八三頁以下、利谷・前掲『戦後改革4司法改革』一〇四頁。

(9) この間の経緯については、利谷・前掲『戦後改革4司法改革』一二〇頁以下が詳細に分析しており、以下の記述は主にこれに負っている。また、佐伯千仭「陪審裁判の復活はどのように阻止されてきたか」立命館法学二五五号(一九九七年)二三頁以下では、参審制論の台頭という視点からの分析がなされ、興味深い。

(10) 憲法問題調査委員会について、佐藤功「憲法改正問題の経過(2)」法時一八巻六号(昭和二一年)一三頁。

(11) 政府の憲法改正草案作成について、佐藤功「憲法改正問題の経過(4)」法時一八巻八号(昭和二一年)四四頁。

(12) 利谷・前掲『戦後改革4司法改革』一一〇頁。

(13) 最高裁事務総局刑事局監修『検察審査会五〇年史』(法曹会、平成一〇年)一七七頁以下。

(14) 利谷・前掲『戦後改革4司法改革』一四三頁。

(15) 利谷・前掲『戦後改革4司法改革』一一三頁。
(16) 第九〇議会における憲法改正案の審議について、佐藤功「憲法改正問題の経過(6)〜(8)」法時一八巻一〇・一一・一二号（昭和二一年）。
(17) 清水伸編著『逐条日本国憲法審議録・第二巻』（有斐閣、昭和三七年）七三八〜七三九頁。
(18) 清水伸編著『逐条日本国憲法審議録・第三巻』（有斐閣、昭和五一年）五七九〜五八〇頁。
(19) 清水編著・前掲『逐条日本国憲法審議録・第三巻』五八〇〜五八四頁。
(20) 四宮啓「日本にも陪審制度が存在した」『陪審手引』（現代人文社、一九九九年）一〇九頁。
(21) 兼子一＝木村亀二『新憲法と司法・新憲法と人身の自由』（国立書院、一九四八年）八一頁。また、兼子一＝竹下守夫『裁判法』（有斐閣、三版、平成六年）三六頁注3。ただし、兼子一「裁判所法解説」法時一九巻五号（昭和二二年）三一頁では、憲法が陪審制を司法の民主化の方策と考えたか否かは「将来に残された問題である」と、含みを持たせていた。
(22) 兼子＝木村・前掲『前掲新憲法と人身の自由』一六一〜一七〇頁。旧憲法下ではあるが、同趣旨として、小野清一郎『刑事訴訟法講義』（有斐閣、大正一五年）一〇二頁がある。小野博士によれば、「憲法全体に現はれた民主的精神からすれば、これ（陪審）を認むることが寧ろ其の趣旨に合致するものであるとさへ論じ得る余地がある。憲法第二四条の「裁判官」は必ずしも官吏たる地位を有する者なることを要求するものではなく、裁判権の行使に当る者を総称すべきである。……其の法律に依て定められることが重要な点なのである」。
(23) 法学協会『注解日本国憲法上巻』（有斐閣、昭和二八年）六〇六頁。
(24) 例えば、小林直樹『憲法講義〈新版〉（下）』（東京大学出版会、一九八一年）三一九頁。裁判官が最後に結論を下すという建前を崩さないことを前提に、清宮四郎『憲法Ⅰ〔新版〕』（有斐閣、昭和三一年）三四〇頁、芦部信喜編『憲法Ⅲ』（有斐閣、昭和五六年）二九三頁、伊藤正己『憲法』（弘文堂、一九六二年）――ただし参審制は違憲とする――、中原精一『陪審制復活の条件』（現代人文社、二〇〇〇年）九九〜一〇二頁など。
(25) 田中茂樹「日本国憲法における陪審制度――歴史的分析――」神戸大学教育学部研究集録四八集（一九七三年）六七〜六八頁。裁判を受ける権利については、松井茂記『裁判を受ける権利』（日本評論社、一九九三年）が詳細である。
(26) 鯰越溢弘「刑事裁判になぜ陪審制が必要か」季刊刑事弁護二三号（二〇〇〇年）三三頁以下。

(27) 芦部信喜『憲法新版補訂版』(岩波書店、一九九九年) 三一八頁。これに対して、棟居快行「陪審制の憲法問題——陪審制は司法権の独立を侵害するか」丸田隆編『日本に陪審制度は導入できるのか』(現代人文社、二〇〇〇年) 九頁は、「すべての裁判官は、その良心に従い独立してその職権を行い」と定める憲法第七六条三項の「裁判官」を職業裁判官と捉えるが、裁判官は独立して「職権」を行使すれば、陪審の評決に拘束されても憲法の要請は満たされる (合憲) と解する。佐藤幸司『憲法 (新版)』(青林書院、一九九〇年) 二八一頁も拘束力を認める陪審制を認める。

(28) 萩原金美『裁判法の考え方』(信山社、一九九六年) 二八八頁では、参審制を採用した場合、参審員に評決権を与えない代わりに、「その意見を判決書などに表示する権利を与えるとか、裁判官が参審員の過半数の意見と異なる判決をするときは、その理由を明示させるなどの措置で」、参審員の意見を裁判に反映できるとする。萩原金美「スウェーデン型参審を考える」自由と正義一九九七年四月号一一九頁では、早期、国民の司法参加実現に向けて拘束力のない陪審制を主張する。

(29) 法定裁判官の裁判を受ける権利について、鈴木忠一「裁判官の配置、事務分配及び事件の受付・配付」鈴木忠一＝三ケ月章編『実務民事訴訟講座一巻』(日本評論社、昭和四四年) 二五頁以下。

(30) 後に、文春文庫 (一九八七年) に取り入れられている。作品は、沖縄の日本復帰八年前 (一九六四年)、「米兵二人を殺傷。普天間、沖縄人四人の乱闘」(八月一六日の琉球新聞夕刊見出し) 事件の陪審裁判に、陪審員として関与した著者が、「公民の任務を果たすべく力投する陪審員としての心理と、事件と裁判の基礎である米軍占領下の沖縄の実情を浮き彫りにする」(文春文庫・後藤昌次郎の解説から)。

(31) 日本弁護士連合会編『沖縄の陪審裁判』(高千穂書房、一九九二年) は主に、当時陪審に携わった人々からのヒアリングを基調にしている。なお、本調査は、日弁連第一四回シンポジウムの課題として準備されたものでもある。

(32) 日弁連編・前掲『沖縄の陪審裁判』三頁。

(33) 日弁連編・前掲『沖縄の陪審裁判』八～九頁。

(34) 日弁連編・前掲『沖縄の陪審裁判』九～一四頁。

(35) 一九六四 (昭和三九) 年八月、臨時司法制度調査会は意見書を提出している。これについては、「〈座談会〉臨時司法制度調査会意見書について」ジュリ三〇七号 (一九六四年) 一〇頁、大内兵衛＝我妻栄『日本の裁判制度』(岩波新書、一九六五年)、東京弁護士会『あるべき司法を求めて』(日本評論社、一九八三年)、松井康浩「臨司意見書の実施状況と今日の司法政策の特徴」

法時五四巻九号（一九八二年）二八頁、清田明夫「臨時司法制度調査会設置（一九六二）」法教一二一号（一九九〇年）二四頁など参照のこと。

（36）司法制度改革審議会における議論の推移は、一九九九（平成一一）年一〇月、刊行がスタートした月刊司法改革（現代人文社）にすべて網羅されている。

三　現行法における市民の司法参加制度(1)

現在、わが国では、市民が司法に直接関わる機会はない。強いて言えば、憲法が、最高裁判所裁判官の任命は国民審査に付されることを保障するのみである（憲七九条二〜四項、裁判所三九条四項）。陪審法が停止されていることは、前述したとおりである。裁判所以外の各種の紛争解決機関を別にして、市民が法的紛争解決に参加する機会は限られている。これらには、衆議院議員の選挙権を持つ者の中からくじ引きで選ばれる検察審査員と、紛争解決のそれぞれに鑑み、資質を考慮して選任される民事および家事調停委員、司法委員、参与員がある。以下では、これらの制度の概要と運用状況を概観し、市民裁判官論との関わりで、制度の特色や今後の課題を検討しておこう。

1　検察審査会(2)

一九四八（昭和二三）年七月一二日、公訴権の実行に関して、民意を反映させその適正を図るため、政令で定める地方裁判所および同支部の所在地に検察審査会を設置する検察審査会法が公布・施行された。検察審査会は、検察官の不起訴処分の当否に関する審査および検察事務の改善に関する建議または勧告に関する事項をつかさどるものであり（検審二条）、現在、全国に二〇四の検察審査会がある。

戦後、GHQは、政府に対し、検察の民主化のため、検察官公選制度および起訴陪審（大陪審）制度の採用を課題としたが、政府はこれを受け入れず、前者の代案として検察官適格審査会制度、後者に代わり検察審査会制度をそれぞれ考案、制度化した。検察審査会の立案は、過去の公判陪審（小陪審）の経験から、日本の国民性に陪審制度がなじまないと感じられたこと、また陪審員よりも職業裁判官の判断の方が信頼を持てると考えられたためとされている。(3)

検察審査会は、当該管轄区域内の衆議院議員の選挙権を有する者の中からくじで選定した一一人の検察審査員で構成される（［グラフ1－1・2］参照。出典は最高裁判所事務総局『検察審査会ハンドブック』）。任期は六カ月であり（同一四条）、三カ月ごとに半数（五人または六人）の検察審査員および補充員が選定される（同一三条）。したがって、毎年四四八八人の検察審査員および補充員が検察審査会に携わることになる。ちなみに、検察審査会法施行から、一九九八（平成一〇）年七月までに、四三万人余が検察審査員および補充員として検察審査会の活動に参加した。(4)

また、この間、総計一二万九八七八件の事件について議決をした。検察審査会が受理した事件の九割は申立てにもとづくが、一割は職権によっている。既済事件の罪名別上位は、業務上過失致死傷罪、詐欺罪、文書偽造罪、傷害・同致死罪、そして窃盗・不動産侵奪罪と続く。このうち、検察官の不起訴処分を相当とする議決は全体の五一・七パーセント（六万六八九一件）、起訴相当一・八パーセント（二二八六件）、不起訴不当一〇・六パーセント（一万三六七四件）で、その他の三五・九パーセント（四万五二二一件）は審査の打ち切り、却下の処分である。起訴相当とする議決のうち六・五パーセントに当たる一〇〇九件について、検察官は、処分を見直して起訴した。

もとより、この制度は、不起訴処分の事後審査であり、起訴陪審のように、自ら起訴、不起訴を決するものではなく、単に不起訴処分をした検察官の上司（検事正）に対して、参考意見を具申して再考を求めるというにすぎない（同四一条）。このような意味で、検察審査会は、検察権の行使に民意を間接的に反映させる手段であり、自ずから限界がある。また、この制度は、当初、大陪審の代案としてできたにもかかわらず、不当な起訴処分に対する制御が働かない。いずれにせよ検察審査会五〇年の経験は、参陪審制の採用の可否に影響をもたらすであろう。(5)

2　調停委員

わが国における調停の起源は旧く、徳川時代の内済や相対済令にさかのぼるといわれるが、法制度として確立したのは借地借家調停法（大正一一年一〇月施行）である。江戸時代の内済は、「扱人」と呼ばれる第三者が介在して争訟当事者をあっせんし、和解示談の成立に尽力する制度である。この考えは、明治期においても「勧解」の制度として引き継がれたが（明治一四年）、民事訴訟法および裁判所構成法の制定により明治二三年に廃止され、一時、法制度上姿を消している。(6)

借地借家調停法は、当初、期待されたほどの利用をみなかった。大正一一年八月末までに取り扱った調停事件は三一一件にすぎない。一九二三年（大正一二年）九月に発生した関東大震災では、裁判制度がこの緊急の事態に即応することは困難であったため、調停制度が大いに利用された。大正一三年七月末までに、東京区裁判所は、市内に一二カ所の借地借家調停委員会を設置し、裁判官約二〇人、調停委員約一〇〇人を事件の処理にあたらせた。この間、受理した事件は一万二〇〇〇件余、そのうち九〇〇〇件余が調停により解決している。(7)この借地借家調停法の他に、大正期には、小作調停法（大正一三年）および商事調停法（大正一五年）が施行されたが、いずれも借地借家調停法とともに、一九五一（昭和二六）年、民事調停法に統合されている。

現在、原則として簡易裁判所で扱われる民事に関する民事調停（民調三条）や特定調停（特定調停五条）、家庭裁判所における人事に関する事件その他一般に家庭に関する事件についての家事調停（家審一八条）のほか、公害等調整委員会による公害紛争の調停、建設工事等調整委員会による建設請負契約に関する紛争の調停、交通事故紛争処理センターによる交通調停、労働委員会による労使紛争の調停、国際機関による国際法上の調停など裁判所外の種々の調停があるが、ここではおいておく。

平成一〇年、全国の地方裁判所と簡易裁判所における民事調停事件の年間新受件数は二四万八八三三件（そのうち二四万六七〇二件が簡裁調停）で、第一審通常訴訟事件新受件総数四五万六八八四七件（そのうち三〇万六一六九件が簡裁）の五四パーセントに及んでいる。家裁で行われる家事調停事件は一〇万七五五九件である。調停はもとより法の厳格な適用による紛争解決を目指すものではなく、日本人がしばしば尊ぶ和の精神の強調による解決である。このような理由からであろうか、調停は、人口の流動の比較的少ない、狭い地域における紛争解決に利用される傾向が強い。［表1―2］第一審新受訴訟事件数および調停事件数を参照のこと。(8)

民事調停は、調停主任である裁判官と二人以上の調停委員により構成される調停委員会による（民調五条・六条）。家事調停も同様に、審判官と調停委員二人以上による（家審二二条）。(9)民事調停委員および家事調停委員は「弁護士となる資格を有する者、民事若しくは家事の紛争の解決に有用な専門知識を有する者又は社会生活の上で豊富な知識経験を有する者で、人格識見の高い年齢四十歳以上七十年未満の者の中から」二年の任期で、最高裁判所が任命し、各裁判所に所属させる（民調委員および家調委員規則一条・三条・四条）。(10)昭和四九年、民事調停法および家事調停法の一部を改正する法律が施行され、従来の事件ごとに調停委員を選任するのをやめ、当初から非常勤の裁判所職員として任命する制度に改め、その中から裁判所が各事件に調停委員を指定することとした（民調七条二項、家審二二条二項）。そのほか、調停委員の職務内要を充実させるとともに、その地位および職務内要にふさわしい手当を支給することとしている（民調委員および家調委員規則一条・三条・四条）。平成一〇年一〇月一日現在、全国の民事調停委員の員数は一万一八六七人、家事調停委員は一万一九九二人である。(11)

3　簡易裁判所の司法委員

簡易裁判所では、市民に親しみやすい手続で、社会良識を裁判に反映させる趣旨から、民事訴訟について司法委員の立会いを認めている。すなわち、簡易裁判所は、必要に応じて、和解を試みるために司法委員に補助をさせ、又は審理に司法委員を立ち会わせて意見を聴くことができる（民訴二七九条一項）。このように、司法委員の制度は、簡易裁判所の訴訟の審理への関与を認める点で、調停よりも一歩踏み込んだ市民の司法参加といえる。しかし、実際の関与としては、和解のための関与が大半を占め[12]、また、司法委員の意見は裁判官を拘束することはない。

司法委員には、最高裁判所が定める司法委員規則に従い、「良識のある者その他適当と思われる者」の中から選任され（司法委員規則一条）、陪審や参審のように一般市民が選ばれることはない。また、司法委員の関与は簡裁に限られ、先の民事訴訟法の改正において、地裁への導入も検討されたが見送られている。司法委員は、毎年あらかじめ地方裁判所が選任し、各簡易裁判所に一〇人の割合を下らない員数を配置して、事件ごとに裁判所が一人以上指名する（同二七九条二・三・四項、司法委員規則三条）[13]。司法委員には、最高裁判所規則で定める額の旅費、日当および宿泊料が支給される（民訴二七九条五項）。これらの点で、調停委員が非常勤職員とされているのと大きく異なっている。

司法委員の参加は、裁判所の裁量に委ねられている。この制度は、昭和二三年設立されたが、当初はあまり利用されなかった。全簡易裁判所の第一審訴訟既済事件のうち、司法委員関与のあったものの割合は、昭和五三年には〇・九パーセントにすぎない。しかし、その後徐々に増加し、平成元年には一〇・二六パーセントに達した。平成四年には二割を超え、現在、ほぼこの水準を保っている。平成一〇年一月には、新民事訴訟法が施行され、これとともに少額訴訟事件訴訟が設けられ、平成一〇年、全少額訴訟既済事件五九五八件（通常訴訟へ移行したものは含まない）のうち、五六・〇八パーセントにあたる三三四一件に司法委員が関与した。［グラフ１－３］は、司法統計年報にもとづき、全簡裁訴訟既済事件数と司法委員の関与の事件数を示したものである。

平成一一年二月一日現在、全国の簡易裁判所に、五八九九人の司法委員が選任されている。

司法委員の役割の一つは、審理に立ち会い、意見を述べ、間接的ながら、市民感覚を訴訟に反映させることである。他方、司法委員の制度は、市民に親しみのある裁判所を目指して設立されたものといわれているが、市民の意見を裁判に反映させることと、市民に親しみのある裁判所を目指すこととは一致するとは思われない。市民一般が司法に馴染めないのは、裁判所の手続の流れや手続用語に不馴れなことが大きな要因と考えられる。今後、このような観点から見直された司法委員制度も再検討する余地があろう。

4 家庭裁判所の参与員[14]

簡易裁判所の司法委員制度と同じく、家庭裁判所は、あらかじめ選任された者（参与員候補者）の中から、個々の家事審判事件につき、参与員を一人以上指定し[15]、立ち会わせて、意見を述べさせることができる（家審三条一項）。これは、参与員を関与させることで、「事件を法律的にのみ処理させるのではなく、人情や社会の実情に通じた民間有識者の意見を反映させて、具体的に妥当な解決をはかろうとするためである」[16]。参与員の地位、事件への関与の形態は、司法委員の制度にほぼ同じである（同三条一項・一〇条・一〇条の二、参与員規則六条・七条・八条）。参与員は、「徳望良識のある者」の中から選任され、各家庭裁判所の員数は二〇人以上とされる（規則一条・二条）。平成一一年二月一日現在、全国の家庭裁判所に六〇三八人の参与員が選任されている。

民事調停委員および家事調停委員の選任基準である「社会生活の上で豊富な知識経験を有する者」、司法委員の「良識のある者その他適当と思われる者で、人格識見の高い」者、および参与員の「徳望良識のある者」は、同趣旨と解されている[17]。これらの者が広く一般国民から選任され、司法に参加する道を開いており、多種多様な事件に応じることのできる選任が期待される。司法委員および参与員の制度では、裁判所が各事件について指定することから、このことはいっそう求められると思われる。

しかし、現在、民事調停委員、家事調停委員、司法委員、および参与員の選任過程において、市民の関与は、直接・間接にいっさい閉ざされており、今後、裁判を市民に一層身近なものにしようと考えるとき、現行制度のままでよいか検討する余地がないわけではない。

（1）現行制度を概観するものとして、最高裁判所「21世紀の司法制度を考える」判タ一〇一七号（二〇〇〇年）四頁、菅野博之「日本の司法制度の現状と裁判官」初川満編『二十一世紀の人権』（信山社、二〇〇〇年）六三頁。

（2）検察審査会について、最高裁判所事務総局刑事局『検察審査会五〇年史』（法曹会、一九九八年）ほか、同書三一〇頁以下掲載の文献を参照のこと。

（3）最高裁判所事務総局刑事局「昭和二十四年一月最高裁判所において開催された検察審査会に関する会同席上における法務庁佐藤法務行政長官の講演」『検察審査会制度の話』刑事裁判資料一七号（昭和二四年）一五九頁。

（4）検察審査員の選定は、市町村選挙管理委員会と検察審査会事務局によって行われる。まず、選挙管理委員会により、予定者および候補者の選定に関する告示（検察審査会法一〇条三項）、予定者および候補者のくじによる選定（同一〇条四項）、候補者の氏名、住所、職業および生年月日を記載した検察審査員候補者名簿の調製（同一〇条五項）、同名簿の検察審査会事務局への送付、候補者への通知、候補者の氏名の告知（同一一条）が行われ、その後、検察審査会事務局は、検察審査員および補充員をくじにより選定（同一四条）する。

（5）一九九九年八月、京都弁護士会が京都検察審査協会会員（審査員経験者）三一四人を対象に行った一三問の「陪審実現に関するアンケート」がある（月刊司法改革五号（二〇〇〇年）四八頁）。これによれば、「市民が司法に参加するこの制度が良い制度だと思いますか」（問九）との質問に対して、回答した八三人のうち七五人が「思う」とし（「思わない」三人、「わからない」二人、「無回答」三人）、「日本に陪審制度を導入することには、日本人は自分の意見をはっきりと言わないとか、感情に流されて正しい判断をしないとか、素人はいい加減な判断や議論をするというような反対意見がありますが、どのようにお考えになりますか」（問一〇）には、「そう思わない」と五二人が回答する（「そう思う」二七人、「わからない」三人、「無回答」一人）。概ね、国民の司法参加にポジティブな意見が多いが、七四パーセント（二三一人）もの経験者が回答を寄せていない。また、二〇〇〇年、日弁連が中心になって全国六四二〇人に対して調査を行っているが、回答総数は三六パーセント（二三一五人）にすぎない。これについて、山崎浩一「司法参加と国民―検察審査員経験者へのアンケート調査から」月刊司法改革一六号（二〇〇一年）一九頁。

(6) 内済および勧解について、石川明＝梶村太市編『注解民事調停法』（青林書院、改訂版、平成五年）六頁以下、最高裁判所事務総局『裁判所百年史』（平成二年）三三頁以下参照のこと。

(7) 最高裁判所事務総局・前掲『裁判所百年史』一二一頁以下。

(8) 平成一〇年、全国の各地裁および地裁管内簡裁の民事調停事件新受総数と訴訟事件新受総数を比較して、前者が後者を超える地区に、沖縄、松山、松江、鳥取、富山、福井、函館、釧路、高松の九つがある。

(9) 実際には、二人の運用が圧倒的に多い。斎藤秀夫＝菊池信男編『注解家事審判法』（青林書院、改訂版、平成六年）七五四頁。

(10) 直野喜光『桃黄抄』（一九九三年）八三頁以下は、「調停は当事者の合意にいたる過程である。この過程の中、陪審制度の説示に相当する部分が欠落し、調停実践の場で法的観点を無視した『常識』が支配しているとするならば、国民の調停制度に対する信頼をつなぎとめることはむずかし（い）」と指摘する。

(11) 司法制度改革審議会関係資料「21世紀の司法制度を考える」裁判所時報一二六〇号（平成一二年）一八頁。

(12) 渡部保夫他著『テキストブック現代司法』〔第四版〕（日本評論社、二〇〇〇年）二〇九頁（佐藤鉄男）によれば、関与の八五パーセントが和解であるとされる。

(13) 通常、二人の司法委員が指名され、事案により三人が指名されることもある。石川＝梶村編・前掲『注解民事調停法』一三六頁。

(14) 参与員制度の沿革について、林道晴「参与員の活用について」家月四二巻八号（平成二年）二頁。

(15) 一人または二人の指定が多く、三人以上指定されることは少ない。斎藤＝菊池編・前掲『注解家事審判法』五七四頁。

(16) 斎藤＝菊池編・前掲『注解家事審判法』六五頁。

(17) 林「前掲論文」家月四二巻八号一五頁。

［グラフ１－１］　検察審査員・補充員の職業分布図

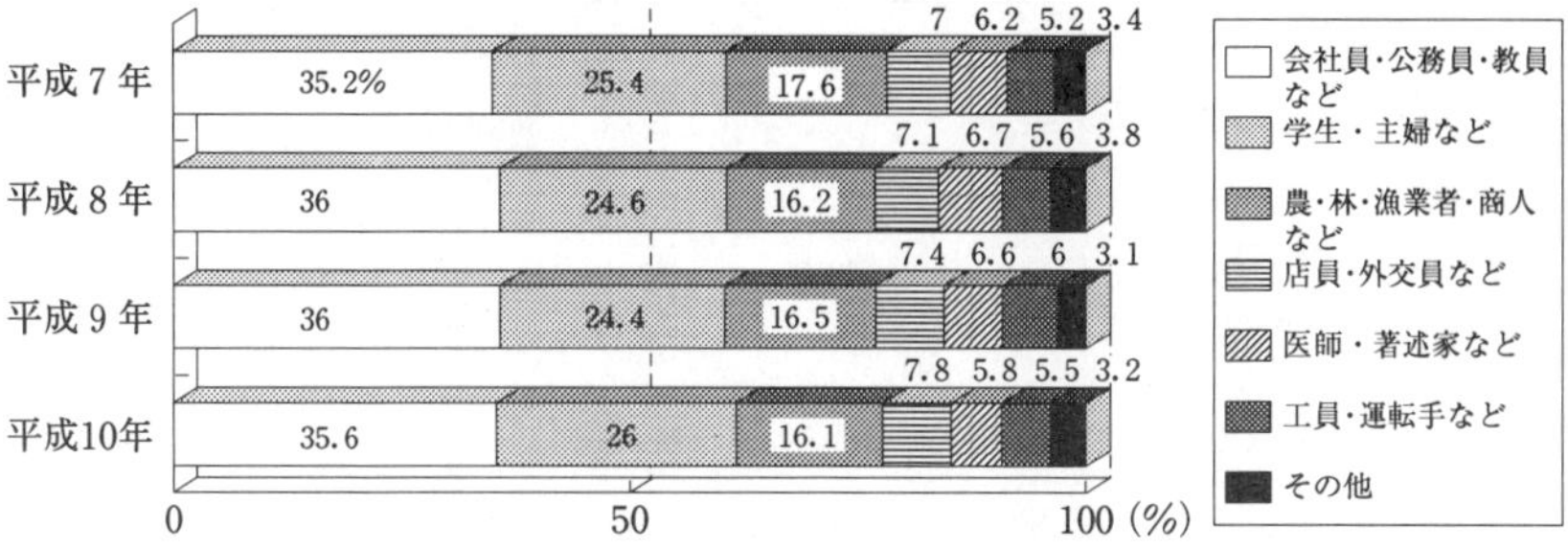

［グラフ１－２］　検察審査員・補充員の年齢

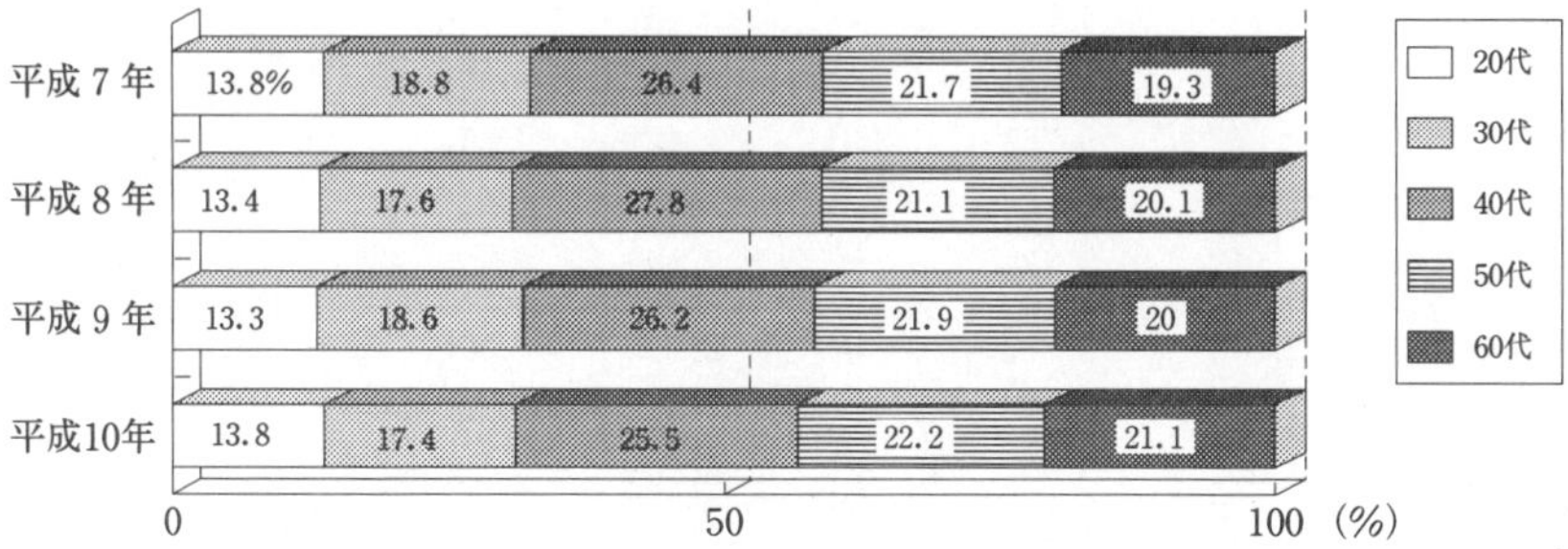

［グラフ１－３］　全簡裁訴訟既済事件数と司法委員の関与事件数

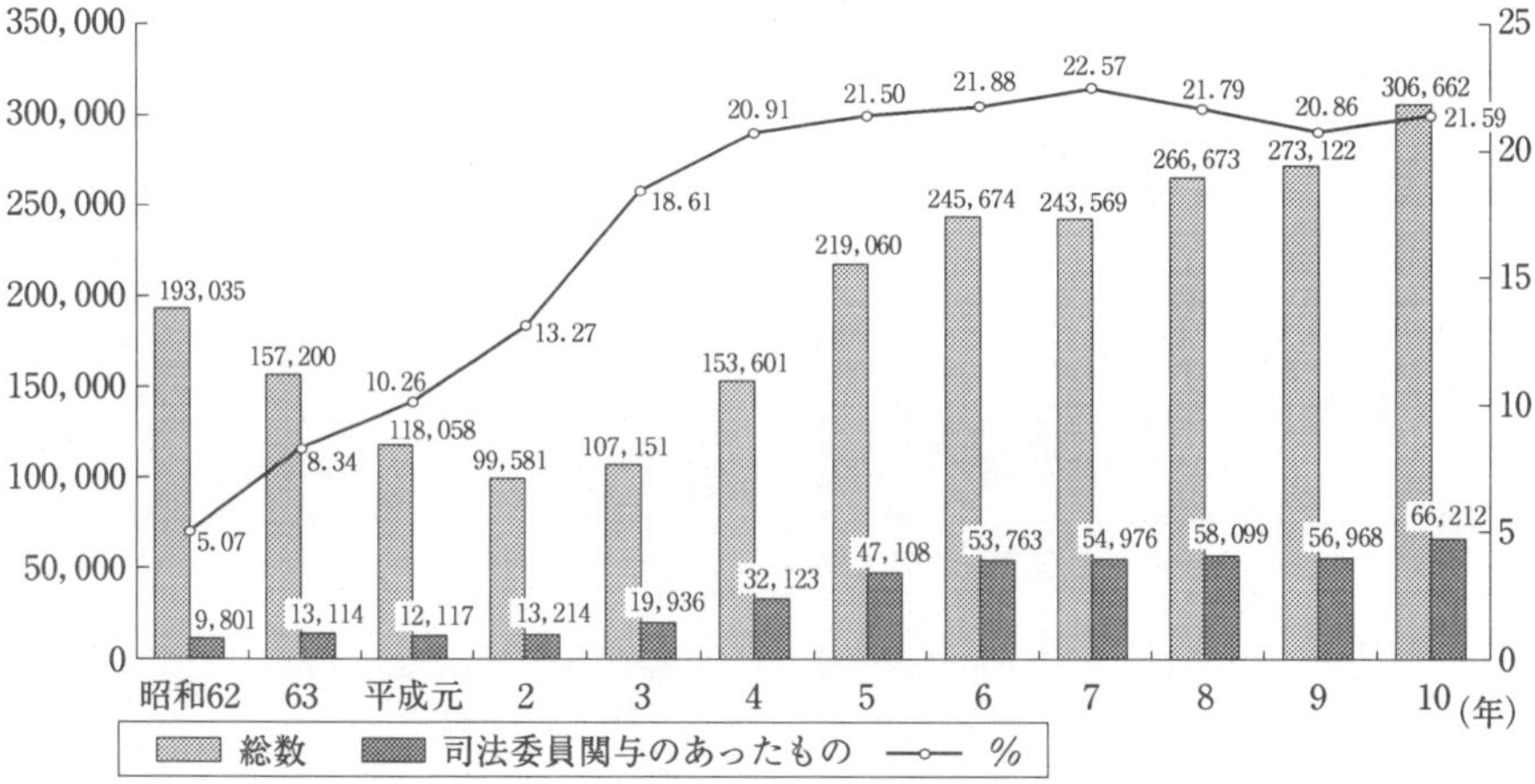

［表１－２］　第一審新受訴訟事件数および調停事件数（平成10年）

第一審新受訴訟事件数				調停事件数			
地方裁判所	簡易裁判所	総数（地裁＋簡裁）		総数（地裁＋簡裁）	地方裁判所	簡易裁判所	家庭裁判所
35,468	48,023	83,491	東京	19,755	822	18,933	11,318
8,133	12,895	21,028	横浜	7,319	34	7,285	7,048
5,095	9,159	14,254	浦和	3,279	41	3,238	5,641
5,772	9,397	15,169	千葉	5,202	28	5,174	4,721
2,186	5,330	7,516	水戸	3,183	29	3,154	2,352
1,651	1,963	3,614	宇都宮	2,636	32	2,604	1,729
1,731	3,252	4,983	前橋	2,829	28	2,801	1,641
2,276	4,399	7,125	静岡	6,477	30	6,447	3,028
759	1,231	1,990	甲府	1,416	15	1,401	637
1,476	2,691	4,167	長野	3,690	35	3,655	1,743
1,513	3,304	4,817	新潟	2,635	28	2,607	1,758
17,285	27,477	44,762	大阪	16,454	124	16,330	7,447
4,082	8,128	12,210	京都	4,603	17	4,586	2,375
6,400	8,143	14,543	神戸	5,432	46	5,386	4,485
1,326	1,496	2,822	奈良	1,574	12	1,562	1,126
1,005	1,862	2,867	大津	1,462	18	1,444	985
1,010	2,247	3,257	和歌山	1,421	14	1,407	871
7,496	14,295	21,791	名古屋	11,245	72	11,173	5,781
1,272	1,851	3,123	津	2,777	15	2,762	1,428
1,507	2,067	3,574	岐阜	2,405	23	2,382	1,660
469	721	1,190	福井	1,945	14	1,931	631
1,019	2,878	3,897	金沢	2,295	10	2,285	1,129
674	862	1,536	富山	1,633	11	1,622	951
3,051	9,381	12,432	広島	5,943	31	5,912	2,372
1,400	4,202	5,602	山口	6,063	55	6,008	1,315
1,956	6,532	8,488	岡山	3,395	28	3,367	1,652
474	1,340	1,814	鳥取	2,188	6	2,182	543
418	1,257	1,675	松江	1,783	34	1,749	537
7,732	25,181	32,913	福岡	19,665	74	19,591	4,527
663	1,874	2,537	佐賀	1,124	4	1,120	640
1,336	4,693	6,029	長崎	4,475	26	4,449	1,170
1,266	3,731	4,997	大分	4,243	9	4,234	1,135
1,944	6,729	8,673	熊本	5,321	31	5,290	1,664
1,821	6,147	7,968	鹿児島	4,865	15	4,850	1,522
1,087	4,488	5,575	宮崎	3,663	24	3,639	1,191
1,818	2,643	4,461	那覇	13,807	20	13,787	1,175
2,403	5,606	8,009	仙台	7,445	23	7,422	1,934
1,884	5,173	7,057	福島	4,317	33	4,284	1,689
713	1,493	2,206	山形	2,458	10	2,448	1,085
781	2,688	3,469	盛岡	3,036	9	3,027	1,220
825	2,170	2,995	秋田	1,952	21	1,931	972
989	3,928	4,917	青森	4,786	15	4,771	1,022
4,419	15,583	20,002	札幌	13,230	29	13,201	3,581
356	1,384	1,740	函館	2,482	5	2,477	444
506	2,343	2,849	旭川	2,567	1	2,566	738
729	3,456	4,185	釧路	5,096	8	5,088	974
948	2,269	3,217	高松	2,493	35	2,458	1,082
849	878	1,727	徳島	1,150	20	1,130	747
636	1,641	2,277	高知	2,089	16	2,073	761
1,619	5,688	7,307	松山	7,518	39	7,479	1,382
152,678	306,169	458,847	全国総数	248,821	2,119	246,702	107,559

第二章　ドイツ市民裁判官制度の形成

――名誉職裁判官は異母兄弟――

一　ゲルマン・フランク時代[1]から中世のドイツ

ゲルマン時代の裁判は、すべての武装能力者（Wehrfähigen）が関与しなければならない集会、すなわちフンデルトシャフトや民会によって担われていた。この人民裁判集会の裁判長には、裁判場所を巡回するガウ首長（Gaufürsten）がこれにあたった[2]。しかし、裁判長は、単に裁判主宰者として裁判の指揮を執り、法〔判決〕を質問したにすぎず、判決発見人（Urteilsfinder）である裁判民団体（Gerichtsgemeinde）の構成員がこの質問を受けて判決を発見した。裁判民団体の構成員は、事件ごとに自由な心証にもとづき、他の構成員の賛否を経て、多数決により終局判決に当たる判決提案を行い、この提案を裁判長が判決として言い渡し、法命令を下したのである。したがって、人民は単なる評議機関に尽きるのではなく、本質的には今日、我々が言うところの裁判官であったといえる[3]。このように、裁判官（Richter）と判決人（Urteiler）の役割を分離するということはゲルマン的裁判の特色であり、帝室裁判所（Reichskammergericht）にあっては一八〇六年まで維持された。陪審員のみが被告人の責任について裁判するアングロサクソン系の刑事訴訟では、現在でもこの制度が用いられている[4]。

サリカ法典（五〇八年）は、それまでのゲルマンの裁判制度を基本的に維持し続けた。[5] ここでは、人民により選挙された人民官吏一人、すなわちthungiusが裁判官である。定期裁判集会のほかに、裁判官もしくはケンテナーリゥス（centenarius）[6]一人が主宰する臨時裁判集会が開かれ、その判決は、判決発見人（Rachimburgen）七人の決定にもとづき提起される（サリカ法典五七条）[7]。この判決提起は、手続を踏み判決にまで高められ、これを裁判官が宣言した。この七人の判決発見人は、基本的には集会ごとに裁判を主宰する裁判官により裁判民団体のなかから任命された。したがって、きわめて自治的な裁判集会であったといえる。[8] この判決発見人の制度が現われてから後、自由民の大部分は裁判に常に参加する習慣を失っていく。しかし、カール大帝（七四二～八一四年）が、裁判所改革として審判人（Schöffen）制度を導入してから後は、年三回、重罪事件を扱うグラーフ主催の定期（echte）集会への参加を全自由民は義務付けられた。[9] また、その他の事件では、特定階級の中から終身職として任命された審判人により運営される臨時（geboten）集会によって裁判がなされた。弁論は、通常、グラーフもしくは裁判君主の職にある官吏がこれを主宰したが、裁判には直接関与せず、先の審判人が実質的に今日の裁判官の役割を演じた。また、カール五世の刑事裁判所令（Constitutio Criminalis Carolina）（一五三二年）においても、死刑と無期自由刑を言い渡すとき最低七名の参審人（判決発見人）の関与が、その他の判決では同四名が義務づけられた。市民生活が複雑多岐となり、くわえてドイツにローマ法が継受されてから後は、ドイツの法律制度も複雑化の一途をたどり、法の適用には特殊な法の教育が前提となった。これは結果として、あらかじめ特別な専門教育を受けた法律家によってのみ法制度が担われる一八世紀の初頭を迎えるとともに、裁判において市民（素人）が一掃されることをまた意味する。[10]

（1） Vgl. E. Kern, Geschichte des Gerichtsverfassungsrechts, 1954, S. 1 f.; A. Wagner, Der Richter — Geschichte / Aktuelle Fragen / Reformprobleme, 1959, S. 44 ff. その他、林毅「ゲルマン古代の民衆裁判」佐藤篤士＝林毅編著『司法への民衆参加』（敬文堂、一九九六年）四一頁以下などがある。

（2）後のフランク時代には、グラーフがガウ首長に代わり裁判を主宰するようになる。Wagner, aaO., S. 46.

（3）当時、民事手続と刑事手続の相違は基本的にない。Kern, aaO., S. 1.

（4）Wagner, aaO., S. 45. 帝室裁判所規則（一四九五年）第一条によれば、帝室裁判所の構成は、公爵、伯爵もしくは男爵である裁判官一人とドイツ国民から選出される一六人の判決人である。この規則の邦訳として、久保正幡先生還暦記念出版準備会編『西洋法制史料選Ⅲ（近世・近代）』（創文社、昭和五四年）一六頁以下。

（5）Kern, aaO., S. 4.

（6）ケンテナーリウスとは、屯田兵からなり、危険地帯を軍事的に確保するという目的に奉仕した植民地区、すなわちフランク王権時代の行政区のひとつであるケンテーナ Centenen の長をいう。ミッタイス＝リーベッヒ（世良晃志郎訳）『ドイツ法制史概説』（創文社、一九七一年）一一三頁以下参照。

（7）K. Kroeschell, Deutsche Rechtsgeschichte 1 (bis 1250) 10. Aufl., S. 39; Wagner, aaO., S. 46.

（8）Wagner, aaO., S. 45.

（9）参審人は経済的に自立し、最低一〇〇ヘクタールの土地を所有していなければならず、参審自由人として最高の身分保有者でもあった。Wagner, aaO., S. 46.

（10）Wagner, aaO., S. 47, 51 f.; L. Jasper, Das Schöffenamt, MDR 1985, 110, 111. ローマ法の継受については、ヘルムート・コーイング「ヨーロッパ法文化の流れ」（上山安敏訳）（ミネルヴァ書房、一九八三年）二一頁以下を参照のこと。

二　近代ドイツにおける市民裁判官制度の確立

1　参審員・陪審員（刑事裁判権の市民裁判官）[1]

裁判所構成法の成立は一八七五年にさかのぼるが、当時、ドイツでは、刑事裁判権への市民の参加は自明のこととして考えられていた。後に、同法は、幾度か重要な改正を経るが、一九二四年のエミンガー改革にしても、また一九三二年の改革においても、市民裁判官（参審員）制度の存続について疑いを挟む余地はなかった。

(1) 君主の臣官である裁判官による非公開の糾問手続に不信を抱いていたヨーロッパの市民は、一六世紀末、陪審員により判断される口頭・公開の裁判を求めていた。フランスでは既に、官吏の専制から裁判権を勝ちとった市民革命（一七八九年）を契機に、市民による裁判制度を確立していくが、ドイツにおける近代刑事市民（素人）裁判官の誕生はフランス二月革命の影響を受けたドイツ三月革命（一八四八年）にさかのぼる。(2)(3)

もっとも、ライン左岸の、かつてはフランス領にあり当時ドイツに併合されていたプロイセン、バイエルン、およびダルム・シュタットの各地においては、フランス革命以降、陪審裁判所（Schwurgericht）が設置された。これらの地域では、ナポレオンが退位した一八一四年以降もフランス刑事訴訟法典は残り、一二人の陪審員が事実問題を裁判し、五人の職業裁判官が法律問題を判断した。(4) 一八一五年のドイツ連邦諸国は、フランス法に倣い、口頭、公開、市民による刑事手続を採用したのに対して、その他の地域では書面主義と糾問主義を原則としていた。一八一六年、ライン州には政府直属の法務委員会（Immediat-Justiz-Kommission）が設置され、陪審制度を存続する旨の意見書を提出している。この委員会の陪審に関する原則は次の二点である。(5)

1 事実問題の裁判と法律問題のそれとを分離し、陪審裁判所の管轄は前者とする。

2 陪審裁判所はすべての資格ある階層から形成され、個々の事件について、一部はくじ引きにより、一部は公共団体および国民の信任にもとづく。

事実問題の裁判は、来歴的確信から導かれるもの、すなわち規則にもとづくのではなく、個々人の直感（individuelle Anschauung）を前提とする。人はみな、このような直感を、法学教育を経ることなく享有している。法定証拠規則は、真実発見の障害となり、また、口頭、公開による公判手続と相容れることはできない。このような理論を踏まえて、委員会は、陪審制度の導入と法定証拠主義の排除、すなわち陪審員の自由心証にもとづく裁判を唱えるのであった。これは当時、P・J・A・フォイエルバッハ『陪審裁判所についての考察（Betrachtungen über das

Geschworenengericht, 1813)』[6]と対立するものであった。フォイエルバッハはこのなかで、有罪判決を下すために、裁判官の心証に加えて法定証拠資料が必要であり、他方、政治制度として陪審は、君主制憲法の精神に反すると考えたのである。陪審は真実に対する直感、フランス法学説のいう内的確信（intime conviction）による裁判であり、裁判官の心証に対する客観的根拠は法典に規定されるべきとするフォイエルバッハの見解と相反するものであった。先の政府直属法務委員会の意見書（一八一八年）にもかかわらず、ドイツ刑法学においては、一八三〇年まで、自由心証にもとづいた刑事裁判に対する懐疑は消えなかった[7]。他方、三月革命以前、ライン左岸地方の裁判所構成には陪審裁判所が見られたにもかかわらず、ライン右岸に陪審が導入されることはなかった。

ドイツ陪審制度の導入は、フランクフルト国民会議（コラム 3）パウロ教会参照）において方向づけられるが、これに影響を与えたのは一八四七年のリューベック・ゲルマニステン大会（Lübecker Germanistentag）である。これは後のドイツ法曹大会（Deutschen Juristentag）の前身にあたる。この大会で、法律学と政治運動との関係に対する評価が確立され、陪審制度に対する専門家の法的懐疑の払拭が印象づけられた[8]。このような時代背景の下、一八四八年、三月革命後の革命的気運のうちに、フランクフルトに国民議会が開かれ、四九年三月には、ドイツ国憲法が作成・公布され、同第一七九条は、重犯罪とすべての政治犯罪を陪審の管轄とした。これを契機に、ライン地方以外のドイツにも陪審制度が急速に拡がっていく。

(2)　前述したライン政府直属法務委員会の報告書の対案として、プロイセンの参事官グレーベルにより、参審裁判所の設置が求められていた。グレーベルは、多数の職業裁判官と少数の市民裁判官により構成される合議体を主張していたが、書面手続を残すものでもあった。これは、プロイセンにおける裁判所構成法と刑事手続法の統一を目的とし、市民関与の要素を残すことでライン地方に譲歩を迫るものである。したがって、ここには刑事訴訟法の改革理念はない[9]。

刑事訴訟の改革として参審制度の導入を唱えたのは、G・ベーゼラーである。彼は、事実問題と法律問題の分離は実際には不可能であり、事実要素の確定には、いかなる法規範を適用すべきかという問題が残ることを理由に、陪審裁判所に反対したのである（一八三三年）。また、一八四三年に出版した『民衆法と法曹法（Volksrecht und Juristenrecht）』において、裁判官はローマ普通法に習熟しているが、商慣習、農業上の関係、および階級法については不知であり、民事裁判権について参審裁判所を導入すべきであると主張した。彼は、刑事法について法曹は、十分な法知識を備えていると判断したのである。ただし、刑事法における市民の関与を否定したわけではなく、この著書のなかで陪参審を紹介し、前述した一八四七年のリューベック・ゲルマニステン大会における陪審制の導入に賛同していた。要するに、ベーゼラーの参審論は、彼の司法における民衆法論の貫徹を試みたにすぎない[10]。

ドイツ国憲法公布後、フランス型陪審制度の採用と前後しながら、ドイツ型市民裁判官制度を実施する都市がある。例えば、一八五〇年、ハノーファーに、ドイツで初めて、裁判官一人と参審員二人により構成される参審裁判所が設置され、従来、単独裁判官が処理していた警察罰事件（Polizeistrafsachen）、いわゆる軽微事件をこの合議体に委ねた。したがって、職業裁判官一人で構成されるフランスの違警罪裁判所（tribunaux de simple police）を模範としたものではないことは、明らかである[11]。その後、ハノーファーの参審裁判所をモデルに、一八五七年にオルデンブルク、一八六三年にはクアヘッセン、ブレーメン等に参審制度が導入されていった。

一八六四年、ザクセンの検事総長シュヴァルツ（Friedrich Oscar Schwarze）は著書『陪審裁判所と参審裁判所（Geschworenengericht und Schöffengericht）』のなかで、陪審裁判所に代わるものとして参審裁判所を導入すべきことを唱えた[12]。彼によれば、陪審制度は従来、権力分立制度として、行政の一環としての裁判官を陪審員により規制させることを目的のひとつとしてとらえてきたが、司法は、法適用者として政府から独立している。陪審員と裁判官の職務を分割し、裁判長が、陪審員が十分な手引きを得るような説示を与えることは不可能であり、陪審は十分に機能することができない。刑事裁判は、公開・口頭手続により進められ、市民は、裁判官の独立に対する信頼を日々増している。これらを前提に、シュヴァルツは、刑事司法において裁判官と市民とが合議形式で共同する参審制を導入することが、司法への市民参加を再生できると考えたのである。一八六八年、ザクセンは、職業裁判官三人と参審員四人による参審裁判所を設置し、重窃盗、重傷害等中級の犯罪を処理させたが、参審員には、罪責についてのみ評決権が与えられ、量刑については認められなかった。しかし、一八六九年にはシュヴァルツの理念にもとづく参審裁判所が設置されている。その後、ヴュルテンベルク、ハンブルク等にも参審裁判所が導入されていった。

(3)　一八七七年一月二七日の裁判所構成法および同年二月一日のライヒ刑事訴訟法典は、ラインで行われていたフランス型陪審制度の思想を制度の中に組み入れた(13)。これによれば、殺人等、地裁刑事部またはライヒ裁判所第一審管轄に属さない重罪事件について、責任問題（Schuldfrage）について判断する市民一二人と、裁判官三人により構成される陪審裁判所の管轄とし、軽罪のなかで比較的軽い犯罪（法定刑三カ月以下の懲役または六〇〇マルク以下の罰金、財産犯のうち被害額が二五マルクを超えないもの、親告罪のうち私訴罪とされるものなど）については、区裁判所内に設けられた職業裁判官一人と参審員二人で構成する参審裁判所の管轄とした。今日の参審制度の基礎は、ここにあるといわれている。そのほか、重罪のなかで比較的軽いもの、例えば、一部を除く法定刑五年以下の重懲役である重罪、犯行時一八歳未満の者の重罪等は、原則として職業裁判官五人で構成される地方裁判所刑事部の管轄になる。その他、例外として、区裁判所単独判事の管轄があったにすぎない。区裁判所の判決に対する控訴審裁判所は、地方裁判所刑事部があたるがここでは市民の関与はない。地裁刑事部および陪審裁判所の判決に対しては、ライヒ裁判所への上告が認められただけである。

ドイツ陪審制度の特色としては、政治犯を陪審事件としていないこと、陪審員の選定は、当日、三〇名召喚され、くじ引きで行われたこと、陪審は罪責と酌量減刑について評決権を持つが、評決は三分の二の多数決すなわち八対四の多数票により、また酌量減刑すべき情状は同数で肯定されるとしたこと、陪審が罪責問題で被告人に不利益に間違いを犯したと裁判官が一致して判断したときは、更新手続を一回に限り行うことができる点、などである。これらはいずれも、フランス型陪審制度を採用するにあたって、これに批判を加えたことの結果である。イギリス陪審制度（イギリス陪審の特色）を採用しなかったのは、同陪審がイギリス国民に根差した制度であるからと説明されている。

ところで、ドイツにおいてなぜ陪審制度が採用されたのであろうか。[14] 一九世紀のドイツは、「大小の絶対主義国家の林立という状況下、フランス啓蒙主義の影響を受けつつ、市民的自由と国家的統一を求める思想が生み出された」が、「この思想の担い手となるべきブルジョアジーが未成熟だったため、独自の具体的な政治・社会思想を形成することはできなかった。その結果、ドイツ自由主義は、市民的自由の保障手段をイギリスやフランスに求め」、まず、個人の自由を保護する刑事手続の確立を確認したのであった。陪審制度を採り入れた理由は、陪審制が「司法における代議員制」であること、出版の自由は陪審制によってのみ保障されること、そして当時採用されていた法定証拠主義への懐疑である。

(4)　一九二四年、エミンガー（司法大臣）政令[15]は、実質的な陪審制度すなわち陪審員が裁判官と独立して裁判権を担う制度を廃止した。この改革で、陪審裁判所は残されたが、その内実は大型参審裁判所に変容している。すなわち、陪審裁判所は裁判官三人と陪審員（Geschworene）六人により構成され、両者が、法定刑一〇年を超える犯罪の罪責と刑罰の問題について、共同作業する「陪審裁判所」という名の参審裁判所が設置された。この裁判所の判決に対する上訴審裁判所はライヒ裁判所である。従来の陪審制度が廃止された理由は、必ずしも明らかにできないが、一般的には、制度そのものに対する批判、すなわち、判決内容の妥当性と経済的理由が挙げられている。陪審制は、被告人に利益な誤判だけでなく不利益なそれに対する批判に晒されていたし、判決理由を持たない陪審裁判に対する批判も必然的なものであった。

しかし、ドイツ市民裁判官制度は常に、司法の官僚化に対する抑制であり、この改革により市民裁判官制度の裾野が拡がったことも忘れてはならない。従前の手続では、比較的重要な事件は職業裁判官に留保されていたが（前記(3)）、この政令により、これらの事件にも市民が関与することになった。区裁判所には参審裁判所が設置され、第一審裁判所として、法定刑が六カ月を超える軽罪、検察官が区裁判所判事に請求しなかったもの、その他の多くの重罪がこの裁判所の管轄に属する。さらに、地方裁判所は、控訴審裁判所として位置づけられ、ここには区裁判所判事の判決に対する控訴審裁判所としての小刑事部と、参審裁判所の判決に対する控訴審としての大刑事部が設置された。前者は職業裁判官一人と参審員二人、後者は職業裁判官三人と参審員二人で構成される。控訴審裁判所レベルでの参審制導入の始まりである。

(5)　ナチスの政権下においては、当然のことながら改正が加えられた。一九三九年、国防閣僚会議命令により裁判所の構成は大幅に改組され、市民の刑事司法への関与の道も閉ざされる[16]。

(6)　戦後、ドイツは連合国の統治下に置かれ、それぞれの占領地において独自の司法制度を創設、発展させる。当初、職業裁判官による裁判制度を引き継ぐが、バイエルンのように、後に本来の意味での陪審裁判所を復活（一九四七年）させたところもある。一九四九年、ドイツ基本法が公布され、これに伴い裁判制度も国家レベルで統一されることになった。一九五〇年、統一化法が制定され、ドイツ市民裁判官制度が復活する。第一審裁判所として機能するのは、区裁判所判事および同参審裁判所（職業裁判官一人および参審員二人）、地方裁判所大刑事部（職業裁判官三人および参審員二人）、陪審裁判所（職業裁判官三人および陪審員六人）である。区裁判所判事の判決に対しては地方裁判所小刑事部（職業裁判官一人および参審員二人）への控訴、そして（区裁判所）参審裁判所のそれには地裁大刑事部（職業裁判官三人および参審員二人）への控訴が認められた[17]。

一九七四年、裁判所構成法第六章「陪審裁判所」は削除され、現在では、裁判官二人と参審員（Schöffen）三人により構成される「陪審裁判所」という名称を持つ参審裁判所があるにすぎない。現在、陪審員という名称も廃止された。市民裁判官の数を六人から二人削減したのは、事件処理の効率化を求めたからである。

（1） ドイツ刑事参審・陪審制度の沿革については、E. Schwinge, Der Kampf um die Schwurgerichte, 1970; P. Landau, Schwurgerichte und Schöffengerichte in Deutschland im 19. Jahrhundert bis 1870, in: A. P. Schioppa, The Trial Jury in England, France, Germany 1700-1900（1987）, S. 241 ff.; O. R. Kissel, GVG, 2. Aufl., § 24 RdNr 2 u. § 28 RdNr 8 を主たる参考文献とした。E. Schwinge, aaO. は一八四八年のドイツ国民議会までの流れを追い、P. Landau, aaO., in: The Trial Jury in England, France, Germany は一九世紀から裁判所構成法の成立期までを整理する。

沿革を扱う邦語文献としては次のものがある。一八七七年の裁判所構成法および一九二四年のエミンガー政令を中心に解説する内田一郎「西ドイツの陪審裁判所の変遷に関する一考察」鈴木茂嗣編集代表『平場安治博士還暦祝賀・現代の刑事法学（下）』（有斐閣、昭和五二年）三八頁、一八七七年以降の裁判所構成法の変遷について詳述する安村勉「ドイツにおける刑事裁判所構成及び審級制度の変遷」堀内捷三＝町野朔＝西田典之編『判例によるドイツ刑法』（良書普及会、昭和六二年）二五五頁、ドイツの社会思想を背景に解説する吉弘光男＝本間一也「一九世紀ドイツにおける陪審裁判所及び参審裁判所導入の過程」法時六四巻五号（一九九二年）四六頁、手続的側面から言及する平良木登規男「参審制度について―その成立と発展の経過―」法研六七巻七号（一九九四年）一・一五頁以下、ドイツ帝国成立前から世界大戦終結までの陪審・参審の潮流を整理する三成賢次「陪審制と参審制―近代ドイツにおける司法への民衆参加―」佐藤篤士＝林毅編著『司法への民衆参加』（敬文堂、一九九六年）一八九頁、最高裁判所事務総局刑事局監修『陪審・参審制度（ドイツ編）』（司法協会、平成一二年）一六頁以下等がある。その他、少し古いが、沿革を含め制度全般を扱う小野慶二「ドイツの参審制度」法曹一三巻四号（一九六一年）九頁以下がある。

（2） フランス刑事陪審制度の歴史については、和田敏朗「フランスにおける刑事陪審制」佐藤＝林編著・前掲『司法への民衆参加』一六七頁、白取祐司「フランスの陪審制はいま何が問題か」法時六四巻五号（一九九二年）四〇頁。

（3） 同様にして、革命の影響は瞬く間に南下し、オーストリアでも、同国三月革命により陪審制度が成立する。齋藤哲「オーストリア陪審制度の成立略史――国民の司法参加を唱える憲法国家の刑事法廷を訪ねて――」島大法学四二巻四号（一九九九年）二四一頁。なお、ボワソナードが、わが国の治罪法において提唱した陪審制度は、オーストリア型制度を模範にしている。

（4）ライン地方の陪審制度は一八〇八年のナポレオン法典にもとづくものであり、高額納税者のみが陪審員名簿に登載された。一八三二年、デュッセルドルフ群の人口は七万二七二四人であったにもかかわらず、陪審員の数は七二三人にすぎない。Landau, aaO., in: The Trial Jury in England, France, Germany, S. 266.

（5）Schwinge, aaO., S. 24-32, S. 76-79.

（6）Schwinge, aaO., S. 6 によれば、かつての書籍出版業者の慣習により、出版年は一八一三年とされているが、この本は前年八月に公刊されていた。

（7）Landau, aaO., in: The Trial Jury in England, France, Germany, S. 243-245.

（8）Landau, aaO., in: The Trial Jury in England, France, Germany, S. 263.

（9）Landau, aaO., in: The Trial Jury in England, France, Germany, S. 290.

（10）Landau, aaO., in: The Trial Jury in England, France, Germany, S. 291 f.

（11）Landau, aaO., in: The Trial Jury in England, France, Germany, S. 293 f.

（12）Landau, aaO., in: The Trial Jury in England, France, Germany, S. 295 ff.　翌（一八六五）年、『ドイツ陪審裁判所とその改革（Das deutsche Schwurgericht und dessen Reform）』のなかで、同趣旨の主張を展開している。

（13）Landau, aaO., in: The Trial Jury in England, France, Germany, S. 301 f.　自由心証主義と陪審との関連について、Kuper, Histrische Bemerkungen zur "freien Beweiswürdigung" im Strafprozeß, in: Peters-FG II, 1984, S. 23 ff.

（14）以下、吉弘＝本間・前掲法時六四巻五号四六・四七頁を参照。

（15）詳細は、安村・前掲『判例によるドイツ刑法』二六一頁以下。

（16）詳細は、安村・前掲『判例によるドイツ刑法』二六七頁以下。

（17）詳細は、安村・前掲『判例によるドイツ刑法』二七一頁以下。

2　商事裁判官（商事事件に関与する市民裁判官）

商事事件における市民裁判官の歴史は古い[1]。現在みられるようなドイツ商事裁判官制度は、フランス法の強い影響を受けたことと、ドイツにおける商法典統一機運のふたつが起因し、裁判所構成法の制定（一八七七年）に際して今日の骨格が形成された(2)。

中世、北イタリアの諸都市においては、緩慢な訴訟を促進させようと、ギルドによる特別裁判所（商人裁判所）が設置された。中世末期、ドイツにもこのギルドによる裁判制度が継受せられ、ニュルンベルクに初めてのドイツ商人裁判所が設置される。一五〇八年に下されたマクシミリアン一世の勅書（「商事事件については、今後一切、ニュルンベルクの裁判所において簡易・迅速に手続が進められなければならない、……何人も、商人ならびに商取引の瑕疵を、商を業とする者以上に適正に裁判しうるものではない(3)」）はその信頼の厚さを物語っている。

一八〇四年には、ニュルンベルクに、今日の商事部に相応する、法律家一人と商人二人で構成される初めてのドイツ商事裁判所が設けられた(4)。しかし、現行商事部の発祥地はハンブルクと目されている(5)。ナポレオン戦争と共に、ハンブルクを始めとしてドイツ各地にフランス商法典が流入した。それに伴い、専ら三人の商人により構成される商事裁判所が至る所に設置されたのであるが、ハンブルク以外の地では、フランス軍の撤退と共にこの特別裁判所も消滅していく。口頭弁論は美辞麗句を並べたてるフランス人にとってふさわしい手続と考え、古めかしい書面手続に立ち戻ることを欲したのである。ましてや、ナポレオンのロシア遠征の失敗と共に勃発し、解放戦争の勝敗を決することになったライプツィヒの戦い（一八一三年）の後は、フランス制度をもはや擁護するに及ばなかったことは、想像に難くない(6)。しかし、ハンブルクの商事裁判所だけは忠実に残るのである。しかもその構成は、その他の地において形成されたような純粋な商人裁判所といえるものではなく、むしろニュルンベルクの商事裁判所を模範とした、学問的修習を終えた法律家一名が加わる「ドイツ型」商事裁判所であった(7)。これは一八七七年のドイツライヒ裁判所構成法に導入されるが、今日でも学問的修習を終えた法律家を交えることなく、商人によってのみ構成される「フランス型」商事裁判所との違いである。

一八六一年、バイエルンの発議を受けて、連邦議会において採択された統一商法典は、連邦構成諸国の政府にその施行が勧告され、ほぼすべての連邦構成諸国において普通ドイツ商法典（Allgemeines Deutsches Handelsgesetzbuch v. 1861）として法律にまで高められるが、同法第三条には、特別裁判所として商事裁判所が規定されていた。(8) これによれば、訴訟は、商事裁判所が設けられていない場合にのみ通常裁判所において処理される。当時、ドイツ国内のいくつかの州には既に、裁判所構成法の施行に先立ち、かかる商事裁判所が設置されていた。その一方で、商事事件に関しては裁判所構成法に先立ち、若干の州を対象とする直級上級裁判所がドイツ法統一への一歩として存在したのである。一八七〇年八月五日、ライプツィヒに、北ドイツ連邦を統治する連邦上級商事裁判所が開設され、一八七一年一月、その管轄は、ヘッセン、ダルムシュタット、バーデン、ヴュルテンベルク、およびバイエルンの諸州に拡張された。さらに同年、ドイツ帝国の発足に伴い、連邦上級商事裁判所は帝国上級商事裁判所に変更された。(9)

一八七九年一〇月一日には裁判所構成法が施行され、同裁判所は帝国裁判所に吸収された。当初、政府草案では、商事裁判所を区裁判所および地方裁判所と並ぶ第一審特別裁判所とし、これらの裁判所に共通する控訴審裁判所として上級地方裁判所の創設を考えていた（草案八一条以下）。(10) しかし帝国議会は、区裁判所もしくは地方裁判所における商事事件の処理を求める弁護士会の抵抗に喘ぎながら、(11) 結局、市民間に発生するその他の事件と同様に、特別裁判所としてではなく、地方裁判所の特別部として第一審裁判所としてのみ機能する商事部を設け、しかも商事事件の扱いを商事部の専属管轄とすることなく、商事部で審理するかまたは通常の民事部でするのかを当事者の選択に委ねる、という構成に落ち着かせるのである（裁構九六条）。

ハーンの裁判所構成法の審議に関する資料は、商事裁判所創設の潮流と法政策者の見解を次のように要約する。(12)

まず、実業界の商事裁判所の設立を望む声として、この領域では、商事事件を裁判する際の慣習法、および法律行為の成立と解釈の基準となるしきたりが他の地域以上に強いこと、商事事件における慣習法が当時なお恒常的に形成されつつあったこと、ドイツ商法典の中には、商事経験を必要とするものについては、それに精通した裁判官の裁量に委任する規定が存すること、さらに商事裁判官は実定法の知識に欠けるとの批判に対しては、必要に応じて学識裁判官による法の教示により補いうること、などを挙げる。他方、草案は、これらの見地とは若干異なり、商事事件をすべて商事裁判所において裁判させる必然性はない反面、商事事件を専門に裁判する商事裁判所の設立を時流の趨勢として否定しきれない、との折衷的見地にあったといえよう。これによれば、既知の事実として、実業界は当該慣習法や変化しつつある商取引の慣習の中で業として取引に従事する者の専門知識に普く信頼を寄せていること、これらの専門知識は専ら実際の商業活動の中での独自の経験を通じて形成・取得されること、また、利害関係人は商取引に際して何が目的だったのかを認識し、そして、請求と抗弁とにおける両当事者が不知の利益にも不利益にもなりうる正確な資料を見いだすことができること、さらに、商人が鑑定人として法律学の知識を持つ裁判官に商行為の扱いを説明し、実業界の表現方法や慣習を習熟させ、また個々の法律行為の目的に関わる理解を手助けするよりも、商事裁判官が裁判に直接加わることにより、商事事件における適正な判決の言渡しが迅速に行われ得ることにある。

その後、一九〇六年六月一日の法律により、商事事件に関して地方裁判所が上訴審として管轄を有するときには、地方裁判所商事部がまたそれを管轄することとなった(13)。以来、商事裁判官の制度に対する基本的な変更は加えられていない。

ところで、商事部の名称には、ふたつの意図が隠されている(14)。ひとつは、地方裁判所商事部と商工会議所、すなわちハンブルクやブレーメンの都市にみられる "Handelskammer"、その他の諸都市に設けられている "Industrie und Handelskammer" と取り違えられないように "Handelskammer" という名称を用いずに、"Kammer für Handelssachen" とした点である。さらに、商事事件の審理に関しては常に合議(Kammer)を相当とする、との考えを前提にしていた点である。

（1）　商事裁判官の沿革については、O. R. Kissel, GVG, 2. Aufl., § 93 RdNr 1 ; Weil / Horstmann, Der Handelsrichter und sein Amt, 1993, S. 7 ff. ; U. Berger-Derhey, Der Handelsrichter und sein Amt, DRiZ 1989, 246 f. ; A. Weigand, Die Österreichsche Handelsrechtsgerichtsgesetzgebung vor der großen Kodifikation, Ein Beitrag zur Geschichte des österreichischen Handels-, Gesellschafts-, Wertpapier-, Banken-, und Börserechts vom 17. bis zum 19. Jahrhundert, Wien, 1997 ; W. Lammel, Der fachmännische Laienrichterin Handelssachen Vergangenheit und Zukunft, Laienrichter in Österreich und Europa, S. 13 f. ; W. Silberschmidt, Die Entstehung des deutschen Handelsgerichts, 1894.

（2）　O. R. Kissel, aaO., § 93 RdNr 1 f.

（3）　Weil / Horstmann, aaO., S. 7 ; W. Lammel, aaO., S. 13.

（4）　Weil / Horstmann, aaO., S. 8 ; U. Berger-Derhey, aaO., 247.

（5）　Weil / Horstmann, aaO., S. 8 ; U. Berger-Derhey, aaO., 247.

（6）　Weil / Horstmann, aaO., S. 8.

（7）　Weil / Horstmann, aaO., S. 8 ; U. Berger-Derhey, aaO., 247.

（8）　O. R. Kissel, aaO., § 93 RdNr 1.

（9）　O. R. Kissel, aaO., § 93 RdNr 1.

（10）　O. R. Kissel, aaO., § 93 RdNr 2.

（11）　一九世紀前半、自由主義思潮の高まりとともに、弁護士は政治に盛んに関与していった。中野貞一郎「ドイツの弁護士制度」三ケ月章他著『各国弁護士制度の研究』（有信堂、一九六五年）一一九頁、碧海純一訳『ラートブルフ著作集・第三巻』（東京大学出版会、一九六一年）一九四頁以下参照。

（12）　Hahn, Die gesammten Materien zu dem Gerichtsverfassungsgesetz, 2. Aufl. Berin, 1883, I S. 290ff., II S. 1098 ff. in : O. R. Kissel, aaO., § 93 RdNr 1.

（13）　O. R. Kissel, aaO., § 93 RdNr 1.

（14）　Weil / Horstmann, aaO., S. 9 f.

3　労働裁判権の市民裁判官

労働裁判権の萌芽は、中世のツンフト制度から発生したツンフト裁判権にさかのぼる。[1]諸都市において同業種の手工業者の結成した団体いわゆるツンフトは、競争を制限する目的から、親方のみが手工業を営むことを認め、また手工業者団体はその団体に指定された業種以外の手工業をなし得ず、その業種の手工業による生産販売を親方のみに許した（ツンフト強制）。当初、ツンフトは、都市君主もしくは都市参事会の管理下にあったが、後に自治権を獲得するのみならず固有の裁判権までも確立する。[2]しかし、ツンフトによる手工業から脱する大量生産への産業構造の転換は、手工業者と問屋間の紛争など、ツンフト裁判所の管轄に属しない事件をもたらし、大規模な問屋組合や企業体は、家裁判権（Hausgerichtsbarkeit）を新設した。[3]

一八世紀、ドイツ領邦国家をも席巻した重商主義は、公法の私的な法律関係への介入をもたらし、企業と手工業者間の紛争や、部分的には本来ツンフト裁判所の管轄に属する事件までが行政機関である警察裁判所（Polizeigericht）により裁判されるようになる。法廷は、学識を積んだ法律家一人と法律家ではない税の専門家らによって構成された。その結果、家裁判所と異なり、使用者側の利益に偏った裁判に陥ることなく、過度な問屋制度を抑制し、かつ、過度な労働から専門技術を有する労働者を保護するよう配慮することができた。[4]

ところで、今日の労働裁判権の理解を導く展開は、一六世紀以降のフランスにさかのぼることができる。この成果がフランス革命の後、ライン地方を経てドイツに流入した。[5]一八世紀末、フランスにおける営業の自由、ツンフト強制の廃止ならびに急激な労働者の増大を必要とする工業化は、工場主と労働者との間の紛争を処理する特別裁判権の創設を待望した。これは当時、通常裁判所における手続進行の鈍化を目の当たりにするとともに、労働界の実情を熟知しない裁判官に対する不満の現れからである。すなわち、見通しのきかない通常裁判所における民事訴訟ではなく、廉価な、しかも労使間の紛争解決に長けた専門家による適正・迅速な手続を求めたのである。

このような社会情勢を背景に、フランスでは、商人と工場主との結合による営業裁判所と商人裁判所が誕生する。リヨン周辺の工業地帯には、労働者と工場経営者間の争訟に関して管轄する通常裁判所（Tribunal Commun）が生まれ、ここでは工場経営者が自ら裁判官の役割を演じた。(6) この裁判所はフランス革命（一七九一年）の混乱の最中に解体するが、ナポレオン一世による一八〇六年三月一八日法により、工場経営者五人と労働者四人の計九人で構成される――したがって、ここにはいまだ中立の裁判長に当たる者がいない――初めての労働裁判所（Conseil de Prud' Hommes）がリヨンに設けられた。この裁判所の管轄権は、少額事件に限られ、その他の事件に関しては調停を試みなければならず、これが合意に至らないとき、商事裁判所または通常裁判所への上訴が認められた。(7) 一八一三年までにこの裁判所は三八を数えている。ナポレオン戦争の間、これは、アーヘン（一八〇八年）、クレフェールト（一八一一年。ただし、一八一三年に解体）、そしてケルン（一八一一年）に設置され、その後、これをモデルにした裁判権がザクセン、ハンブルク、リューベック、さらにブレーメンの各地に設けられた。この裁判所は、プロイセンでは「ライン地方の王室裁判所（Königliche Gerichte in der Rheinprovinz）」に、そして後には、「国立営業裁判所（Staatliche Gewerbegericht）」に発展する。(8) もっとも、労働裁判所の構成員としての労働者は、工場労働者やいわゆる日雇労働者ではなく、専ら工場長（Werkstattmeister）であり、フランスにおいて日雇労働者の関与が認められたのは一八四八年以降のことである。(9)

営業裁判所の管轄権が及ばない地域では、通常裁判権が補充的な役割を果たした。プロイセンもその例外ではない。一八三三年以降、略式手続および少額事件訴訟に関する命令にもとづき、工場主と労働者間の賃金請求、立替金、およびその他の給付について通常裁判所が管轄権を有した。しかし、一八四五年一月一七日のプロイセン営業法は、自営業者と職人、徒弟期間修了者および徒弟間の争訟を既存の特別官庁に委ねた。すなわち、自営業者がイヌングの構成員であるとき、イヌングの統括者は自治体の構成員を裁判長に据えて、また、それ以外の場合には地方行政庁が先の争訟を裁判した。したがって、通常裁判所は労働事件に関する争いについて管轄権を持たなくなった。(10) 他方、市町村には、市民の陪席する仲裁裁判所（Schiedskommision）が設置された。(11)

一八四九年二月九日、プロイセン全域には、先のライン地方の営業裁判所を模範として、手工業を営む者とその労働者との間の争訟を処理する営業裁判所が設置された。裁判官として関与するのは、国の監督下において選挙された使用者と労働者であり、これらの者がさらに使用者階層から裁判長を選出した。しかし、労働者といっても工場労働者を含む労働者であり、この営業裁判所においても使用者側の優位は否定できない。営業裁判所には和解委員会が設けられ、手続はまずそこから開始された。この委員会の構成員は使用者側と労働者側の代表各一人の計二人であり、有効な合意が引き出せない場合に限り事件は営業裁判所に移送された。営業裁判所における懈怠判決に対しては営業裁判所への原状回復の訴えが認められ、その他の場合には、商事裁判所（商事裁判所が設置されていない地域では、郡裁判所または都市裁判所）への上訴が認められた。しかし、裁判所書記官やその他の職員の給料は当事者の納める訴訟費用から賄われ、また、裁判官の選挙に赴く者の数が減少したことから、設置された裁判所も長くは存続しなかったという。(12)

他方、北ドイツ連邦営業法は、一八四五年のプロイセン営業法の諸原則を取り入れ、自営業者と職人、徒弟期間修了者および徒弟との間のすべて争議について市町村当局がこれを管轄することとし、これに対する不服申立てとして通常裁判所への道を開いた。さらに同法は、地方条例により、市町村に、同数の使用者と労働者により構成される仲裁裁判所（Schiedskommision）の設置を認めた。市町村におけるこの仲裁裁判所の併設は、労働法事件も含めた少額事件を国家裁判権から隔離しようとしたためである。しかし営業法は、仲裁裁判所に関する手続規定を設けておらず、しかもこの裁判所の設置は、上級行政官庁の承認を得た場合に限り認められたにすぎない。(13)

ドイツ帝国成立当初、帝国全土に効力を及ぼすような統一的な営業裁判権は創設されるには至らなかった。しかし、一八八六年、住民二万人以上の市町村に営業裁判所の設置を義務付ける営業裁判所法（一八九〇年施行）が可決された。(14) 裁判長は必ずしも裁判官としての資質を備える必要はないが、これには中立の官吏をあてることとし、さらに、従来の使用者側代表者数優位の比率を改め、使用者側と労働者側から秘密選挙された同数の陪席裁判官が関与して、使用者と労働者との間の紛争や一定の年収を有する技術師間のそれを裁判した。控訴に際しては、一〇〇ドイツライヒ・マルクを超えるものについてのみ地方裁判所への控訴が認められた。しかしこれは、当時としてはかなり高額である。ところで、いわゆる市民のみにより構成されたライン地方の営業裁判所が大きな成果を挙げたにもかかわらず、ここで中立の裁判官を裁判長に据えたのは、労働事件もまた訴訟に他ならないという理念からである。(15) 使用者側の代表者数と労働者側のそれとの「対等」は、商業使用人とその使用者との間の紛争に関する特別裁判所として商人裁判所を創設する一九〇四年七月六日の商人裁判所法においても受け入れられた。また、商人裁判所は、営業裁判所に同じく、人口二万人以上の自治体にその設置が義務付けられた。陪席裁判官は、当初、直接・秘密選挙によったが、一九二三年、これは選任制に変更され、さらにこれは営業裁判所と商人裁判所の経験を結集させた一九二六年の労働裁判所法へと引き継がれる。選挙制度を廃止し、選任手続に切り替えた背景には、公の通常選挙と同様多くの時間と多額の費用を費やさざるを得なかったことと、商人裁判所や営業裁判所時代の経験から経済団体の推薦にもとづく手続を採用することが望ましいとの判断があった。(16) なお、一八九〇年の営業裁判所法と一九〇四年の商人裁判所法には既に、名誉職裁判官の罷免や名誉職裁判官に対する秩序に関する規定が見られる。

一九二六年、営業裁判所法と商人裁判所法に代わり労働裁判所法が施行され、これにもとづき労働裁判所が創設された。また、労使代表の市民裁判官の制度も引き継がれた。労働界から裁判官として構成員を迎え入れることにより、係属する事件の処理にあたり労使双方の意見の反映を期待できること、さらに、職業裁判官に通常欠如する各界の実務経験や労働生活に関わる知識の補充を期待できること、などが市民裁判官の制度を存続させる決め手となった(17)。現行制度に見られる名誉職裁判官の任命（現労裁二〇条）や任命要件（同二一条）、名誉職裁判官の選出母体（同二二条・二三条）、名誉職裁判官の忌避および辞任（同二四条）、名誉職裁判官の委員会（同二九条項）、および名簿にもとづく名誉職裁判官の事件担当（同二九条二項・三一条）に関する規定は、この一九二六年の労働裁判所法にほぼさかのぼる(18)。

一九五三年九月三日の労働裁判所法には多くの改正事項が見られるが、名誉職裁判官に関する抜本的な改正はない。ただし、名誉職裁判官の保護規定（現労裁二六条）は特筆されるべきであろう。一九二六年法においては労働者側の名誉職裁判官についてのみ保護規定が設けられていたが、五三年法では両者を対等に扱うとの見地から、使用者側の名誉職裁判官のためにもこの保護規定が定められた(19)。

（1）労働裁判権の市民裁判官の歴史については、Germelmann / Matthes / Prütting, Arbeitsgerichtsgesetz, 2. Aufl., Einl. RdNr 1 f.; U. Berger-Delhey, Zur Mitwirkung ehrenamtlicher Richter in der Arbeit- und Sozialgerichtsbarkeit, RdA 1988, 15; G. Ide, Die Stellung der ehrenamtlichen Richter, in: Die Arbeitsgerichtsbarkeit: FS zum 100 j. Bestehen des D. ArbGsverbandes, 1994, S. 253 f.; Ostheimer / Wiegand / Hohmann, Der ehrenamtliche Richter beim Arbeits- und Sozialgericht, 1995, S. 15.
労働裁判権の沿革について、L. Wenzel, 75 Jahre Deutsche Arbeitsgerichtsbarkeit, JZ 1965, 697 ff. 一九世紀末までのそれについては、E. Stahlhacke, Die Entwickelung der Gerichtsbarkeit in Arbeitssachen bis 1890, in: Die Arbeitsgerichtsbarkeit: FS zum 100 j. Bestehen des Deutschen Arbeitsgerichtsverbandes, 1994, S. 59 f. また、戦後のそれに関して、G. Müller, Zur Geschichte der Arbeitsgerichtsbarkeit seit 19 45, in: Die Arbeitsgerichtsbarkeit: FS zum 100 j. Bestehen des Deutschen Arbeitsgerichtsverbandes, 1994, S. 105. など参照。

（2）Creifelds, Rechtswörterbuch, 11. Aufl., S. 1429.

（3）Germelmann / Matthes / Prötting, aaO., Einl. RdNr. 2.

（4）Germelmann / Matthes / Prütting, aaO., Einl. RdNr. 3.

（5） R. Künzl, Die Beteiligung ehrenamtlicher Richter am arbeitsgerichtlichen Verfahren, ZZP 104（1991）, 150, 151 ; E. Stahlhacke, aaO., S. 59 f.

（6） R. Künzl, aaO., 151.

（7） L. Wenzel, aaO., 697 ff. ; Germelmann / Matthes / Prütting, aaO., Einl. RdNr. 3 u. 6 ; E. Stahlhacke, aaO., S. 61 ff. ; R. Künzl, aaO., 151.

（8） Germelmann / Matthes / Prütting, aaO., Einl. RdNr. 6.

（9） E. Stahlhacke, aaO., S. 62 f.

（10） E. Stahlhacke, aaO., S. 70.

（11） R. Künzl, aaO., 152.

（12） E. Stahlhacke, aaO., S. 70 f.

（13） R. Künzl, aaO., 152 ; E. Stahlhacke, aaO., S. 71 f. なお、後の帝国営業法に発展する一八六九年七月二一日の北ドイツ連邦営業法はこの仲裁裁判所を継承し、これはさらに、プロイセン以外の地にも拡大され、一八九〇年までに約七〇の都市でこの種の裁判所が設置、利用された（R. Künzl, aaO., 152）。しかし、この仲裁裁判所の意義は当時ほとんど見いだされることなく、利用されることは少なかった、ともいう（E. Stahlhacke, aaO, S. 72）。

（14） それ以下の市町村における設置は任意とされたことから、当時、ドイツの多くの市町村にはこの特別裁判所が設けられずにいた。しかしその後、とりわけ急速な工業化とともに、労働生活から派生する事件を統一的に扱う特別裁判所の要請が日増しに強くなり、この裁判所を設置する自治体が急速に増え、一九〇〇年には三一六の営業裁判所を数え、第一次世界大戦突入の前年にあたる一九一三年にはその数五〇四に達していた。E. Stahlhacke, aaO., S. 60 ; G. Ide, aaO., S. 253 ; Germelmann / Matthes / Prütting, aaO., Einl. RdNr. 7.

（15） E. Stahlhacke, aaO., S. 60, 73.

（16） U. Berger-Delhey, Zur Mitwirkung ehrenamtlicher Richter in der Arbeit-und Sozialgerichtsbarke it, RdA 1988, 15.

（17） Vgl. R. Künzl, aaO., 155.

（18） Germelmann / Matthes / Prütting, aaO., § 20 RdNr. 2, § 21 RdNr. 2, § 22 RdNr. 2, § 23 RdNr. 2, § 24 RdNr. 2, § 29 RdNr. 2, § 31

RdNr. 2.

(19) Germelmann / Matthes / Prütting, aaO., § 26 RdNr. 4.

4　社会裁判権の市民裁判官

広義の行政裁判権には、狭義の行政裁判権のほかに、社会裁判権と財政裁判権が含まれる。財政裁判権の歴史は比較的新しく、二〇世紀の初め行政裁判権から分化したのに対して、社会裁判権のそれは一九世紀末葉の社会保険立法の確立と軌を一にする。(1) また、社会裁判権における市民裁判官の関与の歴史もそこにさかのぼることができ、その他の行政裁判権とは大きく趣を異にしている。

社会裁判権における市民裁判官の展開は、一九世紀末のビスマルク社会保険立法の確立にさかのぼることができる。同立法は、一般に、労務者の疾病保険に関する法律（Gesetz betr. die Krankenversicherung der Arbeiter）、労務者の災害保険に関する法律（Gesetz betr. die Unfallversicherung der Arbeiter）、および労務者の廃疾・養老保険に関する法律（Gesetz betr. die Invaliditäts und Altersversicherung der Arbeiter）の三立法を総称するが、市民裁判官制度導入の契機となったのは災害保険法である。

社会保険法として初めて立法化された一八八三年六月一五日の疾病保険法は、同法にもとづき保険者または使用者と市町村疾病保険または地域の疾病金庫との間に生じる保険料の給付義務または拠出金に関する紛争を、第一審裁判所として監督官庁がこれを裁判し、これに対する上訴を通常裁判権に委ねる一方で、例えば、被保険者に保障された福祉手当に関する保険者に対する救貧団体のいわゆる償還請求の紛争処理などを行政裁判権に委ねた。(2) これに対して、一八八四年七月六日の災害保険法は、同法上の紛争を管轄する第一審裁判所として独自の機関である仲裁裁判所を設置したのである。災害保険法によれば、労災補償や年金の確定は、事業主の届出にもとづき、地区の行政庁が職業組合の代表者、疾病金庫の理事らが参加して保険事故の調査を行い、その調査結果をもとにして保険者たる職業組合の理事会により補償請求の給付額とその評価額が確定された。この職業組合の裁定に対する不服申立裁判所は、職業組合の存する地域ごとに設置された仲裁裁判所である。ここには保険運営に関する労使双方による自主運営（Selbstverwaltung）の立法の思想が色こく反映され、構成員には仲裁裁判長として常任の構成員であるラントの官吏のほかに、陪席仲裁裁判官として使用者階層と被保険者たる労働者階層の代表各二人を仲裁裁判所に関与させたのは自明のことでもあった(3)。すなわち、社会裁判権の確立は職業組合制度の設置と密接に関連し、職業組合のある各地域のニーズに適う仲裁裁判所の設置を確保するという目的があった。労働者階層からの陪席仲裁裁判官は、組合所属の企業に従事し、労務者側にある被保険者の中から、労務者の代表者により、四年の任期をもって選挙された。他方、使用者側の代表は、事業者組合（Betriebsgenossenschaft）または事業者連盟（Betriebsverband）の総会において選挙されなければならなかった。上述のように、労災補償や年金の確定手続においては、保険者である職業組合の理事会に補償請求の給付額とその評価額の確定が委託されており、これら確定手続への使用者側の関与から生じうる偏見などをこの選挙により払拭する必要があった。この仲裁裁判所は、今日の社会裁判所の源に当たるもので、先のプロイセン営業法に始まる労働裁判権の仲裁裁判所（前掲***3***）をモデルとしていたことは紛れもない(4)。その後、この災害保険に関する仲裁裁判所の数は、一八八五年四三三、一八九一年一二三九、さらに一八九九年には一三〇六に達している(5)。一八八五年一一月二日の災害保険法にもとづく仲裁裁判所手続に関する命令の中では既に、仲裁裁判所の構成員に対する忌避、陪席仲裁裁判官とその代理人の宣誓、陪席仲裁裁判官の判決書における署名、陪席仲裁裁判官の釈明権、陪席仲裁裁判官の評決権など、市民裁判官の権利・義務に関する規定が盛り込まれていた。

仲裁裁判所の裁判に対しては、ライヒ保険局の再審査（Rekurs）が認められた。同局は、常任構成員三人と非常任構成員八人により構成された。前者は、局長と終身構成員二人からなり、後者は、その半分がライヒ参議院により、その構成員の中から選出され、残り四人は労働者階層と使用者階層の中からそれぞれ二人が五年の任期で選挙された。すなわち、上級審においても市民の中からいわゆる市民裁判官を関与させていたのである。裁判は、全構成員参加の下で行われる法廷と構成員五人以上が関与してなされるものとに分かれ、後者については使用者側と労働者側の代表各一人を必ず関与させた。一九〇〇年以降、この構成は、局長、その他の常任構成員二人、および陪席裁判官としての労使双方の代表各一名によることとした。ライヒ保険局の裁判官には、明瞭ではないにせよ独立性は保障されていたが、同保険庁は災害保険に関する監督官庁であることは間違いなく、裁判機関としての独立性は機関の構成上、明らかに欠いていたといえる。(6)

一八八九年六月二二日の廃疾・養老保険法は、この社会法の領域における固有の裁判権構想を基本的に受け入れ、社会裁判権の範囲は拡大された。すなわち廃疾・養老保険法は災害保険法の仲裁裁判所に倣い、労務者側代表二人と使用者側代表二人の関与・協力による仲裁裁判所を新たに設置し、廃疾・養老保険法にもとづく紛争解決にあてたのである。仲裁裁判所の構成は、常任の仲裁裁判長と陪席仲裁裁判官からなり、後者の任期は五年であり、労使双方による直接予備選挙を経て選出された選挙人に当たる保険官庁内の委員会により本選挙された。ただし裁判は、労使双方の代表各一人が関与する計三人の構成によった。(7) かかる仲裁裁判所は、一八八九年には五二五を数え、一八九一年六三一に達するが、一八九九年の一連の改正により一一八に統廃合された。(8) 第二審は上述のライヒ保険局である。

一九〇〇年六月三〇日の災害保険法の改正により、災害保険法にもとづく補償に関する紛争処理は廃疾・養老保険法にもとづき設置された仲裁裁判所に委ねられるとともに、この裁判所には「労務者保険仲裁裁判所」という名称が付された——したがって、形式的には災害保険法にもとづく仲裁裁判所は廃止され、それまでの管轄権は統廃合された廃疾保険法上の計二四の仲裁裁判所に委ねられた（一九〇一年末）――。しかし、このように紛争処理制度を統一する一方で、仲裁裁判所内部には、従来の仲裁裁判所の種類に倣い事件の特質に相応させた部が設置された[9]。災害保険法にもとづく紛争については、上訴審として事実審理も行う再審査が認められ、ライヒ保険局に設けられた七人の構成員による再審査部において裁判された。他方、廃疾保険に関する事件に対する不服申立は、法律問題のみを扱う上告部がこれに当たり、労務者側と使用者側の代表各一人を含む計五人がこれに関与した[10]。

一九一一年七月一九日のライヒ保険法により、いわゆるビスマルク社会保険三法は統合されるとともに、災害保険法および廃疾保険法における市民関与の裁判理念は維持された。すなわち、従来、通常裁判権または行政裁判権に委ねられていた疾病保険法上の紛争処理もまた、この時から固有の裁判権に服することになった。これにより、従来の労務者保険仲裁裁判所は全廃され、その役割は保険局および上級保険局に移行するが、裁判の主体は従来と同様、常任の官吏たる構成員の他に使用者・被保険者双方の代表を含める構成によった。上級保険庁の判決部は、当初、裁判長たる上級保険局の構成員一人、および陪席裁判官たる使用者と被保険者の代表各二人の計五人により構成されたが、一九二三年一〇月三〇日の命令により陪席裁判官の数は各一人に削減された。ライヒ保険局での裁判構成は、当初、常任の生涯裁判長、通常裁判所に所属する裁判官二人、さらに被保険者と使用者の代表各二人の合計七人によった。裁判長は、国家上級司法職または同行政職試験を経た者でなければならなかった。一九二四年一二月一五日のライヒ保険法は、ライヒ保険局の判決部の構成員を五人に削減し、裁判長、ライヒ保険局の常任構成員一人、通常裁判所に所属する裁判官、および使用者・被保険者双方の代表各一人とした。また、ビスマルク社会保険法が統一された一九一一年、労務者保険および被用者保険の裁判における信頼と統一の危機が危惧されながらも、一二月二〇日の被用者保険法（Versicherungsgesetz für Angestellte）は、専門知識を備えた陪席裁判官による裁判を制度の本質ととらえ、被用者保険法の領域における固有の仲裁裁判所および上級仲裁裁判所を設置した[11]。仲裁裁判所では、陪席裁判官選出委員（Vertrauensmänner）により選出された被用者とその使用者の代表各二人が関与し、他方、上級仲裁裁判所では、裁判長もしくはその代理人、ライヒ保険局の常任構成員二人と裁判官二人および使用者側である保険者の代表一人と被用者側である被保険者の代表一人が関与することで、実務経験を生かした信頼を寄せることができる偏頗のない裁判が期待された。

一九二三年六月一九日のライヒ鉱山労働者法（Reichsknappschaftsgestz）が施行されるまで、鉱山労働者保険事件はラント法により規制されていた。従前、ラント法により仲裁裁判所が設けられ、ここでも裁判長裁判官の他、市民裁判官たる鉱山所有者と鉱山労働者の代表が裁判に関与した。(12) 先のライヒ法は、鉱山労働者上級保険局への控訴およびライヒ保険局に設置された特別部（鉱山従事者部）への上告を定めていた。

一九二七年七月一六日の職業紹介および雇用保険に関する法律にもとづき、事件を処理させるための判決部がラント労務局に設置された。(13) この判決部は、ラント労働局の管轄内にある上級保険局の局長および使用者側と労務者側から選出された陪席人各一人により構成された。さらにライヒ保険局には、雇用保険または失業対策に通ずる専門知識と経験が求められるライヒ保険局の局長、同局の常任構成員一人と帝国施設（Reichsanstalt）の構成員一人、さらに労働裁判権から招聘された職業裁判官により構成される判決部が設けられた。労使の代表は、ライヒ保険局の非常任構成員であり、事件の特性に合わせて各分野の代表を裁判に関与させた。

現行法上、社会裁判権の範ちゅうにある戦争犠牲者援護（Kriegsopfersorgung）事件の紛争処理（現行社裁一二条四項・三一条・三三条・四〇条参照）については、一九一九年二月一日の軍人援護事件の手続改正に関する命令第二款により特別裁判所として設置された軍人援護裁判所（Militärversorgungsgericht）とライヒ軍人援護裁判所（Reichmilitärversorgungsgericht）がこれを担っていた。軍人援護裁判所は、裁判長裁判官、通常裁判所の裁判官一人、軍当局の代表一人、および兵役を除隊した者からなる年金請求権者二人により構成された。同様にして、ライヒ軍人援護裁判所の部は、裁判長裁判官、ライヒ保険局の常任構成員一人、通常裁判所の裁判官一人、軍当局の代表二人（将校（Offizier）と高級官僚各一人）、および年金請求権者二人により構成された。市民裁判官（年金権者）を関与させる理由は、年金請求権者の代表的性格を持たせることにあるのではなく、これらの者が軍に従事していたこと、すなわち軍（陸・海・空の三域）において培った見識を役立てることにあった[14]。

市民裁判官に関する選挙制度は、一九三五年五月二五日の命令により廃止され、任命制度がこれに代わった。また、第三帝国成立後、市民裁判官の関与はしだいに制限されていった。一九三九年一〇月二八日のライヒ保険法および失業者保険における手続の簡素化に関する命令により、上級保険局では、裁判長が単独で裁判し、しかも口頭弁論を実施するか否かは裁判長の裁量によった。ライヒ保険局においても、調査官を任用するときは裁判長が単独でこれを審理・裁判した。上級保険局と同様に、口頭弁論の実施は裁判長の裁量によった[15]。

一九五三年九月三日の社会裁判所法（一九五四年一月一日施行）により、行政庁から独立性を有する初めての社会裁判所が創設されるが、市民関与による裁判原則は、ここに承継され今日に至っている[16]。

（1）社会裁判権の市民裁判官に関する沿革については、M. Sellmann, Verwaltungsgerichtsbarkeit und Sozialgerichtsbarkeit, NJW 1957, 1091 ; J. Rüggeberg, Ehrenamtlicher Richter in den öffentlich-rechtlichen Gerichtsbarkeiten, VwArch Bd. 60（1970）, 189, 199 ; K. Müller, Das Recht der ehrenamtlichen Richter, in : Sozialrechtsprechung, 1979, Bd. 2S. 877, 880 ff. ; I. Blättel / W. Fromen, Die ehrenamtlichen Richterin den sozialgerichtlichen Instanzen, in : Entwicklung des Sozialrechts, Aufgabe der Rechtsprechung, 1984, S. 107, 108 ff. などがある。とりわけ、I. Blättel / W. Fromen, aaO. の分析は詳細であり、本文の記述はこれに負うところが大きい。また、社会裁判権の沿革に関する邦語文献として、倉田聡「社会裁判所制度の沿革」北法四一巻二号（一九九〇年）六六九頁などがある。

（2）M. Sellmann, aaO., 1091.

（3）Blättel / Fromen, aaO., S. 109.

（4）M. Sellmann, aaO., 1091 ; J. Rüggeberg, aaO., 200.

（5）Blättel / Fromen, aaO., S. 111, 113.

(6) M. Sellmann, aaO., 1091; J. Rüggeberg, aaO., 200.

(7) ライヒ議会では、労災保険法上のものと同様に、労使各二人の代表者を関与させる案が提出されていた。ここでは、とりわけ労務者側代表者の員数をめぐり論議がなされた。三人の構成とした場合、労務者側一人の代表が、法学識を積んだ裁判長や、使用者側代表者と実質的に対等の意見を闘わせることができるのかが疑われたのである。二人によった場合、労務者側代表は相互に補塡しあうことで、代表としての本来の役割を貫徹できる、と考えられた。しかし、廃疾・養老保険上の紛争は、災害保険法上のそれとは異なり、法律問題が中心となることは多くなく、廃疾保険請求をする当該労務者が身体障害者であるか否かという事実認定の問題が焦点となるとの判断から、結局、通常裁判所に倣い、三人の構成に落ちついたという経緯がある。一八九九年の改正に際して、政府により再び五人構成の提案がなされているが、改正には至っていない。Blättel / Fromen, aaO., S. 112, 114.

(8) Blättel / Fromen, aaO., S. 112 f.

(9) ライヒ議会では、専門部設置に対する反対も見られ、当時厚い信頼を寄せられていた営業裁判所への編入も主張された。実務経験から、かかる裁判には職業部門の専門知識は必ずしも求められていないとの分析である。Blättel / Fromen, aaO., S. 114 f.

(10) K. Müller, aaO., S. 881.

(11) 以下、Blättel / Fromen, aaO., S. 122 f. 参照。

(12) 例えば、一九〇六年六月一九日のプロイセン普通鉱山法第七章改正のための法律は、上級鉱山局管区仲裁裁判所とプロイセン上級仲裁裁判所を設置した。

(13) 雇用保険については、Blättel / Fromen, aaO., S. 124 参照。

(14) 戦争犠牲者援護事件に関する紛争処理の詳細は、Blättel / Fromen, aaO., S. 124 ff. 参照。

(15) Blättel / Fromen, aaO., S. 119 ff.

(16) 同法は各州においてほぼ一律に施行された。

5 行政裁判権と財政裁判権の市民裁判官

ドイツ行政裁判権の歴史は、裁判への市民参加の歴史であり、一八四九年以降制度の指針が定められた[1]。しかし、それ以前、行政における市民自治の萌芽がみられなかったわけではない。まずは一九世紀初頭のナポレオン戦争の時代にさかのぼり、そこから行政裁判権における市民参加の足跡をたどってみよう。

(1)　一八〇六年はライン連邦結成の年であり、神聖ローマ帝国滅亡の年でもある。七月一二日、バイエルン、ヴュルテンベルク、バーデン、およびフランス保護領下にあった直属都市を伴うヘッセン・ダルムシュタットは、ライン連邦を結成し、翌月一日にはライヒからの脱退を宣言する。これは皇帝フランツ二世の退位（八月六日）を導く。プロイセン主導のドイツ帝国は、北ドイツ連邦の設立を試み、ナポレオン一世による帝国支配に抵抗するが、一〇月一四日のイェーナとアウエルシュテットの戦いに破れ、ティルジットの和約（翌年七月九日）を余儀なくされる。危機的な国情下にあったプロイセンは、官僚主義と貴族階級によって支えられ、見るに忍びない階級的偏見、自発性の喪失、そして自責の念の欠如は、行政と兵制を疲弊させていった。(2)

一八四八年のフランス二月革命は、ドイツ各ラントにおける自由主義的、民主主義的政治運動を誘発し、フランクフルト・パウロ教会（**コラム**（3）参照）におけるドイツ国民会議（Nationalversammlung）を経て近代行政裁判権の礎が築かれていく。「行政裁判は廃止する。すべての権利侵害は裁判所がこれを裁判する」と規定した一八四九年三月二八日のドイツ・ライヒ憲法第一八二条一項は、行政訴訟が直轄官庁によることなしに、独立した裁判所によってのみ裁判されるべきことを明らかにした。しかしこれは、後のオットー・ベール（Otto Baehr）とルドルフ・グナイスト（Rudorf von Gneist）との論争、すなわち、司法と行政の分離を前提として司法裁判所により行政事件が裁判されるべきか、それとも、司法裁判所と隔離された独立の行政裁判所により裁判されるべきか否か、の議論に直接関わるものではない。一八四八年当時、司法裁判所以外の裁判所は存在しなかったのである。折からのドイツ革命（一八四八年）の余波を受けて、国家的権利保護を包括的に統一しようとの試みは失敗に終わった。しかし、審級制度の確立および司法裁判所から機構的に分離・独立した行政裁判所のふたつを礎に掲げる行政司法（Administrativjustiz）廃止の理念は、バーデンを始めとして各ラントにおいてしだいに受け入れられていった。当時確立された制度は第二次世界大戦時まで存続する。[3]

行政裁判権の本質に関する考え方は、概ね、ザルヴェイ（Otoo von Sarwey）に代表される南ドイツ型（例えば、バーデン等の都市）とグナイストに代表される北ドイツのプロイセン型のふたつに分けることができる。ザルヴェイは、行政裁判所の本質はまさに市民個人に対する公権の保護にあると考えた。[4]その目的のために、国内には、機関の構成上、行政官庁から独立し、かつ、行政官庁の判断に対する抗告審として機能する高等行政裁判所（Verwaltungsgerichtshof）が設置された。これに対して、プロイセン型の行政裁判権は、特殊の行政官庁が裁判所のごとく裁判手続の形式で行う行政行為（行政作用）と考え、市民個人に対する公権保護は、行政法の適用に際し、客観的な法秩序の保障の背後に置かれたのである。したがって、この考え方によると、行政裁判所は、一次的に、権利を求める市民のためにあるのではなく、積極行政に対するチェック手段として国家に仕えるのである。[5]

ところで、ドイツ国家として審級制度を有する近代的な行政裁判手続を最も早く確立したのは、南ドイツ諸ラントの中のひとつバーデンである。[6]一八六三年一〇月五日法にもとづき、ここには、第一審を管轄する県参事会（Bezirkräten）と終審裁判所たる高等行政裁判所（Verwaltungsgerichtshof）が設けられた。県参事会は、第一審裁判所として機能したほか、行政行為の実施において郡長を補佐する役割を演じた。

県参事会には、地区（Amtsbezirk）の規模に応じて、名簿に登載された者の中から六人ないし九人の、見識、才気、および共同精神に溢れた地区内の住民が、内務大臣により、二年の任期で、名誉構成員として県参事会に招聘された。名簿は、県会議（Kreisversammlung）により、自由選挙により住民の中から抽出して作成される。これは県会議の仲介により、被選挙人の公平・中立かつ職務能力の確保が、直接選挙によるよりもはるかに期待しうる、と考えられたからである。また、分別と常識、そして事実を適正に判断するために必要な経験と一般的な生活知識を備え、国民の信頼を誠実かつ中立に行政の中で確立することができる複数の男性に、法律概念の片面的な見識に捉われがちな法律を専門職とする官吏（Berufsbeamten）を補佐させることで、自治による市民の政治的独自性の高揚が期待された。この県参事会は官吏が裁判長としてこれを主宰し、裁判長と最低四人の構成員を評決の定足数とした。

行政裁判所は、行政からの独立性が保障された五人の学識裁判官によって構成される最上級審裁判所である。幾多の難解な法律問題が持ち込まれるこの裁判所においては、素人的要素を排斥し、学識行政官により入念に審議させることで、取り巻きの環境から影響を受けることなく、偏頗のない裁判を保障できると考えたのである。(7)

その他の南ドイツ諸ラントも、バーデンに遅れて近代行政裁判制度を確立するが、(8)ヴュルテンベルク以外のラント（ザクセン、バイエルン）は市民の関与を認めなかった。なお、バイエルンは三審制度を採用するが、ザクセンとヴュルテンベルクはバーデン同様、二審制度を採用する。

プロイセンにおける行政裁判制度の改革は、一八七二年一二月一三日の「郡制」（Kreisordnung）（一八七四年一月一日施行）、一八七五年七月三日の「一般行政裁判所の組織および行政訴訟手続に関する法律」（一八七五年一〇月一日施行）、一八七五年六月二九日のプロイセン、ブランデンブルク、ポンメル、シュレスビン、およびザクセンの諸州に関する「州制」（Provinzialordnung）（一八七八年一月一日施行）、および一八七五年六月二九日の州制適用領域における行政官庁および行政裁判所に関する権限法（一八七六年一〇月一日施行）により始まるが、その後、一八八〇年七月二六日の「一般行政機構に関する法律」、一八七五年七月三日の「一般行政裁判所の組織および行政訴訟手続に関する法律を修正するための法律」、および一八八三年七月三〇日の「一般ラント行政法」をもって改革は終了し、郡制と州制は、漸次、ハノーバー（一八八四年）、ヘッセン・ナッサウ（一八八五年）、ヴェストファレン（一八八六年）、ライン（一八八七年）、およびシュレスビッヒ・ホルシュタイン（一八八三年）の諸州においても施行された。いずれも先のグナイストの主張が色濃く反映されたものであることはいうまでもない。プロイセンの行政裁判制度の概要は以下のとおりである。(9)

プロイセンの行政裁判は三審級制度を採用する。郡には「行政裁判所」の役割を演じると同時に郡の行政自治の執行機関でもある郡参事会（Kreisausschuß）が設置された。郡参事会は、議長としてこれを主宰する官吏たる郡長（Landrad）、および郡会（Kreistag）により郡住民の中から六年の任期で選出された構成員六人をもって組織する合議体である。なお、独立の郡をなしている市には、市参事会（Stadtausschuß）に行政裁判が委ねられ、これは議長職を担う市長と市議会によって六年の任期で選出された構成員四人によって組織された。市参事会もまた、郡参事会と同様、行政官庁としての機能を果たしていた。

県（Regierungsbezirk）には、第二審裁判所の役割を演ずる県参事会が設けられた。県参事会は当初、純粋な第二審裁判所として設置され、国王により任命された学識者二人と、裁判所の管轄内に居住し、地域の代表により三年の任期で選出された構成員三人が組織した。しかしその後、一八八三年六月三〇日法により、県参事会は、議長である県知事（Regierungspräsident）、官吏二人、および州参事会により選出された県内在住の住民四人をもって組織させ、また、郡参事会等と同じく、行政官庁としての職務も掌握させたのである。

一八七五年に設立された上級行政裁判所は、(10)部分的には県参事会が第一審裁判所として下した判決に対する控訴審として、また、県参事会の判決に対する法律問題と管轄問題を扱う上告審として法の統一をはかった。この裁判所は、行政機関としての機能を持たない純粋な裁判所であり、通常裁判所と上級行政官庁から招聘された法学識を備える構成員により組織された。判決にあたっては、最低五人の構成員を定足数とし、いわゆる素人の関与は一切予定されていない。これは、国家が最終判断を行わなければならず、職業官吏こそが法の番人である、とのラスカー（Lasker）の見解に従ったものである。(11)

ワイマール共和国憲法施行後、政府は、永年の懸案であったライヒ行政裁判所の設立に奔走した。一九二八年まで、行政裁判権への市民関与に対するポジティブな法政策的見解が続いたが、ネガティブな意見が見られなかったわけではない。とりわけ、ライヒ行政裁判所については多様な事件の解決が請われることから、法律学を修得した者のみによる構成をベストとする考えが少なくなかった。結局、草案は作成されたものの、財政の逼迫などの理由から、立法には至っていない。

周知のように、一九三三年、ナチスの全体主義的指導原理を持つ政権が始まる。これにより、一九世紀に形成された伝統的行政裁判制度は、ナチスの指導原理である中央集権主義と反議会主義と鋭く対立することになる。行政裁判制度が採用してきた市民裁判官制度もその例外ではない。ナチス政権下においても当初、市民を下級審行政裁判所の裁判に関与させているが、これらに対する統制も行った。市民裁判官は政府が任命したのである。そして、一九三九年の簡素化法は、行政裁判権から市民を一掃してしまう[12]。

第二次世界大戦後、戦勝国の指導の下、その占領地域には行政裁判権が復活する。アメリカやイギリスの占領地では早々に、市民裁判官制度が導入された。州法により創設された行政裁判権が連邦規模で統一されるのは、一九六〇年一月二一日の行政裁判所法によってである。

(2)　租税事件を専門に取り扱う財政裁判権の歴史は新しい[13]。

二〇世紀の初頭、すなわち一九一八年七月二六日のライヒ財政裁判所設立法ならびに翌年一二月一三日のライヒ公課法（Reichtabgabenordnung）[14]により、ライヒ財政裁判所、租税委員会（Steuerausschuß）[15]、財政裁判所が設置された。所得、収益、財産または売上げの租税を管理する税務署に置かれた租税委員会は、下級審裁判所として市民を参加させて税務事件の裁判を担っていた。

租税委員会の構成は、税務署長が務める「委員長」一名、税務署管内の各市町村より選出された「市町村代表者」各一名、これは任期六年で選出方法は市町村に委ねられている。そして、四名から八名の「その他の選出委員」である。その他の選出委員も任期六年で、被選出資格要件は、三五歳以上、市民権を有する者、税務署管内に居住する者、その他地方の事情に精通し、かつ経済的問題に熟達している者である。したがって、その他の選出委員は、必ずしも税法に精通している必要はないので、租税委員会無用論もあったという。(16)

租税委員会は、各種課税額の査定および税額決定に対する異議申立ての裁決について、審議権と裁決権を持つ。この裁決は、租税委員会が自ら行うのであるが、租税委員会は特別の行政救済官庁になったわけではなく、公課法上、税務署の職務を行うものであると解されていた。この裁決に対しては、地域により、上級行政裁判所への上訴が認められている。財政裁判所はラントの財務官署に直結する機関であり、本来の独立した裁判所とは言い難いものであった。しかし、財政裁判所には部が設けられ、各部は専従の裁判官二人に加えて名誉職構成員（市民裁判官）三人が裁判に加わることになっていた。(17)この名誉職構成員は、各州の規定にもとづき、自治体、職業機関、州議会の選出委員会により選出された。ライヒ財政裁判所の構成は職業裁判官三人であり、裁判官の独立性は保障されていたが、ここでは市民の関与は認められていない。

戦後、ドイツ基本法一〇八条六項（「財政裁判権は連邦法によりこれを統一的に規律する」旧一〇八条五項）の下、一九六五年七月二三日の新財政裁判所法（BGBl. I 1477 ff）が施行される（一九六六年一月一日）。(18)裁判所の判決機関の構成に関しては、戦後いちはやく制定された社会裁判所法（一九五三年）と行政裁判所法（一九六〇年）を考慮していることはいうまでもない。財政裁判所の部の構成は、行政裁判所のそれに倣い、公課法における従来の構成に変更が加えられた（職業裁判官一人の増員と名誉職裁判官一人の削減）。連邦財政裁判所の部の構成は、連邦行政裁判所のそれに同じく、職業裁判官のみにより構成されている。

（1）　行政裁判権における市民裁判官の沿革については、L. Gehrmann, Der demokratische Auffassung des ehrenamtlichen Richters und sein Informationsbedürfnis, DRiZ 1988, 126, 127 f.; J. Rüggeberg, Ehrenamtlicher Richter in den öffentlich-rechtlichen Gerichtsbarkeiten, VwArch Bd. 60（1970）, 189, 198; G. Schiffmann, Die Bedeutung der ehrenamtlichen Richter bei Gerichten der allgemeinen Verwaltungsgerichtsbarkeit, 1974, S. 2 ff. などがある。また、ドイツ行政裁判制度については、南博方『行政裁判制度』（有斐閣、昭和三五年）を参照のこと。本書の訳語の多くは、これを参考にしている。

（2）G. Schiffmann, aaO., S. 3 f.

（3）C. F. Menger, Zur Geschichten der Verwaltungsgerichtsbarkeit in der Deutschland, DÖV 1963, 726 f. なお、J. Rüggeberg, aaO., 198 参照のこと。

（4）Otto von Sarwey, Das öffentliche Recht und die Verwaltungsrechtspflege, 1880, S. 73, 79.

（5）C. F. Menger, aaO., 726 f.

（6）以下、C. F. Menger, aaO., 726 f.; J. Rüggeberg, aaO., 198; G. Schiffmann, aaO., S. 13 ff.; L. Gehrmann, aaO., 128 参照。

（7）G. Schiffmann, aaO., S. 14 f.

（8）ちなみに、その他のラントにおける行政裁判の確立期は、ヘッセン＝一七八四／五年、ヴュルテンベルク＝一八七六年、バイエルン＝一八七八年である。

（9）以下、G. Schiffmann, aaO., S. 15 ff.; L. Gehrmann, aaO., 128 参照。

（10）上級行政裁判所については、G. Schiffmann, aaO., S. 23 ff.; L. Gehrmann, aaO., 128 参照。

（11）G. Schiffmann, aaO., S. 33 ff.; L. Gehrmann, aaO., 128.

（12）G. Schiffmann, aaO., S. 49 ff. ナチスの支配体制と行政裁判権については、宮崎良夫「ドイツ連邦共和国の行政裁判制度改革——ナチス体制からボン基本法にかけて——」東京大学社会科学研究所編『戦後改革4司法改革』（東京大学出版会、一九七五年）三五九頁以下。

（13）財政裁判権における名誉職裁判官については、F. Haueisen, Finanzgerichtsordnung und Sozialgerichtsbarkeit, NJW 1966, 81 ff.; J. Rüggeberg, aaO., 199 を参照。

（14）一九三〇年までの改正を含むライヒ公課法の邦訳として、中川一郎『ライヒ租税法（邦訳）(1)～(18)完』税法学五～二四号（一九五二～三年）がある。

(15) 租税委員会については、中川一郎「西ドイツ租税委員会制度」税法学一〇二号（一九五九年）三頁。

(16) 中川・前掲税法学一〇二号五頁。

(17) 一九三〇年現在のライヒ公課法では、租税裁判所の構成は三人の裁判官と四人の名誉職構成員であることとし、名誉職構成員の一人は、なるべく租税義務者または産業部門に属する者とされていた。

(18) 財政裁判所法施行以前の戦後ドイツの租税裁判制度について、中村宗雄「ドイツ徴税制度に関する調査報告書――税務訴訟の構造と関連して――」税法学六九号（一九五六年）一頁、清水敬次「西ドイツ税法上の救済制度」法学論叢七〇巻三号（一九六一年）九四頁。

三　ドイツ名誉職裁判官の誕生

(1)　以上のように、ドイツ司法における市民裁判官制度は、国家による統一的な法政策にもとづきその関与形態が創設されたものではない。刑事裁判権における陪審制度は、「国民を統治するために生まれた」ものが、「権限を獲得して……国民の人権を守るもの」として成長発展した。[(1)] 刑事参審制は、陪審制度が変容したものであるが、その他の裁判権の市民裁判官制度は、個々の裁判権の生成と展開とともに、各裁判権において独自に形成されてきたいわば異母兄弟といえる。

商事裁判官や労働裁判権における裁判官の発生は、当該事業に関わる紛争解決を通常裁判権に委ねることを嫌い、実業界の実情に適うとりわけ迅速かつ低廉な紛争解決を待望したことに始まるといえよう。その後、労働裁判権においては、商事事件におけるのと同じように法学識裁判官を裁判長として関与させることを制度の礎とした。これらはいずれにおいても、このような紛争解決機関が、単なる労働事件や商事事件の解決を担うというのではなく、法的紛争解決に資するものでなければならない、との適正裁判に対する共通の認識の上にある。労働裁判権におい

［写真２－１］　ケルン地方裁判所商事部の法廷。右から、フェルベート氏（工場長）、フンメル判事、ペシュ氏（家具商店主）。

てはさらに、労使対等の原則が打ち立てられる。

これに対して行政裁判権の場合、当初、裁判権が行政から完全に分離、独立することなく行使されていたことに対する公正・適正な裁判制度の確保の要請と、行政における住民自治の思想が相乗して形成されたといえる。しかし、戦後、基本法において、三権分立の理念が確立された今日、とりわけ前者は積極的意義を失うにいたった。

社会裁判権にあっては、社会事件が広義の行政事件に位置づけられるとの性質上、狭義の民事紛争における市民参加の理解と行政裁判権におけるそれとが混在している点に特徴を見いだすことができる。

(2)　戦中、ナチの時代、簡素化法によって機能を失っていたドイツ参審制度は、戦後、基本法の発効とともに徐々に息を吹き返した。

ところで、それぞれの裁判権において従事するいわゆる市民裁判官は、当初、各裁判権や審級にちなみ、労働裁判官もしくは陪席人、州労働裁判官、連邦労働裁判官等々の名称が付されていた。しかし、一九七二年五月二六日法（BGBl. I S. 841）は刑事裁判権における例外（参審員 Schöffin od. Schöffe）を別にすれば、政策的に、職業裁判官以外の裁判官を無色透明な「名誉職裁判官（Ehrenamtliche Richter）」の名称に統一し[2]、名誉職商事裁判官、名誉職労働裁判官、名誉職社会裁判官、名誉職行政裁判官、名誉職財政裁判官と呼んだ。これらの裁判官には名誉職「裁判官」という名称が付されたが、いわゆるドイツ裁判官法上の裁判官職（Richteramt）を担っているわけではないので、名誉職裁判官という名称は官職名（Amtsbezeichnung）ではない[3]。

ところが、一九七五年、ドイツ裁判官法が再び改正され、商事部の名誉職裁判官にあっては従来の呼称である商事裁判官（Handelsrichter）が復活した。したがって、現在、名誉職裁判官の名称は、商事裁判官や刑事裁判に関与する参審員を含めた職業裁判官以外のいわゆる市民裁判官の上位概念として機能している。

法廷に現れる名誉職裁判官から、各裁判権の名誉職裁判官の相違を明らかにすることは難しい。いずれの法廷においても、法服を纏った職業裁判官（裁判長）を中央に――職業裁判官は法服の着用が義務づけられている――、名誉職裁判官は法服を着用することなく、陪席裁判官として両側に位置する。しかし現在、例外的に、大半の州における商事裁判官だけは法衣と白いネクタイを着用する（［写真2－1］参照）。しかしこれは、法に定められたものではなく、商事裁判官制度の伝統と商事裁判官の誇りからだという。むろん法衣は支給されるのではなく、商事裁判官の自前である。多くの裁判所の法廷入口には、わが国と同様、事件名ならびに当事者と代理人の名を記載したリストが掲示されるが、そこには職業裁判官とともに名誉職裁判官の氏名が掲示される場合がある。また、刑事、行政、および財政の各裁判権の場合には、名誉職裁判官の氏名のみならず職業も併記される場合もある。(4) おそらく、これらの裁判権では、何人も名誉職裁判官として法廷に関与できることを基本としており、名誉職裁判官の適格要件として特別なものがないからであろう（第五章**2**(5)参照）。

（1）篠倉満「国民の司法参加序説(1)」熊法六九号（一九九二年）五八頁。
（2）一九七二年の改正に対しては、商事裁判官ならびに商事裁判官を擁護する団体から商事裁判官の伝統と実績を軽んじるものとして、強い反発があったようである。Weil / Horstmann, aaO., S. 15.
（3）Schmidt-Räntsch, Deutsches Richtergesetz, 4. Aufl., § 45 a Rz. 2.
（4）例えば、リューベックの裁判所（ＳＨ州）では、名誉職裁判官の氏名と職業が記され、シュトゥットガルト（ＢＷ州）では名誉職裁判官の氏名まで、しかし、ミュンヘン（Ｂａｙ州）の刑事裁判権では、単に、単独裁判官、参審裁判所、もしくは刑事部の記載のみであった。

コラム（2）　ドイツ連邦共和国（Bundesrepublik Deutschland）

ドイツ連邦共和国は、現在一六のラント（州）により形成される。各ラントは独自の憲法を持ち、国民の日常生活に直接関わる諸権限が委ねられている。また、各ラントは、とりわけ教育権（Kulturhoheit）、すなわち学校制度や大学制度の分野で独自の法律を有し、行政分野においては包括的な権限を有している。連邦が担う高権的行政上の役割は、外交、連邦国防軍、連邦国境守備隊などである。ラントは独自の収入源として、財産税、自動車税、相続税、不動産取得税、ビール税、競争・くじ税を有する。なお、キーワードでドイツを概観すると次のとおりである。

地理▽ヨーロッパのほぼ中央に位置し、デンマーク、オランダ、ベルギー、ルクセンブルク、フランス、スイス、オーストリア、チェコ、スロバキア、およびポーランドに囲まれ、国境線は全長三七五八㎞におよび、南北直線距離八七六㎞、東西六四〇㎞に広がる。**面積**▽日本（三七万八〇〇〇㎢）とほぼ同じ三五万六九五七㎢、フランス（五四・四万㎢）、スペイン（五〇・五万㎢）より小さい。**最高峰**▽バイエルン州南部にあるツークシュピッツェ山（二九六三m）。**最長河川**▽スイス・アルプス山中に水源があるライン川（八六五㎞）。源流からの長さは一三二〇㎞で、幅は、スイスのライヒェナウで四五m、バーゼルで二〇〇m、マインツで五八〇m、ローレライで一一二m、ケルンで五二〇m、ウェーゼルで九九〇mある。**最長運河**▽ライン、エムス、ヴェーザー、エルベの諸河川を東西に連絡するミッテルラント運河（三二一㎞）。**人口**▽約八二〇〇万人、人口密度は二二九人／㎢。**外国人**▽約七三〇万人で、ほぼ五〇パーセントの外国人はドイツに一〇年以上滞在、外国人の子供の三分の二以上がドイツで出生。**言語**▽ドイツ語、ドイツ以外のオーストリアやリヒテンシュタイン、またスイス、南チロル、ベルギー、フランス、ルクセンブルク等の一部、さらに東欧のドイツ系少数民族などで用いられ、ドイツ語を母国語とする人々は約一億人。**連邦政府**▽連邦政府は連邦首相と連邦大臣により形成され、連邦首相が政策を決定し、その政策の範囲で、連邦大臣（一九人）は自らの責任において部局を率いる。**歴代首相**▽アデナウアー（一九四九～六三年、ＣＤＵ・キリスト教民主同盟）、エアハルト（一九六三～六六年、ＣＤＵ）、キージンガー（一九六六～六九年、ＣＤＵ）、ブラント（一九六九～七四年、ＳＰＤ・社会民主党）、シュミット（一九七四～八二年、ＳＰＤ）、コール（一九八二～九八年、ＣＤＵ）、シュレーダー（一九九八年～、ＳＰＤ）。**選挙**▽戦後総選挙の投票率は一九四九年七八・五％、一九七二年九一・一％、一九七六年九〇・七％、一九八九年七七・八％、一九九八年八二・三％と一貫して高く、過去一三回の平均投票率は八五・七％。**国家元首**▽五年毎に開かれる連邦会議において選任される連邦大統領は、国際法上、ドイツ国家を代表する。現大統領のラウ氏（元ＮＲＷ州知事）は七代目。**国旗**▽黒・赤・金の三色旗（ドイツ基本法二二条に明規され、自由と統一を意味する）で、一九世紀、ドイツにおけるナポレオンの占領に抵抗した義友軍の制服に由来し、国旗となったのは、一八四八～四九年のドイツ革命が発端のザンクト・パウロ教会（**コラム（✎3）**参照）で開催されたドイツ統一国民会議にさかのぼる。**国歌**▽一八四一年、ホフマンが作詞し、ハイドンが、もともとは別の詩に作曲した「ドイツの祖国に統一と正義と自由を……」ではじまる『ドイッチュラント・リート』を用いる。**国の祝祭日**▽東西ドイツが統一された一九九〇年一〇月三日（ドイツ統一記念日）。**下部施設**▽高速道路一万五七一㎞、国道四万四二七五㎞、旧国鉄八万㎞、主要空港にベルリン・シェンフェルト、ベルリン・テーゲル、ブレーメン、ドレスデン、デュッセルドルフ、フランクフルト・アム・マイン、ハンブルク、ハノーファー、ケルン・ボン、ライプツィヒ、ミュンヘン、ニュルンベルク、シュトゥットガルト、内陸水路六五〇〇㎞、最大内陸港ディースブルク、主要海港としてハンブルク、ブレーメン、キール、リューベック、ロストック。**主要産業**▽自動車、機械製造、電気、化学、薬学、および鉄工。**通貨**▽ドイツ・マルク（一ＤＭ＝一〇〇ペニッヒ）＝五七・四一円（二〇〇〇年一月六日現在）。**主要都市**▽首都ベルリン（三四七・二万人）、エルベ河のほとりに拓けた港町ハンブルク（一七〇・八万人）、ドイツの密かな首都と呼ばれるミュンヘン（一二三・六万人）、オ・デ・コロンの発祥地ケルン（九六・六万人）、金融と商業の中心地フランクフルト・アム・マイン（六五万人）、ルール地方の都市エッセン（六一・五万人）、ノルトライン・ヴェストファレン州の工業都市ドルトムント（五九・九万人）、ハイネを生みブラームス、メンデルスゾーン、シューマンを育てたデュッセルドルフ（五七・一万人）、ベンツ、ポルシェの街シュトゥットガルト（五八・六万人）、ヴェーザー河岸に拓けた古都ブレーメン（五四・九万人）、ディースブルク（五三・五万人）、森鷗外も留学していたバッハの街ライプツィヒ（四七・一万人）、ドイツ語の標準語が話されるハノーファー（五二・三万人）、第二次世界大戦末期に大空襲を受けたドレスデン（四六・九万人）。三〇万人を超える都市はこれらを含めて一九都市、一〇万人以上は八四都市ある。**宗教**▽キリスト教徒であるカトリックとプロテスタントがほぼ同じ割合を占め、所得税の一〇%前後が教会税として徴収される。**憲法**▽ナチス時代の反省の上に、ワイマール時代の経験を基礎として立案・制定された一九四九年五月二三日のドイツ基本法。**法曹人口**▽一九九七年、一一一、三一五人で日本の約六倍、弁護士数八五、一〇五人、裁判官数二〇、九九九人である。**連邦憲法裁判所**▽所在地はカールスルーエ。基本法に違反する疑いのある連邦法または州法が制定されたときは、連邦政府、州政府または連邦議会議員の三分の一以上の出訴にもとづき、抽象的違憲立法審査できる。また、何人でも公権力の行使によって基本権、公民権などの権利を侵害されたときは、具体的違憲立法審査請求権を有する。

州　名	首　都	面　積	人　口
シュレスビッヒ・ホルシュタイン州 Schleswig-Holstein（SH）	キール	15,730 km²	260 万人
ブレーメン州 Bremen（Bre）	ブレーメン	404 km²	67 万人
ニーダーザクセン州 Niedersachsen（N）	ハノーファー	47,349 km²	730 万人
ノルトライン・ヴェストファレン州 Nordrhein-Westfalen（NRW）	デュッセルドルフ	34,068 km²	1,710 万人
ヘッセン州 Hessen（He）	ヴィースバーデン	21,114 km²	570 万人
ラインラント・ファルツ州 Rheinland-Pfalz（RP）	マインツ	19,849 km²	370 万人

連邦行政裁判所
（ベルリン）

連邦憲法裁判所
（カールスルーエ）

連邦通常裁判所
（カールスルーエ）

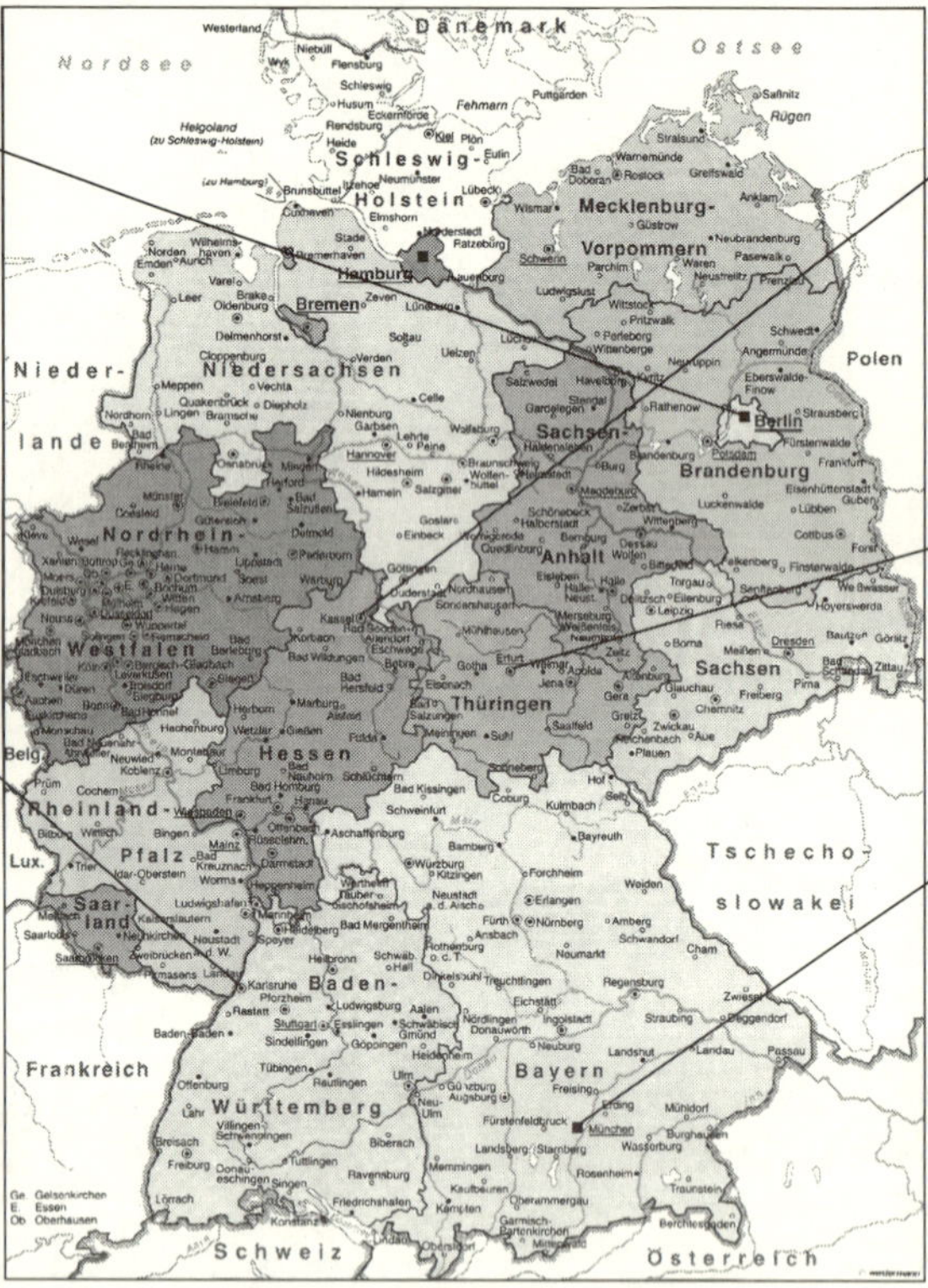

連邦社会裁判所（カッセル）

連邦労働裁判所（エアフルト）

連邦財政裁判所（ミュンヘン）

連邦特許裁判所（ミュンヘン）

州　名	首　都	面　積	人　口
ザールラント州 Saarland（Saarl）	ザールブリュッケン	2,570 km²	260 万人
バーデン・ヴュルテンブルク州 Baden-Würtemberg（BW）	シュトゥットガルト	35,751 km²	960 万人
メクレンブルク・フォーアポンメルン州 Mecklenburk-Vorpommern（MV）※	シュヴェーリン	23,835 km²	200 万人
ハンブルク州 Hamburg（Ham）	ハンブルグ	755 km²	160 万人
ブランデンブルク州 Brandenburg（Brandb）※	ポツダム	29,060 km²	260 万人
ベルリン州 Berlin（Bln）	ベルリン	883 km²	340 万人
ザクセン・アンハルト州 Sachsen-Anhalt（SA）※	マグデブルグ	20,444 km²	300 万人
ザクセン州 Sachsen（Sachs）※	ドレスデン	18,338 km²	490 万人
チューリンゲン州 Thüringen（T）※	エアフルト	16,251 km²	270 万人
バイエルン州 Bayern（Bay）	ミュンヘン	70,554 km²	1,120 万人

※新しい州（Neue Länder）——旧東ドイツ地区

第三章　ドイツ基本法における市民裁判官

――ドイツ名誉職裁判官は法定裁判官⁉――

ドイツ裁判官法（Deutsches Richtergesetz）第一条は、明文をもって司法権が職業裁判官と名誉職裁判官により行使されることを定める。ところで、ドイツ連邦共和国基本法（Grundgesetz）第九二条は、「裁判権は裁判官に委ねられている」と定めるのみで、いかなるタイプの裁判官がこれにあてはまるかについて言及していない。[1] しかし、ドイツ基本法第二〇条二項は、「すべての国家権力は国民から発する。すべての国家権力は、国民により、選挙と投票により、また、立法、行政、および司法に関わる特別機関により行使される」と規定する。他方、ドイツ裁判官法第一条は、職業裁判官のみならず名誉職裁判官が、ドイツ基本法第九二条（「裁判権は、裁判官に委任されている。裁判権は、連邦憲法裁判所、この基本法に規定されている連邦裁判所およびラントの裁判所によって行使される」）および第九七条一項（「裁判官は独立であり、ただ法律のみに従う」）に規定されている裁判官に含まれることを前提としている。[2] これをふまえるならば、ドイツ基本法は、名誉職裁判官の関与を立法者の裁量に委ねているといえよう。[3] また、連邦憲法裁判所（Bundesverfassungsgericht）は、司法への市民参加はドイツ法の伝統であり、基本法はこれを黙示に承認しているのだ、ともいう。[4] したがって、ドイツ法にいう裁判官とは、職業裁判官と名誉職裁判官の上位概念を意味することになる。

ドイツ裁判官法は、名誉職裁判官の概念について定めた規定をもたず、名誉職裁判官の権利義務に関する原則を定めているにすぎない（ド裁判官法第六章。これについては、第一〇章を参照のこと）。名誉職裁判官の地位に関する詳細は、各裁判権における裁判手続法の中の裁判所構成についての規定に委ねられている。さしあたり名誉職裁判官とは、職業裁判官以外の裁判官、すなわち終身裁判官、任期限定裁判官、試用裁判官または委託にもとづく裁判官以外の裁判官であり、法律にもとづき、裁判所において職業裁判官と同等の評決権をもって関与する者ということができよう。(5) したがって、裁判所内において紛争解決に寄与する点で仲裁などに見られる裁判所外紛争解決制度との相違を、また、評決権を有する点においてわが国の司法委員の制度との違いを指摘することができる。名誉職裁判官の権限等の詳細については、いずれにせよ、個々の裁判権の手続規定をたどって考察していかざるをえない。

ところで、市民裁判官制度を持たないわが国では、市民の司法参加に関する入り口の議論としてまず、その憲法上の許容性が問われる（第一章二参照）。そこで以下ではまず、総論として、ドイツ法における名誉職裁判官と「法定裁判官の裁判を受ける権利」および「裁判官の独立」との関係について触れておく。そのほか、個々の手続規定との関係で憲法上の問題が生ずることもあるが、それぞれは、各章の検討において言及する。

（1）　BVerfGE 26, 186（200）; BVerfG Sgb 1970, 207.
（2）　Schmidt-Räntsch, Deutsches Richtergesetz. 4. Aufl., §1 Rn. 6.
（3）　BVerfGE 42, 206, 208＝NJW 1976, 1227.
（4）　Schmidt-Räntsch, aaO., §44 Rz. 3
（5）　BVerfGE 27, 312, 319＝NJW 1970, 1227 ; E48, 300, 317＝NJW 1978, 1795 ; R. Wassermann, Die richterliche Gewalt, 1985, S. 106 ff.

1　法定裁判官の裁判を受ける権利

(1)　沿　革

ドイツ基本法第一〇一条一項二文によれば、「何人も法定裁判官による裁判を受ける権利を奪われてはならない」。ここにいう法定裁判官とは、裁判を行う前に予め法により一般的にしかも期限つきで任命される裁判官をいう。[1] この原則は、基本法における「例外裁判所の禁止」（ド基本一〇一条一項一文）と「法治国家の原則」（同二〇条）により補足され、具体化される。すなわち、「法定裁判官の（裁判を受ける）権利は、司法が裁判機関の統制により専門外の影響に晒される危険、とりわけ、個々の事件において、判決にあたる裁判官の選出によって、裁判の帰結に影響が及ぼされる危険を防止」することにある。[2]

一七九一年のフランス憲法にさかのぼることができるこの規定は、絶対主義の時代の専制裁判すなわち専断裁判権に対する自由主義運動と啓蒙主義運動の賜物である。[3] ドイツにあっては、一八一九年、まずヴュルテンベルク憲法第二六条において取り入れられ、フランクフルト憲法（一八四九年）においても明文化されたが、周知のように後者は発効していない。プロイセン憲法（一八五一年）ではこれが採用されたが、ライヒ憲法（一八七一年）では採用されなかった。一八七七年の裁判所構成法第一六条においてはこれが定められ、ワイマール憲法第一〇五条（一九一九年）では通常裁判権のみならず特別裁判権に対する適用が求められた。

(2)　法定裁判官の裁判を受ける権利

従来、名誉職裁判官と法定裁判官の裁判を受ける権利との関係については、とりわけ大きな問題点を惹起することなくその合憲性が認められてきた。その合憲論の根拠は次のように説明されている。ドイツ基本法第一〇一条一項二文は、法定裁判官について定める規定である。すなわち、いかなる裁判官が裁判主体として個々の事件の裁判に適任であるかを予め可能な限り明確にすることを求める。[4] 名誉職裁判官は、ドイツ裁判官法第四四条にもとづき、かつ、法律上一定の要件の下に定められた手続を経て裁判に関与する。ドイツ裁判官法は、名誉職裁判官の任命等に関する統一規定を設けず、種々の手続規定にこれを委ねた。これらによれば、名誉職裁判官は、諸手続を経て、各裁判権における審理に携わる（第六章）。まず、公法上の団体または一定の連合体により候補者名簿が作成され、これにもとづき名誉職裁判官が任命される。さらに、任命された名誉職裁判官が法廷を担当する順番が決定され、これにもとづき名誉職裁判官は法廷期日に加わるのである。以上により、ドイツ基本法上の「法定裁判官による裁判を受ける権利」が保障されるのであり、名誉職裁判官はここにいう「法定」——法規の定めに従い裁判に関与する——裁判官である。[5] したがって、ドイツ基本法第一〇一条一項二文の意味における法定裁判官は、必ずしも法のエキスパート（職業裁判官）を求めているものではないことが理解できる。

(3)　F・バウアーの見解

戦後、参審制についていちはやく叛旗を翻したF・バウアーの主張[6]をここで取り上げないわけにはいかない。バウアーの参審制に対する基本法上の問題点は、以下の二点に要約できる。

基本法は、裁判は法律に拘束される（ド基本二〇条三項）、また、裁判官は法律にのみ服する（同九七条一項）ことを明記している。これはまず、法の適用作業にかかわる問題である。これについて参審制支持者から、従前より、国民の法感情（Rechtsgefühl）は職業裁判官の裁判とほぼ同一の結論に帰着する、との評価がなされてきた。しかし、法感情は個人の生活感と個々の経験、ならびに教育や環境に深く根差しており、必ずしも一律に論ずることはできない。しかも法規の中には立法者の価値判断が据えられたものも少なくないのにもかかわらず、裁判官はこれを常に裁判において正確に引き出す職責を有している。これをなしえるのは法と法の適用原則についての正確な知識を備えた職業裁判官のみである、と。

また、事実関係を確定する作業はしばしば長期化する。しかし、裁判を業としない市民が、このような肉体的にも精神的にも自己の職業と異なる作業を遂行しうる能力を有するのか、である。これらを担うことのできる法定裁判官は、法規を適用する能力を備えた法学識者でなければならず、そうでない者がこれに関与することは、法定裁判官が法規に拘束されたことにならない。裁判は法規に拘束されるとの原則は、罪刑法定主義を唱えるドイツ基本法第一〇三条二項からも導くことができる。以上からすれば、参審員による裁判は、憲法上明記された被告の手続権保障に疑義を生ずる恐れさえあると、主張するのである。

（1） B. Schmidt-Bleibtreu / F. Klein, Kommentar zum GG, 7. Aufl., Art. 101, Rz. 8.
（2） BVerfG, Beschl. v. 9. 12. 1985, NJW 1986, 1324 ; NZA 1986, 201.
（3） 沿革については、Reihe Alternativkommentar zum GG für BRD（1989）, Art. 101 Rdnr. 1 ff.（Wassermann）; B. Schmidt-Bleibtreu / F. Klein, aaO. Art., 101, Rdnr. 4.
（4） BVefG 17, 294, 298 ff.
（5） BverfGE 17, 294, 298 f. ; Lücke / Prütting, Lexikon des Rechts, 1989, S. 102 参照。
（6） F. Bauer, Laienrichter-Heute? in : Tübinger Festschrift für E. Kern, 1968, S. 60 ff.

2 裁判官の独立の保障

(1) 概　説

裁判は、法の維持にあたるので不偏不党であらねばならない。基本法はこれを裁判官に委ねるとともに（ド基本九二条）、裁判官は法律にのみ服することとした（同九七条一項）。これを保障するために、ドイツ法上、裁判官にはその独立性が保障されているが（同九七条二項）、この保障はさらに裁判官の事物的（sachlich）独立の保障と身分的（persönlich）独立の保障とにわけることができる。[1] ドイツ裁判官法第四四条二項および同第四五条一項一文は、このふたつの独立を名誉職裁判官にまた明文をもって保障する。ドイツにおける裁判官独立の歴史は、[2] 後期絶対主義の時代に萌芽した君主の専断裁判権に対する闘争に始まる。当初、裁判官の独立は、裁判に対する指揮からの解放として理解され、自由主義憲法の思潮の中でしだいにドイツ国家に定着していった。ドイツでは、一八一八年、バーデン憲法とバイエルン憲法において初めてこれが取り入れられている。当初、裁判官の独立は、事物的独立を意味していた。しかし、三月革命以前における議論の末、この事物的独立は裁判官に対する恣意的な罷免と転任からの保障、すなわち身分的独立の保障なくしては達しえないとの認識が広まっていく。このような事物的独立と身分的独立が初めて保障されたのは、一八四八年のプロイセン憲法第八五条および同第八六条であった（もっとも、フランクフルト憲法第一七七条がこれよりも先に試みている）。

(2) 指図からの自由（Weisungsfreiheit）

裁判官の事物的独立の保障は、指図からの自由、すなわち裁判官は職務遂行にあたり何人からも指揮されないことを意味する。(3) ドイツ基本法第九七条一項一文にいわゆる事物的独立の保障は、名誉職裁判官を含んだすべての裁判官に保障されている。(4) しかし、名誉職裁判官の場合、職業裁判官と同等の評決権を有するものの、職務範囲が狭く、また任期も短い（第六章・第一〇章参照）。このように、裁判における名誉職裁判官への依存度が制度上低いため、国家が名誉職裁判官の職務に介入することは稀れであり、現実には名誉職裁判官に対する独立の保障の問題がクローズアップされることはなかった。

上述のように、裁判官の事物的独立は、本来（狭義には）国家に対する司法の独立を保障することを意味した。しかし、今日、裁判官の独立に対する実質的な脅威は、行政からの影響よりも、むしろ、その他の意図的かつ潜在的な思想や意見（例えば、マスコミおよびこれにより形成された世論）が、職業裁判官ならびに名誉職裁判官の内心に侵入することにより生ずる事物的独立の危機にある。このような危惧の念を表わしたのは、他ならぬＦ・バウアーである。(5) 職業裁判官に比べ名誉職裁判官は、世論に洗脳されやすい。しかしながら、職業裁判官の場合、若い頃から法律を適用し、主観的感情や偏見を取り除く訓練を積み重ねてきている。職業裁判官の裁判の正当性は、市民裁判官の法感情よりもはるかに勝るのだ、と。

さらに彼の主張は次のように続く。司法制度に市民を関与させる理由のひとつに、国家権力から司法権の独立を死守させることが挙げられる。これは、行政の司法への介入に対して、職業裁判官が裁判官職の独立を遵守することは困難と判断したためである。しかし、今日、行政が目的をもって司法に介入する意図があるかは疑わしく、妥当しない。また、裁判官は、経済的、政治的利害が相克する事件の中で、自己の立場を明確に打ち出すことを強いられ、裁判官はこれを行うことによって批判や中傷に晒されることも多々ある。一般市民にはこれを解消する力がなく、市民は、社会的地位、経済活動、名声、および私生活の平穏を気遣わざるをえない。しかしながら、職業裁判官の場合、裁判官に対する経済的基盤の確立すなわち身分的独立の保障がなされている限り、概ね裁判の適正に信頼を寄せることができるであろう、と。他方、職業裁判官の事物的独立の保障に対する今日の課題として、司法監督の問題を看過できないことは、バウアー自身も認めるところである(6)。

(3)　身分的独立の保障

身分的独立の保障は、とりわけ罷免されないこと（Unabsetzbarkeit）と転任されないこと（Unversetzbarkeit）を意味するが（「裁判官の意思に反する任期満了前の罷免、継続的もしくは一時的停職、および転職もしくは退職は、法律の定める理由にもとづき、裁判官による裁判によってのみ、認められる」ド基本九七条二項）、ドイツ基本法はこれを、専任（hauptamtlich）として、かつ、計画に従って（planmäßig）終局的に（endgültig）任用された（angestellten）裁判官にのみこれを保障し、名誉職裁判官については言及していない。しかし、ドイツ裁判官法第四四条一項は、名誉職裁判官にこれを保障するとともに、各裁判権の手続法規のなかには、名誉職裁判官の身分を保障する具体的規定が設けられている（第八章参照）。

以上のように、名誉職裁判官に関する憲法上の疑義は基本的にはないといえよう。もし名誉職裁判官制度に対する疑義があるとするならば、それは法律上のものではなく、法政策的なものから生ずるものと思われる。そこで以下では、各裁判権の名誉職裁判官の役割を多角的に比較検討していこう。

（1） B. Schmidt-Bleibtreu / F. Klein, Kommentar zum GG, 7. Aufl., Art. 97, Rz. 5, 6.
（2） 裁判官の独立の沿革について、Reihe Alternativkommentar., Art. 97, Rdnr. 1 ff.
（3） BVerfGE 36, 174 ff.
（4） BverfGE 4, 331, 344.
（5） 以下、F. Bauer, Laienrichter-Heute? in : Tübinger FS für E. Kern, 1968, aaO., S. 53 ff. これは、ツヴァイゲルトの「裁判官の内心的独立について」（K. Zweigert, Zur inneren Unabhängigkeit des Richters, in : FS für F. von Hippel, 1967, S. 711 ff.）からの示唆が大きいことは多言を要しない。
（6） これについては、F. Baur, Justizaufsicht und Richterliche Unabhängigkeit, J. C. B. Mohr Tübingen, 1954. なお、F・バウアー教授のわが国における講演録「司法監督と裁判官の独立」（竹下守夫訳）は、司法研修所論集一九六九年Ⅱ六九頁以下に収載されている。

コラム（3） パウロ教会

金融都市フランクフルトの中心地、レーマー広場のほぼ一画にあるパウロ教会の入り口には、一八四九年三月二八日、ドイツ最初の国民会議がここで開かれ、ドイツ国民の基本権を定める決議がなされた、と刻まれている。この教会は、一七八九年以来、ルター派の中心教会として建築され、一時、フランス革命軍による占領のための中断を余儀

［写真３－１・２］
パウロ教会（フランクフルト）

［写真３－３］
レーマー広場（フランクフルト）中央にある「正義の泉」

なくされたが、一八八三年六月九日落成した。先の一八四九年のパウロ教会議定書は、保守反動勢力の圧迫に屈したが、一九一九年のワイマール憲法と一九四九年のドイツ連邦共和国基本法に大きな影響を与えた。パウロ教会は、国民会議の閉会後の一八五二年一〇月二四日以降、礼拝堂として一九四四年三月一二日まで利用されたが、同年同月一八日と二二日のフランクフルト旧市街地に対する連合軍の空襲により破壊された。ドイツ国民議会のパウロ教会への入場（一八四八年五月一八日）から一〇〇年を経た一九四八年五月一八日、ドイツ国民の民主主義的自由の象徴として、再建落成の運びとなった。現在、教会は、礼拝堂として使用されておらず、政治上の式典や特別展示に利用されている。建物は、毎日一〇時から一七時まで開放されている。

第四章　ドイツにおいて市民裁判官の関与する裁判所

——裁判所の構成と管轄——

ドイツには、民事事件や刑事事件（少年刑事事件を含む）を扱う通常裁判所のほかに、労働事件、社会事件、行政事件、そして財政事件を扱う特別裁判所がそれぞれ設置されている。通常裁判所は、裁判所構成法にもとづき、区裁判所（Amtsgericht）、地方裁判所（Landgericht）、および上級地方裁判所（Oberlandesgericht）が各州に設置され、さらに一九五〇年一〇月一日、最上級審裁判所として連邦通常裁判所（Bundesgerichtshof）がカールスルーエに置かれた（裁構一二三条）。職業裁判官の四分の三は通常裁判権の裁判官である。連邦通常裁判所の裁判官は一二三人であり、[1]各部には平均七人の割合で配属されるが、個々の事件は原則として五人の裁判官が関与する。連邦通常裁判所には一二の民事部と五つの刑事部、さらに八つの特別部が設けられている。通常裁判権のほかに、特別裁判権として、労働、社会、行政、および財政の各裁判権がある。特別裁判権の裁判所の手続については、それぞれの裁判所法が規律する。財政裁判権や刑事事件の一部を除けば、わが国の地方裁判所レベルの裁判所と高等裁判所レベルの州裁判所、そして連邦が設置する終局審の連邦裁判所による三審級制度が採用されている（ド基本九五条一項）。

現在、ドイツでは、ほぼすべての裁判権において、市民が関与して審理裁判がなされるが、これはドイツ法の伝統であり、基本法はこれを黙示に承認する。ドイツにおける名誉職裁判官の制度を概観する意味でもまず、裁判所の

おける裁判所の構成と審級

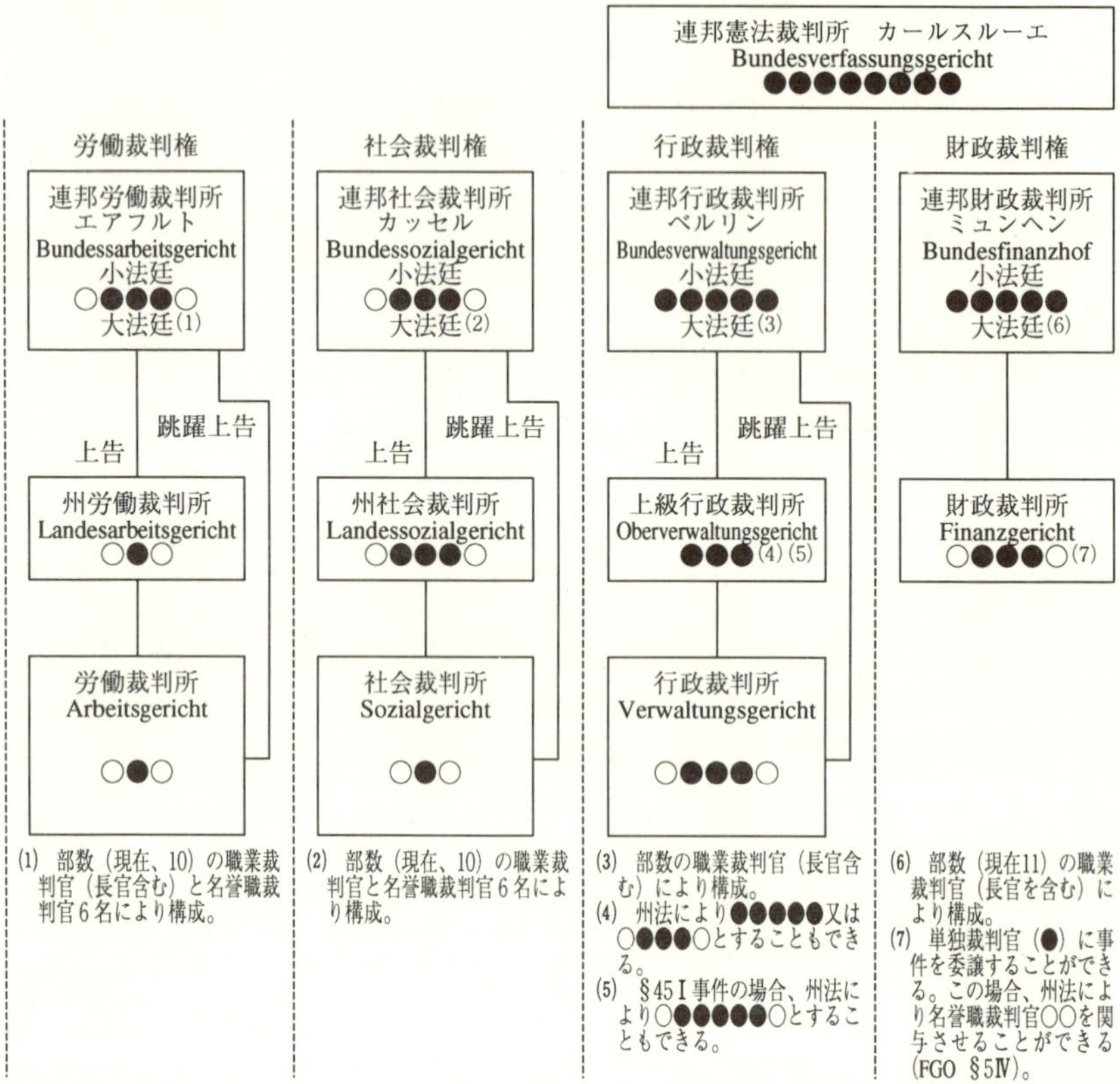

(1) 部数（現在、10）の職業裁判官（長官含む）と名誉職裁判官6名により構成。

(2) 部数（現在、10）の職業裁判官と名誉職裁判官6名により構成。

(3) 部数の職業裁判官（長官含む）により構成。
(4) 州法により●●●●●又は○●●●○とすることもできる。
(5) §45 I 事件の場合、州法により○●●●●●○とすることもできる。

(6) 部数（現在11）の職業裁判官（長官を含む）により構成。
(7) 単独裁判官（●）に事件を委譲することができる。この場合、州法により名誉職裁判官○○を関与させることができる（FGO §5Ⅳ）。

構成と管轄を中心に、各裁判権の裁判所を一瞥しておこう。なお、各裁判権における裁判所の構成と審級との関係を示すと、[図4―1]のようになる。

(1) 連邦通常裁判所の裁判官は、司法大臣と裁判官選出委員会（Richterwahlausschuß）により選出され、連邦大統領が任命する。選出委員会は一六州の司法大臣と連邦議会により選ばれた一六人の計三二人で構成される。後者は、通常、連邦議会の構成員である。この委員会は連邦司法大臣が必要に応じて招集し、議長を務める。司法大臣と裁判官選出委員会の構成員が連邦裁判官の推薦権を持ち、ドイツ国籍と法曹資格を持つ、三五歳以上の者を選出するが、通常、上級裁判所の裁判官が選ばれることが多い。選出に先立ち、連邦通常裁判所長官、同副長官、および連邦

［図４－１］　各裁判権に

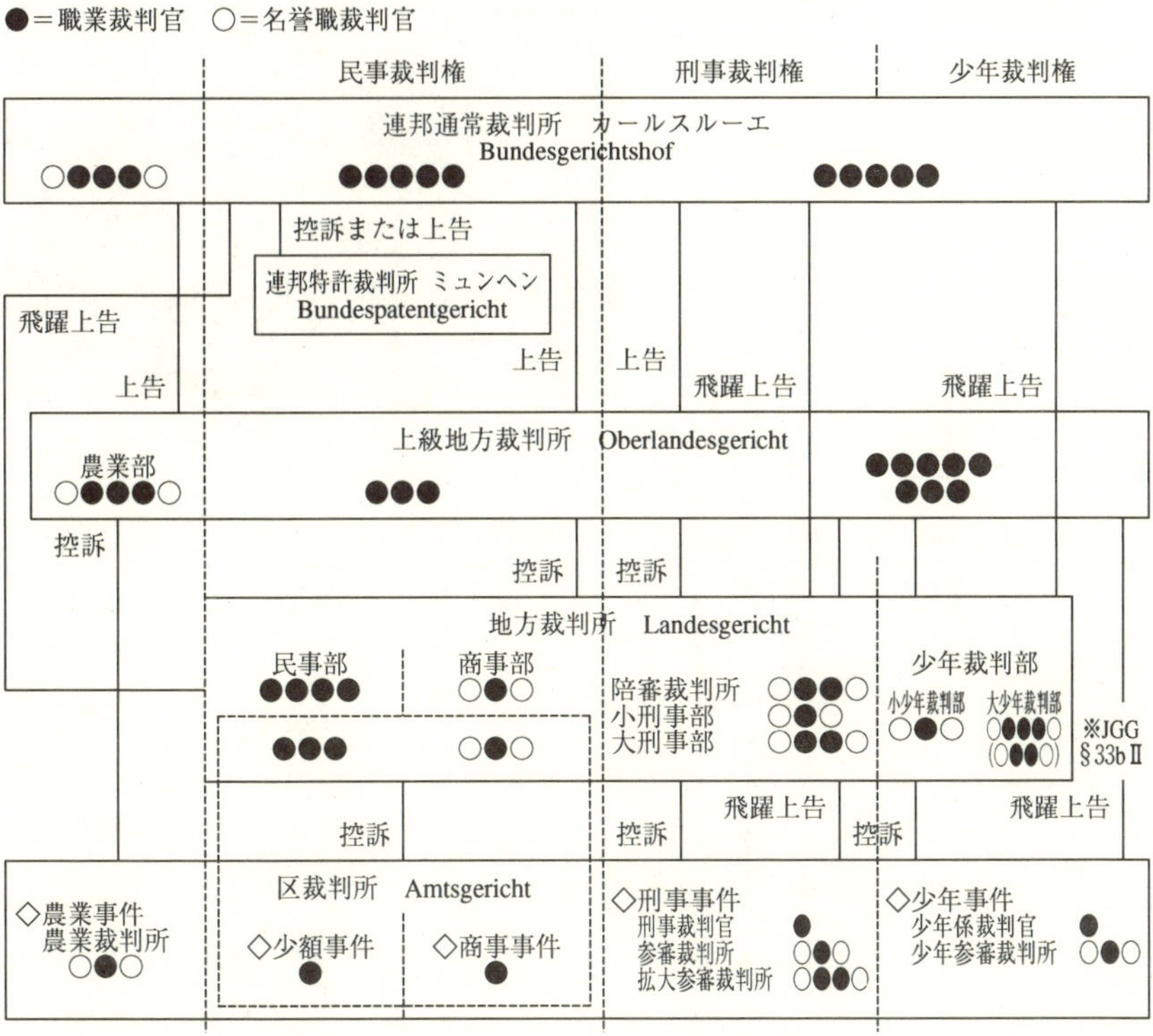
●＝職業裁判官　○＝名誉職裁判官
民事裁判権
刑事裁判権
少年裁判権
連邦通常裁判所　カールスルーエ
Bundesgerichtshof
○●●●○
●●●●●
●●●●●
控訴または上告
連邦特許裁判所 ミュンヘン
Bundespatentgericht
飛躍上告
上告
上告
上告
飛躍上告
飛躍上告
上級地方裁判所　Oberlandesgericht
農業部
○●●●○
●●●
●●●●●
●●●
控訴
控訴
控訴
地方裁判所　Landesgericht
民事部
●●●●
商事部
○●○
●●●
○●○
陪審裁判所　○●●●○
小刑事部　○●○
大刑事部　○●●●○
少年裁判部
小少年裁判部
○●○
大少年裁判部
○●●●○
(○●●○)
※JGG
§33b Ⅱ
控訴
控訴
飛躍上告
控訴
飛躍上告
◇農業事件
農業裁判所
○●○
区裁判所　Amtsgericht
◇少額事件
●
◇商事事件
●
◇刑事事件
刑事裁判官　●
参審裁判所　○●○
拡大参審裁判所　○●●○
◇少年事件
少年係裁判官　●
少年参審裁判所　○●○

［図表４－２］　刑事事件の裁判所構成と審級

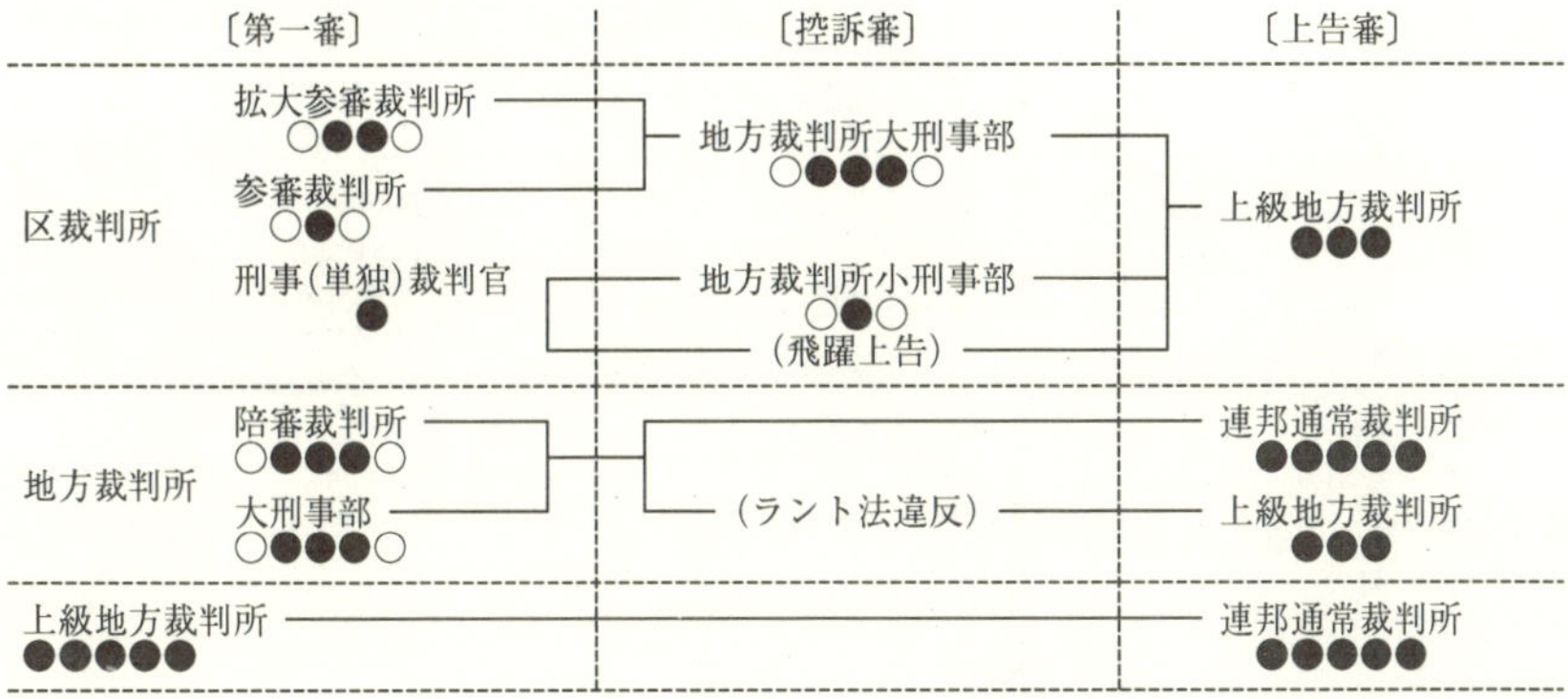
〔第一審〕
〔控訴審〕
〔上告審〕
区裁判所
拡大参審裁判所
○●●○
参審裁判所
○●○
刑事(単独)裁判官
●
地方裁判所大刑事部
○●●●○
地方裁判所小刑事部
○●○
(飛躍上告)
上級地方裁判所
●●●
地方裁判所
陪審裁判所
○●●●○
大刑事部
○●●●○
(ラント法違反)
連邦通常裁判所
●●●●●
上級地方裁判所
●●●
上級地方裁判所
●●●●●
連邦通常裁判所
●●●●●

［写真４－１］　連邦通常裁判所刑事第一部の公判法廷（第一法廷）

1999年11月16日（火曜日）
第１事件：心神喪失状態に陥れた上での不当な商取引
　　原審：1998年12月１日ミュンヘン第一地方裁判所
第２事件：窃盗
　　原審：1999年４月22日ラントシュット地方裁判所
第３事件：重傷害
　　原審：1995年５月５日レーゲンスブルク地方裁判所

写真は第２事件開始前の裁判官入廷直後
左から
連邦通常裁判所裁判官　Dr. Bruning（被告代理人の背後）
同　Dr. Maul
同　Dr. Schäfer（裁判長）
同　Dr. Granderath
同　Dr. Schomburg

裁判官五人で構成される連邦裁判所の特別機関が候補者に対する意見を述べるが、拘束力はなく、各州の人口比を考慮に入れながら、単純多数決で決定される。なお、連邦通常裁判所以外にも、特別裁判権の連邦裁判所が四つあるが、いずれの連邦裁判所の裁判官もほぼ同様の方法で選任される。Vgl. W. Odersky, Der Bundesgerichtshof, Karlsruhe, 1996, S. 7.

1　刑事裁判権（Strafgerichtsbarkeit）の裁判所

第一審の刑事裁判所は、区裁判所、地方裁判所もしくは上級地方裁判所である。[1] 一九八八年、第一審裁判所として、区裁判所一四〇万件、地方裁判所一万三〇〇〇件、上級地方裁判所では五〇件の刑事事件が全国で処理された。[2] 少年もしくは年長少年による犯罪については、少年裁判所が管轄する（後記**2**参照）。

［写真４－２］　マインツ地方裁判所第７（小）刑事部第14法廷（RP州）
中央はシュライナー（Schreiner）裁判長

地方裁判所は、有罪の場合の宣告刑として四年以上の自由刑を科し、または被疑者に対する精神病院への収容もしくは保安監置の処分が予期される事件を管轄する（裁構二四条二項）。区裁判所は、地方裁判所および上級地方裁判所の管轄に属しないあらゆる刑事事件の管轄権を持つ。刑事裁判権の裁判所の構成と審級との関係については、［図４－２］参照。

(1)　区裁判所の構成と管轄

区裁判所の審理・裁判は、刑事裁判官（Strafrichter）もしくは参審裁判所（Schöffengericht）により行われる（同二八条）。区裁判所は、わが国の審級制度と比較すると簡易裁判所に相応するが、法曹資格を持たない日本の簡易裁判所の裁判官と異なり、裁判官はすべて法曹資格を有する者により構成される。

(a)　刑事（単独）裁判官の取り扱う事件は、私訴罪（Privatklagedelikte）（**コラム ６**参照）および二年以下の自由刑が予期されている軽罪（Vergehen）である（同二四条・二五条）。これらの犯罪について、検察官は私訴の前後を問わず公訴を提起することもできるが、単独裁判官の管轄であることには変わりはない[3]。

(b)　参審裁判所は、参審員二人と区裁判所判事（裁判長）一人もしくは区裁判所判事二人により構成される（同二九条）。法規に明規されていないが、後者を、通常「拡大参審裁判所（Erweitertes Schöffengericht）」と呼び、前者の参審裁判所と区別する。しかし、管轄と審級に両者の相違はなく、拡大参審裁判所をもって参審裁判所よりもベターと捉えているわけではない。(4) 参審裁判所の取扱事件について直接規定はないが、区裁判所の管轄事件の中から、刑事裁判官の管轄に属さないものが参審裁判所の管轄事件として間接的に導かれる（裁構二八条）。すなわち、参審裁判所の管轄事件は、①刑事裁判官の管轄であるもの（前記(a)）、②検察官が事件の特別な重要性を理由に地方裁判所に公訴するもの、③裁判所構成法第七四条二項（控訴された区裁判所の訴訟事件）、七四条ａ（地方裁判所を第一審裁判所とする事件）、一二〇条（上級地方裁判所を第一審裁判所とする事件）に該当するもの、および④四年以上の自由刑を科しまたは被疑者を精神病院へ収容し（刑六三条）もしくは保安監置の処分を科す（同六六条）ことが予期される事件の四つを除いた事件である（裁構二四条一項・二五条）。一人の職業裁判官が加わるか、それとも二人が加わるのかの区別は、事件の規模によるが、検察局がこの主導権を握っている。すなわち、検察官が公判開始に際して、区裁判所裁判官二人の関与を申請した場合に限り、拡大参審裁判所が設置される（同二九条二項）。

(2)　地方裁判所の構成と管轄

地方裁判所刑事部には、職業裁判官（裁判長）一人と参審員二人により構成される「小刑事部（Kleine Strafkammer）」（後記(a)）と、職業裁判官三人と参審員二人により構成される「大刑事部（Große Strafkammer）」（後記(b)）とがあり（同七六条）、単独裁判官は存在しない。大刑事部の中には、重大事件について特別管轄を持つ「陪審裁判所（Schwurgericht）」があるが、これは伝統的な陪審裁判所の名称をそのまま維持し続けているだけであり（[写真4―3] 参照）、実質は参審裁判所である――一九七四年以前の陪審裁判所は裁判官三人と陪審員六人で構成された。陪審裁判所における職業裁判官以外の市民裁判官は、名実ともに参審員であり（第二章二 *1* (4)）、職業裁判官と共同作業する。その他、特別な名称を持つ大刑事部として、「国家保護部（Staatsschutzkammer）」と「経済刑事部

（Wirtschaftsstrafkammer）」とがある（後記(d)）。

(a)　小刑事部で扱う事件は、（区裁判所）刑事裁判官または参審裁判所の判決に対する控訴である（裁構七四条・七六条）。小刑事部は、通常、裁判長と参審員二人により構成されるが、拡大参審裁判所の判決に対する控訴には職業裁判官一人がさらに加わる（同七六条三項）。

(b)　大刑事部のひとつ「陪審裁判所」は、①幼児虐待致死（刑一七六条四項）、②強姦致死（同一七七条三項）、③強制猥褻致死（同一七八条三項）、④虐殺（同二一一条）、⑤故殺（同二一二条）、⑥幼児殺害（同二一七条）、⑦遺棄致死（同二二一条三項後文）、⑧傷害致死（同二二六条）、⑨毒殺行為による致死（同二二九条二項後文）、⑩監禁致死（同二三九条三項）、⑪恐喝的誘拐致死（同二三九条a二項）、⑫人質行為による致死（同二三九条b二項）、⑬強盗致死（同二五一条）、⑭強盗的窃盗致死（同二五二条）、⑮強盗的恐喝致死（同二五五条）、⑯特別重放火（同三〇七条）、⑰核エネルギー爆発誘引（同三一〇条b一～三項）、⑱火薬類爆発誘引致死（同三一〇条一～三項）、⑲計り知れない多数の人に対する電離放射線濫用（同三一一条a二項）、⑳生命にかかわるような洪水の誘引による致死（同三一二条後段）、㉑航空交通に対する攻撃による致死（同三一六条c二項）、㉒重要施設の毀損による致死（同三一八条二項後段）、および㉓公共を害する毒殺行為による致死（同三一九条後段）に関する事件を管轄する（裁構七四条二項）。

［写真４－３］　フランクフルト地方裁判所陪審裁判所法廷入口（RP州）

(c)　その他、「大刑事部」は、①区裁判所参審裁判所と拡大参審裁判所の判決に対する控訴（裁構七四条三項）、②第一審裁判所として区裁判所、陪審裁判所と上級地方裁判所の管轄に属さないすべての重罪、③検察局が事件の特別な重要性から刑事部大法廷に公訴を提起したもの、および④終局判決に対する刑罰権が十分でないとの理由で区裁判所から地方裁判所に移送された軽罪と重罪を扱う（裁構七六条）。

(d)　さらに地方裁判所には大刑事部として、①裁判所構成法第七四条a一項に掲げる軽い国家保護罪を取り扱う「国家保護部」（裁構七四条a）と――なお、後述(3)(b)②見よ――、②裁判所構成法第七四条cに規定されたいわゆる経済刑事事件を取り扱う「経済刑事部」（同七四条c項）が設置される。ここでいう軽い国家保護罪（①）とは、平和に対する裏切罪（刑法八〇条a）、民主国家に対する危害行為（同八四～八六条・八七～九〇条・九〇条a三項・九〇条b）、国防に対する危害行為（同一〇九条d～一〇九条g）、結社の禁止に係わる違反行為（同一二九条）、拉致（同二三四条a）、および政治的嫌疑をかける行為（同二四一条a）である。もとより、経済事件を扱う経済刑事部の裁判官は専門知識を持つことが望ましいが、法は特にこれを要件としていない。この部を担当する参審員も同様である。

(3)　**上級地方裁判所の構成と管轄**

上級地方裁判所における名誉職裁判官の関与ならびに単独裁判官の裁判は予定されておらず、職業裁判官三人または五人により構成される部（Senat）が公判と裁判を行う（裁構一二二条）。

(a)　職業裁判官三人により構成される「刑事部」の取扱事件は、①地方裁判所小刑事部と大刑事部の控訴判決に対する上告と、②地方裁判所大刑事部の下した第一審判決に対する上告で、その上告がもっぱら州法に包含されている法規範の侵害にもとづくものである（同一二一条・一二二条一項）。

(b)　職業裁判官五人により構成される上級地方裁判所の「国家保護部」は、第一審裁判所として機能する（同一二〇条・一二二条二項）。この上級地方裁判所を第一審とする刑事事件は、①平和に対する裏切罪（刑八〇条）や反逆罪（同八一～八三条）など裁判所構成法一二〇条一項に列挙された重い国家保護罪、②裁判所構成法第七四条a

二項により、連邦検事総長が特別の重要性を理由に訴追を担当する場合の同法第七四条aに列挙された国家保護罪(前記(2)(d)①参照)、③連邦検事総長が特別の重要性を理由に訴追を担当する場合の虐殺(刑法二二一条)、故殺(同二一二条)および刑法第二二九条a一項二、三号に列挙された罪、および④裁判所構成法第一二〇条二項二・三号に挙げる重大犯罪である。

(4) 連邦通常裁判所の構成と管轄

連邦通常裁判所においても名誉職裁判官の関与はない。同裁判所では五人の連邦裁判官により構成される刑事部(裁構一三九条一項)が、①上級地方裁判所の第一審判決に対する上告、および②上級裁判所の管轄に属さない限りで(前記(3)(a)②参照)、地方裁判所の第一審判決に対する上告を管轄する(裁構一三五条)。抗告手続では、原則として三人の裁判官が裁判する(同一三九条二項)。連邦通常裁判所には五つの刑事部が設置され、そのうちのひとつ、刑事第五部は、ベルリンに置かれていたが、一九九七年七月一日、ライプツィヒに移転した。九五年度の統計によれば、三五九七件の上告事件と前置事件(5)が処理されている。

(1) ドイツ参審制度の沿革から今日の実情と評価について、最も詳細に報告するものとして、最高裁判所事務局刑事局監修『陪審・参審制度(ドイツ編)』(司法協会、平成一二年)三七七頁がある。そのほか、簡潔に教示するアルビン・エイザー(川口浩一訳)「刑事手続における素人裁判官——ドイツから見た糾問システムと当事者システムの比較——」石部雅亮＝松本博之＝児玉寛編『法の国際化への道』(信山社、一九九四年)二三一頁などがある。

(2) O. R. Kissel, GVG, 2. Aufl., § 24 RdNr 1.

(3) O. R. Kissel, aaO., § 25 RdNr 3.

(4) O. R. Kissel, aaO., § 29 RdNr 7.

(5) 第一審裁判所が区裁判所であるときは、部分的には地方裁判所、多くは上級地方裁判所で終結する。その結果、法の行使と適用が、個々の事件を通して、地域差を生じる恐れがある。これを回避するために考案されたのが前置手続(Vorlegungsverfahren)である。上級地方裁判所が他の上級地方裁判所または連邦通常裁判所の判例と異なる裁判を下そうとするとき、この手続を踏まなければならない（裁構一二一条二項）。連邦通常裁判所はこれを受けて、連邦内の法適用の統一を図る。

2　少年裁判権の裁判所[(1)]

二一歳未満の青少年に対する刑事手続は、少年裁判所法（Jugendgerichtsgesetz）[(2)]の規定するところである。少年の犯罪に対する裁判機関は、「少年係裁判官」（Jugendrichter）としての「刑事裁判官」（Strafrichter）、「少年参審裁判所」（Jugendschöffengericht）、さらに大小ふたつの「少年裁判部」（Jugendkammer）である（少裁三三条二項）。通常、この四つを総称して「少年裁判所」（Jugendgericht）といい、これらは区裁判所と地方裁判所にのみ組織される。しかし、いずれも独立した組織があるわけではなく、通常裁判所（通常裁判権）の中の固有の職域を持つ係または部にすぎない[(3)]。しかし、少年事件を扱う裁判所には、事実上、特別な役割が委ねられていることから、構成や管轄、手続について、成人に対する刑事手続とはさまざまな点で異なる特色を持たせている。また、少年裁判所の管轄に属する事件のために、少年係検察官（Jugendstaatsanwalt）が任命される（同三六条）。少年裁判所法の規定は上級地方裁判所または連邦通常裁判所の管轄権に影響を与えることはない（同一〇二条）。したがって、これらの裁判所が少年事件の上告を扱う。換言すれば上告審では少年参審員の関与はない（前記*1*(3)、(4)）。

少年裁判所法は、満二一歳以下の者を、行為の時点で一四歳以上一八歳未満である「少年」（Jugendlicher）と、一八歳以上二一歳未満の「年長少年」（Heranwachsender）に区別して（同一条）措置を規定し、少年に対する非行（Verfehlung）は、同法第三条〜一〇四条、年長少年に対しては、同法第一〇五条〜一一二条が規律する。一四歳未満の児童（Kind）には責任能力がない（刑一九条）。

(1)　少年係裁判官

少年係裁判官は、区裁判所の刑事裁判官に相当し、教育処分、懲戒処分、少年裁判所法によって許された付加刑、および運転免許の剝奪のみを科することのできる少年の非行で、しかも検察官が少年係裁判官に公訴した場合に限り管轄権を有する（少裁三九条一項）。また、年長少年の非行で、教育処分としての指示の付与および懲戒処分を科することができ、かつ検察官の公訴があるとき、ならびに、刑法の適用が期待され、かつ裁判所構成法第二五条により、刑事裁判官が管轄を有する場合にも、少年係裁判官が管轄する（同一〇八条・一〇五条一項）。

教育処分（Erziehungsmaßregeln）とは、指示の付与と少年裁判所法第一二条の教育援助（Hilfe zur Erziehung）の命令をいう（同九条）。指示の付与とは、少年の生活態度を規正し、それにより少年の教育を促進し、保障すべき命令または禁止命令をいう。少年裁判所法は、①居住地に関すること、②一定の家庭または施設における居住、③一定の教育または就労、④労働義務の履行、⑤特定人による監護および監督の禁止、⑥一定の社会訓練コースへの参加、⑦被害者との和解の勧試、⑧特定人との交流または飲食店もしくは娯楽施設への入場の禁止、および⑨交通講習への参加の以上九項目を具体的な指示として列挙する（同一〇条一項）。また、ここにいう教育援助とは、社会法典第八章（少年扶助）にもとづく援助である（同一二条）。

懲戒処分（Zuchtmittel）とは、戒告、特別義務の賦課、および拘禁の三つであり、これらは刑としての効果を生じない（同一三条～一六条）。

なお、少年係裁判官は一年以上の刑を科し、また精神病院の収監を命ずることはできない（同三九条二項）。少年係裁判官の判決に対しては、地方裁判所に設置される少年裁判部に控訴することができる（同四一条二項）。また、少年係裁判官と少年係検察官には、教育的能力と少年教育についての経験が求められる――非強行規定（同三七条）。したがって、少年裁判所法第三七条違反を理由に、上告は認められない。(4) ここで求められている専門知識は、教育学、犯罪学、社会学、少年心理学、少年精神医学などの分野である。これは、少年事件を扱う裁判官に、特別な適性と資質が求められるからであり、少年事件を扱う少年裁判部の裁判官にもこれが望まれるとともに、また、

経験を重視する意味で、少年事件を扱う裁判官の頻繁な交替は回避すべきであると解されている。(5)

(2) 少年参審裁判所

少年参審裁判所は区裁判所に設置され、少年係裁判官（前記(1)）と少年裁判部（後記(3)）が扱う事件以外の少年および年長少年の非行すべてを第一審裁判所として管轄する（同四〇条一項・一〇八条一項）。少年参審裁判所は、公判手続開始までに、事件の特別の大きさに鑑み、少年裁判部が当該事件を引き受ける意思があるか否かを決定するよう、職権をもって要請することができるが、少年裁判部の決定に対しては不服を申し立てることができない（同四〇条二項・四項）。少年参審裁判所は、裁判長としての少年係裁判官と男女各一人の少年参審員（Jugendschöffen）により構成される（同三三条a）。控訴審裁判所は少年裁判部である（同四一条二項）。

(3) 少年裁判部

少年裁判部は地方裁判所に設置され、第一審判決裁判所として特定の重罪事件と、控訴審裁判所として少年係裁判官と少年参審裁判所の下した判決に対する控訴事件を扱う（同四一条）。少年裁判部の扱う重罪事件とは、①一般の規定に従い陪審裁判所の管轄に属する事件（前記*1*(2)(b)）、②事件の特別の大きさに鑑み、少年参審裁判所の要請に従い引き受けた事件（前記(2)）、および③少年裁判所法第一〇三条により少年に対する事件と成人に対する事件を併合する場合で、共犯の成人に対する事件が大刑事部の管轄（前記*1*(2)(c)）であるときである。

少年裁判部は、裁判長を含む裁判官三人と参審員二人により構成される「大少年裁判部（Große Jugendkammer）」と、控訴事件を扱い、裁判長と少年参審員二人で構成される「小少年裁判部（Kleine Jugendkammer）」がある（同三三条b一項）。少年参審裁判所の場合と同様、いずれの部も、男女各一人の少年参審員が関与する（同三三条b三項）。なお、大少年裁判部は、公判手続の開始に際して、事件が陪審裁判所の管轄にないとき、または事件の状況もしくは困難性に鑑み、裁判官三人を必要としないときは、裁判長を含めた裁判官二人と少年参審員二人で構成することを決定することができる（同三三条b二項）。

（1） ドイツの少年司法制度全般について、丸山雅夫「ドイツの少年裁判所法について」南山法学一六巻三・四号（一九九三年）一三七頁、澤登俊雄編著『世界諸国の少年法制』（一九九四年、成文堂）二〇三頁、廣瀬健二「海外少年司法制度——英、米、独、仏を中心に——」家月四八巻一〇号（一九九六年）四四頁等参照。

（2） 一九七〇年四月一日現在のドイツ連邦共和国少年裁判所法について、法務省刑事局による翻訳が家月二四巻五号（昭和四七年）一三七頁にある。

（3） 支配説である。Brunner / Dölling, Jugendgerichtsgesetz, 10. Aufl., §§ 33-33b, Rdn. 1 ; U. Eisenberg, JGG, 5. Aufl., §§ 33-33b, Rdn. 9.

（4） BGH MDR 58, 356.

（5） Brunner / Dölling, Jugendgerichtsgestz, 10. Aufl., § 37.

3　民事裁判権（Zivilgerichtsbarkeit）の裁判所

民事裁判権においては、原則として、裁判主体としての市民の直接参加は認められていない。例外的に、商事事件、農業事件、および有価証券整理事件の三つについて職業裁判官とともに陪席裁判官として市民の関与が認められているにすぎない[1]。

(1)　農業事件（Landwirtschaftssachen）

農業事件裁判手続法（Gesetz über das gerichtliche Verfahren in Landwirtschaftssachen）第一条が挙げる事件に対しては、第一審裁判所として職業裁判官一人と名誉職裁判官二人とで構成される農業裁判所（Landwirtschaftsgericht）が管轄する。農業裁判所は区裁判所の中に設置され、したがって、裁判所構成法一四条に定められた特別裁判所ではない[2]。控訴審裁判所は職業裁判官三人と名誉職裁判官二人とで構成される上級地方裁判所の部であり、上告審は第二審と同様、職業裁判官三人と名誉職裁判官二人で構成される連邦通常裁判所（Bundesgerichtshof）である（農裁二条)。第一条事件とは、小作契約、農地の用益賃貸借権などに関する事件、ならびに農場、御料地、別荘、および単独世襲農地に関する単独相続権などについての事件をいう。

(2) **商事事件**(Handelssachen)

州法は、地方裁判所に通常の民事部とは別に、商事部(Kammer für Handelssachen)を設けることができる(裁構九三条)[3]。商事部は裁判所構成法第九五条をはじめ特別法に掲げられた商事事件を取り扱う地方裁判所の部である。商事部は、裁判長裁判官と商事裁判官(名誉職裁判官)二人により構成され(同一〇五条一項)、通常、商事裁判官は部に配属される[4]。

裁判所構成法第九五条にいう商事事件とは、手形小切手訴訟、会社訴訟、競争事件、為替事件、および商行為に基因する商人間の争いである。そのほか例えば、不正競争防止法第二七条においても商事事件を定義する。訴えが商事部の管轄に属さないにもかかわらずここに提訴されたとき、商事部は職権をもって民事部に移送しなければならない(同九七条一項)。商事部が、第一審裁判所として商事事件を扱うのは、事物管轄の規定に従い訴訟物の価格が一万ドイツ・マルク以上の事件であり、それ以下の事件は商事事件であっても区裁判所の単独裁判官により処理される[5]。しかし、訴額一万ドイツ・マルク以上の商事事件すべてが商事部の管轄に服するわけではなく、地方裁判所商事部がその事件を扱うか否かは、原告の申立てに依拠する。すなわち、これは原告の意思にもとづき、訴状にこのような申立てがなされたときに限り、商事部は当該事件を取り扱う(同九六条)。また、訴訟が、管轄違いにより区裁判所から地方裁判所に移送される場合で(民訴二八一条・五〇六条)、原告が商事部における審理を望むときは、区裁判所における口頭弁論期日において、商事部における審理を申し立てなければならない。したがって、商事部において事件が扱われるための要件は、①州法にもとづき商事部が設置されていること、②事件が商事事件であること、③原告が商事部での処理を求めていること、④事物管轄の規定に従い事件が地方裁判所の管轄であることの四点である。

訴訟が商事事件であるにもかかわらず、民事部に提起されるとき、被告の申立てがあれば、この訴訟を商事部に回付することができる。この場合、職権にもとづき回付することはできない（裁構九八条）。この申立ては本案の弁論開始前にのみ許され、裁判所は弁論開始前にこの裁判を行わなければならない（同一〇一条）。

第一次大戦以前、全財産法事件の三分の一が商事部において処理されていたが、この数は一九九〇年以降、ハンブルクにおいて維持されているにすぎず（ときにはこれを上回るが、概ね四〇～五〇パーセントの間を推移する）、ドイツ全土では大幅な減少傾向にある。例えば商業都市シュトゥットガルトでさえもその割合は五分の一にみたない(6)。しかしこの減少は、商事部での処理を当事者が回避していることを意味するものではなく、むしろ、すべての事件からみた商事事件の割合の減少、すなわち生活事象の多元化に伴う財産事件の増加やその多様化にあると推測するのが適切であろう(7)。

ところで、当事者は自由に民事部もしくは商事部を選択することができるといっても、弁護士強制制度（民訴七八条）が採用されているドイツでは、実質的に弁護士がこれを判断することになる。商事裁判官が鑑定人の機能を有し、訴訟費用の観点においてメリットを有することは周知のところであるが(8)、弁護士強制制度とあいまって、弁護士費用が法定され、また権利保護保険の加入が一般的な同国にあっては、訴訟の迅速な解決にもウェイトを置きながら部の選択がなされる。これは部の構成員の違いによる選択ではなく、主に部が現実に抱えている事件数の違いにもとづく選択である。

地方裁判所商事部は、区裁判所において審理裁判した商事事件の控訴審かつ抗告裁判所である（裁構七二条）。商事部が区裁判所において審理した商事事件を扱う場合には、通常民事手続と同様、裁判の準備のために、事件を単独裁判官に委託することができる。この場合、単独裁判官は、裁判長または裁判長が指名する控訴審裁判所の構成員である（民訴五二四条一項）。商事部が抗告審裁判所として区裁判所の非訟裁判手続事件を扱うときは（非訟一二五条〜一五八条）、民事訴訟法の単独裁判官の規定は適用されない（通説）[9]。また、地方裁判所が抗告審として商事事件を扱うときは、当事者の意思には関係なく、裁判所構成法第一〇四条に従い商事部がこれを管轄する。なお、地方裁判所商事部の判決に対しては上級地方裁判所への控訴（民訴五一一条以下）ならびに連邦通常裁判所への上告（同五四五条以下）および飛躍上告（同五六六条ａ）が認められるが、上級審における名誉職裁判官の関与は定められていない。

（１）有価証券整理法（Wertpapierbereinigungsgestz）第三〇条第一項は、地方裁判所に有価証券審査部（Kammer für Wertpapierbereinigung am Landgericht）を設け職業裁判官一人と名誉職陪席裁判官（ehrenamtliche Beisitzer）二人の関与を定める。これは戦中・戦後の混乱期に紛失した有価証券の法律関係を明らかにするために設けられたものであり（Palandt, Kommentar zum BGB 1955, S. 762.）、一九五一年に若干の改正がなされている。ケルン地方裁判所において約四〇年間商事事件を専門に手がけているハーン（Dr. Elmer Hahn）判事によれば、ドイツ全土においてこの部を持つ裁判所はまずないだろう、とのことである。しかし、この法律は現在も失効していない。ハーン判事自身、この法律の存在を知らず、私の質問に対する回答として、前掲パラントの一九五五年度版にまでさかのぼり調査してくださった。このような事情から、本書では、有価証券整理事件の裁判所を考察の対象から除いている。

（２）Barnstedt / Steffen, Gesetz über das gerichtliche Verfahren in Landwirtschaftssachen, 5. Aufl., §2, Rz. 6.

（３）現在、ＢＷ州、Ｂａｙ州、Ｈｅ州、ＭＶ州、Ｎ州、ＮＲＷ州、ＲＰ州、ＳＡ州、およびＳＨ州の地方裁判所に商事部が設置されている。O. R. Kissel, GVG, 2. Aufl. §94 RdNr. 9.

（４）ドイツでも有数の商業都市であるケルンの地方裁判所には、三〇の通常民事部のほかに一一の商事部が設置され、後者には二

［写真４－４］ケルン地方裁判所（NRW州）ハーン判事（右）

つの専門（競争事件）部が設けられている。八つの商事部には各八人の名誉職裁判官が、三つの部には各六人の名誉職裁判官が配属されている。すなわち八二人の商事裁判官がケルン地方裁判所に籍を置くわけである。文献によれば、ハンブルクでは各部に一二人の名誉職裁判官が、N州では六人が配属されている。Vgl. Runderlaß v. 14. 10. 1991 (nicht veröffentlicht) zitiert bei Weil / Horstmann, Der Handelsrichter und sein Amt, 4. Aufl., S. 17.

なお、『前掲書』（Der Handelsrichter und sein Amt）は、三五年以上もの間、商事裁判官の手引書として愛読されてきた書物である。著者のヴァイル氏は、シュトゥットガルト地方裁判所商事部裁判長として長年勤務された後、エルヴァンゲン地方裁判所長を経て退官された。第四版（一九九三年）からは、シュトゥットガルト地方裁判所商事部ホルストマン判事（現在、既に退官）が共著者として加わられている。また、ホルストマン氏によれば、シュトゥットガルト地方裁判所（ＢＷ州）ではかつて二四人配属されていた部もあったが、今日では一二の部（他に二一の民事部がある）に一六人が配属されている。残念ながら、『前掲書』の後継者は決まっていないとのことである。

（5）なお、当事者による商事部の管轄を拡張する管轄の合意は認められない。O. R. Kissel, aaO., §94 RdNr. 3. 被告の申立てにもとづく民事部から商事部への回付に際して、原告の同意がある場合でも、民事部は、この回付の申立てを却下することができ（裁構九八条三項）、そのことからもこれは頷けよう。

（6）Weil / Horstmann, aaO., S. 21. また、手形・小切手事件は、商人間の紛争に限らず、すべて商事事件として扱われるが、一九〇六～一〇年の統計によれば、ドイツ帝国全域において、手形・小切手事件の八割が商事部に持ち込まれていた。他方、ハンザ都市のひとつハンブルクでは、九九％もの同事件が商事部で処理された。しかし、一九

［グラフ4―1］　商事部における手形・小切手事件の受件数の推移

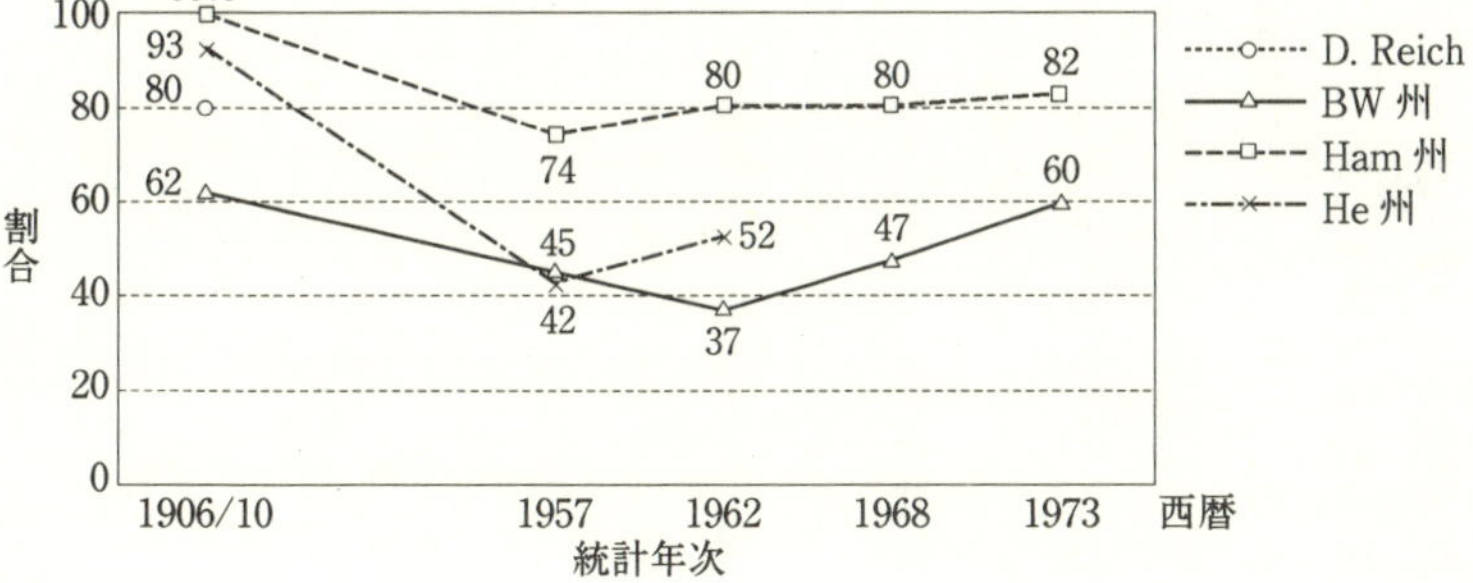

六八年と一九七三年の統計では、ハンブルクで八〇％（六八年）、八二％（七三年）、BW州では四七％（六八年）、六〇％（七三年）という数値が残されている。［グラフ4－1］参照。現在、司法統計からこの項目が削除され正確な数値は明らかにされていないが、この割合は本質的に変わらないという。Weil / Horstmann, aaO., S. 22 f.

（7）Weil / Horstmann, aaO., S. 21.

（8）商事裁判官の鑑定機能については、木川統一郎『民事訴訟政策序説』（有斐閣、昭和四三年）八七頁以下。

（9）O. R. Kissel, aaO., § 105, RdNr. 11.

4　労働裁判権（Arbeitsgerichtsbarkeit）の裁判所

(1)　概　説

労働裁判権において扱われる事件は、①協約当事者間または協約当事者と第三者との間の民事訴訟の中で労働協約から生じるものまたは労働協約の存否に関するもの、②協約能力を有する当事者間または協約能力を有する当事者と第三者との間の不法行為に関する民事上の訴訟の中で労働争議のための手段または団結の自由に関するもの、③労働者と使用者との間の民事紛争（例えば、雇用関係から発生するもの、雇用関係の存否に関するもの、雇用関係の締結に関する交渉から発生するもの、雇用関係に関連する不法行為から発生するもの、就労関係書類に関するもの）、④労働者またはその遺族と使用者らとの間の民事上の訴訟であって他の裁判所の専属管轄に属さないもの等々その他多岐にわたり、労働裁判所法（Arbeitsgerichtsgesetz）第二条は詳細にこれを定める。(1) 本裁判権ではすべての審級において、職業裁判官のほかに、労使双方から平等に同数任命された名誉職裁判官の関与が義務付けられている。労働裁判における市民参加の歴史は長いが、このような平等な構成とする規定が設けられたのは一八九〇年の営業裁判所法においてであり、それ以降これが本裁判権の原則になっている。参考までに、ケルン州労働裁判所では、裁判官席の中央に裁判長裁判官が席し、慣行として右陪席裁判官に使用者側の名誉職裁判官、左陪席に労働者側の代表が

［写真４－５］　シュトゥットガルト労働裁判所シュレーヤー（Susanne Schräjahr）判事の法廷（BW州）

位置する。

(2)　労働裁判所（Arbeitsgericht）および州労働裁判所（Landesarbeitsgericht）

下級審にある労働裁判所と州労働裁判所にはそれぞれ部が設けられ、部は裁判長裁判官と労使双方から選出された名誉職裁判官各一人の計三人により構成される（労裁一六条二項・三五条二項）[2]。

州政府は、必要に応じて法規命令により、労働裁判所と州労働裁判所に、特定の職業および営業ならびに特定の労働者群に関する紛争のために専門部を設けることができる（同一七条二項・三五条三項）。専門部設置の歴史は古く、先の一九二六年法にさかのぼるが、連邦労働裁判所についてはこのような定めは現在もない。しかし、各年度行われる執務分配により、実質的に専門部が形成されている[3]。

(3)　連邦労働裁判所（Bundesarbeitsgericht）

上告審にあたる連邦労働裁判所には、職業裁判官三人と名誉職裁判官二人とで構成される小法廷（同四一条二項）と、部の数の職業裁判官と名誉職裁判官六人とで構成される大法廷（同四五条五項）がある。部の数は、連邦労働社会大臣が連邦法務大臣の認可を受けて定める（同四一条三項）。現在、連邦労働裁判所には一〇の部がある。したがって、大法廷の裁判官数は合計一六名である[4]。大法廷は、①法律問題に関して、ある部が、他の部もしくは大法廷の裁判と異なる判断をしようとする場合、②法形成や判例の統一が必要かつ重要であるとき、開かれる。連邦労働裁判所の名誉職裁判官は部に所属するが、その他の裁判所においてこのような扱いがなされることはほとんどない(5)。ちなみに、労働裁判権において三審級制度が初めて採用されたのは一九二六年の労働裁判所法からのことである。その目的はドイツ労働界における法令解釈の統一を期することにあったことはいうまでもない(6)。年間の新件数は約二〇〇〇件強（九七年度二〇八五件、九八年度二二九四件）、法律抗告事件が上告事件を若干上回る。手続に要する期間は平均一六カ月、解雇に関する事件では一〇カ月である。なお、一九九九年一一月二二日、連邦労働裁判所は、カッセル（H州）からチューリンゲン州の首都エアフルトに移転した(7)。

いわゆる裁判所外の紛争解決制度として、経営体規則（Betriebsverfassungsgesetz）第七六条にもとづく経営体調停所（Einigungsstelle）が設置されている。調停所は、中立の裁判長と、個々の事件に応じて使用者と経営協議会からそれぞれ半数の割合で指名された陪席人により構成され(8)、全構成員の評決にもとづき過半数の得票をもって決定を下す経営組織の機関である。その役割は主に、使用者と経営協議会との意見の相違を調整することにあり、法には調停所の管轄に専属する事件も規定されている(9)。しかし、これらの事件に対する調停所の判断に対して執行力は認められていない(10)。

（1）一九七九年七月現在の労働裁判所法の翻訳について、争訟手続研究会「西ドイツ労働裁判所法全訳（上・下）」日本労働協会雑誌二六三号（一九八一年）七四頁、二六四号（一九八一年）六〇頁がある。

（2）一九八五年、労働裁判所における裁判官数は職業裁判官四六六人と名誉職裁判官一万三六〇五人の計一万四〇七一人、州労働裁判所は職業裁判官一四一人と名誉職裁判官二八七七人の計三〇一八人であった。また、連邦労働裁判所においては職業裁判官二八人、名誉職裁判官一七〇人の計一九八人である。したがって職業裁判官の総数は六三五人、名誉職裁判官一万六六五二人、後者の内訳は労働者階層の代表八二九九人、使用者代表八三六三人である。Halbach / Mertens / Schwedes / Woltzke, Übersicht über das Recht der Arbeits, 2. Aufl., 1987, z. 9. 15. zitiert bei Berger-Delhey, Stellung und Funktion der ehrenamtlichen Richter in der

Arbeitsgerichtsbarkeit, BB 1988, 1662.

（3） Germelmann / Matthes / Prütting, ArbGG, 2. Aufl., § 17 Rz. 1 u. § 41 Rz. 12.

（4） Germelmann / Matthes / Prütting, aaO., § 41 Rz. 11 und § 45 Rz. 9.

（5） G.Ide, Die Stellung der ehrenamtlichen Richter, in : Die Arbeitsgerichtsbarkeit : FS zum 100j. Bestehendes Deutschen Arbeitsgerichtsverbandes, 1994, S. 261.

（6） Germelmann / Matthes / Prutting, aaO., § 40 Rz. 1.

（7） 旧連邦労働裁判所は、現在もカッセルにある連邦社会裁判所と同居していた。エアフルトに移転した新連邦労働裁判所は、街の中心から徒歩一〇分程のところにある新庁舎である。

（8） 陪席人の数は法定されていないが、多くの事件では、それぞれ二人が指名される。M. Wolf, Rolle von Laien in zivil-, arbeits- und sozialrechtlichen Streitigkeiten, in : P. Gilles（Hrsg.）, Anwaltsberuf und Richterberuf in der heutigen Gesellschaft 1991, S. 134. 陪席人の数について当事者の合意をえられないときは、労働裁判所の裁判長が判断する（経営組織法七六条二項三文）。

（9） 詳細は、Fitting / Auffarth / Kaiser / Heither, Betriebsverfassungsgesetz, 17. Aufl., § 76 Rz. 30.

（10） Fitting / Auffarth / Kaiser / Heither, aaO., § 76, Rz. 3a.

5　社会裁判権（Sozialgerichtsbarkeit）の裁判所

(1)　社会事件概説

社会裁判権は広義の行政裁判権のなかに含まれる。社会裁判権の裁判所が扱う事件は、次に列挙するとおりである（社会裁判所法（Sozialgerichtsgesetz）五一条）。

①社会保険（Sozialversicherung）、雇用保険（Arbeitslosenversicherung）、ならびに戦争被害者援護（Kriegsopferversorgung）の各事件に関する公法上の争訟（同条一項）、②医師、歯科医師、病院、および疾病保険金庫（各々の協会および連合会を含む）相互間の法律関係にもとづく争訟（同条二項一号）、③医師、歯科医師、病院、もしくはその

他の医療関係者と疾病保険金庫により構成される共同委員会（Gemeinsame Gremien）および大規模医療機器委員会の決定にもとづく争訟（同条二項二号）、④疾病金庫またはその連合会の決定または契約にもとづく争訟（同条二項三号）、⑤賃金継続支払いに関する（Lohnfortzahlungsgesetz）公法上の争訟（同条三項）、および⑥社会法（Sezialgesetzbuch）をはじめ実体法が、社会裁判所への出訴を認めた公法上の争訟（同条四項）、である。(1)

わが国では、社会事件（社会裁判権の事件）というものにあまり馴染みがない。右に、社会裁判権の事物管轄を列記したが、以下、社会事件の理解を深めるために、最近、連邦社会裁判所で下された裁判例の若干を紹介しよう。

(a) 造船場に勤務するAは、艦船における労働を命じられたため、良心にもとづき、職場放棄した。その間、Aは、失業手当の喪失を覚悟しなければならないか。雇用者は、軍役拒否者に対して軍需品の直接生産を命じることができるが、軍役拒否者に職務放棄の重大理由を与えることになる。一九八七年二月一八日（BSGE 61, 158）

(b) 庇護民は教育手当を受給できるか。教育手当法では、法改正により、庇護民は、永続的に滞在許可を得た地に居住する場合に限り、教育手当請求権を有することは明らかである。庇護権が後発的に承認されたとしても同じである。一九九二年九月九日（SozR 3-7833 §Nr 10）

(c) 生徒Bは、イギリスにおける交換留学で、週末、夏そりの滑走路で負傷した。Bは法律上傷害保険の支給を受けることができるか。学校は、週末の滞在について、責任を負わなければならない。週末の滞在は、交換留学の重要部分を形成する。一九九三年二月二五日（SozR 3-2200 §539 Nr 22）

(d) 薬物取引から足を洗おうとしていたCは、薬物のいざこざから負傷した。Cは、犯罪被害者補償金請求権を行使できるか。犯罪者間相互の暴力行為による犠牲者は、犠牲者が犯罪者グループから識別できるときも、犯罪被害者補償法にもとづく請求権を持たない。一九九三年三月二四日（SozR 33800 §2 Nr 2）

(e) 医師が患者に、連邦保険局が医薬品として許可を与えなかった軟膏を処方した場合、疾病金庫はその料金を負担しなければならないか、について、医薬品の許可が下りない場合、その医薬品は、通常、疾病保険により医薬品供給要件の合理性を欠いており、疾病金庫は負担する必要はない。一九九三年六月八日（NZS 1993, 393）

(f)　仮に保険歯科医がアマルガム（水銀と他の金属の合金）は健康を害すると判断したとき、この合金を充塡に使用しなければならないか。保険歯科医が患者に助言を与えた後、患者の希望で合成物質に代えて、アマルガム合金を用いたとき、この保険歯科医を懲戒に処すことはできない。一九九三年九月八日（14a RKa 7/92）

(2)　社会裁判権概説

社会裁判権は三審級制度を採用し、労働裁判権と同様、すべての審級において、職業裁判官と名誉職裁判官とが関与する（社裁三条・一二条・三三条・四〇条・四一条）。これは本裁判権が広義の行政裁判権に位置しながら、その他の通常行政裁判権や財政裁判権の構成と異なる点である。連邦内には六九の社会裁判所と一六の州社会裁判所（バイエルン州の場合、ミュンヘンに設置された州社会裁判所のほかにシュバインヘルトに支部がある）、さらに連邦社会裁判所（カッセル）がある。社会裁判所と州社会裁判所では本人訴訟が認められている。しかし、連邦社会裁判所では弁護士訴訟の原則が働く（同七三条一項）。また、すべての審級において、訴訟費用は無料とされている。ただし、法人や公法上の公共施設は、仮に裁判が自己に有利に終結したとしても、関与した事件の費用を支払わなければならない。社会事件に関わる紛争の救済を求める者が、訴訟費用を懸念し、訴訟の提起を躊躇することがないように、との配慮からである。一九九七年、全国の社会裁判所では約二六万件、州社会裁判所約二万三〇〇〇件、連邦社会裁判所約二三〇〇件の事件が受理された。すなわち、上訴率は、控訴および上告いずれも一〇パーセント程度である。

(3)　社会裁判所（Sozialgericht）

社会裁判所には、三つの専門部すなわち、①社会保険事件と連邦雇用庁のその他の事務を含めた雇用保険事件を扱う部、②保険医法事件（前記(1)④）を扱う部、さらに、③戦争犠牲者援護事件部が設けられる。また、必要のある場合には、④鉱山労働者保険事件を扱う部が設置される（社裁一〇条）。

各部には、裁判長裁判官一人と陪席裁判官として名誉職社会裁判官二人が裁判に関与する（社裁一二条）。

各専門部の名誉職裁判官は、各部の扱う事件に相応させて選任される。すなわち、社会保険事件および雇用保険事件を扱う部では、名誉職裁判官各一名は、保険者の階層と労働者の階層から選任する（ただし、社会保険の個々の部門（Zweig）の事件のために固有の部が構成されているときは、これらの部の名誉職裁判官はそれぞれの保険部門に関与していなければならない）。保険医法事件を扱う部には、疾病保険金庫界と保険医（保険歯科医）界から選任される名誉職裁判官各一人。また、保険医（保険歯科医）事件に関しては、保険医（保険歯科医）のみが名誉職裁判官として関与する。戦争犠牲者援護事件を扱う部の名誉職裁判官は、戦争犠牲者援護または重障害者法に熟知する者の階層ならびに重障害者就業法第一条および第二条の意味における年金請求権者と障害者の階層から選任され、年金請求権者の遺族が適当数参加する。

(4)　**州社会裁判所**（Landessozialgericht）

控訴審にあたる州社会裁判所にも各部が設置され、職業裁判官三人と名誉職裁判官二人がこれにあたる。各部の名誉職裁判官の出身母体は社会裁判所のそれと同じである（同三三条）。

(5)　**連邦社会裁判所**（Bundessozialgericht）

州社会裁判所の判決に対する上告と社会裁判所の判決に対する飛躍上告を管轄する連邦社会裁判所には、小法廷と大法廷とが設けられる。前者の構成は、州社会裁判所と同じく、職業裁判官三人（裁判長と職業陪席裁判官二人）と名誉職裁判官二人であり（同四〇条一文・三三条）、後者は、長官と長官の所属しない部の裁判長ならびに名誉職裁判官六人により組織される（同四一条五項）。連邦社会裁判所は、当初、二四人の裁判官が予定されていたが、事件数の増加と東西統一の影響を受けて、九四年現在、長官、副長官、裁判長一〇人、および裁判官三四人の計四六人となった。その他、職員一九〇人と報告者として社会裁判所から派遣された裁判官または上級行政庁の官吏もしくは裁判所試補が従事する。部の設置数も、当初、一〇から一四に増加している。したがって、職業裁判官一四人が名誉職裁判官六人とともに大法廷に関与する。[2] 連邦社会裁判所は、一九五四年九月一一日、カッセルに設置され（同三八条一項）、翌年三月二二日、初めての公開法廷が開かれている。[3]

（1）　個々の事件の境界については、O. E. Krasney / P. Udsching, Handbuch des sozialgerichtlichen Verfahrens, 1991, II Rz. 31 ff. を参照のこと。

（2）　Meyer-Ladewig, SGG, 5. Aufl., § 41 Rz. 3.

（3）　連邦社会裁判所は五つの裁判権の中で最も新しい連邦裁判所である。所在地カッセルはグリム童話発祥の地であり、主要駅Kassel-Wilhelmshoheから徒歩三分程である。フランクフルトからドイツ版新幹線ＩＣＥで約一・五時間と交通の便もよい。

6　行政裁判権（Verwaltungsgerichtsbarkeit）の裁判所

(1)　概　説

以下で扱う裁判所は、行政裁判所法（Verwaltungsgerichtsordnung）[1]において規律されるいわゆる通常行政裁判所である。通常行政裁判所との関係で、前述した社会裁判所や後述する財政裁判所および懲戒裁判所は特別行政裁判所と呼ぶ。行政裁判所法上、行政訴訟とは、連邦法により他の裁判所の管轄に属さない、また、州法の領域における公法上の争訟で州法により他の裁判所の管轄に指定されていない、憲法上の争訟を除くすべての公法上の争訟をいう（行裁四〇条一項）。

(2)　行政裁判所（Verwaltungsgericht）

第一審裁判所にあたる行政裁判所は、所長と必要な員数の裁判長裁判官およびその他の裁判官で構成される（同

［写真４－６］　シュトゥットガルト行政裁判所第16部（BW州）
中央は裁判長シュロッターベック教授（Drof. Schlotterbeck）

五条一項）法律審かつ事実審裁判所である。現在、行政裁判所の数は五二ある。行政裁判所の部の構成は、職業裁判官三人と名誉職行政裁判官二人による（同五条三項）（［写真４－６］）。ただし、名誉職行政裁判官は、口頭弁論を行わない決定ならびに裁定には関与しない。また、通例、特に重要な事件を除き、事件は単独裁判官に委ねられ（同六条一項）、名誉職裁判官が関与することはない。他の裁判権における第一審裁判所の構成は数の上で名誉職裁判官の優位を認めているのに対して、本裁判権では職業裁判官の員数が名誉職裁判官のそれを上回っている。すなわち、法の解釈および適用に際して職業裁判官が決定的な役割を果たし、素人である名誉職裁判官は職業裁判官の判断を覆すことはできない。

なお、行政裁判所では、本人訴訟が許されている（同六七条一項一文）。

(3)　上級行政裁判所（Oberverwaltungsgericht）

行政裁判所の判決および決定に対する控訴および抗告を裁判するのは、上級行政裁判所である。[2] 上級行政裁判所は法律審かつ事実審裁判所であり、現在、各州に一カ所、計一六カ所に設置されている。上級行政裁判所には部が設けられ（同九条二項）、ここでは職業裁判官三人による構成を原則とする（同九条三項一文）。ただし、州の立法者は、すべての部または一定の事件群もしくは手続の種類に限定した若干の部を、職業裁判官五人による構成とすることができる。この場合、三人を職業裁判官とし、残り二人を名誉職裁判官とすることもできる（同九条三項二文）。また、上級行政裁判所は、行政裁判所法第四八条一項に列挙された事件（原発施設、核燃料処理、通常発電所、配電、廃棄物処理関係施設、空港、市電、鉄道、操車場、コンテナ場、連邦高速道路、および連邦内の水路に関わる事件）を第一審裁判所として管轄するが、その際、州法により、職業裁判官五人の他に名誉職裁判官二人を部の審理裁判に関与させることができる（同九条三項三文）。なお、各裁判所に必要な名誉職裁判官の員数は所長が決定する（同二七条一文）。

(4)　連邦行政裁判所（Bundesverwaltungsgericht）

最上級審裁判所として機能する連邦行政裁判所には、職業裁判官五人により構成される小法廷（同一〇条三項）、ならびに連邦行政裁判所長官と長官の所属しない部の裁判官により構成される大法廷（同一一条一項・五項）が設置されている。一九九七年度、連邦行政裁判所長官、同副長官、および同裁判長一一人の他、同裁判官五七人が在籍する。(3)連邦行政裁判所は上告審としての機能を持つことから、法律について素人である名誉職裁判官の関与を一切否定した。(4)連邦行政裁判所は連邦法の解釈適用の統一を目的としており、原則として州法について管轄を持たない。また、一九八九年のドイツ統一に伴い、交通網の計画促進に関する法律にもとづく事件については、連邦行政裁判所が第一審かつ終審裁判所として事実審理を行う。職業裁判官のみによる構成は（財政裁判権も同様に）、素人裁判官の関与を認める労働裁判権および社会裁判権の連邦裁判所の構成との大きな違いである。この労働および社会裁判権の上告審裁判所において市民関与が認められている理由は、これらの裁判権のもつ沿革的理由もさることながら、名誉職裁判官選任の際の使用者団体や労働組合の特殊な権利（第六章*1*(5)、*2*(4)参照）と、名誉職裁判官——行政裁判権と財政裁判権の名誉職裁判官とは異なる——、とりわけ上級審裁判所の裁判官として要請される特

別な適格要件（参照、第五章）に求めることができるであろう。(5)

現在、連邦行政裁判所はベルリンにあるが、一九九七年一一月二一日、ライプツィヒ（Ｓａｃｈｓ州）に移転されることが決定した（同二条）。現在の庁舎は、かつてプロイセン上級行政裁判所として一九〇五年から一九〇七年にかけて建設されたものである。ライプツィヒに設置される連邦行政裁判所には、かつてのライヒ裁判所があてられ、二〇〇三年から業務が開始される予定である。

(5) その他、行政裁判権には以下の専門部が設置されるが(6)、本書では簡単な紹介にとどめ、その他の詳細は割愛した。

(a) 連邦には、職員代表（Personalvertretung）事件に関する職業裁判官一人と名誉職陪席裁判官四人による専門部が設置される（連邦職員代表法七七条三項、行裁一九〇条一項五号）。

(b) また、州には、職員代表事件に関する職業裁判官三人および名誉職陪席裁判官（ehrenamtliche Beisitzer）二人、職業裁判官一人および名誉職陪席裁判官二人、または職業裁判官一人および名誉職陪席裁判官四人による専門部が設置される（行裁一八七条二項）。

(c) さらに、上級行政裁判所もしくは連邦行政裁判所には、職業裁判官二人と名誉職陪席裁判官三人とが関与する耕地整理部（Flurbereiningsgericht）が設置される（耕地整理法一三八条・一三九条、行裁一九〇条一項四号）。

（1） 一九八五年一二月六日現在の行政裁判所法の邦訳として、南博方＝高橋滋『条解行政事件訴訟法』（弘文堂、一九七八年）一〇〇頁以下と、一九九三年八月三日の同法邦訳として最高裁判所事務総局行政局監修「欧米諸国の行政裁判法制について」行政裁判資料六九号（平成七年）一五頁以下がある。また、ドイツ行政訴訟についての詳細は、八木良一＝福井章代『ドイツにおける行政裁判制度の研究』司法研究報告書五一輯一号（平成一一年）を参照のこと。

（2） ただし、ＢＷ州、Ｂａｙ州、およびＨｅ州の各州ではVerwaltungsgerichtshofと言う。

（3） 連邦行政裁判所は、ベルリンの中心駅Berlin-Zoologischer Gartenから、道を挟んだ向かいにある。この建物は、一九〇五年から一九〇七年にかけ、プロイセン上級行政裁判所としてバロック様式を用いて建てられたものである。近年の、新受件数と既済事件数は次のとおりである。Vgl. Bundesverwaltungsgericht, Pressemitteilung Nr. 5 / 1999 vom 18. Februar 1999.

［表4－1］

	新受件数（既済事件数）
'89年	3613件（3562）
'90年	3199件（3500）
'91年	3002件（3155）
'92年	3095件（3230）
'93年	4483件（4239）
'94年	4278件（4496）
'95年	4411件（4239）
'96年	4087件（4299）
'97年	4400件（4514）
'98年	3944件（4028）

（4）　F. O. Kopp, VwGO, 10. Aufl., §10 Rz. 1.

（5）　Vgl. E. Röper, Ehrenamtlichen Richter bei Normenkontrollverfahren gemäß §47 VwGO, DRiZ 1978, 18.

（6）　Vgl. R. Wassermann, Die richterliche Gewalt, 1985, S. 107.

なお、R. Wassermann, aa0., 108 f. によれば、そのほかの特別裁判権として、専ら懲戒処分を扱う、懲戒裁判権（Disziplinargerichtsbarkeit）、弁護士名誉裁判権（Ehrengerichtsbarkeit der Rechtsanwälte）、公証人名誉裁判権（Ehrengerichtsbarkeit der Notare）、医師職業裁判権（Berufsgerichtsbarkeit der Heilberuf）、建築技師職業裁判権（Berufsgerichtsbarkeit der Architekten）、および税理士、納税代理人、および会計士職業裁判権（Berufsgerichtsbarkeitder Steuerberater, Steuerbevollmächtigten und Wirtschaftsprüfer）の各裁判権において、職業裁判官と名誉職裁判官により構成される各種の裁判所が設置される。これら職業裁判権と名誉裁判権における市民裁判官については、W・K・ゲック（慶応義塾大学司法制度研究会編）『西独における法曹教育と裁判所構成法』（慶応義塾大学法学会、昭和五五年）一九二頁参照。

7　財政裁判権（Finanzgerichtsbarkeit）の裁判所

(1)　概　説

財政裁判権の裁判所は、連邦に立法権があり、[1]かつ、連邦および州の租税官庁の所掌する公租・公課に関する紛争を管轄する。財政裁判所法（Finanzgerichtsordnung）第三三条一項によると、①連邦の立法権に属する租税であり、連邦または州の財政官庁により管理される租税事件についての公法上の争訟（財裁三三条一項一号）、②租税通則法の規定により連邦財政官庁または州財政官庁による行政行為が行われた場合における第一号に挙げた事件以外の行政行為の執行に関する公法上の争訟（同二号）、③税理士法第一編、第二編第二章および第六章ならびに第三編第一章所定の事件についての公法上の争訟と職業法上の争訟（同三号）、④連邦法または州法により財政訴訟の途が開かれている限り、第一号ないし第三号事件以外の公法上の争訟（同四号）である。したがって、地方自治体の公課（日本の地方税に相当するもの）に関する紛争については管轄がなく、行政裁判所がこれを管轄する。他方、租税に関する事件について提訴がなされている限り、財政裁判所の管轄権は民事、行政、および社会の各法における先行問題にも及ぶ反面、その他の裁判権の裁判所もまた公課法に関わる先行問題について裁判することができる。(2) 本裁判権は、三審級制度を基本とするその他の裁判権と異なり二審級制度を採用する。また、上告審の連邦財政裁判所を除き、本人訴訟も可能である（財裁六二条一項）。訴訟件数は、年間、約五万件を超え、これは日本の約二五〇倍である。(3)

(2) **財政裁判所** (Finanzgericht)

財政裁判権の第一審裁判所にあたる財政裁判所は唯一の事実審裁判所であり、他の裁判権における上級地方裁判所に相応する（同二条）。各州は、少なくともひとつ以上の財政裁判所を設置しなければならず、新しい州（旧東ドイツ）においても、一九九三年を目処に、財政裁判所が設置された。(4) 一九一九年のライヒ公課法においては、職業裁判官二人と名誉職裁判官三人とにより組織される部が構成されていたが、これは当時、上級租税官庁の指揮監督下にあった財政裁判所に対する市民の手によるコントロールに比重を置くとともに、財政裁判所の司法判断における独立性に対する納税者の信頼を獲得するための措置である。しかし、戦後、財政裁判所の自立と裁判官の独立が保障され、現行法では、職業裁判官三人と名誉職裁判官二人により構成される部が設置されている（同五条二項～

四項)[5]。関税事件、消費税事件、および租税独占事件については、これを専門に扱う部においてとりまとめて処理することが求められているが(同五条二項)、専門部の設置が義務づけられているわけではない(財政裁判所にひとつの部のみが設置される場合を想定されたい)。複数の部が設けられるとき、特定の部における事件の統括を規定したものである。部の数や構成員についての規定はなく、州に委ねられている[6]。なお、各裁判所に必要な名誉職裁判官の員数は総務部により決定される(同二四条一文)。

新しい州のひとつブランデンブルク州のコットブス(Cottbus)にも、一九九三年、財政裁判所が設置され、活況を呈している。この裁判所には五つの部が設けられ、各部に三〜四人の裁判官が配属され、計一八人の裁判官(そのうち八人は女性裁判官)が在籍するほか、さらに一〇二人の名誉職裁判官が従事する[7]。

法律事件が特に事実上または法律上の困難を伴わない場合、また、訴訟が基本的に重要でない場合、部は、その事件を単独裁判官としてその部の構成員の一人に委ねることができる(同六条一項)。ただしこの場合でも、州法により、名誉職裁判官二人の関与を定めることもできる(同五条四項)。したがって、この場合、評決に際して、名誉職裁判官が理論的に職業裁判官の意見を否定できることになる[8]。単独裁判官の判断に名誉職裁判官が関与することを州法で規定しているのは、一六州のうちニーダーザクセン州だけである[9]。

(3)　連邦財政裁判所(Bundesfinanzhof)

財政裁判所法は、上訴として、上告手続と抗告手続を定めるのみで、控訴審を予定していない(同一一五条〜一二七条・一二八条〜一三二条)。上告することのできるのは、財政裁判所が認めた場合と、財政裁判所が認めなかったことに対する訴願にもとづき連邦裁判所が認める場合に限定される。

上告審裁判所にあたる連邦財政裁判所には、職業裁判官五人により構成される一一の小法廷と、これを統括し判例法の統一を目的とする大法廷が設けられるが、ここではいずれの法廷においても名誉職裁判官の関与はない(同一〇条三項・一一条五項）。大法廷は、長官と長官が属さない他の部の裁判長、すなわちの職業裁判官一一人によって構成される。現在、連邦財政裁判所はミュンヘンにある（同二条）。

（1）一九六五年の財政裁判所法の邦訳として、南博方訳「西独の財政裁判所法」筑波法政四号（一九八一年）一二四頁がある。

（2）Gräber / Koch, 3. Aufl., § 33 Anm. 3.

（3）三木義一「ドイツにおける税務訴訟の現実とその背景（一）――なぜドイツではかくも税務争訟が多いのか?――」民商一一九巻四・五号（一九九九年）一四一頁表一によれば、近年における日独税務訴訟件数は、一九九四年（日本＝二〇七件、ドイツ＝五二七四六件）、一九九五年（日本＝二三二件、ドイツ＝五四九六二件）、一九九六年（日本＝二七一件、ドイツ＝五六七八〇件）である。日独税務訴訟の比較については、三木・前掲論文のほか、デーゲンハード・フォン・トゥヴィッケル（三木義一訳）「ドイツにおける税務訴訟」立命館法学一九九四年三号一九三頁などがある。

（4）当初、新しい州（旧東ドイツ）では、区裁判所の財政部がこれらの事件を審理・裁判したが、部の構成は、旧州と同様、職業裁判官三人と名誉職裁判官二人である。Graber / Koch, aaO., § 2 Anm. 2 und § 5 Anm. 5.

（5）Hübschmann / Hepp / Spitaler, Kommentar zur Abgabenordnung und Finanzgerichtsordnung, 9. Aufl., § 5 Rz. 2 u. 12.

（6）Hübschmann / Hepp / Spitaler, aaO., § 5 Rz. 8 f.

（7）Pressemitteilung des Finanzgerichts Cottbus vom 19. Januar 1988.

（8）かかる点を考慮して、例えば、NRW州では名誉職裁判官の関与を認めていない。W. Eggers, Der Finanzprozeß, 1993, Rz. 258.

（9）デーゲンハード・フォン・トゥヴィッケル・前掲二〇〇頁。

コラム（4）フランスの商事裁判権

ドイツ法に強い影響を与えたフランス商事裁判制度を概観すると、現在、次の四種類の裁判所が商事事件を扱っている。△商事裁判官により構成される「商事裁判所（tribunaux de commerce）」（一一三〇カ所）のほかに、△もっぱら職業裁判官により構成され、商事裁判所を持たない小都市に設置される「商事裁判権を持つ地方裁判所（tribunaux de grade instance à compétence commerciale）」（一二三カ所）、△アルザスとモーゼル地方に設置され職業裁判官（裁判長）と商事裁判官二人で構成される商事部を持つ「地方裁判所（tribunaux d'ALSACE et de MOSELLE）」（七カ所）、そして△県と海外フランス領にあり、職業裁判官一人と商事裁判官二人により構成される九つの「混成商事裁判所（tribunaux mixtes de commerce dans les départements et territoires d'outre-mer）」を持つ。アルザスとモーゼル地方の地方裁判所商事部は、普仏戦争に敗れたフランスからこの地の割譲（一八七一年）を受けたドイツが設置した裁判所で（一八七七年）、第一次大戦後、ヴェルサイユ条約による回復後（一九二三年）、この制度を残したものである。フランス商事裁判権は、商人間の争訟、支払不能に陥った企業の清算・再建、および和解、支払命令や仮処分、その他、裁判所長が定めた措置など広範囲にわたり管轄権を持つ。以下では、「商事裁判所」を中心に紹介しよう。

フランスの商事裁判官は、商人による間接選挙で選ばれた商人や会社役員である。選挙といっても、これは形式的なもので、あらかじめ商事裁判官登用試験に合格した者を事後承認する程度の意味である。この登用試験は、三〇歳以上で五年以上商人として商業登記簿に登録され、五年以上、評議会の構成員または商人としての活動経験を持つ者が、事件記録を把握する能力があるか否かを審査する筆記試験、試験委員一一人による口述試験を受け、さらに一二〇人の聴衆を前に与えられた二問の問いに対する三分間（計六分）スピーチを行う。合格、選挙された者は三カ月の研修を受けて二年の任期（二期目以降は四年）で一四年を限度に採用される。商事裁判官は週に一、二回の登庁で、無報酬、年齢は平均六〇歳程度である。商事裁判所には職業裁判官はおらず、合議体で商事裁判官のみですべてを処理する。すなわち、法律問題も含めてこれを行うわけであるが、商事裁判所には法律知識を備えた書記官が勤務し、書記官が事件記録や判決書に目を通し、法律的な問題があれば、必要に応じて商事裁判官を補う。商事裁判所は独立した特別裁判所であるが、第一審裁判所としてのみ機能し、商事裁判官の判決に不服のある者は、第二審の控訴院（cour d' appel）、さらに最終審の破毀院（cour de cassation）へと上訴することができる。このように、商事裁判官の法的過誤は、書記官と上訴審裁判所により抑制されるわけである。一九九〇年一月一日現在、三一六七人の商事裁判官が年間三〇万件以上の判決を下しており、控訴審裁判所による破棄率は八パーセントである。

参考文献として、Carl-Henry Perrochat / Pierre Goetz, La justice commerciale en France, in: Laienrichter in Österreich und Europa, anläßlich 70 Jahre Vereinigung der fachmännischen Laienrichter Österreichs, S. 52. 邦語文献として、山本圭一「フランス商事裁判所の事物的権限とその制度の存在意義」兼子還暦『裁判法の諸問題（中）』（有斐閣、昭和四四年）一八〇頁、山本和彦「フランス司法見聞録(5)(6)」判例時報一四三八号二六頁以下、同一四四〇号（一九九三年）三〇頁以下、清水知恵子「フランス商事裁判所の「素人」裁判官」法の支配一一三号（一九九九年）五二頁などがある。

第五章　市民裁判官の適格要件
――陪席裁判官のプロフィール――

名誉職裁判官の適格要件は、各裁判権の名誉職裁判官の役割にならうところである。いかなる者に裁判されるのか、裁かれる当事者にとっては最も関心の高い点であろう。適格要件の検討や次章で行う選任手続の検討を経て、各裁判権における名誉職裁判官の横顔が見えることと思われる。ここではまず、すべての裁判権における名誉職裁判官に求められる共通の適格要件と障碍事由について触れ（*1*）、次に、各裁判権の名誉職裁判官に固有のそれについて言及する（*2*）。

1　すべての裁判権の名誉職裁判官に共通する適格要件および障碍事由

すべての裁判権における名誉職裁判官に共通する適格要件は以下のとおりである[1]。

(1)　まず、①ドイツ人であることを要する（裁構三一条後文・七七条・一〇九条一項一号、少裁二条、農裁四条三項、社裁一六条一項、行裁二〇条一文、財裁一七条一文）。これは基本法第一一六条（さらに、ド裁判官九条一号参照）の意味でドイツ人であること、すなわちドイツ国籍保持者であることを要し、他国籍を有することは障碍事由にならない。したがって、外国人と無国籍者は名誉職裁判官になることができない。国籍要件は主に、名誉職裁判官が主権作用（Hoheitsrecht）を担うことと、職務を行う際のドイツ語力を配慮したものであるが、ドイツ語力を名誉職裁判官の要件にしているわけではない[2]。また、聾唖者や盲目者を障害事由に挙げているわけでもない[3]。労働裁判所法はドイツ人であることを要件として明記していないが、連邦議会の選挙権者であることを要件に入れており（労裁二一条二項四号。後記⑧参照）、このことからドイツ国籍を有することが要件として導かれる。

各裁判手続法には、②最低年齢のみが規定される場合と、最低年齢と最高年齢に言及する場合とがある[4]。刑事裁判権における参審員[5]、少年参審員、および農業事件の名誉職裁判官は、任期の開始時に二五歳以上であり、任期の終了時に七〇歳以下であることが求められている（裁構三三条一号・二号、農裁四条三項二号）。商事裁判官は満三〇歳以上[6]（裁構一〇九条一項一号）、労働裁判所と社会裁判所の名誉職裁判官は満二五歳以上（労裁二一条一項、社裁一六条一項）、州労働裁判所と州社会裁判所では満三〇歳以上（労裁三七条一項、社裁三五条一項一文）、連邦労働裁判所と連邦社会裁判所では満三五歳以上（労裁四三条二項、社裁四七条一文）、行政裁判所と財政裁判所の名誉職裁判官は満三〇歳以上（行裁二〇条二文、財裁一七条二文）であることを要する[7]。労働裁判権と社会裁判権の上級審に関与する名誉職裁判官の年齢が高いのは、適格要件としてさらに、下級審における職務経験が一定期間求められているためである（後記***2***(5)・(6)参照）。年齢要件は、任命状が送達された時に満たされていればよい[8]。

なお、商事裁判官、労働裁判所および社会裁判所の名誉職裁判官の最低年齢に関する規定が強行（müssen）法規であるのに対して、参審員、農業事件の名誉職裁判官、および行政裁判権と財政裁判権の名誉職裁判官については任意法規（Sollvorschrift）とされている。また、満六五歳以上の者は、任用前には、名誉職裁判官の職務の引受けを拒否し（第六章***4***(1)①）、また任期中にあっては辞職事由とすることができることもある。

さらに、③その選任の時に自己の住所または営業所もしくは職業上の居住地を裁判所管区内に有しなければならない（Sollvorschrift）。ただし、裁判所構成法第一〇九条二項および社会裁判所法第一六条六項は、商事裁判官や社会裁判権の名誉職裁判官が裁判所の管轄区域内に居住することを求め、任命時にこの要件を満たせばよいと解されているのに対して[9]、参審員、少年参審員、および農業事件に携わる名誉職裁判官には、候補者名簿の作成時に、当該市町村に一年以上居住していることを求め（裁構三三条三号）、行政裁判権、財政裁判権、および労働裁判権の名誉職裁判官には、任命前一年間居住していたことを求めている（行裁二〇条、財裁一七条、労裁二一条一項）。また、農業事件を担当する名誉職裁判官の場合、管轄区域内で、本業または副業として農業を営んでいるか営んでいたことが要件であり、現に居住していることは要件とされていない。また、営業期間も要件としていない。

(2)　そのほか、すべての名誉職裁判官に共通する障碍事由として以下のものがあり、これらの事由に該当しない者が名誉職裁判官に選任される（裁構三二条・一〇九条三項、農裁四条三項二号、労裁二一条二項、社裁一七条、行裁二一条、財裁一八条）[10]。

④公職に就く資格を喪失していること、または⑤公職に就く資格を喪失する行為を理由に告訴されていることである。

⑥故意による行為を理由に六カ月以上の有罪判決を受けていること。このような行為を理由に起訴されている者はこれにあたらない。有罪判決が確定していることが必要であり、実刑を受けるか、執行猶予が認められるかは重要でない[11]。

⑦裁判上の命令により財産上の処分の制限を受けている者。したがって、禁治産宣告を受けた者、破産宣告を受けた者、および和議手続において一般財産の処分の禁止を受けた者などは名誉職裁判官になることはできない[12]。これらは刑法第四五条一項を模範にしている。

⑧連邦議会もしくは州立法府の選挙権を有しない者。連邦議会の選挙権は、ドイツ基本法第一一六条の意味においてドイツ国籍を有し、かつ連邦領域内に三カ月以上居所を有する者に付与される（連邦選挙一二条・一三条）。

そのほか、⑨同時に同一裁判権における複数の裁判所において、また、複数の審級における名誉職裁判官の関与を定めている裁判権にあっては複数の裁判所の名誉職裁判官として職務を行使することは許されない（労裁二一条四項、社裁一七条五項）。明文をもたない手続法もあるが、前者については、通常、住居所要件から同時に複数の裁判官になるのは不可能であるし、また後者にあっては手続法理からして複数の地位を同一人に認めることはできない。

(3) 以上がすべての名誉職裁判官に共通する適格要件と障碍事由であるが、裁判権の相違により、これらの要件は意味内容を若干異にする。いわゆる強行法規（Mußvorschrift）と任意法規（Sollvorschrift）との相違である。すべての名誉職裁判官に共通する国籍要件（①）および障碍規定（④〜⑧）は、強行法規である。これら強行法規に違反するときは、上告理由となり、また免職事由（第八章***1***参照）にもなる。しかし、これらの要件の瑕疵が事後的に治癒された場合には、かかる名誉職裁判官は免職されることはない。法は、適格要件が現在欠缺している場合について規定しているのである。[13] これに対して、任意法規に違反する名誉職裁判官の任命は、手続の効力に何ら影響を及ぼすことはない。したがって、上告や免職の問題も生じない。

年齢（②）の扱いは、刑事裁判権、行政裁判権、および財政裁判権では任意法規であるのに対して、その他の裁判権では強行法規であった。この相違は、後者では名誉職裁判官の専門分野における経験や知識が求められているのに対して、前者ではそれがないことにその違いの根拠を求めることができよう。住居所要件（③）は、労働裁判権において強行法規として定められているが、その他の裁判権では任意法規とされている。

（1） なお、これら適格要件を具備する場合でも、一定の場合、本人の申立てにもとづき、職務を拒否することができることについては、第六章***4***を参照のこと。

（2） ちなみに、アメリカ合衆国連邦法上、陪審員は米国籍と英語力を具備することが要件として求められている。

（3）　O. R. Kissel, GVG 2. Aufl., §109 RdNr. 1 und §31 RdNr. 10 f; Hubschmann / Hepp / Spitaler, Kommentar zur Abgabenordnung und Finanzgerichtsordnung, 9. Aufl., §5 Rz. 13. 検証が行われるのでない限り、盲者が加わっても適法な裁判所構成であり、具体的審理に支障をきたすか否かは、職業裁判官の場合と同様に、個々の事件における実質的な判断を行うべきであろう。

ちなみに、日弁連司法シンポジウム運営委員会・ヨーロッパ調査団『この目で見たヨーロッパの司法――国民の司法参加を求めて――』（日本弁護士連合会、平成二年）によると、一九九〇年当時の西ドイツには盲目の裁判官が一五〇人（法曹全体で三〇〇人）おり、任用や処遇の上で差別的扱いを受けないとしている。

（4）　クラウザの実態調査（一九七〇年）によれば、名誉職裁判官の年齢層は次のとおりである。連邦労働裁判所の使用者側代表は四一～七四歳でありその三分の二が五三～六七歳、労働者側代表は三分の二が四三～六〇歳。州労働裁判所では、使用者側代表は三七～八一歳でありその三分の二が五三～六七歳、労働者側代表は三五～七一歳、三分の二が五〇～六一歳。労働裁判所の場合、使用者側代表は二六～七三歳、三分の二が四三～六二歳、労働者側代表は三〇～六四歳、三分の二が五〇～五五歳である。連邦社会裁判所の平均年齢は五八歳。州社会裁判所では三二～七六歳で、三分の二は四九～六五歳、社会裁判所では三一～七二歳で、三分の二は四四～六一歳。財政裁判所では三六～七二歳で、三分の二は四〇～六〇歳である。Vgl. E. Klausa, Ehrenamtliche Richter, 1972, S. 124, 148, 174, 187. 労働裁判権と社会裁判権を比較し、後者より前者の方が若い年齢層であるのは、前者の場合、名誉職裁判官が現役の労働者または使用者もしくはこれに準ずる者であることを定めているからである。本節 ***2*** (3)①を参照のこと。

（5）　刑事裁判権については、一九八九年一月現在の参審員に選ばれた者の年齢層は、二五～四〇歳二五・一％（人口の割合三六・九％）、四〇～五〇歳三六・一％（二二・九％）、五〇～六〇歳二八・一％（二二・一％）、六〇～七〇歳一〇・七％（一八・一％）であり、四〇～五〇歳代の参審員が人口に占める割合に比べ多いことが分かる。男女の差は、省略したが、数パーセントにすぎない。また、職業別集計によれば、自営業九・七％（人口の割合六・五％）、公務員三〇・三％（一〇・六％）、民間従業員三三・四％（三三・一％）、専業主婦一七・九％（一六・七％）、年金生活者六・八％（二八・六％）、その他四・九％（三・一％）である。稲葉一生「ドイツにおける刑事司法への国民参加の実情と問題点(2)」ジュリ九七五号（一九九一年）九三・九四頁。

（6）　ちなみに、NRW州には、任期満了時の年令を満七五歳以下とする慣行があるといわれる。ケルン地方裁判所商事裁判官フェルベート（Verbeet）氏談による。なお、女性商事裁判官の数は著しく少なく、ハンブルク地裁では四％、ボンでは全く存在しない。ちなみに職業裁判官のうち女性が占める割合は二〇％である。Vgl. Weil / Horstmann, Der Handelsrichter und sein Amt, 4. Aufl., S. 14.

（7） 一九九五年度ケルン行政裁判所の名誉職裁判官に任命された七三六人の年齢層は、［グラフ5－1］および［グラフ5－2］のとおりである。ちなみに、全名誉職裁判官の平均年齢は五三・一五歳、その職業は千差万別である。職業内訳のうち主婦が最も多く一五五名（二一％）、また、年金受給者（男性）は三〇名（四％）を占めている。学生もまた三人任命されている。資料提供は、同裁判所長クッチャイド教授。

さらに、［グラフ5－3］は、わが国における一九九四（平成六）年度検察審査員、補充員に選任された人の年齢層と右記一九九五年度ケルン行政裁判所名誉職裁判官の年齢層を比較したものである。言うまでもなく、検察審査員の要件と選出方法は名誉職裁判官のそれとは異なる。検察審査員の最低年齢は満二〇歳、選出方法は全くの無作為抽出である（検審四条以下）。検察審査会については、第一章三***1***を参照のこと。

（8） U. Berger-Delhey, Stellung und Funktion der ehrenamtlichen Richter in der Arbeitsgerichtsbarkeit, BB 1988, 1662.

（9） Meyer-Ladewig, SGG, 5. Aufl., § 16, 10.

（10） 障碍事由について労働裁判所法は、その不存在を任命要件として定めるが、その他の裁判所法は障碍事由の存在を免職事由として定める。

（11） Ostheimer / Wiegand / Hohmann, Die ehrenamtlichen Richterinnen und Richter beim Arbeits- und Sozialgericht, 9. Aufl., S. 22.

（12） Vgl. O. R. Kissel, aaO., § 109.

（13） Meyer-Ladewig, aaO., § 22, 5.

2 各裁判権の名誉職裁判官に固有の適格要件および障碍事由

（1） 刑事裁判権の参審員に固有の障碍事由として、次の者は参審員から除外される（Sollvorschrift）。①精神的または身体的疾患のために職務に適さない者（裁構三三条四号）、②裁判所構成法第三四条一項一～六号に挙げられた公職に就いている者（連邦大統領、連邦政府または州政府の構成員、随時暫定的に待機または退職させることのできる官吏、裁判官、検察官、公証人、弁護士、裁判所執行官、警察の執行吏、行刑官、保護観察官を本職とする者、聖職者、規約上共同生活をする義務を負う宗教団体の構成員）、③参審員として八年以上従事し、かつ、最後の職務遂行から任期の開始まで八年を経ていない者（同三四条一項七号）、および④上述した官吏以外の州法で定めた高級官僚（同三四条二項）である。

(2)　少年参審員は、事件の特殊性から、成人に対する刑事裁判とは異なり、教育的能力と少年の教育についての経験を持たなければならない（少裁三五条二項）。その結果、少年参審員は教師や少年保護・教育関係者が多いといわれるが、少年裁判所法の規定はいわゆるSollvorschriftであり、実際には、主婦やその他の公務員も選任されている。

(3)　農業事件裁判権の名誉職裁判官は、①裁判所管区内において自営業として農業に従事しているか、従事していた者であることを要する（農裁四条三項一号）。農業は本業であると副業であるとを問わない。農業実習を受けたことや、これについての専門知識が要件としては求められていない。しかし、農業経験者を挙げることにより、農業に精通する者を選任することができるわけであり、農業に関する専門知識が求められていることは、明文の規定をまつまでもなく自明のことである[1]。②農地の用益賃貸借の届出や勧告など農業事件裁判手続法第一条一・二号に挙げられた分野における官庁の職務に携わっていることは障碍事由とされ、この者は除かれる（同四条三項三号）。さらに、参審員に関する前記(1)①の精神的または身体的疾患者、前記(1)②の公職に就く者、および前記(1)④の高級官僚であることは障碍事由である（同四条三項二号、裁構三三条・三四条）。

(4)　裁判所構成法第一〇九条一項は、商事裁判官の適格者として若干の者を挙げるが、法律上、特別な職業教育の修得を商事裁判官に求めているわけではない。しかし、商事事件における一定の専門知識と経験ならびに地域的な商慣習に関する習熟した知識の要請が適格要件の中に内包されている[2]。このことは、裁判所構成法が、商事裁判官に鑑定人の役割を求めていることからも理解されよう（裁構一一四条）。商事裁判官は主として商人間の紛争解決を担うことから、この分野の専門知識を有すると目される、①商人、②法人の取締役（Vorstandsmitglied）もしくは事務管理者（Geschäftführer）または支配人（Prokurist）として、商業登記簿もしくは協同組合登記簿に登録されているか登録されていた者、または、③商法第三六条もしくはこの法人に関する特別規定にもとづき公法上の法人の取締役として登録する必要のない者であることを要する（同一〇九条一項三号）。いずれも強行法規である。上述したように、商事裁判官の任命は、商工会議所の鑑定発議にもとづかなければならず、商工会議所はこの人的要件を満たした者を名簿に挙げることになるが、法は形式的に専門教育を修め専門的基礎能力を備えた者をこの名簿に登載しなければならないと定めているわけではなく、結局、商事裁判官の選任は、商工会議所の自治権の下にあるといえる。商工会議所は、地区内営業者の全体利益の確保を目的としており、その運営は地区ごとになされている。商工会議所に統一的な商事裁判官の鑑定発議に関する基準があるわけではなく、各地区ごとにそれぞれの商工会議所がまちまちに商事裁判官の鑑定発議を行っている。

さらに、④企業において企業者の自己責任活動に匹敵する独立した地位を占めている業務代理人（Prokurist）、または、⑤合名会社と同様の方法で商取引に関与する協同組合（Genossen）に本職として勤務する取締役（Vorstand-mitglied）が任命される（同一〇九条二項二文）。

また、⑥参審員の職務に適さない者、または⑦精神的もしくは身体的障害により、参審員の職務を行うのに不適任と思われる者は、障碍事由ありとされる（裁構一〇九条三項）。これらはいずれも強行法規であり、任用後、これらの要件を失ったとき、またはこれらの要件の瑕疵が明らかになったときは免職される（第八章**1**）。

ちなみに、ケルン商工会議所は、一定年令、職業経験、事業活動、および職業裁判官に経済関係を啓蒙する能力を有するか否か等を勘案して発議を行う(3)。商事裁判官が再任されることはしばしばある。

(5) 労働裁判権の名誉職裁判官に固有の適格要件および障碍事由

(a) 労働裁判権の名誉職裁判官に、固有の要件と障碍事由（いずれも強行法規）として、以下の事項を挙げることができる。まず、①下級審裁判所の名誉職裁判官にあっては、労働者もしくは使用者であることを要する。これは言うまでもなく、労働界において得た経験を裁判に反映させるためである。従前、労働裁判所法は、労働裁判所の管区内で最低一年間、労働者または使用者として従事した者のみが名誉職裁判官に任命されると規定されていた。しかしこれでは、労働者代表の名誉職裁判官が、転勤の後、直ちに、名誉職裁判官として再び職務を行使することができない。そこでこの問題を解消する目的で、一九七九年のいわゆる訴訟促進法（BGBl IS. 545）はこれを削除した。したがって、現在では、労働者または使用者として従事する者のみが名誉職裁判官に選任されると規定する（労裁二一条一項二文・三七条二項）。

労働裁判所法は使用者の定義をしておらず、労働法学説に依拠せざるをえない。それによれば、一人でも労働者を雇用している限り、使用者たりうる。その他、使用者階層の代表として、(i)法人企業または人的団体企業において、法律、定款または組合契約にもとづき、単独でまたは代表機関の構成員として、法人企業または人的団体企業の代表者に任命されている者、(ii)企業において雇用権限を有する取締役、経営者もしくは人事部長または支配権もしくは包括代理権を委任されている者、(iii)連邦、州、市町村、および地方公共団体連合、ならびに公法上の施設と財団において、所轄の連邦上級官庁または所轄の州上級官庁の命令を経た官吏と職員、(iv)使用者団体の構成員と職員、およびこのような団体の委員会の役員と職員で、定款または全権にもとづき代表権を有する者が、名誉職裁判官になることができる（同二二条二項）。

労働者階層を代表する名誉職裁判官には、非自営業者として労働を提供する者のほか、労働組合、社会・職業政策を目的とした労働者団体の構成員および被用者ならびに労働組合連合の役員および被用者で、定款または全権にもとづき代表権を有する者が選任される（同二三条二項）。

何人も、同時に労働者と使用者の両階層から選任される名誉職裁判官になることはできない（同二一条四項二文）。したがって、両者の地位を兼有する者は、いずれの側の陪席裁判官として就くことを希望するか、自ら決定しなければならない。(4) 失業していることや使用者が一時的に雇用を行っていないことは、名誉職裁判官任命の障碍とはならない（同二二条一項・二三条一項）。しかし、もはや労働者もしくは使用者たりえない者（退職者、定年前の退職者、就業不能にもとづく年金受給者等）、またはいまだ労働者もしくは使用者としての経験を有しない者は名誉職裁判官になることはできない。(5) また、名誉職裁判官が定年により労働者もしくは使用者としての身分を失ったときは、名誉職裁判官自らの申立てにもとづき、各業務年度総務部が予め定めた部の裁判により免職されるにすぎない（同二一条六項）。

ただし、連邦労働裁判所の場合、労働者もしくは使用者としての身分の喪失は名誉職裁判官の任命を妨げるものとはされてはいない（同四三条二項二文）。代わりに、次の要件が加重されている。州労働裁判所と連邦労働裁判所の名誉職裁判官にはさらに、労働事件を扱う裁判所における陪席裁判官（名誉職裁判官）としての五年以上の経験が求められる（同三七条一項・四三条二項）。(6) 従前（一九二六年の労働裁判所法）、労働裁判所において名誉職裁判官としての三年のキャリアが求められていたものを、名誉職裁判官としての特殊経験を担保するために、一九五三年法により四年に、(7) さらに二〇〇〇年法により五年に改正された。また、労働法や労働生活の領域における特別専門知識と経験を必要とするほか（同四三条一項一文）、長年ドイツ国内において労働者もしくは使用者として従事したことが求められている（同四三条一項二文）。

②さらに、労働事件を扱う裁判所の官吏と職員は名誉職裁判官になることはできない（同二一条三項）。公務と名誉職裁判官の職務の衝突を回避するためである。

(b)　労働裁判所法第二一条以下に規定された者以外の者が、労働裁判権における名誉職裁判官になりうるか、換言すると、同条に名誉職裁判官としての適格者がすべて網羅されているわけではないとの主張がみられる(8)。しかし、名誉職裁判官の適格の可否はすべて法規にもとづくべきであり、それによらない新たな適格者の創設は憲法違反となると解すべきである(9)。

(c)　行政裁判権や財政裁判権における名誉職裁判官と異なり、労働裁判権においては、弁護士や公証人であることは名誉職裁判官の障碍事由として挙げられていない（後記(7)④参照）。したがって、上述の労働裁判権の名誉職裁判官としての適格要件を備える限り、弁護士や公証人もまた名誉職裁判官になることができると言わざるをえない。しかし、これらの者が名誉職裁判官として職務を遂行するとともに、同一裁判所において弁護士業務を行使し得るといえるかは問題である。一九七五年一〇月二二日／二三日の連邦労働裁判所総務部決定によれば、労働裁判所において現在もしくは将来的に弁護士業務を行う意思のある弁護士は、同一裁判所における名誉職裁判官になる資格がない。同決定の理由によれば、一般論として裁判所の公に対する中立性を確保し、また個々的には裁判に対する裁判官の客観的中立性に対する疑義を払拭することにある(10)。

(6)　社会裁判権の名誉職裁判官

社会保険事件部と失業保険事件部の名誉職裁判官に任命されるのは、被保険者および使用者のみである（社裁一六条二～五項）。被保険者とは、義務保険もしくは任意保険にもとづき社会保険部門に属する者である。失業者もしくは定期金受給者であることは、名誉職裁判官の任命を妨げる事由とはならないが（同一六条三項）、その他の保険にもとづき定期金を受ける者、例えば遺族年金受給者らは上述の定期金受給者には該当しない(11)。なお、船舶航行人については同条五項、使用者については労働裁判所法二二条を参照のこと。

そのほか、①社会保険の保険者および組合の理事会、保険医（および保険歯科医）団体、および連邦労働施設

（Bundesanstalt für Arbeit）の構成員は名誉職裁判官になることはできない（同条二項）。また、事務管理者の代理人は、自治権（社会四三条三項）において正規の事務管理者と同等の地位を有することから、同様に名誉職裁判官になることはできない。さらに、②社会保険の保険者および組合、保険医（保険歯科医）団体および連邦労働施設の出先機関（Dienststelle）の職員（Bedienstete）は、その労働分野から派生する争訟について裁判する部の名誉職裁判官になることができない（社裁一六条三項）。これらはいずれも、相克する利害の衝突を回避するためにほかならない。しかし、かつてこれらの職にあった者（退職官吏）は差し支えない。また、③疾病保険金庫、疾病保険金庫組合および保険医（保険歯科医）団体にあっては、事務管理者およびその代理人は、保険医法事件を扱う部の名誉職裁判官として除斥されない（同一六条四項）。

なお、州社会裁判所と連邦社会裁判所の名誉職裁判官には、下級審裁判所における名誉職裁判官として最低四年の実務経験が求められている（同三五条一項・四七条）。

(7) 行政裁判権と財政裁判権における特徴

行政裁判所法第二二条および財政裁判所法一九条は、権力分立原則（ド基本二〇条二項）を考慮し、行政および財政の各裁判権の独立を保障するために、以下の者を不適格者として名誉職裁判官に任命してはならないと定める。これは利害関係人が関わる場合の利害の衝突を回避すると同時に、国益を代表する裁判所との疑惑を回避するためである。ふたつの裁判権に共通する不適格者は次のとおりである。①連邦議会、欧州議会、州の立法機関、連邦政府もしくは州政府の構成員、または市町村議会、地区議会（Bezirkste）等の構成員、②公務員たる裁判官。裁判官には副業として裁判官職を担う者および試用裁判官もここに含まれる。他の裁判権における名誉職裁判官であっても、不適格者には該当しない。③職業軍人および任期限定軍人、④弁護士、公証人、および業として（geschäftmäßig）他人の法律事件に携わる者も不適格者である。[12] これらの裁判権では、いわゆる「何人も名誉職裁判官になりうる原則（Jedermann-Prinzip）[13]」が支配するといわれ、名誉職裁判官は一般社会の代表として職務を遂行しなければならない。したがって、その他の裁判権と異なり、名誉職裁判官に特別な専門知識が求められることはなく、誰でも名誉職裁判官になる資格を有する。

(a)　さらに行政裁判権では、①公職に携わる官吏や被用者で名誉職に就いていない者、および②民間防護団（Zivilschutzkorps）の職業上の構成員と任期限定構成員は不適格者とされている。前者における公職（öffentlichen Dienste）の概念は広く、連邦、州、および市町村の行政職のみならず、議会職もこれに該当する[14]。

(b)　また、財政裁判所法は、①連邦と州の財政行政部の官吏と被用者、および②弁理士、税理士、税理士ではない税務コンサルタント会社の取締役、納税代理人、公認会計士、および選任された会計士を不適格者と定める。財政裁判権における原告の訴訟代理人は、通常、弁護士または②に挙げた者であり、被告の訴訟代理人は概ね①の者である[15]。

（1）　立法趣旨も同じである。Barnstedt / Steffen, LwVG, 5. Aufl., § 4 Rz. 12 f.
（2）　O. R. Kissel, aaO., § 109 Rz. 5 ; U. Bergey-Delhey, Der Handelsrichter und sein Amt, DRiZ 1989, 248.
（3）　ケルン商工会議所（構成員約九〇〇〇人）法務部談。
（4）　Ostheimer / Wiegand / Hohmann, aaO., 2. 2f.
（5）　Ostheimer / Wiegand / Hohmann, aaO., 2. 1a.
（6）　著者がＮＲＷ州裁判所を訪問した時には、使用者側の名誉職裁判官としてアーヘン単科大学事務局長ロイシュ氏と労働者側代表としてＣＤＵ福祉委員ラング氏が関与された。いずれも一〇数年（三期目）の経験を有する名誉職裁判官のベテランであった。
（7）　Germelmann / Matthes / Prütting, ArbGG, § 37, Rz. 2.
（8）　Vgl. Berger-Delhey, RdA 1988, 16.
（9）　Germelmann / Matthes / Prütting, aaO., § 21, Rz. 25.
（10）　BAG v. 22. / 23. Okt. 1975, AuR 1976, S. 369, 384.

［グラフ５－１］ ケルン行政裁判所名誉職裁判官年齢層

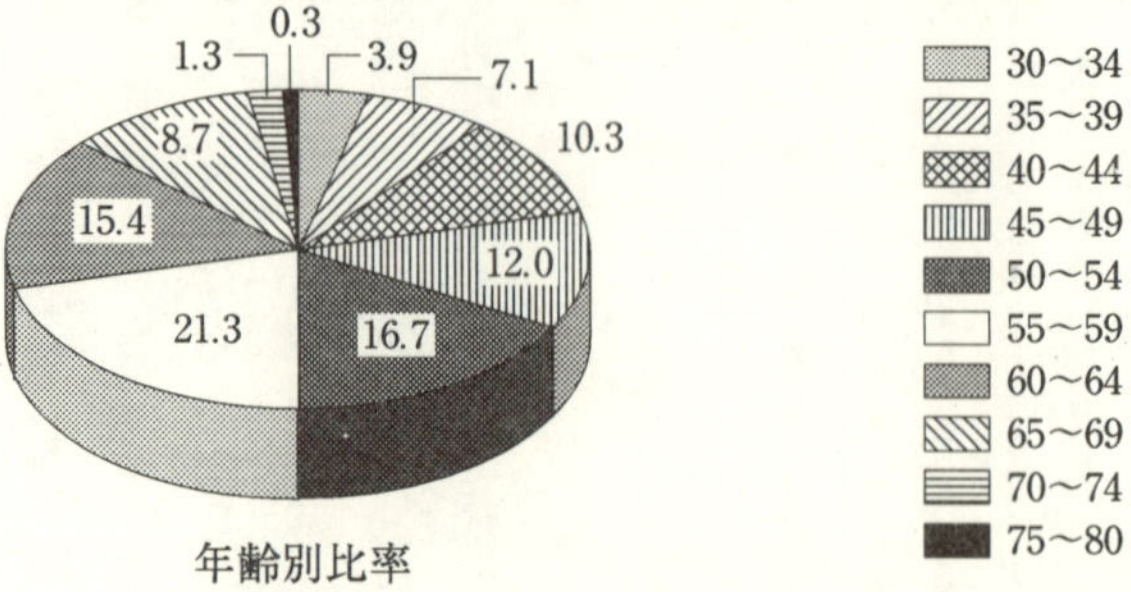

［グラフ５－２］ ケルン行政裁判所名誉職裁判官年齢層

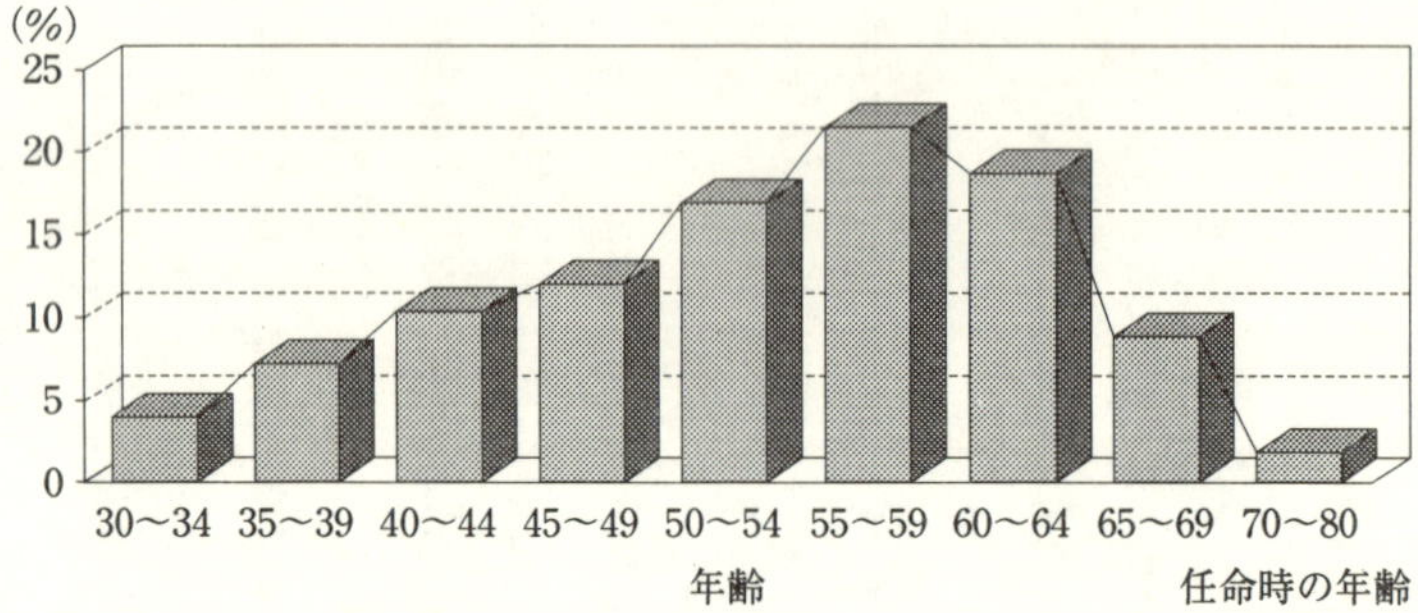

［グラフ５－３］ ケルン行政裁判所名誉職裁判官と検察審査員との年齢層の比較

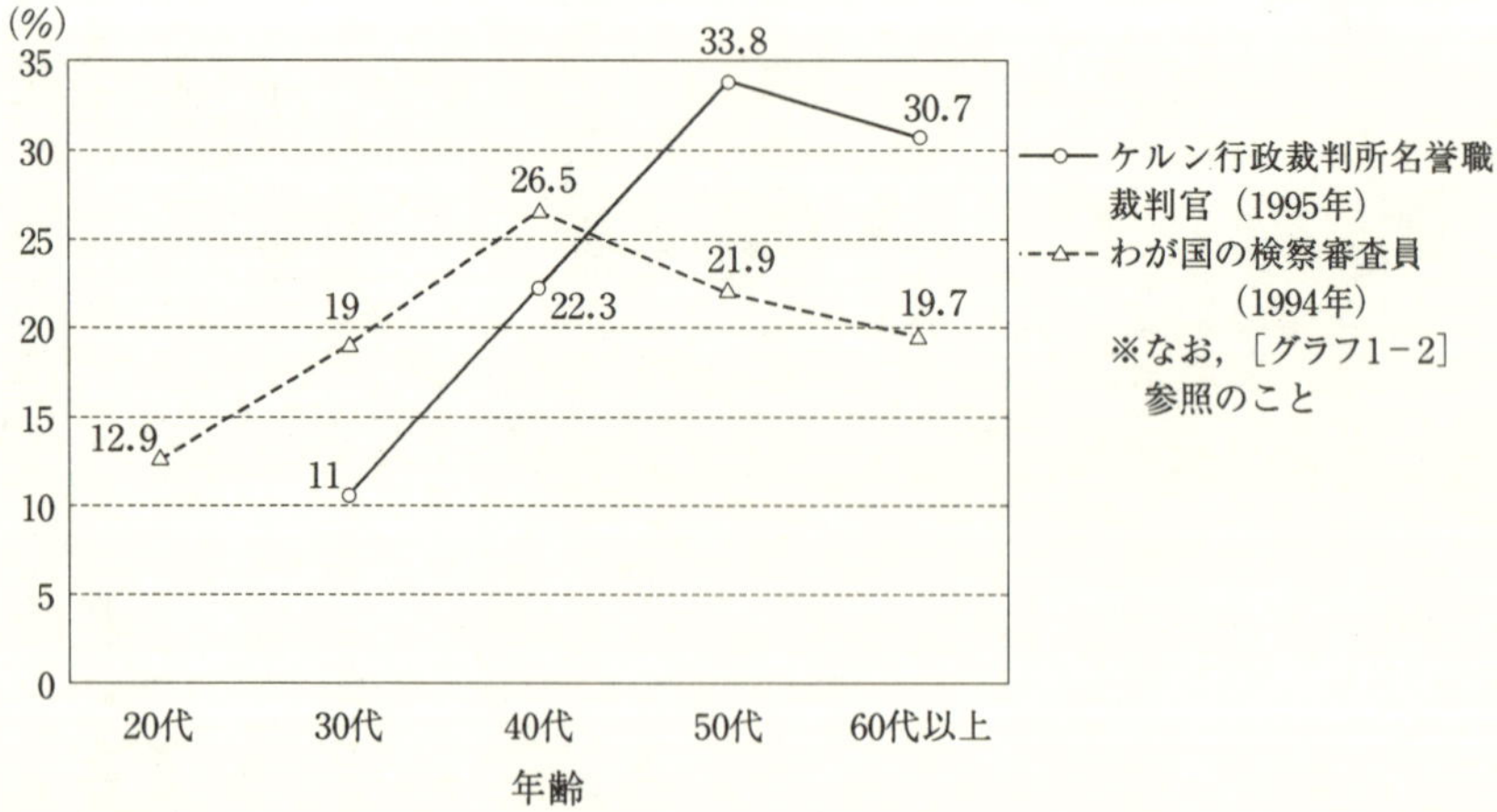

(11) Meyer-Ladewig, SGG, 5. Aufl., §16, 4.

(12) もっとも、上級行政裁判所における規範統制事件を除き、専ら事実審理を内容とする下級審裁判所におけるこのような障碍事由の列挙は、過度な権力分立原則への対応であり、市民裁判官制度を空洞化するもの、と映らないでもない。Vgl. E. Ropper, DRiZ, 1978, 18.

(13) Jedermann-Prinzip について、vgl. J. Rüggeberg, VerwArch 61. Bd., 197; H. Reim, Fachkenntnisse der ehrenamtlichen Richter, DRiZ 1992, 139.

(14) J. Albers, Die Abberufung eines ehrenamtlichen Richter nach §24 VwGO, MDR 1984, 889.

(15) R. Kapp, Der Steuerprozeß — Vorschläge zur Verbesserung, BB 1982, 813.
なお、参考までにザールラント財政裁判所名誉職裁判官の顔ぶれについては、第六章**2**注(17)を見よ。

コラム（5）オーストリア素人裁判官協会（Vereinigung der fachmännischen Laienrichter）、ウィーン商事裁判所

Vereinigung der fachmännischen Laienrichter を直訳すると、「専門知識を持った素人裁判官の協会」ということになる。商事裁判官は鑑定人の機能を持つとは、しばしば述べてきたが、ここに専門知識を持つとは、商事裁判官の専門知識をいうのである。すなわち、「専門知識を持った素人裁判官の協会」とは、商事裁判官の任意団体で、商事裁判官の活動を支援する。

現在、この団体は、オーストリア、ドイツ、フランス、ベルギー、オランダ、イタリア、スイスに設置されている。本部はパリにある。オーストリアの事務局はウィーン、現在、会員は二〇〇人ほどである。一年間に二回、専門家を

招いて研修会を開き、商事裁判官の資質の向上を図っている。パリにおいても、夏には一週間程度の研修会が開かれ、ケース研究等も行われる。

オーストリア商事裁判官の歴史は、ほぼドイツの商事裁判官のそれと同じである。ウィーンには、商事事件を専門に扱う商事裁判所が設置され、一九九九年一月現在、五八人の商事裁判官が在籍する。選任は、やはり商工会議所の鑑定発議による。五三人の商事裁判官の内訳は、会社取締役が最も多く二一人、弁理士一〇人、会社社長九人、合名会社社員三人、支配人三人、およびその他である。会社役員等でも技術者が多い。年齢は四三歳から八五歳まで、平均約六〇歳である。ドイツの商事裁判官と同じく、法衣を着ることが許されている。他の素人裁判官と異なり、手当および交通費は一切ない。若干異なるのは、オーストリアの商事裁判官の場合、任期が五年であることと、商事部の構成が、職業裁判官二人に対して商事裁判官一人であることである。事物管轄は、六三万オーストリア・シリング（約六三〇万円）以上と、かなり高額である。したがって、ウィーンでも商事裁判官が関与する法廷は、それほど多くない。週一回程度、法廷が開かれるにすぎない。一二月は、慣例として、商事裁判官の関与する部は閉廷である。

［写真５－１］　法廷における商事部の裁判官（左端は、商事裁判官フルーマン（Dkfm. Dr. Otto Frumann）氏、66歳、元ジーメンス取締役）

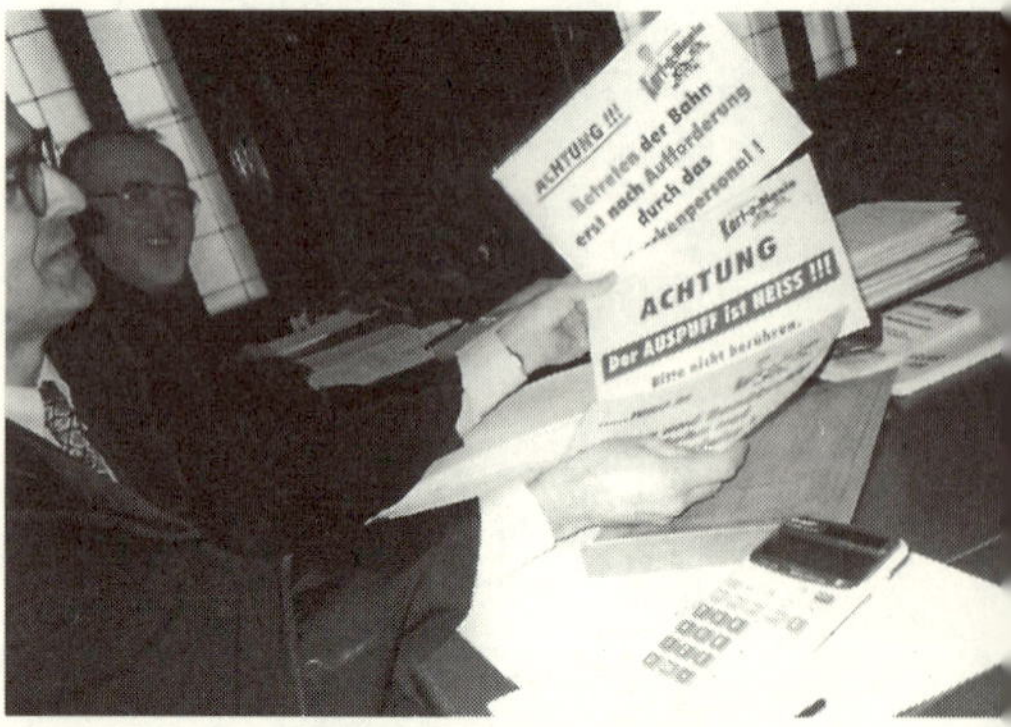

［写真５－２］　合議の模様。事件の合間に、法廷を用いて合議を行っている。

［写真５－３］　ウィーン商事裁判所

商事裁判官の場合、事件を担当する期日の数日前に、裁判所に赴き、事件記録を精査する者も少なくない。口頭弁論および合議にあたっては、あらかじめ用意したメモを傍らに従事する商事裁判官も多い。

［写真５－４］ シーデルマイヤー氏と佐藤博史弁護士（右）、四宮啓弁護士（左） ウィーン

日本弁護士連合会司法改革推進センター・東京三弁護士会陪審制度委員会編『少年審判に参審制を――フランスとオーストリアの少年司法調査報告書』（現代人文社、二〇〇〇年）二二二頁以下に、オーストリア素人裁判官協会副会長（渉外担当）ライネル・シーデルマイヤー氏に対するインタビュー（資料４「オーストリア素人裁判官」）が掲載されている。シーデルマイヤー（Rainer Sedelmayer）氏は、現役の商事裁判官である（［写真５－４］）。前掲書は、商事裁判官がどのような姿勢で事件に取り組んでいるのかを知る貴重な資料であり、参照されたい。

第六章　ドイツ市民裁判官の選任手続

――司法の民主化の要――

名誉職裁判官が法廷に現れるまでには、概ね、①名誉職裁判官の推薦名簿の作成、②名誉職裁判官候補者名簿の作成、③候補者名簿にもとづく選出、④任命権者による任命、⑤部への配属、または⑥法廷を担当する順番を定めた名誉職裁判官名簿の作成、そして⑦この名誉職裁判官名簿（⑥）にもとづく個々の法廷日への召喚を経る。以下では、名誉職裁判官の任期と名誉職裁判官が任命されるまでの過程（①〜④）について触れ、⑤から⑦は後述する名誉職裁判官の法廷への関与（第九章）において言及する。

1　名誉職裁判官の任期と選任手続の概要

以下ではまず、それぞれの裁判権における名誉職裁判官の任期と、選任手続のあらましについて触れる。名誉職裁判官の選任に先行して、候補者名簿が作成されるが、これについては改めて言及する（後記***2***）。

(1)　刑事裁判権の参審員

参審員の任期は四年である。参審員の選任は、候補者名簿の作成と参審員選出委員会による選出のふたつの段階を経て行われる。まず、市区町村は、四年ごとにひとつの候補者名簿（Vorschlagsliste）を作成する（裁構三六条一項前文）。作成について統一手続は存在しない。通常、自治体は、政治団体や連合体に、適任者の指名を求める――なお、後記**2**を参照のこと――。候補者名簿への登載は、市区町村議会議員の法定数三分の二の同意を必要とし、当該市区町村において一週間公衆の閲覧に供する（強行法規）。閲覧時期については予め、公告しなければならない（同三六条一項・三項）。参審員候補者名簿に対しては、閲覧期間の末日より起算して一週間以内に、裁判所構成法第三二条により参審員の資格を欠く者、または同第三三条および第三四条により参審員として適当でない者が登載されていることを理由に異議申立てをすることができる（同三七条）。市区町村長は、異議と併せて候補者名簿を地区の区裁判所裁判官に送付する（同三八条）。裁判官は管轄区域内の参審員候補者名簿をまとめ、異議が申し立てられていればその裁判の準備をする（同三九条）。参審員選出委員会は、多数決でこの異議を裁決し、これは調書に記載される（同四一条一文・三文）。可否同数のときは、委員長が決定する（同四一条二文）。その後、区裁判所に設置される参審員選出委員会（後記）がその名簿にもとづき正参審員を選出し（同四二条一項一号）、次に予備参審員を選出する（同四二条一項二号）。区裁判所に必要な正参審員（Hauptschöffen）および予備参審員（Hilfsschöffen）の員数は、地方裁判所長（区裁判所長）が定める（同四三条一項）。正参審員の員数は、正参審員の召喚が年間一二通常法廷期日を超えないように定める（同四三条二項）。予備参審員についての法廷担当日数の定めはない――予備参審員については、第九章**4**を参照のこと――。選出された正参審員と予備参審員の氏名は、各区裁判所において、各別の参審員名簿に登載される（同四四条）。

参審員選出委員会は、区裁判所裁判官を委員長とし、州政府により指定された行政官一人と参審員選出委員会委員（Vertrauensperson）一〇人の計一二人により構成され、四年ごとに開かれる（同四〇条一項・二項）。参審員選出委員会委員（信任委員と訳されることもある）は当該区裁判所管轄区域内の住民の中から、この管轄区域に相当する下級行政区の代表機関である郡議会や市議会が、法定議員数三分の二以上の多数決をもって選出する（同四〇条三項前文）。参審員選出委員会委員は、通常、政党の代表者であり、市議会もしくは地区議会の勢力関係に相応させて指名される。[1] ちなみに、クラウザの研究によれば、一九六六年度、ケルン区裁判所参審員選出委員会委員に、ケルン市議会議員七人、ケルン郡議会議員二人、ライン・ベルギー郡議会議員一人が選出されている。[2] 選出委員会は、委員長、行政官、および参審員選出委員五人の出席をもって成立し（同四〇条四項）、更正された候補者名簿にもとづき、三分の二の多数決をもって、必要数の参審員と予備参審員を選出する（同四二条）。

従前、参審員の選出は、参審員の資格要件を備えたすべての者を挙げる原簿（Urliste）にもとづき、参審員選出委員会が、一年の任期で選出していた。しかし、行政の簡素化と費用の節減から、参審員の任期を二年に延長するとともに、原簿の作成も二年ごとにすることとした。その後、原簿作成制度は廃止され、それに代わる現行法の候補者名簿制度が採用された（一九五〇年）。一九七四年には、参審員の任期は二年から四年に延長され、候補者名簿の作成も四年ごとに作成することになった。[3]

(2)　少年参審員

少年参審員の選任手続は、ほぼ参審員と同じである。少年参審員は、区裁判所に設置される参審員選出委員会の四年間の事業年度継続中に、少年支援委員会（Jugendhilfeausschuß）の推薦にもとづき選任される（少裁三五条一項）。少年支援委員会は、少年参審員と少年予備参審員（Jugendhilfsschöffen）として必要な員数の少なくとも二倍の男女を同数推薦する（同三五条二項）。この名簿はいわゆる少年参審員候補者名簿であり、少年局において一週間閲覧に供さなければならない。閲覧時期の公告は、参審員の場合（前記(1)）と同じである（同三五条三項）。少年支援委員会の作成した候補者名簿に対する異議についての裁判、ならびに少年参審員および補充少年参審員の選任については、少年係裁判官が参審員選出委員会の委員長になる（同三五条四項）。少年参審員は、特に男女を区別して作成した参審員名簿に登載される（同三五条五項）――少年裁判所では、男女各一人の参審員が関与する（第四章**2**(2)、(3)

参照）。したがって、四つの名簿が作成される。

(3) 農業裁判所の名誉職裁判官

上級地方裁判所長は、各区裁判所および上級地方裁判所における農業事件裁判手続に関与する名誉職裁判官の員数を定め、さらに候補者名簿にもとづき四年の任期で各裁判所の名誉職裁判官を任命する（農裁三条一項・四条一項）。

(4) 商事裁判官

商事裁判官は、商工会議所[4]の鑑定発議にもとづき四年の任期で任命されるが（裁構一〇八条一文）、この任命要件を欠く任命も有効である[5]。むろん、再任も可能である（同一〇八条二文）。商事裁判官の場合、名誉職裁判官の職務を引き受ける義務があるとは解されておらず——この点、刑事裁判権や行政裁判権をはじめ、その他の裁判権の名誉職裁判官と異なる——、被推薦者の承諾を必要とする[6]。その結果、例えば、地方裁判所長から次のような照会状[7]が商事裁判官の候補者に送付される。

「ケルン商工会議所は、過日亡くなられた商事裁判官コール氏の後任としてあなたを推薦しました。つきましては、司法大臣にあなたを四年の任期で商事裁判官に任命するよう提案いたします。この提案にご了承いただける場合には、同封の宣誓書に署名のうえ、当方にご返送くださるようお願い申し上げます。」

その後、本人の同意と州司法大臣による任命を経て、総務部は商事裁判官を各裁判所の商事部に配属する。

(5) 名誉職労働裁判官

労働裁判権の名誉職裁判官には、原則として労働者または使用者として従事する者が五年の任期で任命される。候補者本人の受諾書は不要である[8]。任命権者は、労働裁判所と州労働裁判所の場合、法規命令により直轄の州最高官庁または州政府が委託した官署である（労裁二〇条一項一文・三七条二項）[9]。官署には、それぞれ管轄区域内の労働組合、社会・職業政策を目的とした労働者の独立した団体や使用者連合会等により作成された候補者名簿が提出され、この中から少数を公正に考慮に入れて任命される（同二〇条二項）。しかし候補者は、これらの団体の構成員である必要はない。[10]任命は、通常、提出された名簿の順番に従い行われるが（後記**2**(2)参照）、任命に先立ち、州最高官庁は後述する名誉職裁判官の適格要件に関する審査を行う。[11]これについて法の明文を欠くが、適格要件の瑕疵が事後的に発覚し、または適格要件が後発的に欠落する場合には、任命権者に免職の申立権が認められており（同二一条五項）、審査権があることは明らかである。任命手続は、任命状の送達により終了する。連邦労働裁判所の名誉職裁判官の任命権者は、連邦労働社会大臣である（同四三条一項一文）。

(6)　名誉職社会裁判官

社会裁判所と州社会裁判所における名誉職裁判官は、州政府または州政府により委託された官庁（社会大臣もしくは司法大臣または州社会裁判所総務部）[12]により、候補者名簿にもとづき、相応する割合で少数を公正に考慮に入れて選任される（社裁一三条一項・三五条一項二文）。連邦社会裁判所の名誉職裁判官の任命権者は、連邦社会労働大臣である（同四五条二項）。任命権者が候補者の要件を調査しうることは、労働裁判権におけるのと同じである。後任の名誉職裁判官の選任が遅れている場合を別として、いずれも名誉職裁判官の任期も四年であり、再任することも可能である（同一三条一項・二項・三五条一項・四五条三項）。

(7)　行政裁判権と財政裁判権における名誉職裁判官

名誉職行政裁判官と名誉職財政裁判官の選任手続は、本質的には刑事裁判権における参審員の選任と同じである。[13]行政裁判権と財政裁判権には、名誉職裁判官を選出するための委員会（Wahlausschuß）が行政裁判所と財政裁判所に設置され（行裁二六条一項、財裁二三条一項）、行政裁判所長もしくは財政裁判所長の作成した候補者名簿にもとづき、四年の任期で名誉職裁判官を選出する（行裁二五条・二八条、財裁二二条・二五条）。この選出委員会は、各裁判所長、行政官（行政裁判権では州政府から指名された行政官、また、財政裁判権では上級財務管理局により指名された州財務行政部の官吏）、および名誉職裁判官に任命される資格を備えた名誉職裁判官選出委員（Vertrauensleute）七人により構成され、この委員会の委員長は裁判所長が務める（行裁二六条二項一文、財裁二三条二項一文）。なお、この選出委員は、裁判所管轄区域内の住民の中から、州議会もしくは州議会から指定された委員会、または州法の定めるところにより選定される（行裁二六条二項二文、財裁二三条二項二文）。[14]

委員会は、候補者名簿の中から必要な員数の名誉職裁判官を委員会の三分の二の合意をもって選出する（行裁二九条一項、財裁二六条一項）。委員会の定足数は、委員長を務める所長、行政官一人、および選出委員三人の計五人である（行裁二六条三項、財裁二三条三項）。選任にあたり委員会は、政治的または経済的配慮にもとづく選任を行ってはならない。政治的または経済的配慮にもとづく選任行為は選任手続の瑕疵をきたす。[15] しかし、選任手続の瑕疵は重大なものでない限り名誉職裁判官の選任を無効にするものではなく、取り消しうるだけである。[16] 取り消しうる場合でも、裁判所構成の違反をもたらすものではない。[17]

（1） E. Klausa, Ehrenamtliche Richter, Ihre Auswahl und Funktion, empirisch untersucht, 1972, S. 31. によれば、シャロッテンブルク、リヒターフェールトおよびノイケルンの選出委員はすべて区議会に所属し、デュッセルドルフでは例外なく市参事会員、ケルンおよびハノーファーでは大半がやはり市参事会員である。

（2） E. Klausa, aaO., S. 30.

（3） O. R. Kissel, GVG, 2. Aufl., 1994, § 26 RdNr. 1.

（4） 商工会議所（Industrie- und Handelskammer）とは、経済界の自治機関である公法上の団体であり、商工会議所に所属する地区内の営業者の全体利益を確保し、産業経済の促進を働きかけ、またその際に個々の営業分野の経済的利益を配慮する役割を有する。商工会議所法には、とりわけ、発議、鑑定、および報告書を通して官庁を支援しかつこれに助言し、また商人の品位を確保するために活動することが義務付けられている。ドイツ商工会議所に関しては、R. Stober, Die Industrie- und Handelskammer als

Mitteler zwischen Staat und Wirtschaft. を参照のこと。

（5）O.R. Kissel, aaO., § 108 RdNr. 4.

（6）O.R. Kissel, aaO., § 108 RdNr. 2 ; Baumbach / Lauterbach / Albers / Hartmann, ZPO 50. Aufl., § 108 GVG, R z. 2. 名誉職裁判官に対する補償とも関係する問題である。これについては、第一五章を参照のこと。

（7）資料提供＝ケルン地裁商事裁判官フェルベート氏。

（8）W. Brill, Stellung, Rechte und Pflichten der ehrenamtlichen Richter der Arbeitsgerichtsbarkeit, Der Betrieb, 1970, Beilage Nr. 4 / 70, 2.

（9）従来、直轄する州最高官庁が名誉職裁判官の任命権者であり、大半の州では州労働省が、一部の州で州司法省がこれにあたっていたが、二〇〇〇年法（Arbeitsgerichtsbeschleunigungsgesetz）により本文のように改正された。

（10）Berger-Delhey, Zur Mitwirkung ehrenamtlicher Richter in der Arbeits- und Sozialgerichtsbarkeit —Fehlertabestände und Fehlerfolgen, RdA 1988, 15.

（11）R. Künzl, Die Beteiligung ehrenamtlicher Richter am arbeitsgerichttlichen Verfahren, ZZP 1991, 162.

（12）Ostheimer / Wiegand / Hohmann, Die ehrenamtlichen Richterinnen und Richter beim Arbeits- und Sozialgericht, 9. Aufl., S. 29f. 本書は、労働、社会の各裁判権において従事する名誉職裁判官の手引書として、一九七一年（初版）以来、裁判権を管轄する監督官庁と名誉職裁判官との間の相互理解を促している。著者のオストハイマー氏はフランクフルト上級労働裁判所裁判官、ヴィーガント氏は連邦社会裁判所裁判官、そしてホーマン氏は参事官を務める。

（13）E. Klausa, aaO., S. 91.

（14）ベルリンの選出委員は、議員ではないが政党の構成員が務める。E. Klausa, aaO., S. 93.

（15）F. O. Kopp, VwGO, 10. Aufl., § 29 Rz. 2. ただし、候補者名簿の作成について、後記**2**注（2）参照のこと。

（16）BVerwG, Beschl. v. 9. 6. 1987, NJW 1988, 219 ; BVerwG, Beschl. v. 9. 2. 1988, NVwZ 1988, 724. 二つの事件では、いずれも庇護権を主張する原告が、提起した訴訟に関与する名誉職裁判官の選任手続には瑕疵があり、裁判所構成違反を主張した事件である。すなわち、当該名誉職裁判官を選出した委員会では裁判所長に代わり副所長が委員長を務めたので、選出委員会の構成に違反がある、原告は憲法上の保障された法定裁判官の裁判を受ける権利を侵害された、と。連邦行政裁判所は、いずれの事件においても、手続上の瑕疵は重大ではなく、名誉職裁判官の選任に無効を来すものではないと判断した。

(17) F. O. Kopp, aaO., § 29 Rz. 4.

2 名誉職裁判官の候補者名簿の作成

候補者名簿(Vorschlagliste)の作成について、法は、作成権者と名簿登載員数を定めるのみで、市民が具体的にどのようにして候補者に選出されるかを規定していない。すなわち、候補者名簿の作成方法についての詳細は、名簿作成権者に委ねていることとなる[1]。

(1) 参審員の候補者名簿

(a) 刑事裁判権における参審員の候補者名簿は、市区町村(Gemeinde)が作成する(裁構三六条一項一文)。名簿の作成権限は、市区町村議会(Gemeindevertretung)にある(同三六条一項二文)。議会は、参審員の適格要件に違反しない限り、自由選挙で参審員を選出する。ただし、適格要件が強行法規でない限り、適格要件を欠く選任も有効である(第五章*1*(3))。参審員は職務を拒否しうる場合(後記*3*)、これら拒否事由を持つ者は選任されるべきではない。候補者名簿は四年ごとに作成されるが(同三六条一項一文)、その期日は、裁判所構成法第五七条に従い、州司法行政部が確定する。

参審員は管轄市区町村内の全市民を代表するのであり、候補者名簿はすべての国民階層を視野に入れて作成しなければならない。すなわち、名簿は、性別、年齢、職業、および社会的地位を考慮して作成する(同三六条二項前文)。したがって、例えば、特定の頭文字を持つ者や特定の住所地に住む者から作成された候補者名簿など、特定の階層から選出された候補者名簿にもとづく参審員の関与は許されない。しかし、裁判所構成法第三六条二項前文は任意規定であり、このような瑕疵は、この選出を無効とし、この参審員の法廷関与を不適格とするものではない[2]。

候補者名簿は、住民一〇〇〇人につき三人の割合（〇・三％）で選出しなければならないが、(3) 地方裁判所長が必要とした参審員の員数の二倍を超える氏名が少なくとも記載されなければならない（同三六条四項）。この名簿には、氏名のみならず、生年月日、出生地、居所、および職業を記載する（同三六条二項後文）。候補者名簿への登載は、市区町村議会議員の法定数三分の二の同意を必要とするが、あらかじめこの候補者をどのようにして選出するかは自治体によって取扱いが異なる。クラウザの実態調査によれば、主要都市における次のような手続（取扱い）を明らかにしている。(4)

(b)　ベルリンでは、司法大臣による名簿の作成例が行政文書の中で示されていた。それによると、地区住民登録局に参審員候補者名簿の作成が委ねられ、当局は、それぞれの任期に、特定の頭文字を持つ者の中から氏名を抽出する。ハノーファー（N州）も同様である。ベルリンの行政管区のひとつシャロッテンブルク（全住民数、一九六五年一一月三〇日現在、二二万四一八八人）では、一九六六年四月一日、一九六七～六八年度候補者として一一二一人（〇・五％）が推薦された。記録によると、地区住民登録局の職員一〇人が、二一〇あるアドレスカード（Adreßplatten）ボックスから、一つのアドレスカード・ボックスについて、七二枚の割合で無作為にアドレスカードを抜き、計一五四八枚を抽出した。裁判所構成法第三二条一号、第三三条一～三号、第三四条四号・六号に該当する不適格者（前記第五章参照）のカードは分離され、すべてが名簿にまとめて記載される。名誉職裁判官として、必要な理解力に欠け、品位を汚す者がいないか、誠実性と正義の観点において疑問の余地ある者はないか、また憲法に忠実であり、民主主義の精神に反する者はないかを照会するために、この名簿は区を管轄する警察管区（Polizeireviere）に送付される。警察管区は、この名簿からさらに、身体的不具、高齢、聾唖、難聴等の理由により参審員の職務遂行に耐え難いと思われる者を削除する。警察は、一五四八人中六四人を不適格者とした。しかし、一括して不適格者の提案がなされ、その理由が付されることはない。個人情報の秘密保護の観点からである。一九六六年四月一日、べルリン地区議会は候補者名簿を承認し、同年八月、この名簿は閲覧に供され、三九人が閲覧した。二人が異議を申し立て、地区参事会はシャロッテンブルク区裁判所に、この異議申立書と候補者名簿を送付した。

もっとも、今日、この方法を採用する自治体は存在しないものと推測される。一九八一年一一月三日、BGHは、特定の頭文字からの無作為抽出は、特定のグループを対象にしたものであり、すべての住民階層からの選出という原則に違反すると判断したからである。(5) さらに、一九九一年七月三〇日、ベルリン州政府の実施規則にもとづいて行われた電子データ処理による無作為抽出方法による名簿を、市区町村がそのまま引き継ぐのは誤りであると判断した。(6)

(c) ノルトライン・ヴェストファレン州には、参審員と少年参審員の選挙に関する政府の回覧公報がある。これによると、市区町村は、候補に挙げられるべき者が適任であるか否かを周到に審査しなければならない。ところで、同州のケルン市では、一九六四年、市法務局の高級官僚が名簿の作成を担当し、住民登録局にアルファベットの各文字から氏名を無作為抽出させ、前科者やその他の不適格者を削除させ、さらに参審員志願者を同名簿に追加している。他方、デュッセルドルフ市（同州）では、市公安局の高級官僚が候補者名簿の作成を担当し、住民登録局ではなく、市議会の三大政党に議席数に応じた候補者を推薦させていた。

同様に、政党に候補者を推薦させるものとしてトリアー市（RP州）がある。稲葉一生検事による参審員にアンケートを行っての実態調査（回答者は一二四名）があるが、これを要約すると次のようになる。(7) 市役所は、各政党に人数を割り当てて、推薦名簿を出させる。参審員の九〇パーセントは政党員であり、大半の参審員が事前に参審員になることの意思を確認している。参審員の半数（六五人）は参審員の希望を持っていたが、その半数（三三人）は事前に参審員になることの希望を出していた。参審員経験者の八〇パーセント（一〇三人）は、もういちど参審員をやってみたいと答えている。この調査から、参審員の大部分は参審員の職務に興味を持ち、積極的に職務にあたっていることがわかる。エイザー教授は、この方法によれば、政治的不公平感をもたらすことなく、責任をもって職務にあたってくれる人を選出することができることから政党に推薦を依頼しているのであり、予めその過程は明らかにされていると説明される。(8)

候補者は政治的信条を強く持つであろうから、裁判制度に対する信頼性を危惧する声が聞かれないでもない。しかし、職業裁判官でさえ、政治的信念を持って社会に溶け込むことが当然視されているドイツでは、参審員が政党により推薦されることについて違和感はない。また、なによりも、刑事事件に政治的色彩を帯びたものは多くないという事情もある。ドイツにおける政党加入率がどの程度あるか、定かでないが、選挙投票率はわが国に比べきわめて高い（**コラム** **2** 参照）。

一九五八年一二月二日、BGHは、政党推薦にもとづく四つの候補者名簿が作成されたため、裁判所構成法第三六条に規定された「ひとつの候補者名簿」の作成に違反するとして申し立てられた上告において、候補者名簿への推薦段階における政党関与に言及した。これによれば、「参審員および陪審員の市区町村の候補者名簿が、市区町村の政党の推薦名簿にもとづいて作成されることは許されないわけではなく」、また、選挙人名簿からの抽出は盲目的な偶然に委ねられ適切ではない。(9)

また、地域によっては、ミュンヘン（Ｂａｙ州）のように、新聞広告等で募集するところもある。(10)

(2)　少年参審員の候補者名簿

少年参審員の候補者名簿は、少年支援委員会（前記***1***(2)）の作成した名簿である（少裁三五条三項）。少年支援委員会は、少なくとも、必要な少年参審員の員数の二倍の候補者を推薦しなければならない（同三五条二項）。少年支援委員会の推薦を受けていない少年参審員が選任された場合、その選任は無効である。このような少年参審員の公判への関与は許されず、この関与は刑事訴訟法第三三八条一号による裁判所構成に違反する。(11)

(3) 農業事件裁判手続に関与する名誉職裁判官の候補者名簿

農業事件裁判手続に関与する名誉職裁判官の候補者名簿の作成権者について、法は、連邦裁判所の場合にはドイツ農業委員会が作成することとし、その他の裁判所についてはこの名簿の作成方法を州に委ねた。候補者名簿には、各裁判所に必要な員数の一・五倍の候補者を記載しなければならない（農裁四条）。

(4) 名誉職労働裁判官の候補者名簿

労働裁判所と州労働裁判所の場合、それぞれ管轄区域内の労働組合、社会・職業政策を目的とした労働者の独立した団体や使用者連合会等が候補者名簿を作成する（労裁二〇条二項）。連邦労働裁判所の名誉職裁判官候補者名簿の作成権者は、連邦規模で重要な役割を果たしている使用者団体と労働者組合である（同四三条二文）。候補者名簿には、名誉職裁判官としての適格要件を具備した者が候補者として掲げられなければならないことはいうまでもない。その他、とりわけ定めはないが、通常、氏名、生年月日、出生地、戸籍上の身分、職業、住所、さらに名誉職裁判官としての経歴があればその期間が記されることになろう。(12)

(5) 名誉職社会裁判官の候補者名簿

社会裁判権の候補者名簿には、名誉職裁判官の最大員数の一・五倍の登載が求められているが（Sollvorschrift）、かかる人数の確保はきわめて困難なようだ。名簿の作成権者は、社会事件の特質に応じて異なる（社裁一四条）。社会保険事件と失業保険事件を扱う部に関与する名誉職裁判官については、労働組合または職業政策を目的として設立された労働者の団体、ならびに使用者団体、法に予め明記された連邦上級官庁または州上級官庁が作成する。保険医法事件を扱う部については保険医団体および疾病保険金庫連盟により、戦争被害者援護事件を担当する部については州の援護庁または戦争犠牲者および障害者を代表する団体により作成される。名簿の形式や内容など詳細については特に定めはなく、任命権者である州政府または州政府により委託された官庁がこれを定める。

(6)　名誉職行政裁判官の候補者名簿

行政裁判所法と財政裁判所法は、候補者名簿の作成基準を設けていないが、参審員の基準（裁構三六条二項一文、前記(1)）に倣い、性別、年齢、職業、および社会的地位を適切に考慮して、すべての国民階層から選出されることになろう。[13]

行政裁判権の場合、郡（Kreise）と独立都市（Kreisfreie Städte）が候補者名簿を作成する（行裁二八条一文）。[14] ただし、ベルリンとハンブルクでは、郡に代わり、地区（Bezirke）がこの名簿の作成にあたっている（同一八五条一項）。この名簿に登載される候補者の員数は、各裁判所長が決定する必要な名誉職裁判官の員数の二倍である。この名簿には候補者の氏名、出生地、生年月日、および職業が明記され、所轄の行政裁判所長に提出される（同二七条・二八条）。その他、この名簿の作成は、自治体法に準拠し、自治体を監督する官庁の管理の下、作成される。[15] 行政裁判権の場合、候補者名簿に不適格者が登載されたときには、監督官庁（Rechtsaufsichtsbehörde）が自治体に対する監督法規にもとづき、個々の候補者、場合によっては候補者名簿をすべて取り消すことができる。[16]

(7)　名誉職財政裁判官の候補者名簿

これに対して財政裁判権では、財政裁判所総務部が予め職能代表の意見を聴き、四年に一度、候補者名簿を作成する。候補者名簿には総務部が決定した名誉職裁判官の員数の三倍の候補者を記載しなければならない（財裁二四条・二五条）。ちなみにハノーファーにあるニーダー・ザクセン財政裁判所（N州）とシュヴェーリンのメクレンブルク・フォアポムレン財政裁判所（MV州）の名誉職裁判官は商工会議所（IHK）の推薦にもとづいて、経済界から選出されている。また、ザールブリュッケンにあるザールラント財政裁判所（Saarl州）には、三六人の名誉職裁判官が登録され、その選出母体は、ドイツ労働組合連合（DGB）、商工会議所、手工業会議所（Handw. Kammer）、ドイツ公務員連盟（DBB）、農業会議所（Landw. Kammer）、薬剤師会（Apoth. Kammer）、労働会議所

（Arb. Kammer）、医師会（Arztekammer）、ドイツ被用者労働組合（ＤＡＧ）、建築士会（Ärch. Kammer）、およびキリスト労働組合連合（ＣＧＢ）である。(17)

本来、候補者名簿には、適格要件を備えた者が記載されなければならず、また、適格要件を備えた者でも職務拒否（後記*4*）事由を持つ者を挙げることは望ましくない。(18)

ところで、刑事、行政、および財政の各裁判権では、上述のように、名誉職裁判官選出委員会が候補者名簿にもとづき名誉職裁判官を選出するが、名簿が破棄されたり候補者の指名が取り消されたりしたとしても、既にこれらの者が関与して行われた裁判所構成に影響をもたらすものではないと解されている。その理由は、行政裁判所法第三〇条一項および財政裁判所法第二七条一項にもとづき、裁判所総務部は名誉職裁判官が法廷を担当する順番を定め、名誉職裁判官はこの順番にもとづき法廷に立ち会うからである（後記第九章参照）。換言すれば、名誉職裁判官は候補者名簿にもとづき立ち会うのではなく、適格要件に瑕疵が存在していたとしても、選任が取り消されるまでは有効なのである。(19)

（1）この問題については、山名京子「ドイツにおける参審員選任手続の問題点」関大法学研究所研究叢書第八冊『民衆の司法参加をめぐる諸問題』（一九九三年）一〇一頁が有益である。
（2）BGH, Urt. v. 3. 11. 1981, NJW 1982, 293.
（3）ウァズラ・ネレス（訳＝本間一也）「ドイツの参審裁判所――刑事手続きにおける一般市民の関与の歴史的および裁判所構成法的基礎」鯰越溢弘編『陪審制度を巡る諸問題』（現代人文社、一九九七年）一七八頁。
（4）E. Klausa, Ehrenamtliche Richter, Ihre Auswahl und Funktion, empirisch untersucht, 1972, S. 23 ff.
（5）StV 1982, 6f. m. Anm. Katholnigg.
（6）NStZ 1992, 92f. なお、本判決を契機に記された Katholnigg, Wie müssen Vorschlaglisten für Schöffen aufgestellt werden? — Zugleich Anmerkung zum Urteil des BGH vom 30. 7. 1991-5 StR 250/91, NStZ 1992, 73 ff. を参照のこと。
（7）稲葉一生「ドイツにおける刑事司法への国民参加の実情と問題点2」ジュリ九七五号（一九九一年）九一頁以下。

（8）日本弁護士連合会主催・国際会議「日本における司法への市民参加」東京・京都・大阪二〇〇〇年六月一日～五日。

（9）NJW 1959, 349 ff.

（10）司法制度改革審議会海外実情調査報告（竹下守夫）・司法制度改革審議会事務局「司法制度改革審議会第一九回議事録」月刊司法改革一一号（二〇〇〇年）一四七頁参照。

（11）Brunner / Dölling, Jugendgerichtsgesetz, 10. Aufl., § 35 Rdn. 3 ; U. Eisenberg, JGG, 5. Aufl., § 35 Rn 17.

（12）Germelmann / Matthes / Prütting, ArbGG, 2. Aufl., § 20, Rz. 23.

（13）Vgl. H. Reim, Fachkenntnisse der ehrenamtlichen Richter, DRiZ 1992, 139.

（14）現在、この名簿がいかなる基準、方法により作成されているか、各州の運用実態は一様ではない。E. Klausa, aaO., S. 91 f. によれば、名簿は住民名簿にもとづくことなく、政党により議会の勢力関係に即応させて作成される地域もあるという。木佐茂男『人間の尊厳と司法権』（日本評論社、一九九〇年）二八三頁以下に、ミュンヘン市の参審員選出について同様の報告がなされている。一九八五～八八年度、行政裁判権に関して同市では、公募、政党などからの推薦、さらに住民台帳からの無作為抽出により候補者名簿が作成されたという。

（15）F. O. Kopp, VwGO, 10. Aufl., § 28 Rz. 1.

（16）F. O. Kopp, aaO., § 28 Rz. 4.

（17）二〇〇〇年三月一日現在、この裁判所には三六名の名誉職裁判官が登録されている。年齢は最も若い建築士（建築士会推薦）と秘書（労働会議所）の三六歳から最年長七六歳の医師（医師会）まで、平均年齢は五三歳である。女性は六人（約一七％）含まれている。三期目を務める者は一九人、二期目の名誉職裁判官も九人いる。推薦団体別に名誉職裁判官を見ると、最も多いのが商工会議所からの推薦で一〇人いる。次いでドイツ労働組合連合、手工業会議所および労働会議所各五人、ドイツ公務員連盟三人、農業会議所および医師会各二人、そして薬剤師会、ドイツ被用者労働組合、建築士会およびキリスト労働組合連合から各一人選出している。

（18）H. Schnellenbach, Die Aufstellung der Vorschlagliste für die Wahl der ehrenamtlichen Verwaltungsrichter, NVwZ 1988, 704.

（19）F. O. Kopp, aaO., § 28 Rz. 5 und § 29 Rz. 3.

3　名誉職裁判官の候補者名簿の拘束力

労働裁判権と社会裁判権における名誉職裁判官の任命に際して、任命権者は、各界から提出される候補者名簿の順番に従わなければならないか否かについて争いがある。これは、基本法が要請する、国家により定められた裁判所による裁判権の行使（「裁判権は、連邦憲法裁判所、この基本法に規定されている連邦裁判所および州の裁判所によって行使される」ド基本九二条二文）に関わる問題である。[1] 名誉職裁判官の選任に際して、所轄官庁は、候補者名簿に拘束されずに名簿の中から自由に選任し、また候補者名簿の補充や変更を求めることができるとの見解が社会法の領域に多く見られる。社会裁判所法は、選任権者に予め相応する割合で少数を公正に考慮に入れて名誉職裁判官を選出することを求めており（前記*1*(4)）、その限りで候補者名簿の順位拘束性が失われていること、また、基本法が求める国家裁判所による司法権の要請は、名誉職裁判官の任命に際して、国家裁判所の影響力が保持されてこそ保障されることに主だった根拠を求める。[2]

他方、名誉職裁判官の任命者は、作成、提出された名簿の順番に拘束されるとの見解が労働法の分野における支配説である。労働裁判所法は、労働裁判権における事件の処理にふさわしい人材を確保するために、関係諸団体に候補者名簿の作成権を与えた。したがって、任命権者がこの候補者名簿の順番に従うことなく任命することができることになれば、代表者を通じて裁判権への関与を定めた法の精神を没却することになる、[3] との理由からである。

候補者名簿によらない名誉職裁判官の関与したヘッセン州における社会事件に関して、連邦憲法裁判所（一九八五年）[4] は、「基本法は、任命権を有する官庁は、……候補者名簿の中から名誉職裁判官を選任しなければならないとは規定していない。名誉職裁判官を任命する管轄官庁は、国家機関以外の団体により作成された名簿に拘束されてはならない。また、任命手続が候補者名簿にもとづく場合でも、国家はその補正を求めることができなければならない（Vgl. BVerGE 26, 186［196f.］; 27, 312［320 f.］)。」と従来の裁判例を引き合いに出しながら、「法定裁判官の裁判を受ける権利は、司法権が裁判機関の統制により外部の影響にさらされる危険、とりわけ個々の事件において裁判のために選出される裁判官の選任により、裁判の結果に影響を及ぼされる危険を防止しなければならない。ヘッセン州の任命手続は、裁判の統制を危惧しうるものではなく、このような危険が惹起しうるものでないこと、明らかである。所轄大臣は、いかなる名誉職裁判官がいかなる事件に関与するかに影響を及ぼしえない。裁判官は、所轄大臣により、個々の裁判主体を構成するためにではなく、上級社会裁判所または社会裁判所のために任命されるにすぎない。恣意的な考慮にもとづく行政の裁判機関に対する影響力の行使は存在しなかった」と判示し、憲法違反の主張を退けた。

（1）この問題に触れるものとして、T. Sommer, Ehrenamtliche Richter und Unabhängigkeit der Gerichte, DRiZ 1992, 135 ff.

（2）例えば、BVerfGE SozR 1500 §13 SGG Nr. 1 ; Müller, Das Recht der ehrenamtlichen Richter, in : FS zum 25 j. Bestehen des Bundessozialgericht, S. 890 ; J. Meyer-Ladewig, SGG, 5. Aufl., §3 Rz. 4.

（3）労働法の分野に関して、例えば、Berger-Delhey, BB 1988, 1664 ; Germelmann / Matthes / Prütting, ArbGG, §20 Rz. 27.

（4）BVerfG, Beschl. v. 9. 12. 1985, NJW 1986, 1324 ; NZA 1986, 201.

4　名誉職裁判官の職務引受けの拒否（辞退）

以上のように商事裁判官を除き、各裁判権における名誉職裁判官の職務の引受けは国民の義務であり、これを拒むことは原則として許されない。しかし、商事裁判官の場合、職務引受けは義務ではなく、職務の引受けの拒否のみならず、任期中に随時、自己の申立てにもとづき辞職することができる。(1) その他の裁判権の名誉職裁判官については、職務を拒否（辞退）しうる事由――当事者の意思にもとづかない離職（罷免など）については、第八章*1*(1)、(2)を参照のこと――を厳格に定めている。これには、名誉職裁判官の任用を拒否（Ablehnung）する場合と（裁構三五条・七七条、農裁三条二項、労裁二四条、社裁一八条一項、行裁二三条、財裁二〇条）、任期中、自ら辞職（Niederlegung）することができる場合とがある（後者については、第八章***1***(3)を参照）。以下の事由は、とりわけ看過しえない特別の人的環境を配慮したものであり、法規に定めのない事由を理由に、職務の引受けを拒むことは許されない。

(1)　すべての裁判権の候補者に共通する職務引受けの拒否（辞退）事由

すべての名誉職裁判官に共通する拒否事由として、以下のふたつを挙げることができる。①満六五歳以上である者または任期中六五歳を迎える者である。参審員や農業事件に携わる名誉職裁判官は両者を含む。労働、行政、および財政の各裁判権における名誉職裁判官の場合、満六五歳の誕生日を迎えた時点で、任期前職務を拒否し、また任期中辞任できる。(2) 社会裁判権の場合、任用時または職務拒否の申立て期間内、満六五歳以上であることを要する（社裁一八条三項参照）。したがって、名誉職裁判官は任期中、自らこの申立てをしない限り、免職されることはない。また、満六五歳以上の者でも、適格要件が備わっている以上、職務を引き受けることは許される。②辞退を希望する名誉職裁判官が、当該裁判権において過去通算して八年間（労働裁判権の場合、一〇年間）名誉職裁判官の職務を遂行したこと、したがって、ある裁判権において八年間名誉職裁判官としての職務を務めた事実があっても、これをもってここにいう職務引受けを拒む理由とはならない。ただし、参審員と農業事件裁判手続に携わる名誉職裁判官の場合、当該裁判権において、前期（過去ではなく）四〇法廷日以上、名誉職裁判官の義務を果したか、または既に他の裁判権における名誉職裁判官として従事していること。ただし、前者は、直前の任期である必要があり、それ以前の任期における職務遂行は不適格理由（第五章***2***(1)③）として考慮されるにすぎない。

なお、次に挙げる各裁判権に固有の拒否事由⑨、⑩、⑪、および⑫は、職務遂行が過酷の場合として、各裁判権に共通する第三の拒否事由として挙げることも可能であろう。

(2)　各裁判権の候補者に固有の職務引受けの拒否（辞退）事由

(a)　(1)に挙げた事由のほかに、参審員と農業事件に携わる名誉職裁判官は次に挙げる者である場合、拒否事由が認められる。①連邦議会、連邦参議院、欧州議会、州議会または――バイエルン州の場合――第二院（Zweite Kammer）の構成員――、②医師、③歯科医師、④看護婦、⑤幼児看護婦、⑥看護人、⑦助産婦、⑧助手を使用しない薬剤師、⑨家庭の世話により職務の遂行が著しく困難であることを疎明した者、および⑩職務の遂行が十分な経済的生活基盤を危うくするか、または重大な影響をもたらすため特に過酷であることを疎明した者である。

(b) 労働裁判権の名誉職裁判官の拒否事由として、前記⑨のほか、⑪疾病または疾患により職務を正常に遂行することができない者、および⑫公共のための名誉職活動によりその職務に就くことが期待できない者。

(c) 社会裁判権の場合、前記⑩、⑪、および⑫を疎明した者。

(d) 行政裁判権と財政裁判権の場合、前記②、⑥、⑦、⑧、および⑩のほか、⑭聖職者、⑮聖堂雇人（Religions-diener）、⑯参審員、および⑰その他の名誉職裁判官である。

上述のように、拒否事由は止むを得ない事由を制限列挙したものであり、法規に該当しない者は職務を免れることはできない。例えば、参審員と行政裁判権および財政裁判権の場合、医師が挙げられているが、これは獣医を含まず、また、医者でない治療師（Heilpraktiker）もこれに該当しない(3)。

なお、名誉職裁判官がその任期中、長期不在、研修休暇、支店への派遣などの理由から、期間を定めて暫定的に職務を免れることはできない(4)。ただし、「区裁判所裁判官は、差支えのある事情が発生したことを理由とする参審員の申立てにもとづき、特定の開廷日に立会いを免除することができる」（裁構五四条）。しかしこれは、参審員についてのみ規定するものであり、その他の手続法はこのような定めを持たない。

(3) 職務引受拒否（辞退）の手続

裁判所構成法第五三条一項は、職務拒否の事由を申請（Gesuch）できる期間について、招集の通知後一週間以内とし、また、事後拒否事由が生じたときまたは事後拒否事由の存在に気づいたときから一週間以内と定めた。農業事件手続法はこの裁判所構成法の規定を準用する（農裁三条二項）。また、社会裁判所法第一八条二項は、同様に任用の通知を受けた日から二週間以内と規定するが、その他の手続法は申請または申立期間について定めておらず、いつでも主張できることになる。(5) なお、社会裁判権における名誉職裁判官の場合、職務拒否の申請期限が定められている反面、後発的に任期中に生じる他の社会領域における名誉職の就任、疾病、負傷、その他重大な事由により、名誉職裁判官の職務遂行が危惧されることを配慮し、この場合に限って――したがって、(1)および(2)の事由より狭い――辞退を申請することができる（社裁一八条三項）。

名誉職裁判官が職務の引受けの拒否を申請または申立て（Antrag）することによって、名誉職裁判官の職務が当然免除されるわけではない。所定の機関による裁判を行わなければならない。もっとも、商事裁判官は職務を引き受ける義務がないので例外である。参審員による拒否の申請については区裁判所裁判官（裁構五三条二項一文）、下級審の農業事件に関わる名誉職裁判官は上級地方裁判所長、連邦裁判所の名誉職裁判官は連邦裁判所長官が裁判を行う（農裁三条二項）。労働裁判所と州労働裁判所の場合、所轄の州上級官庁が労働裁判所長または州労働裁判所長の了解を得て裁判する（労裁二四条二項）。社会裁判権と財政裁判権の場合、各業務年度総務部により予め定められた部がこれを行い（社裁一八条四項、財裁二一条三項一文）、行政裁判権の場合、上級行政裁判所の部がこれにあたる（行裁二四条三項・四項）。いずれの場合も、本人の申請にもとづき、口頭弁論を経ない決定により判断されるが、当該名誉職裁判官を審問したうえで裁判すべきであろう。行政裁判所法第二四条三項および財政裁判所法第二一条三項二文はこれを明記する。(6) また、裁判所構成法第五三条二項一文は、検察官の意見の聴取を義務づけており、参審員の申請について適用される（農裁三条二項）。なお、この裁判は取り消すことはできないとする法規がある一方で（裁構五三条二項二文、行裁二四条三項三文）、(7) 申立てが棄却された場合、名誉職裁判官に抗告を認めるものもある（財裁一二八条）。拒否の申請または申立てが認められた場合、その者は本名簿から削除され、予備名簿から予備の名誉職裁判官が召喚される（第九章4）。

（1）O.R. Kissel, GVG, 2. Aufl., § 108 RdNr. 3.

（2）Vgl. Germelmann / Matthes / Prütting, ArbG, 2. Aufl., § 24 Rz. 7 ; Bader u. a., VeGO, § 23 Rn 7.

（3）O.R. Kissel, aaO., § 35 RdNr. 6.

（4）LAG Hamm, Beschl. 17. 2. 1982, BB 1982, S. 741.

（5）J. Albers, Die Abberufung eines ehrenamtlichen Richter nach § 24 VwGO, MDR 1984, 889.

（6）もっとも、名誉職裁判官が職務拒否の申立てをしている限り、名誉職裁判官の審問は必要ないとの意見もある。Gräber, FGO, 3. Aufl., §§ 20, 21 Rz. 3.

（7）社会裁判所法はこれについて明規しないが、Meyer-Ladewig, SGG, 5.Aufl., § 18 Rz 7 は取り消すことができないとする。

コラム（6）私訴（Privatklage）制度

ドイツにおいても、刑事訴訟は、国家すなわち公訴権を独占する検察官による訴追原則があてはまるが（刑訴一五二条）、個人の法益侵害が主となる特定の違法行為については、わが国では認められていない、被害者による独自の刑事訴追が認められている。すなわち、被害者は、あらかじめ検察局に公訴を要請することなく、自ら私訴を提起することができる。

刑事訴訟法第三七四条は、私訴罪（Privatklagedelikte）として、①住居侵入（刑一二三条）、②侮辱（同一八五条～一八七条a・一八九条）、③信書の秘密を犯す罪（同二〇二条）、④傷害（同二二三条・二二三条a・二三〇条）、⑤脅迫（同二四一条）、⑥器物損壊（同三〇三条）、⑦不正競争防止法第三条、第六条c、第一二条、第一五条、第一七

条、第一八条、および第二〇条の罪となる犯罪、さらに⑧著作権法等特別法上罪とされる軽微な犯罪を挙げる。これらの多くは親告罪である。

検察官は、私訴手続のいかなる段階においても公益の見地から訴追することができ、訴追により私訴原告（Privatkläger）は付帯私訴原告（Nebenkläger）となる。

検察官は私訴手続に関与することもできる（刑訴三七六条・三七七条）。私訴の提起に先立ち、州法が定めた和解官庁（通常、仲裁人）における和解の試み（Suhneversuch）を行い、さらに原告に訴訟救助が認められないときは、費用を予納しなければならない（裁判所費用法六七条一項、刑訴三七九条a・三八〇条）。私訴原告は検察官の地位を取得し、また、私訴原告、私訴被告人は弁護士を代理人に立てることができる（同三七八条・三八七条）。

裁判所は、被告人の責任が軽微であるとき、公判の前後を問わず手続を中止することができる（同三八三条二項）。被告人は、第一審における最後の陳述の終了まで、私訴原告が起こした私訴に関連し、私訴原告により惹起された侵害を理由とする私訴を、反訴をもって提起することができる（同三八八条）。私訴は手続のいかなる状態においても取り下げることができ、第一審の公判において事件に関する被告人に対する尋問が開始された後は、被告人の同意を得て取り下げることができる（同三九一条）。その場合、取り下げられた私訴を新たに提起することはできない（同三九二条）。私訴手続では、刑事訴訟法第一五八条以下の意味での捜査手続はないが、裁判所は、関係人の申立てに関わりなく、真実発見のため、職権で裁判に意義のあるいっさいの事実および証拠方法を捜査することができる（同三八四条三項）。したがって、私訴手続は純粋な当事者訴訟とはいえない。なお、年長少年に対する私訴は許されるが、少年に対しては認められていない（少裁八〇条）。財産法上の請求は、刑事訴訟法第四〇三条以下の規定に従い、附帯私訴手続において主張することができる。

Vgl. Thomas Weigend, Deliktsopfer und Strafverfahren, 1989 ; Hans Joachim Hirsch, Gegenwart und Zukunft des Privatklageverfahrens.

第七章　ドイツ市民裁判官の宣誓

――立法における完全主義の試み――

ドイツ裁判官法は、裁判長が名誉職裁判官に、職務の開始前、宣誓または誓約させることを義務づけている（ドイツ裁判官四五条二項）(1)。宣誓は名誉職裁判官の義務でもあり、これに従わない名誉職裁判官に対しては過料（Ordnungsgeld）を科すことができる（通説。なお、第一三章参照のこと）。ドイツ裁判官法は、名誉職裁判官の事物的独立の保障について基本法上のそれを確認するとともに（同四五条一項一文）、名誉職裁判官に宣誓を義務づけることで、名誉職裁判官はもはや選出母体の代表ではなく、その他、とりわけ職業裁判官と同様、独立し、法律にのみ従うことを明らかにした。すなわち、名誉職裁判官に宣誓をさせることの意義は、宣誓により職業裁判官と基本的に対等な地位を確立させることにある(2)。

現在の名誉職裁判官の宣誓（誓約）に関する規定が定められたのは、一九七四年一二月二〇日法（BGBl. I 3686）によってである。従前、宣誓に代わる保証または職務開始前の義務的宣誓として各裁判権の手続規定の中でそれぞれ定められていたものを、連邦憲法裁判所の決定(3)に従い、統一した。

(1)　宣誓は、名誉職裁判官が関与する裁判所の公開法廷において、名誉職裁判官が担当する第一回目の期日開始前に行われる。すなわち、この宣誓行為は、名誉職裁判官の担当する事件に関わる公判または口頭弁論の一部ではない。また、宣誓を行わせるためにのみ名誉職裁判官を裁判所に出頭させることはない。宣誓は、裁判官の独立原則にもとづく職務の一部であり、(4) 名誉職裁判官は、右手を挙げ、以下の文言を唱え宣誓しなければならない（同四五条二項一文・三文・四五条三項）。

「私は、ドイツ連邦共和国基本法および法律に忠実に従い、名誉職裁判官の義務を果たし、個人を問題とせず、公平に誠心誠意判断し、かつ、真実と正義のためにのみ尽くすことを天地神明にかけて誓います（schwören）。」

(2) 近年、ドイツ裁判官法は、この名誉職裁判官の宣誓に関して立法における完全主義を試み、この宣誓という行為について、かなり詳細な定めを置いた。

まず、名誉職裁判官は、宗教的な宣誓文を唱えずに宣誓することができるようになった。すなわち、名誉職裁判官が、信仰上の理由または良心から、この「天地神明にかけて」との文言を唱えて宣誓することを欲しないときは、これを申し立てることにより、「私は、ドイツ連邦共和国基本法および法律に忠実に従い名誉職裁判官の義務を果たし、個人を問題とせず、公平に誠心誠意判断し、かつ、真実と正義のためにのみ尽くすことを誓約します（geloben）」との誓約（Gelöbnis）をもって宣誓（Eid）に代えることができる（同四五条四項）。裁判長はこのことを、宣誓前、名誉職裁判官に知らせなければならない。

また、名誉職裁判官が、宗教団体または信条団体の構成員として、所属団体の宣誓に関する慣用句を用いることを欲する旨、これを申し立てるとき、名誉職裁判官は、これを宣誓または誓約に言い添えることができる（同四五条五項）。

さらに、州の裁判所の名誉職裁判官に対しては、宣誓または誓約に付け加えて、州憲法に対する忠誠を唱えさせることができることになった（同四五条七項）。

財政裁判権における名誉職裁判官には、とりわけ租税の秘密を遵守させる趣旨から、ドイツ連邦共和国基本法および法律に忠実に従い名誉職裁判官の義務を果たし、租税にかかわる公吏の守秘義務（Steuergeheimnis）を遵守し、個人を問題とせず、公平に誠心誠意判断し、かつ、真実と正義のためにのみ尽くす旨の宣誓義務が負わされている（同四五条六項）。

(3)　宣誓に際しては、宣誓に関する記録が残される（同四五条八項）。宣誓がなされないときは民事訴訟法第五七九条一項一号（裁判所構成）に違反し、絶対的上告理由となるとともに、既判力を伴う判決は無効の訴えにより取り消される（民訴五七九条一項一号）。

(4)　職務の開始に先立ちなされる宣誓は、名誉職裁判官の任期中通用し、名誉職裁判官が再任されるときは、引続く任期にまた有効である（同四五条二項二文）。したがって、短期間でも前後の任期に空白が認められるときには新たな宣誓をしなければならない。従前、再任に際して再び宣誓を行わせなければならないか激しく争われていたが、一九九〇年六月二六日法（BGBl. IS. 1206）により法的解決をみた(5)。

(5)　名誉職裁判官の宣誓が非公開の法廷で行われた場合、名誉職裁判官の規則違反が問われる(6)。しかし、一九八〇年一〇月二一日の連邦行政裁判所(7)は、軍懲戒事件において、①宣誓の際の公開原則に違反しても、この名誉職裁判官は裁判官でないとはいえない、②このような違反を手続の重大な瑕疵とし、この争われた判決を取り消し、この事件を第一審へ差し戻す必要はない、と判示した。宣誓は公判または特定の手続の一部ではないこと、そしてドイツ裁判官法第四五条二項一文違反は、重大な手続の瑕疵を来すものではないとの理由からである。

しかし、いずれにせよ、名誉職裁判官の宣誓は、名誉職裁判官の活動の本質的部分であり、これを拒否することはできない。召喚された名誉職裁判官が宣誓をしない限り、その者は裁判において裁判官とはいえない(8)。したがって、名誉職裁判官が宣誓を拒む場合には、裁判所構成法第五六条の免れることのできない責務を侵したことになり、処罰の対象となる。また、名誉職裁判官が、――前記(2)にもかかわらず――信仰上の理由または良心から、宣誓を拒む限り、ドイツ基本法第四条の保障する自由（「信仰、良心の自由、および宗教と世界観の告白の自由は、不可侵である」）に鑑み、不利益がもたらされてはならない[9]。したがって、この場合、裁判所構成法第五六条の過料を科せられることもない。名誉職裁判官が宣誓を拒む限り、この裁判官は職務をするのにふさわしくなく、補充員名簿から別の名誉職裁判官が呼び出されるべきであり、また、このような者はもはや名誉職裁判官として不適格者であるから名簿からその氏名を削除しなければならない。信仰上の理由または良心から宣誓を拒み、刑罰を免れる場合も同様である[10]。

（1）Urteil des Hessisches Dienstgericht v. 15. 3. 1980, DRiZ 1980, 469 f. は、名誉職裁判官の宣誓に関する任命省庁の指示は内容的に定まったものでなければならず、これがないときは、基本法およびドイツ裁判官法が保障する裁判官の独立を侵す旨、判示した裁判例である。事案は次のとおりである。社会裁判所のある部の裁判長裁判官である申立人（X）は、被申立人である社会大臣（Y）により社会裁判所の名誉職裁判官に任命された訴外Mに、その職務の開始に先立ち、公開法廷において宣誓をさせることを拒んだ。Mが所持していた辞令には、大臣と大臣の代理人の署名がなく、XはMが名誉職裁判官であるかについて不審を抱いたからである。そこで、Xが、本宣誓に関する判断をするために、Yに、本省の全職務規定の提示を求めたところ、Yは余分に刷られた職務規定が存在するにもかかわらずその提示を拒否し、その代わりに、監督官庁の代理権限に関する回答を示した。Xがこれに納得せずにいたところ、折り返しYからXに対してMに宣誓をさせるよう指示がなされた。これを不服として、Xが提訴に及んだというものである。

（2）Vgl. Furst / Mühl / Arndt, Richtergesetz, § 45 Rz. 6.

（3）BVerfGE 33, 23.

（4）Schmidt-Räntsch, DRiG, 4. Aufl., 1988, § 45 Rz. 6.

（5）Osrheimer / Wiegand / Hohmann, Die ehrenamtlichen Richterinnen und Richter beim Arbeits- und Sozialgericht, 9. Aufl., S. 28.

（6）O. R. Kissel, GVG, 2. Aufl., § 31 RdNr. 6.

（7）BVerwG NJW 1981, 1110.

（8）BVerwG NJW 1981, 1110 ; O. R. Kissel, aaO., § 31 RdNr. 6 ; Karlsruher Kommentar, StPO, 4. Aufl., GVG § 31 RdNr. 4.

(9) BVerwG NJW 1989, 827=JZ 1989, 292 m. Anm. Maurer.
(10) O.R. Kissel, aaO., §31 RdNr. 6.

第八章　ドイツ市民裁判官の身分保障
――身分的独立の保障――

名誉職裁判官の独立に対する保障について、基本法は、事物的独立のみを保障し（ド基本九七条一項「裁判官は独立であり、かつ法律のみに従う」）、身分的独立の保障については明文を欠く。[1] しかし、ドイツ裁判官法は前者のみならず後者についても明文をもってこれを保障した。ドイツ裁判官法第四四条二項は、任期満了前に免職させるには法規に定める要件に従ってのみ、そして、裁判所の裁判によってのみ本人の意思に反して名誉職裁判官を免職（Amtsenthebung）させることができる。他面、名誉職裁判官も裁判官である以上、裁判に対する中立性と公正さが求められる。したがって、名誉職裁判官にも裁判官に対する除斥、忌避、および回避に関する規律が妥当する。さらに、名誉職裁判官の職務が終了する場合として、任期（第六章*1*参照）の満了――任期満了前に死亡すればまた当然に――を挙げうることはいうまでもない。各裁判権における手続法規は、これらの免職や除斥・忌避に関する規定を個別に規律する。また、名誉職裁判官が職務を完全に遂行しうるよう、職務の引受けにより被る不利益から名誉職裁判官を保護する制度も設けられている。

1　名誉職裁判官の免職

(1)　名誉職裁判官の意思に反する免職（適格要件の後発的欠如等）

名誉職裁判官の適格要件（第五章参照）の瑕疵が後発的に生じた場合、またはこれが後発的に明らかになった場合のことを考慮して、免職規定が定められている。ここで扱う免職事由の多くは、適格要件の性質に関わる。すなわち、強行法規として定められた要件を欠く場合、免職の対象とされるが、任意法規（Sollvorschrift）として定められたものは除外される。これらによれば、まず、①名誉職裁判官の適格要件が事後的に失われた場合、もしくは障碍事由が発生した場合、または事後的に適格要件の不存在もしくは障碍事由の存在が明らかになった場合、名誉職裁判官は免職される（裁構五二条一項・一一三条一項一号、農裁七条一項、労裁二一条五項一文、社裁二二条一項、行裁二四条一項一号、財裁二一条一項一号）。これらは、すべての裁判権の名誉職裁判官に共通する免職事由である。

その他、行政裁判権および財政裁判権に固有の免職事由として、②精神的もしくは身体的に名誉職裁判官の職務を遂行する能力を喪失したとみなされた場合と、③裁判所の管轄区域内に住居所もしくは営業所を有しなくなったこと、さらに、④それ以外の特別の事情を考慮した（行裁二四条一項四号・五号・二四条二項、財裁二一条一項四号・五号、二一条二項）。客観的事由である③と異なり、②の場合、申立人である裁判所長が名誉職裁判官の心身の故障を証明しなければならない。ただし、この申立てが本人の意思に反するときには、職務遂行に過酷な事情がある場合として、本人の意思にもとづく免職を勧めるべきと解されている(2)。④については、申立人である名誉職裁判官に疎明が求められよう。

(2)　懲戒処分としての免職（罷免）

名誉職裁判官は、その職務上の義務を著しく懈怠した場合に罷免される（裁構一一三条一項二号、農裁七条一項、労裁二七条、社裁二二条一項、行裁二四条一項二号、財裁二一条一項三号）(3)。これは、懲戒処分としての免職であり、義務違反者に対する制裁措置である。懲戒処分としての免職は、(1)同様、本人の意思に反する面で共通する。しかし、このような行為がなされた場合、前記(1)の場合とは異なり、名誉職裁判官は罷免されるのみならず、懲戒処分として過料が科されることもある（第一三章参照）。重大な職務違反行為の認定は、個々の事件において客観的に判断される。例えば、守秘義務違反、宣誓拒否、理由なく法廷を欠席する場合などがこれに該当する（名誉職裁判官の権利と義務については、第一〇章を参照のこと）。

(3)　名誉職裁判官の意思にもとづく免職（辞任）

法は、職務拒否事由を定め、あらかじめ名誉職裁判官が職務の引受けを拒否することを認めた（第六章*4*参照）。これにほぼ相応させ、このような職務の拒否事由を有する者が、職務引受後においても、自己の意思にもとづき辞任することを認めている。

参審員の場合、職務引受拒否事由のほかに、過度な召喚は、辞任事由とされている（裁構五二条一項・二項・五三条一項）。本来、参審員は、一事業年、一二日を超えて法廷に召喚されることのないよう、参審員名簿が作成されるが、予定に反して、一事業年、二四日以上、法廷に関与した場合、辞任事由となる。

社会裁判権の場合、高齢および八年間の連続勤務を除いた拒否事由、①すなわち公の名誉職従事、②疾病または身体障害、③その他の過酷事由を辞任事由とする（社裁一八条三項一文・一八条一項三～五号）。名誉職裁判官が社会裁判所の管轄区域から住居所を移し、それにより弁論の関与が著しく困難になる場合には、辞任事由にあてはまり、この場合には、名誉職裁判官の申立ては必要ない（同一八条三項二文）。

労働、行政および財政裁判権の名誉職裁判官の場合、職務引受けの拒否事由はまさに辞任事由である（労裁二四条一項、行裁二四条一項三号・二三条一項、財裁二一条一項二号・二〇条一項）。

商事裁判官には職務引受義務がなく、自らの判断で辞任を申し立てることができる（裁構一一三条三項）。

(4) 免職手続

以上、名誉職裁判官に免職事由が生じたときは、免職に関する所轄の機関がこれを裁判する。ここで管轄権があるのは、職業裁判官についての服務裁判所（Dienstgericht）ではなく、名誉職裁判官が選任された裁判権所属の裁判所または司法当局である。

(a) 参審員については区裁判所の裁判官が裁判する（裁構五二条三項）。

(b) 商事裁判官の罷免についての裁判は、上級地方裁判所第一民事部がこれにあたり（裁構一一三条二項）、商事裁判官自らの申し出にもとづく辞任の場合には州司法行政部が裁判する（同一一三条三項）。

(c) 区裁判所または上級地方裁判所において農業事件を担当する名誉職裁判官の免職の場合には、上級地方裁判所第一民事部が、また連邦裁判所の名誉職裁判官については連邦裁判所第一民事部がこれを行う（農裁七条二項）。

(d) 労働裁判所の名誉職裁判官に対する免職についての裁判は、所轄の州最高官庁もしくは州政府により委託された官署（労裁二〇条）の申立てまたは当該名誉職裁判官の申立てにもとづき、あらかじめ各執務年度総務部により決定された州労働裁判所の部がこれを裁判する（同二一条五項二文）。もっとも、名誉職裁判官の適格要件（強行規定）が後発的に欠如することが明らかになり、これを名誉職裁判官が自ら申し立てるときは、後述する審問手続を簡潔に行い裁判すべきであろう。(4) 退職にともない名誉職裁判官が、労働者もしくは使用者たる身分を喪失する場合の免職裁判については、当該名誉職裁判官の申立てにもとづく場合に限定される（同二一条六項）。

(e) 社会裁判権にあっては、名誉職裁判官が所属する裁判所の総務部により各執務年度あらかじめ定められた部がこれにあたる（社裁一八条四項・二二条二項・三五条二項・四七条）。

(f) 行政裁判所と財政裁判所における名誉職裁判官の意思にもとづかない免職については、名誉職裁判官を選任した裁判所長の申立てにもとづき、また前記(1)③および(3)の場合には当該名誉職裁判官の申立てにもとづき、行政裁判所の場合、執務配分により決定された上級行政裁判所の部が、財政裁判所の場合、財政裁判所内においてあらかじめ総務部により定められた部が裁判する（行裁二四条三項、財政二一条三項）。

いずれの裁判手続にあっても、名誉職裁判官をあらかじめ審問しなければならない（農裁七条二項、裁構五二条三項・一一三条二項前文、労裁二一条五項三文、社裁二二条二項二文、行裁二四条三項二文、財裁二一条三項二文）。参審員の免職にあっては、検察官の意見も聴かなければならない。また、この裁判（決定）は原則として取り消すことができない（裁構一一三条二項後文、労裁二一条五項四文）。この決定手続費用は不要である（裁判所費用法一条）。また、免職申立てがなされている裁判官を法廷の立会いから外す必要があると思われるときは、所長はあらかじめその旨を申し立て、裁判所はドイツ裁判官法第三五条を準用して、暫定的にこの裁判官の職務を停止させることができる。(5) したがって、所長が、この名誉職裁判官をただちに職務から外す命令を下すことはできない。(6)

(5)　そのほか、労働および社会の各裁判権に共通する名誉職裁判官の職務終了事由として、上級裁判所における名誉職裁判官の任命がある。これに任命された名誉職裁判官は、自動的に下級審裁判所の裁判官の地位を失う（労裁二一条四項・三七条二項・四三条三項、社裁一七条五項・三五条）。

（1）　ドイツ基本法第九七条二項一文は、「専任として、かつ正規の定員として終局的に任用された裁判官は、裁判官の裁判によってのみ、かつ、法律の定める理由にもとづき、および法律の定める方式においてのみ、その意に反して、その任期の満了する以前にこれを罷免し、または、継続的もしくは一時的にこれを停職させ、またはこれを転職もしくは退職させることができる」と規定する。すなわち、職業裁判官の身分的独立を保障し、名誉職裁判官については規定を欠くのである。

（2）　**J. Albers, Die Abberufung eines ehrenamtlichen Richter nach § 24 VwGO, MDR 1984, 889.**

（3）　懲戒処分としての罷免は、本来、後記第一三章（ドイツ市民裁判官に対する懲戒処分——過料の賦課——）において解説を試みるべきであるが、名誉職裁判官が職務を離脱する点においてその他の免職と共通していること、また罷免手続については免職の際の手続規定を準用していることから、説明の便宜を考え本節において概説した。

（4） J. Albers, aaO.,890.
（5） F. O. Kopp, VwGO, 10. Aufl., § 24 Rz. 5 ; J. Meyer-Ladewig, SGG, 5. Aufl., § 22 Rz. 9.
（6） BVerwG, NJW 1963, 1219.

2 名誉職裁判官の除斥・忌避および回避

名誉職裁判官も裁判官であり、職務に対する中立性や公正さが求められる。これが担保される限り、名誉職裁判官の地位は保障されなければならない。その中立・公正さに対して不信を抱かせる正当事由があるとき、この名誉職裁判官はその裁判に関与すべきではなく、この場合、除斥・忌避および回避の適用が妥当する。除斥・忌避および回避の詳細は、刑事事件については刑事訴訟法第二二条以下に、民事事件については民事訴訟法第四一条以下に規定され、これが概ね広義の民事事件に準用される。

(1) 刑事裁判権の名誉職裁判官の除斥・忌避および回避

(a) 刑事訴訟法第二二条および第二三条が規定する裁判官の除斥事由は、次の七つであり、同法第三一条一項により、参審員に、準用される。①裁判官が犯罪により被害を受けた事件、②裁判官が被疑者もしくは被害者の配偶者、後見人、もしくは看護人、または被害者の配偶者、後見人、もしくは看護人であった事件、③裁判官が、被疑者もしくは被害者と直系の血族もしくは姻族である、または傍系の三親等内の親族関係もしくは二親等内の姻族もしくは姻族であった者の事件、④裁判官が、検察官として、警察官として、被害者の弁護人として、または弁護人として、この事件に関与した事件、⑤裁判官が、証人または鑑定人として尋問を受けた事件、⑥裁判官が、原審の裁判に関与した事件、さらに⑦裁判官が関与した再審を申し立てられている事件の七つである。④および⑤にいう事件の同一性は、手続の同一性を指すものではなく、広く予断偏見の疑いを理由づけることのできる実質的同一性を意味する。

裁判官の忌避事由は、①法律上当然に除斥される場合と②裁判に偏頗の恐れがある場合のふたつである（刑訴二四条一項）。後者は、裁判官の公正に対する不信を抱かせる正当な事由があれば、偏頗の恐れがあるといえる（同二四条二項）[1]。判例上、参審員が被害者に雇われている場合は偏頗の恐れありとするが[2]、参審員が訴訟に関する偏った新聞記事を読んだだけでは忌避事由とならない[3]。また、参審員が法廷外において、被告人の量刑に言及したことが、忌避事由にあたるとした事件がある（後記第一三章(4)を見よ）。

(b)　忌避の申立権は、検察官、私訴原告、および被告人にある（同二四条三項一文）。申立ては当該裁判官所属の裁判所に提起し、原因を疎明しなければならず、忌避された裁判官は職務上これについて意見を述べなければならない（同二六条）。忌避の裁判は、申し立てられた裁判所が決定をもって裁判する（同二七条）。忌避の理由ありと宣告する決定に対しては、不服申立てすることはできない（同二八条一項一文）。忌避の申立てを理由なしと宣告する判決に対しては、即時抗告をすることができる（同二八条一項二文）。また、判決裁判官の一人に対してなされた忌避の申立てを理由なしと宣告する決定に対しては、判決とともに不服申立てすることができる（同二八条二項）。

(c)　裁判官の回避は、裁判官が自ら忌避の事由があると思われる場合、自らその事情を申述して、忌避に関する裁判を仰ぐことをいう（同三〇条）。したがって、裁判官には自ら回避する権利はなく、また回避に関する申述は義務的裁量の範囲内と解されている[4]。

(2)　民事裁判権の名誉職裁判官の除斥・忌避および回避

民事訴訟法の規定は、直接的には商事裁判官に適用されることとなる。しかし、広義の民事裁判権では、大半の手続法が民事訴訟法に定められた裁判官の除斥、忌避、および回避に関わる規定を準用する。

(a)　民事訴訟法第四一条が規定する裁判官の除斥事由は、①裁判官が自ら当事者である事件、または裁判官が一方の当事者と共同権利者、共同義務者もしくは償還義務者の関係にある事件、②裁判官の配偶者の事件（婚姻が既に解消した場合も含む）、③裁判官の直系の血族または婚姻もしくは姻族であった者、傍系の三親等内の血族または二親等内の姻族もしくは姻族であった者の事件、④裁判官が当事者の訴訟代理人もしくは輔佐人に選任もしくは選任されたことのある事件、または当事者の法定代理人として関与する権限を現在持ちもしくは持っていた者の事件、⑤裁判官が証人、または鑑定人として尋問を受けた事件、および⑥裁判官が不服を申し立てられた裁判をなすにあたり、前審または仲裁手続に関与した事件（ただし、裁判官が受命裁判官または受託裁判官として関与したときは除く）のいずれかに関わる場合である。

(b)　裁判官の忌避事由は、刑事訴訟法と同様、①法律上当然に除斥される場合と②裁判に偏頗の恐れがある場合である（民訴四二条一項）。忌避権は当事者に与えられ（同四二条三項）、その裁判官の所属する裁判所に申し立てなければならない（同四四条一項）、忌避事由を疎明しなければならない（同四四条二項）。忌避された裁判官は職務上意見を述べなければならない（同四四条三項）。忌避の申立てについては、忌避された裁判官所属の裁判所がこれを裁判するが、この裁判所が忌避された構成員の退去によって決定することができないときは、直近上級裁判所が裁判する（同四五条一項）。忌避の申立てに対する裁判は口頭弁論を経ずにできる（同四六条一項）。申立てを理由ありとする決定に対しては上訴できないが、申立てに理由なしとする決定に対しては即時抗告することができる（同四六条二項）。

(c)　忌避の申立ての終結を管轄する裁判所は、この種の申立てがなくても、裁判官が自ら忌避の事由を示すとき、またはその他の理由から裁判官の除斥について疑義が生じたときは、裁判しなければならない（同四八条一項）。いわゆる回避の手続である。この場合、裁判は、当事者の尋問を要しない（同四八条二項）。

(3)　農業事件の名誉職裁判官の除斥・忌避および回避

農業事件に携わる名誉職裁判官には、民事訴訟法第四一条～四八条の規定が準用される（農裁一一条）。

(4)　**労働裁判権の名誉職裁判官の除斥・忌避および回避**

労働裁判所法第四九条は、除斥、忌避、および回避についての詳述を避け、民事訴訟法第四一条以下の規定に委ねた。ただし、忌避の裁判管轄については、これを労働裁判所の部とし（同四九条一項）、その部が、忌避された構成員の退去によって決定することができないときは、州労働裁判所の管轄とした（同四九条二項）。また、忌避の申立てを理由なしとする決定に対しても上訴の途を閉ざした（同四九条三項）。

(5)　**社会裁判権の名誉職裁判官の除斥・忌避および回避**

社会裁判所法第六〇条一項は、民事訴訟法第四一条～四四条、第四五条二項二文、第四七条～四九条を準用する。すなわち、社会裁判所と州社会裁判所の裁判官に対する忌避の裁判管轄を州社会裁判所とし、上告審の裁判官については連邦社会裁判所の部とした（社裁六〇条一項二文・一七一条）。また、裁判官が、公法上の社団法人または公営造物法人の理事会に所属し、当該手続がその法人の利益に直接関係する場合、裁判に偏頗のおそれがある場合とみなした（同六〇条三項）。

(6)　**行政・財政裁判権の名誉職裁判官の除斥・忌避および回避**

行政裁判所法第五四条および財政裁判所法第五一条は、民事訴訟法第四一条以下の規定をすべて準用するほか、民事訴訟法第四一条が挙げる除斥事由のほかに、裁判官または名誉職裁判官が「先行の行政手続に関与した」場合も除斥理由があるとした（行裁五四条二項、財裁五一条二項）。また、裁判官または名誉職裁判官が、手続に利害関係を有する団体の代表者であるときは、裁判に偏頗の恐れがある場合とみなした（行裁五四条三項、財裁五一条三項）。

(7)　**そ　の　他**

なお、名誉職裁判官が、同じ部の職業裁判官に対して突きつけた事実上の忌避として、後記第一三章注（5）を参照のこと。

(1) 職業裁判官に対して認められた忌避事例について、クラウス・ロキシン著(新矢悦二＝吉田宣之、共訳)『ドイツ刑事手続法』(第一法規、一九九二年)五九頁以下を参照のこと。
(2) BGH MDR 1954, 151.
(3) BGHSt 22, 289, Hanck, JZ 1971, 91.
(4) クラウス・ロキシン・前掲『ドイツ刑事手続法』六三頁以下。

3 名誉職裁判官の保護

(1) 裁判官の事物的独立は、身分的独立を保障することにより保障される。さしあたり、計画にもとづいて終局的に終身職として任命される職業裁判官に対する独立の保障は、身分的独立の保障すなわち罷免されないことと転任されないことにより達成されよう。しかし、名誉職裁判官の場合、任期が短く、任期期間中の身分的独立の保障、すなわち恣意的に罷免されないことだけでは事物的独立の保障が実質的に確保されているとはいい難い。名誉職裁判官は業として裁判官職を遂行する者ではなく、生活の礎を名誉職裁判官の職務以外に置かなければならない。とりわけ労働裁判権や社会裁判権の名誉職裁判官の場合、その適格要件や選出母体に鑑み(第五章・第六章参照)、それぞれの分野における専門知識の活用が期待されるとともに、他方、各分野における利益団体の代表としての側面を否定することはできず、ときには名誉職裁判官に重大な負担をもたらすこととなる。例えば、名誉職裁判官と選出母体との見解の不一致は、社会生活における軋轢を生じさせるのみならず、裁判活動における事物的独立の保障を脅かしかねない。そこで法は、第一に、合議の秘密を規定した(これについては、名誉職裁判官の義務として後述する。第一〇章**2**(2)参照)。

(2) 一方、労働裁判権と社会裁判権においては、名誉職裁判官と利害相反する分野から、裁判官職の引受けまたは行使に際して、その制限を受けるなど不利益な扱いを受けることのないよう定め、そしてまた、かかる行為に対する刑事罰（最高一年の自由刑または罰金刑）を法定することによって、侵害者の心理を強制し、名誉職裁判官の保護に努めている（労裁二六条、社裁二〇条）。

ここに言う許されない制限とは、広く名誉職裁判官の職務行使に対する制限であり、例えば、候補者名簿への登載志願を禁止し、雇用契約の解約をもって威嚇しながら名誉職裁判官の職務の引受けを制限することなどである。また、この趣旨からさらに、名誉職裁判官が、職務遂行のための資質向上に向けた研修会や名誉職裁判官会議への参加を希望した場合、また開廷前の裁判所における書類閲覧のために無償休暇（Freizeit）を希望した場合、これを拒否することはできない。

許されない不利益とは、不当な賃金カット、解雇、不当な転勤命令などである。これらの行為がなされたときには、労働者は使用者に対する損害賠償請求を求めることも認められる。使用者側代表としての名誉職裁判官に対する不利益な行為がなされることは稀れと思われるが、考えうる不利益として、裁判官職遂行中のボイコットなどがありえよう。

(3)　この規定の本来的目的は、社会的弱者である労働者を使用者から保護することにほかならず[1]、労働裁判権と社会裁判権以外の裁判権には設けられていない。労働裁判権におけるこのような保護規定は一九二六年の労働裁判所法において定められたが、この時保護されたのはまさに、労働者側代表の名誉職裁判官だけであった。ところで、それ以前、労働裁判権の名誉職裁判官は「裁判官（Richter）」とは呼ばれておらず「陪席人（Beisitzer）」との呼称が与えられていた。すなわち、この陪席人としての地位に鑑み、裁判官の独立を保障する規定は設けられていなかったのである。当時、この陪席人は、判決主文についての評決権しか認められておらず、それ以外の手続法上の権限を与えられていなかった[2]。その後、一九五三年法において使用者側代表の名誉職裁判官に対してもこのような保護規定が設けられるが[3]、ここでの保護は、利害反する利益団体に対する保護のみならず、自己の選出母体である団体に対するものでもあることはいうまでもない。

(4) ところで、名誉職裁判官には、裁判官職遂行のための有給休暇（Urlaub）を求め、また裁判官職に専念するために別の職務を求める権利まで保障されているとは解されていない。名誉職裁判官には、別途、職務の遂行に対する弁償が保障されている（第一五章）。すなわち、賃金支払義務を存続させかつ弁償を保障することは、名誉職の理念と整合しないと考えられている[4]。ただし、弁償法による補償が賃金不払部分に見合わない場合、名誉職裁判官は、民法第六一六条一項（「労務給付の義務を負う者が、比較的短い期間、自己の一身上の事由により、過失なく労務給付を妨げられたときは、これにより報酬請求権を失うことはない」）にもとづき、使用者に対して賃金支払請求権を行使することができる[5]。

(5) これら許されない制限や不利益な扱いがなされた場合、これらの行為は民事法上無効である。民法第一三四条は、法律の禁止に反する行為で、法律違反の行為を有効とする趣旨が明瞭でないときは、このような法律行為を無効とした。したがって、名誉職裁判官が不利益を覚悟で行う契約のみならず、解雇や転勤など一方的意思表示による行為も無効とされる。さらに、（労裁二六条および社裁二〇条は、過失を要件としていないが）加害行為が少なくとも過失行為とみなされる場合には、民法第八二三条二項にもとづく損害賠償請求も認められる（通説）[6]。また、侵害が継続している場合、侵害予防請求権（Unterlassungsanspruch）の成立も考えられる。

刑事法上の制裁としては、上述したように、最高一年の自由刑または罰金刑が予定されている（労裁二六条二項、社裁二〇条二項）。これらは、検察庁により職権で訴追される。したがって、親告罪や刑事訴訟法第三七四条以下の私訴は問題にならない。

（1） Meyer-Ladewig, SGG., 5. Aufl., § 20, Rz. 1 ; Schmidt-Räntsch, DRiG, § 45 Rz. 5.

（2） Germelmann / Matthes / Prütting, ArbGG, 2. Aufl., § 26, Rz. 3, 4.

（3）Germelmann / Matthes / Prütting, aaO., §26 Rz. 4.
（4）Germelmann / Matthes / Prütting, aaO., §26 Rz. 17.
（5）LAG Bremen v. 14. 6. 1990, BB 1990, 2050.
（6）例えば、Grunsky, Arbeitsgerichtsgesetz, 6. Aufl., 1990, §26 Rz. 6 ; Germelmann / Matthes / Prütting, aaO., §26 Rz. 21.

コラム（7）民事陪審制度（米国）

民事陪審制度を採用する代表的な国家と思われるアメリカの陪審法廷を覗いてみよう。周知のとおり、諸国の裁判制度と比較すると、アメリカ裁判制度の最も特徴的部分として間違いなく陪審制度を挙げることができる。アメリカでは、刑事裁判手続のみならず、民事裁判手続においても陪審制度が採用されている。アメリカ刑事陪審については、比較的文献も多く、さまざまな機会にこれに触れることもあると思われるので、ここではドイツ型参審制度の考察を深め、また、わが国の司法を展望する素材として、郡裁判所（デトロイト）およびミシガン大学（[写真8－1]参照）ロースクールの視察を踏まえ（一九九九年）、アメリカ民事陪審制度について簡単に紹介する（詳細は、後記文献を参照のこと）。なお、刑事手続と民事手続の違いはあるが、陪審制度そのものは、民事・刑事の陪審に共通する点が多いことを前置きしておく。

アメリカ民事陪審制度の歴史は古く、一八世紀後半から、刑事陪審とならぶ裁判制度の根幹として二〇〇年以上にわたり引き継がれてきた。アメリカ合衆国憲法修正第七条は「コモン・ロー上の訴訟において、訴額が二〇ドルを超えるときは、陪審による裁判を受ける権利が保障されなければならない。陪審によって認定された事実は、コモン・ローの準則によるほか、合衆国のいずれの裁判所においても再審理されることはない」と規定し、その根拠を明示している。したがって、すべての事件について陪審制度が認められているわけではない。差止請求や、特定履行請求などについては認められていない。しかし、刑事陪審のみならず、民事裁判において陪審制度が果たす役割は小さくなく、ロースクールでは、陪審制度に関わる授業を持つところもある。ミシガン大学では、「陪審の歴史」、「陪審と証拠」、および「陪審と心理学」の三つの講義が常設されているほか、学内には、模擬法廷（[写真8－2] 参照）が設置され、実務研修も怠らない。模擬法廷には四方にカメラが設置され、模擬裁判の様子を逐次撮影する。後日、教官を交え、ビデオを再生しながら、弁論の良し悪し（論点、語り方、目線、ポーズなど）が詳細に検討される。

陪審公判（ジュリー・トライアル）を求める権利は、原告のみならず被告にも認められている。ただし、陪審公判が行われる数は、全民事事件の約一・七パーセント程度と比率は決して多くはない。

アメリカには連邦民事訴訟規則の中に、陪審についての規定を置くが、州の民事訴訟については各州に共通した法典はない。したがって、各州により制度は異なるが、概ね共通する部分も多いと思われ、以下、ミシガン州の例を概説する。ジュリー・トライアルを開くには、訴訟の開始時点で陪審公判の申立てをしなければならない。アメリカ民事裁判は、訴えの提起にはじまるプリーディングのあと、証拠開示（情報収集）手続（discovery）、公判前打合せ手続など、公判に先立つ公判前手続を経て、トライアルを迎えるが、連邦民事訴訟規則第三八条bによれば、最終のプリーディングの送達から一〇日以内に陪審による公判を書面で申し立てなければならない。証拠開示手続では、双方の弁護士が裁判所の監督なしに訴訟の対象となっている事実について調査を行う。したがって、証人は、訴訟の開始前に自分の言いたいことを双方の代理人に話しているのが通常である。陪審員が関与するのは、トライアルからである。

陪審員の資格要件は、州によりまちまちであるが、概ねアメリカ国籍を有し、英語を話すことのできる一八歳以上の者が有資格者である。陪審員の選定手続は、まず陪審員候補者を選び出す基本台帳の決定からはじまる。通常、基本台帳として選挙投票有資格者名簿、運転免許証保有者リスト、および電話帳が用いられている。アメリカの場合、選挙投票有資格者名簿は登録制を採用し、陪審員適格者をすべて網羅していないことから、ミシガン州では、現在、運転免許証保有者リストや電話帳のリストを組み合わせ、それらの中から無作為に候補者を抽出し、その者に、当日の召喚状と質問状を発送し、これに回答、返送させる（[写真8－5] 参照）。

陪審員の員数は六人から一二人（連邦民訴規則四八条）、評決の方法は全員一致から多数決まで州により異なる。傍聴したミシガンの民事陪審では、定数六人、有罪の評決には五票を必要とする。当日、あらかじめ定数より多い二〇人程度の候補者が召喚され、先に提出された質問状や当事者が直接行う質問にもとづき、当事者が陪審員の選定を行う（[写真8－3] 参照）。事件に対して公正な判断を期待できない者、自己に不利な判断をすると思われる者などを法律に従って除いていく。したがって、陪審員の選定は、当事者にとっては訴訟の行方をになう重要な作業となる。当日の陪審員名簿は、数日前から閲覧できる。見学した裁判所では、曜日により異なるが、四〇〇～五〇〇人の陪審員が召喚される曜日もある（例えば、月曜日）。熱心な（資力のあるクライアントを持つ）訴訟代理人は、陪審コンサルタントに依頼してリサーチさせることもある。

トライアル当日、陪審員は胸にワッペン（Juror）を付け、まずビデオによる簡単な研修を受ける。その後、二〇人程度の陪審員がひとつのグループを形成し、法廷に向かう。

法廷では、廷吏の号令とともに、裁判官が入場する。その後、陪審員候補者が入廷し、まず傍聴席の最前列から座る。裁判官の自己紹介と陪審員に対する陪審裁判の説明がなされ、陪審員一同起立して予備宣誓がなされる。その後、二〇人の中から無作為に選出された八人の陪審員（予備員二人を含む）の番号と氏名が呼ばれ、順次、陪審員席に着席する。次に、弁護士から、当事者も含めた自己紹介がなされ、予備尋問および陪審員の選定が開始される。陪審員席の八人に対する質問が、全員もしくは個人に行われ、理由付免除（忌避）（challenge cause）および理由のない免除（忌避）（peremptory challenge）が行われる。この免除（忌避）手続が終了すると、陪審員に選ばれなかった者は退場し、残った陪審員は再び宣誓を行う。陪審員団の選定に要する時間は約一時間程度であるが、数日を要することもあるという。

トライアルでは、代理人の弁論と証拠調が重要な鍵となることはいうまでもない。裁判官が、トライアル終了後、陪審員の評決に先がけ行う説示は、刑事事件よりも詳細になるという。通常、書面を読み上げ、これをもとに陪審員は裁判官を交えることなく、合議室における評議、評決に入る。ただし、質問があれば、裁判官は公開の法廷で応じる。評決後は陪審員に守秘義務はないが、事件によっては、裁判官から合議の秘密を守るよう求めることもある。ただし、制裁規定はない。

アメリカの場合も、裁判官または陪審員の自由な心証にもとづき裁判することについて、とくに他国と異ならないが、刑事事件に対して求められる証明度と、民事事件のそれとは大きく異なることに注意すべきである。刑事事件の場合、被告人を有罪にするには「一点の合理的な疑いも挟む余地がない程度」の証明度が求められているが、民事事件の場合、「証拠の優越」で裁判がなされる。アメリカでは義務教育の中でこのようなことを教えるといわれているが、もちろん裁判に先がけ、裁判所から必ず注意事項として説明がある。わが国の場合、刑事司法の証明度について同じように説明されるが、民事裁判については高度の蓋然性を必要とする、というのが判例（例えば、最判昭和五〇年一〇月二四日民集二九巻九号一四一七頁）および多数説である。したがって、この点に限って理論的にいえば、わが国では、陪審裁判を取り入れても、証明度を下げない限り、訴訟の行方は大きく変わらないはずである。もちろん、陪審を取り入れたときの実際は、証明度の引き下げに限りなく近づくことは推測できる。アメリカでは、損害賠償請求訴訟について、いわゆる懲罰的損害賠償請求が認められているが、これはいわば民事制裁であり、塡補賠償とは別にこの請求が認められることがある。懲罰的損害賠償と民事陪審制度は、別の制度である。

※アメリカ民事陪審制度に関する文献として、小島武司「陪審裁判の減少」『裁判運営の理論』（有斐閣、昭和四九年）一九八頁、同「多数決六人制陪審の導入」『迅速な裁判――アメリカ民事訴訟法の研究』（中央大学出版部、一九八七年）四五九頁、丸田隆『アメリカ陪審制度研究』（法律文化社、一九八八年）三〇一～三二五頁、同『アメリカ民事陪審制度』（弘文堂、平成九年）、ジェイ・コーエン「米国民事陪審制度について」国際商事法務二二巻二号（一九九四年）一一〇頁、佐藤陽一「アメリカ合衆国（マサチューセッツ州）における民事紛争処理上の諸問題」木川統一郎先生古稀祝賀『民事裁判の充実と促進（下巻）』（判例タイムズ社、一九九四年）二九九頁、ペーター・ハイデルベルガー（黒田忠史訳）『アメリカ流裁判のやり方――ドイツ人からみたアメリカの法文化と民事裁判』（東京布井出版、一九九八年）一九～三八頁など。その他、アメリカ民事訴訟法に関わる体系書の中でも扱われている。

例えば、小林秀之『アメリカ民事訴訟法』（弘文堂、昭和六〇年）九・二三〇頁、宮守則之＝竹川秀夫『最新・アメリカ民事訴訟法』（金融財政事情研究会、一九九〇年）一八三頁、森英明「アメリカ連邦地方裁判所における民事訴訟運営の実情」『アメリカにおける民事訴訟の実情』（法曹会、平成九年）一九五頁など。

また、刑事陪審を念頭においているが藤田浩「陪審裁判と陪審員の選出について」広島経済大学研究論集一三巻四号（一九九一年）三七頁、米民事陪審が下した懲罰的損害賠償について、牧野和夫「アメリカ法務最前線⑬⑭・陪審評決の限界を示す最近の連邦最高裁判決について――懲罰的評決の限界を示す塡補的損害賠償責任に関する判例を中心にして――（上）（下）」国際商事法務二五巻一号八二頁、二五巻二号（一九九七年）一七五頁などがある。

そのほか、わが国のものではあるが、二〇〇〇年八月、一一時間にわたって試みられた民事陪審模擬裁判の報告書（第二東京弁護士会＝司法改革推進二弁本部＝民事訴訟改善研究委員会編『民事陪審模擬裁判報告書』二〇〇〇年）がある。

［写真８－１］
ミシガン大学図書館

［写真８－２］
ミシガン大学
模擬陪審法廷

［写真８－３］
デトロイト郡裁判所
民事陪審法廷

［写真８－４］
同裁判所陪審員席

［写真８－５］
同裁判所
陪審員名簿管理課

［写真８－６］
法曹継続教育研究所

第九章　ドイツ市民裁判官の法廷への関与
――法廷の参与形態――

1　各裁判権の手続の特色

(1)　刑事訴訟(1)

現行刑事手続は、手続開始において、起訴独占主義（弾劾主義）、国家訴追主義（刑訴一五二条一項）、起訴法定主義（刑訴一五二条二項）、および法定裁判官の裁判を受ける権利（基本一〇一条）を原則とする。わが国の刑事訴訟法との比較で特徴的なのは、起訴法定主義であろう。この原則は、犯罪の嫌疑が現に存在するとき検察局は捜査を開始し、捜査の結果十分な嫌疑が存在するときは、公訴を提起する義務をいうが、これが完全に貫かれているわけではない。軽微な事件や被害者自身が刑事訴追を行うことができる私訴事件（コラム（6）参照）については、起訴便宜主義が採用されている。また、犯罪被害者は、犯罪行為から生じた財産上の請求権を訴追できることも特色といえよう（付帯私訴。刑訴四〇三条）。

手続の進行については、職権調査主義（刑訴一五五条二項）、法律上の審問権保障の原則（基本一〇三条一項）、訴訟促進・集中審理の原則（刑訴一一五条・一二二条・一二八条・一六一条・一六三条二項一文・一六三条a三項・一二三条a・一二二条b・一二九条・一二六八条三項等）、また証拠法上において、職権調査主義、直接主義（同二五〇条・二六一条)、自由心証主義(同二六一条)、集中審理主義(同二二九条)、および「疑わしきは被告人の利益に」の原則(ヨーロッパ人権条約六条二項)が、さらに手続方式については、口頭主義(同二六一条・二六四条)、および公開主義(裁構一六九条〜一七五条)が支配する。

ここで特徴的なのは、職権調査を基本とする職権主義と直接主義の貫徹であろう。裁判所は、起訴によって画された「範囲内で」「独立して職権を行う権限を有し、義務を」負うが(同一五五条二項)、被告人が起訴されると、裁判所には、起訴状とともにすべての捜査記録が提出され(刑訴一九九条二項)、裁判官は事前に記録を精査し——ただし、参審員には、記録の閲覧は認められていない(第一一章**2**参照)——、証人などを決めたうえで公判を開始する。裁判所は「真相究明のため、裁判にとって意義のあるすべての事実および証拠について職権によって証拠調べを行」う(同二四四条二項)。裁判所は、自らの知覚にもとづいて、「審理の結果明らかになった」犯罪事実について(同二六四条一項)、自由な心証により裁判しなければならない。

(2) 少年裁判事件[(2)]

少年事件を規律する少年裁判所法は、刑事訴訟法との関係では特別法の関係に立つ。刑事訴訟法との関係であてはまらないものに、起訴法定主義、略式命令(少裁七八条)、促進手続(同七九条)、私訴(同八〇条)、付帯私訴(同八〇条)、被害者に対する賠償(同八一条)、および裁判の公開(同四八条)がある。年長少年(一八歳以上二一歳未満)に対する手続は、少年法廷が管轄を有するものについて少年に対する手続の一部が適用されるが、それ以外は刑事訴訟法が適用され、上述の例外を排除できる。

わが国における少年審判手続との関係で、特色事項として、まず、検察官の立会いを挙げることができる。検察官は審理に立ち会わなければならないが、職権調査主義がとられているため、裁判所は、真実発見に必要な限り訴訟資料の収集義務がある。他方、検察官にも、裁判所が行わない証人尋問について証人を召喚する権利があり、弁護人にも証人や鑑定などの証拠調請求権がある。また、審理は非公開とされているが、検察官および弁護人のほかに、少年審判補助官[3]、保護者、被害者の立会が認められる。さらに、裁判官は、被告人が保護観察に付されまたは教育援助が命じられているときは、保護観察官および教育援助者の出席を許し、また「教育目的のために」その他の学校生徒等の傍聴を認めることができる（同四八条二項）[4]。

起訴法定主義の排除は、ダイヴァージョンの促進として、今日なお進展している。「検察官は、自白した少年被疑者に対して労働の賦課を行い、特別の義務を課し、警察における交通講習への参加を命じ、または訓戒を与えるべきことを少年係裁判官に勧告し」、「少年係裁判官がこれに同意したときは、検察官は訴追を見合わせなければならない」（同四五条）。刑事訴訟法第一五三条（軽微な犯罪）の要件が揃うときは、この同意を必要としていない。また、可能な限り少年の収容施設における処遇を回避し、社会における処遇を行わせるために、一定の要件の下、裁判官による裁判手続の中止を定めている（同四七条）。

(3)　民事訴訟[5]

わが国の民事訴訟法は、ドイツ法を母法国としており、かなり相似している部分があろう。以下では民訴法における手続の特色を概観する。

手続原則として、口頭主義（民訴一二八条）、弁論主義、処分権主義、職権進行主義、および公開原則を採用する。法律上の審問を請求する権利の保障（基本一〇三条一項）が列挙されよう。わが国が新民事訴訟法において参考にした、早期第一回期日の実施または文書による事前手続による口頭弁論の準備、ならびに主要期日における口頭弁論の充実は手続の特色といえよう。名誉職裁判官との関係では、この手続方式を採用した結果、名誉職裁判官はほぼ一事件につき一回の口頭弁論に関与するだけである。他の手続法の多くも、法律に特別の定めがない事項について民事訴訟法を準用している。その結果、特に第一回主要期日の充実が図られ、名誉職裁判官の負担は軽減されている。また、原則として弁護士強制主義（民訴七八条一項）が採用されていることは、わが国と異なる点である。

(4) 労働事件訴訟

労働裁判所法は、手続の概要について、民事訴訟法の準用を原則としている（労裁四六条一項一文）。労働裁判所における特色としては、第一に、和解中心主義の手続が形成されていることであろう。同裁判所では、和解前置主義が採用され（同五四条）、事件の約半数は和解により終了する。次に、手続費用の低廉化が進められていることである。訴訟費用は、訴額にかかわらず五〇〇ドイツ・マルクであり、決定手続は無料である。この思想は一九〇一年の営業裁判所法第五八条にさかのぼる。第三に、すべての審級において手続の迅速処理を基本とし（同九条一項一文）(6)、さらに労働裁判所では裁判所構成法の定める休暇制度（裁構一九九条～二〇二条）を採らない（労裁九条一項二文）。これは裁判所へのアクセスを容易にするためであるが、労働裁判所に休みがないことを意味するわけではない。第四に、第一審労働裁判所では、弁護士強制を採らずに本人訴訟が認められていることであろう（同一一条二項）。

(5) 社会事件訴訟(7)

社会事件については、弁護士強制は採用されておらず、訴訟能力を持つものならば誰でも代理人になることができる（社裁七三条）。また、原告が自ら訴状を作成できないときは、書記官（書記課）に、訴状を作成してもらうことができる（同九〇条）。社会裁判所では、職権探知主義が採用される（同一〇三条一項）。したがって、裁判所は当事者の自白（民訴二八八条参照）に拘束されない（社裁一〇三条二項）。第一回口頭弁論期日は、証拠資料を含め訴訟資料がほぼすべて出揃った段階で開かれ、同期日には原告本人および鑑定人が呼び出されることが多く、弁論期日は、事件の呼び上げの後、裁判長による事実関係の陳述により開始する。これは、名誉職裁判官に事実関係を理解させるためである。

そのほか、民事訴訟と同様に、社会裁判権では、口頭主義、直接主義、および法律上の審問を請求する権利の保障があてはまる。また、社会裁判権においては、当事者公開（Parteiöffentlichkeit）原則が支配し、裁判所構成法第一六九条にいう公開原則と区別される。当事者公開とは、関係者（Beteiligten）に、証拠調べに関与し、記録の閲覧を保障する原則である。社会裁判法第六一条は、公開原則（裁構一六九条）を採用するとともに、私生活の領域に関する事項の制限など、裁判所構成法が定める公開原則の例外規定（同一七一条b～一九一条）を準用する。したがって、社会裁判権の裁判所においては非公開とされている法廷が多い。

また、裁判費用の無料化および関係人に対する出費の補償がなされている点も特色といえる。社会裁判権では、特段の定めのない限り、自然人および私法上の法人について訴訟費用は無料である（社裁一八三条）。しかし、公法上の社団法人および公法上の営造物は、勝敗にかかわらず、費用を負担する（同一八四条）。また、原告、被告および参加人は、出頭が命じられた場合、申立てにもとづき、国庫から日当および交通費が支給される（同一九一条）。

(6) 行政事件訴訟(8)

行政訴訟においては、取消訴訟および義務付訴訟を提起するために、法律が特別の場合についてその旨を定めているときを除いて、あらかじめ前置手続で、行政行為または行政行為の申請拒否の適法性および合目的性の審査を受けなければならない（行裁六八条）。訴訟においては、処分権主義（同八八条）を採るが、訴訟資料の収集について、「裁判所は、職権により、事実関係を調査」し、「その際、関係人を立ち会わせ」、「関係人の主張および証拠の申出に拘束されない」（同八六条一項）とした（職権探知主義）。したがって、裁判上の自白や擬制自白に関する民訴法の規定は準用されない。訴訟の進行については、職権主義および集中主義が採用され、弁論は口頭主義（同一〇一条一項）、直接主義（同一一二条）、および公開主義（同五五条）により、法律上の審問を請求する権利が保障される（基本一〇三条一項）。

(7) 財政事件訴訟(9)

取消訴訟および義務付訴訟については、通常、公課法にもとづき（公課三四八条以下）、裁判外の救済手段すなわち行政庁における訴え提起前の事前手続を行わなければならない。原則として、事前手続が功を奏しなかった場合にのみ、財政裁判所への訴えの提起が許される（財裁四五条）。例外は、飛躍訴訟、不作為訴訟、確認訴訟、一般的な給付訴訟である（財裁四四条一項、公課三四九条三項）。

訴えの提起は、取消訴訟の場合、裁判外の救済手続における判断の告知の後、一カ月以内に提起しなければならない。事前手続を必要としない場合、その行政処分の告知時から起算する（財裁四七条一項）。義務付訴訟については特則が設けられているほか（同四七条二項）、財政裁判所法第五五条に例外がある。

通常民事裁判権の場合、日本と異なりドイツでは弁護士強制制度が採用されているが、財政裁判権ではこの原則はない。ドイツでは租税事件において、税理士が訴訟代理人になることが多い。しかし、租税事件に関する実務的な能力（弁論能力）を備えていない者は、代理行為をすることは許されず、通常、税理士、弁護士、公認会計士、宣誓をした調査官、税理士法第一一条の意味での代理人らが訴訟代理人として訴訟に携わる。

裁判所は、訴え提起後、口頭弁論（同九〇条～九四条）を開始するまで訴訟資料を収集するために、話し合い（Erörterung）をすることができる（同七九条）。事実関係に争いがなければ、当事者間の書面の交換に終始することになる。本来、事前手続を通して、財務官庁が資料を収集しているはずであるが、実際は必ずしも十分でない場合もあり、裁判所は職権で部の報告裁判官（Berichterstatter）に事実関係を調査させ、口頭弁論の準備をさせることができる。

口頭弁論は訴訟の中心的役割を演じ、判決は口頭弁論にもとづかなければならないことはいうまでもない（同九〇条一項一文）。口頭弁論は原則として公開である。ただし、判決以外の裁判が下されるときは任意的口頭弁論の扱いになる（同五二条一項、裁構一六九条）。少額訴訟事件（訴額一〇〇〇ドイツ・マルクまで）では、当事者の一方が申立てをしない限り、口頭弁論をしないで裁判することができる（財裁九四条a）。財政訴訟においては、裁判所は職権で証拠調べをすることができる。制度上、口頭弁論は重要な役割を持つが、実務における重要性は大きなものとはいえない。前記の報告裁判官による調査や話し合いの機会がもたれ、概ね、訴訟の行方も含めて関係者間に了解が得られているからである。したがって、口頭弁論は一〇分ないし一五分程度で終了し、期日が複数日にまたがることはほとんどない。ただし、証拠調べが行われるときは、数時間を要する場合もある。

（1）主要参考文献として、F-C. Schroeder, Strafprozeßrecht を用いた。
（2）最近のドイツ少年司法に関する資料として、沢登俊雄編著『世界諸国の少年法制』（成文堂、一九九四年）二〇三頁、廣瀬健二「海外少年司法制度」家月四八巻一〇号（一九九六年）四四頁、宮沢浩一「少年法制改正の新展開」三頁などがある。
（3）少年審判補助機関とは、「少年裁判所における手続において、教育的、社会的および保護的な見地から」、「被疑者の人格、発育および環境を調査することにより関係官庁を援助し、課されるであろう措置について意見を述べる」役割が与えられている（少裁三八条二項）。これについては、宮沢浩一＝諸沢英道「少年審判補助機関の成立過程」慶應義塾大学法学研究四三巻五号（一九七〇年）三一頁、比嘉康光「ドイツ少年審判補助制度概観」『現代の法と政治』（立正大学法学部創立一〇周年記念論集、一九九二年）二〇一頁がある。
（4）参考までに、オーストリア少年司法では、公判の公開を原則としているが、少年の傍聴を制限している。齋藤哲「オーストリア少年司法の特色」日本弁護士連合会司法改革推進センター・東京三弁護士会陪審制度委員会編『少年審判に参審制を』（現代人文社、二〇〇〇年）一五〇頁。
（5）主要参考文献として、Arens / Lüke, Zivilprozeßrecht を用いた。
（6）毛塚勝利「ドイツ労働裁判所の課題と展望」中央労働時報八九七号（一九九五年）六九頁は、一九九三年における解雇等雇用関係の存否に関する事件の審理期間について考察する。これによると、第一審で三カ月以内に六五％が処理され、一年以上に及ぶものは三％にすぎない。第二審では、三カ月以内四〇％、半年以内八〇％、連邦労働裁判所では一年以内七〇％であり、平均処理日数は六・五カ月である。

(7) 主要参考文献として、Krasney / Udsching, Handbuch des sozialgerichtlichen Verfahrens を用いた。社会事件訴訟、行政事件訴訟、および財政事件訴訟については、八木良一＝福井章代『ドイツにおける行政裁判制度の研究』司法研究報告書五一輯一号（平成一一年）が有益である。
(8) 主要参考文献として、F.Hufen, Verwaltungsprozeßrecht, 1994 を用いた。
(9) 主要参考文献として、Gräber, FGO, 4, Aufl. ; Eggers, Winfried, Der Finanzprozeß を用いた。

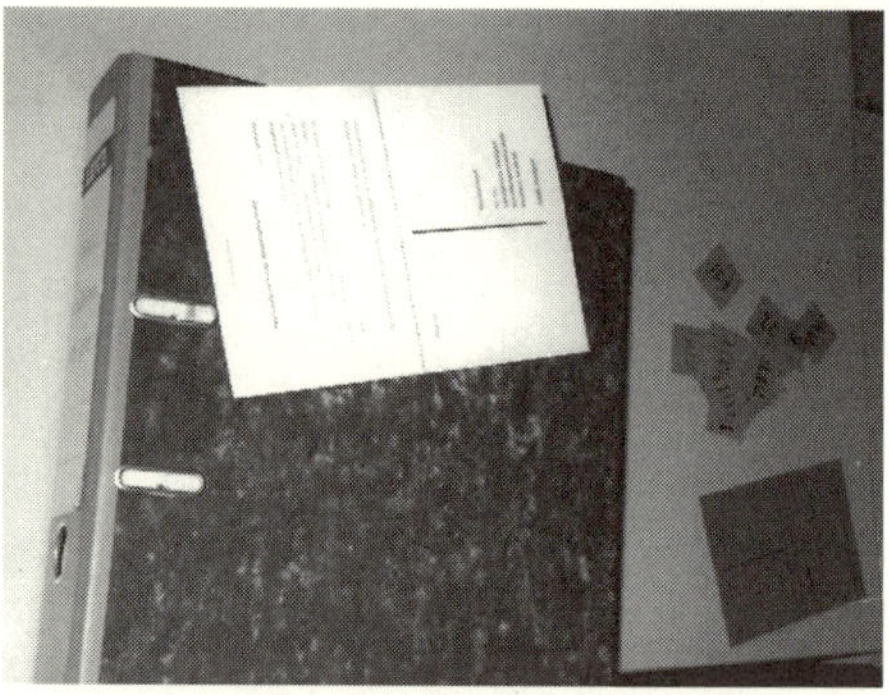
［写真９－１］　往復はがき（左上）、番号札（右上）、ファイル(左)、パーソナルカード(右下)

2　法廷の担当方法
――担当者名簿（Liste）、部への配属、および法廷の担当

(1)　裁判所構成法は、刑事裁判における参審員の訴訟担当者名簿の作成方法や担当の順番について規定するが、詳細は実務に委ねられている部分も多い。そこで参考までに、ベンツ、ポルシェの街で知られるシュトゥットガルト地方裁判所（ＢＷ州）における参審員が、どのような過程を経て法廷に関与するのか、紹介しよう。少なからず、他の区裁判所もしくは地方裁判所においても類似の方法が採用されていると思われる。また、名誉職裁判官の適格事件に特別な要件を求めない他の行政裁判権にも相当部分あてはまるであろう。

刑事事件を担当する約六〇人の裁判官と民事事件担当の約一〇〇人の裁判官が在籍するシュトゥットガルト地方裁判所には、正参審員四三〇人と予備（補充）参審員二七〇人、少年参審員五二人と予備（補充）少年参審員四六人が登録されている（一九九九年一一月現在）。

正参審員および予備参審員の氏名は、参審員選出委員会の作成（第六章*1*）による名簿（Schöffenliste）に登載さ

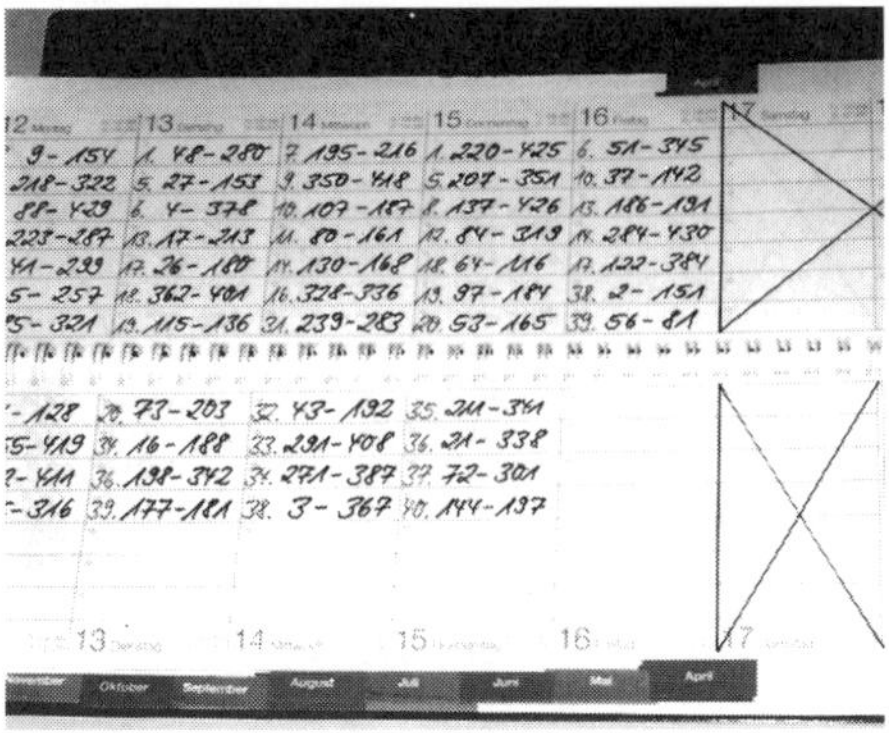

［写真９－２］　参審員カレンダー（例えば、16日（金）第６法廷の参審員は54番と345番である）

れ（裁構四四条・七七条）、これは一覧となってファイルに綴じられている（［写真9－1］参照）。名簿には氏名、職業、住所および連絡先のみが記され、各参審員には番号が付されている。この正参審員と予備参審員のパーソナルカード（［写真9－1］参照）が作成され、それぞれに分けてボックス（正参審員、予備参審員）に整理され、裁判所内に設置されている参審員課（Schöffengeschäftstelle）に保管される（同四五条四項・七七条）。他方、参審員の番号のみを記した番号札（［写真9－1］参照）を作成し――シュトゥットガルト地裁の場合、参審員の員数すなわち一番から四三〇番までの札（紙切れ）を作成――、参審員が関与する公判法廷において、裁判官が抽選箱（Urne）の中からこの札を無作為に抽出して、一年間の個々の法廷に関与する参審員の順番を決定する（裁構四五条二項・三項・七七条）。すなわち、参審員は部に所属するのではない。決定は裁判ではなく、司法行政であるが、参審員課書記官はこれを調書に記載する（同四五条四項三文・七七条）。

参審員には、裁判所から次のような文書が送付される。

「謹啓　一九九九年九月二七日の参審員選出委員会において、あなたはシュトゥットガルト参審裁判所正参審員に選出されました。抽選の結果、あなたには、二〇〇〇年度、一月一四日、二月五日、三月七日、三月二四日、五月一四日、六月三日、八月一四日、九月一日、九月二二日、一〇月一五日、一一月二四日、および一二月一一日の各法廷日に職務を遂行して戴かなければなりません。

各法廷日について、それぞれ集合時間、建物、および法廷について記した召喚状が送付されます。法廷日に出廷できないときは、ご一報下さい。

変更がしばしばありますが、驚かないでください。しばしば法廷は、短期の間に取消しまたは決定しなければならないことがあります。このような理由から、あなたから電話確認を入れて戴きたいと存じます。敬具」

期日は概ね約四週間程前に決定され、各正参審員に、当該法廷期日への召喚とその確認を求める次の往復はがき（［写真9－1］参照）が郵送される。


〈往信ひな型〉

あなたが担当する刑事部の法廷日のお知らせです。○年○月○日、立会いをお願いします。

この日、○○時に、シュトゥットガルト地方裁判所（Urbanstraße 20 / Ulrichstraße 10 / Archivstraße 15）[1]刑事○○部、○○号室（合議室）に出頭して下さい。

この召喚状の受領について、返信はがきで確認のうえ、折り返し、郵送願います。
○年○月○日　シュトゥットガルト
地方裁判所書記課
署名○○○○○（職務監督者）

〈返信ひな型〉

私は、○年○月○日の刑事○○部における参審員としての立会いに関する召喚状を受け取りました。

私は、法廷開始前、合議室に出頭します。
○年○月○日
署名○○○○○

返信はがきが参審員課に到着すると、職員は、これを参審員カレンダー（［写真9－2］参照）とパーソナルカードにそれぞれ記録する。以後、その事件が終了するまで、同じ参審員、すなわち同じ顔ぶれで担当する（裁構五〇条）。右記の往復はがきを見て、参審員が期日への出頭を拒む余地が原則としてないことに気づくであろう。参審制度は、例えば米国の陪審制度と異なり、事件ごとに、参審員が選出されるわけでなく——法廷関与は事件ごとに決定される（前記）——、四年の任期で選任され、原則として、職務の引受けを拒むことはできない（第六章*4*）。しかし、四年の任期の間には、やむを得ない事由から、期日に出廷できない場合もある。このような場合、召喚通知を受けた参審員が、個別に、参審員課に電話で直接問い合わせすることになる（同四八条二項）[2]。不都合な正参審員は当該事件の担当からはずし、予備参審員名簿（後記*3*参照）の中の予備員を補充参審員（**Ergänzungsschöffen**）として、右記のはがきを郵送する——したがって、補充参審員への召喚通知が期日一週間前になってしまうこともしばしばあるという——。出廷の確認がとれると、その補充参審員が事件を担当し、その終結まで関与する。少年事件に関与する少年参審員についても同様で、前記の説明がそのままあてはまる。

(2)　裁判権によっては裁判所に専門部が設置され、任命された名誉職裁判官はそれぞれの専門知識に適った部に配属される。商事裁判官は通常特定の部に配属される。この点において、裁判所に専門部を設け、これに関する専門分野から名誉職裁判官が選出され、この専門部に配属される社会裁判権と共通点がある。しかし、商事部は、通常民事部との関係で専門部といえるが、裁判所内の複数の商事部の中に専門部が設けられるのは稀有なことで、特定の裁判長裁判官の部に専属的に関与するにすぎない（第四章*3*(2)）。ただし、海港地においては、名誉職裁判官に航海業の専門知識ある者の中からの選任が予定されており（裁構一一〇条）、実質的にこれを専門に扱う専門部が設置されることがあるであろう。職能代表を基本とする社会裁判権の名誉職裁判官について社会裁判所法第一二条はこれを定めるが、明文を持たない労働裁判権においても、専門部を設置するときは同様の配慮が当然必要とされる[3]。

労働裁判権の場合、複数の裁判長を持つ下級審裁判所では、通常、部に名誉職裁判官が配属されることはない。しかし、連邦労働裁判所では名誉職裁判官は部に配属される。(4)

行政裁判権と財政裁判権には部が設置され、名誉職裁判官はそれぞれ部に配属される。行政事件は細分化され、行政裁判所の各部に配分されるが、名誉職裁判官は適格要件として、専門知識の特性を持たないことから、名誉職裁判官個人の特性を配慮した配属は許されないのみならず、特定事件を考慮した配属も当然に認められない。(5)通常、くじ引きで配属される。(6)名誉職裁判官の専門知識がここで反映されることは期待されていない。何人も名誉職裁判官となることができるという原則からしても当然であろう。しかしその反面、財政裁判権の名誉職裁判官については、その特別な専門知識を考慮した配属も許されるとする見解(7)もある。

各部に名誉職裁判官が配属され、法廷を担当する順番を定めた名簿が部ごとに、また配属がされない裁判所においては各裁判所の共通名簿として作成される。この名簿の順番に従い、名誉職裁判官は法廷に召喚される（農裁六条、労裁三一条一項、社裁六条、行裁三〇条一項、財裁二七条一項）。担当の順番は、原則として変更することができない。恣意的な裁判所構成を排斥しなければならないからであり、これに反するときは基本法に定められた法定裁判官の原則（ド基本一〇一条一項）に抵触する。裁判所構成に違反して担当すべき名誉職裁判官が裁判に関与しない場合や名誉職裁判官の適格要件が欠ける場合のみならず、名誉職裁判官が順番に従い関与しないときもまた裁判所の適法な構成に違反する。しかし、これは上訴理由となりうるが、控訴審裁判所は、このような手続違反を理由に事件を原審に差戻し、また、破棄することはできない。(8)ただし、当事者が予め裁判所構成の違反を知っていた場合には法律違反となる。(9)

担当者名簿は秘密書類ではなく、裁判所の構成の適法性に疑義が生じれば、個々の事件に関わる訴訟関係人は裁判所書記課において、名誉職裁判官が担当する順番を定めたこの名簿を閲覧することが認められなければならない。(10)

(3)　商事部ならびに社会、行政、および財政の各裁判権においては、裁判所総務部が執務年度の初めもしくは名誉職裁判官の任期の開始前に、法廷担当の順番を定めた名簿を作成する（社裁六条一号、行裁三〇条一項、財裁二七条一項）。また、農業事件裁判権と労働裁判権では、各部の裁判長が名簿を作成する（農裁六条一項、労裁三一条一項・三九条）。もっとも後者の場合、裁判長が積極的に名簿を作成する必要はなく、総務部により作成された名簿を黙認すれば足りる。(11) 法廷を担当する順番の基準について、法規に具体的な定めはなく、作成者の裁量に委ねられるが、通常、アルファベットまたは任命年月日の順番に従い作成されることになろう。(12) いうまでもなく、名誉職裁判官はこの名簿の順番に従って出廷するのであり、名簿作成者による事件介入の疑義は生じない。労働裁判権と社会裁判権では名誉職裁判官の委員会（Ausschuß）が設置されており、裁判長はこの名簿を作成する前に、この委員会の意見を聴かなければならない（委員会については、後記第一二章参照のこと）。部への配属（前記(1)）についても同様に、委員会の意見を聴取して行われる。

名誉職裁判官は担当者名簿の順番に従い法廷を担当するが、手続法の中にはこれを任意法規（Sollvorschrift）として定めるものもある。しかし、法定裁判官の裁判を受ける権利を保障する必要から（第三章***1***）、強行（müssen）法規として、名簿の順番は遵守されなければならないと解されている（通説）。

（1）　シュトゥットガルト地方裁判所は、中央駅から徒歩三〇分、市電または地下鉄で三駅程のところにある。四方、道路に囲まれ、入口は三方四カ所あるため、住所表記も本文のように三つになっている。

（2）　一九九九年一一月、面会の約束もしないまま裁判所を訪ね、訪問に応じてくれたのが参審員課である。約二時間の面談の最中、参審員課の電話は四六時中鳴り響いていた。「くじで当たった人（Geloste）よ」、「ほら、また」、「また」と。公判当日、出廷が不都合な正参審員からであり、参審員課には昼休みも交代で職員が控えている。

参審員の担当順の決定に際しては、上述のように、手作業によるくじ引きが行われている。この領域に関してドイツでは、コンピュータ化がかなり遅れているという。他方、米国陪審制度や、オーストリア参審・陪審制度では、ほぼコンピューターによるくじ引きが完備されているようである。資料提供、Limperg, Bettina 裁判官（Präsidialrichterin）ならびに参審員課 Brechd, Jutta 書記官による。

（3） Vgl. Germelmann / Matthes / Prütting, ArbGG, 2. Aufl., § 30, Rz. 2, 4 ; R. Künzl, aaO., 169 f.

（4） G. Ide, Die Stellung der ehrenamtlichen Richter, in : Die Arbeitsgerichtsbarkeit : FS zum 100 j. Bestehen des Deutschen Arbeitsgerichtsverbandes, 1994, S. 261.

（5） F. O. Kopp, VwGO, 10. Aufl., § 30 RdNr. 2. 例えば、ケルン行政裁判所（ＮＲＷ州）には（一九九五年の調査時）、二三の部が設置され、各部の専属とされる事件は二〇項目以上あり、広範囲である。また、例えば、庇護権に関する事件（いわゆる難民関係事件）をみても、国籍別に、一九の部に配分されている。ちなみに、第八部で取扱う事件は、徴兵義務に関する権利、徴兵拒否に関する権利、徴兵代替社会奉仕勤務に関する権利、生活保障・作業場に関する権利、補償に関する権利、ナチ政権により迫害されたユダヤ人以外の者のための基金、ＮＲＷ州賭博場法による手続、外国人法（ただし、官庁の措置が庇護手続法に依拠していること）、および執務分配計画二号の措置による庇護権（バングラデシュ、ミャンマー、アンゴラ、ジブチ、およびソマリア出身者の手続）である。

（6） Funke-Kaiser in Bader, VwGO, § 30 Rn 3.

（7） Gräber / Koch § 27 Anm. 2.

（8） Germelmann / Matthes / Prütting, aaO., § 16, Rz. 18 ; R. Künzl, Die Beteiligung ehrenamtlicher Richter, ZZP 1991, 170.

（9） BAG, Beschl. v. 25. 8. 1983, MDR 1984, 347. 本件の事案は次のとおりである。州社会裁判所において、関係当事者すなわち裁判所の構成員ならびに訴訟代理人が、手続開始後、当該名誉職裁判官は裁判所書記課の召喚ミスにより本決定手続に関与する資格がないことを知らされた。しかし、このような事実が認識されながら、この名誉職裁判官が加わり弁論と判決が行われた。連邦労働裁判所は「当事者が、州労働裁判所が適法に構成されていなかったことについて同意していたという事実は、民事訴訟法第五五一条一号により責問権の喪失を来すものではない。……このような瑕疵を、民事訴訟法第二九五条二項の意味で放棄することはできない」とした。

（10） Vgl. G. Schuldt, Die ehrenamtlichen Richter bei den Gerichten für Arbeitssachen, AuR 1960, 107 ; R. Künzl, aaO., 170.

（11） Germelmann / Matthes / Prütting, aaO., § 31 Rz. 7.

(12) Germelmann / Matthes / Prütting, aaO., § 31 Rz. 8 ; G. Ide, aaO., S. 261.

3 法廷における名誉職裁判官の関与の態様

(1) 裁判所構成法第四三条二項および第四五条二項三文は、刑事裁判権の参審員が、原則として、一業務年、一二日間を限度に公判へ出廷することを予定している。[1] また、商事裁判官の場合、法規に定めはないが、平均して毎月一回の割合で、通常、特定曜日を出廷日としている。裁判所の構成に関して説明したように、各商事部には約八名前後の商事裁判官が配属され（第四章***3*** (2)参照）、各部は毎月約四回程度の合議を持つ。この名誉職裁判官の毎月一回という出廷回数は、若干の違いはあるにせよ、労働裁判権と社会裁判権に共通している。[2] 行政裁判所では年間四回ほど、[3] 財政裁判所では二〜三回といわれる。[4]

(2) ところで、民事裁判権では、法廷の立会いは個々の訴訟を意味するのではなく、そのつどの法廷日（Sitzungstag）をいうのが支配的見解である。[5] したがって、期日が一回で終結しない場合、支配的見解を前提にすると、新たな法廷日については名簿の順番に従い、次順位の名誉職裁判官が召喚される。ところで、訴訟が一回の口頭弁論期日において終結せず次回以降の期日をまたなければならない場合、第二回以降の期日には、第一回期日に立ち会った名誉職裁判官が参与するとは限らない。現在、いわゆる第一回主要期日における裁判の終結を目的とすることはすべての裁判権において共通する。しかし、必ずしも第一回主要期日において訴訟が終結する保証はどこにもない。そのため、同一事件がさらに期日を要するときは、同一の名誉職裁判官が関与するよう配慮がなされている。連邦労働裁判所の判決によれば、特別な理由のある例外的場合でない限り、名誉職裁判官は法廷を担当する順番を変えることは許されない。[6] 特別な理由とは、例えば証拠調べの続行の必要性や複雑多岐にわたる事件について、人的構成を同じくする部に継続審理させる必要があることなどを挙げることができる。[7] したがって、通常、裁判長が従前の訴訟の結果を、当該期日を担当する名誉職裁判官に伝え、これにもとづき、この名誉職裁判官が裁判を行う、という手順を踏むことになる。しかし、このような原則論に対して若干の疑義がもたれている。

グルンスキーは、民事訴訟法第三〇九条（「判決は、判決の基礎になる弁論に関与した裁判官に限り、これをなすことができる」）の謳う直接主義ならびに法定裁判官の裁判を受ける権利（ド基本一〇一条一項二文）を根拠に、一度関与した名誉職裁判官が引き続き法廷に就くことができると主張する。[8] 確かにこの見解は、訴訟の効率的見地や裁判長の地位の強化を回避するという点において実務的意義が大きく、有意義な示唆と思われる。しかし、法解釈論的には、この見解をストレートに受け入れ難い。まず、法定裁判官については前述のように、あらかじめできうる限り明確に規定された裁判官によって裁判を受けることを保障しているのであり（第三章参照）、同一裁判官による一貫した裁判を受けることを保障したものではない。また、民事訴訟法第三〇九条が定める直接主義も、判決を下す裁判官は最終口頭弁論期日に関与した者でなければならないことを定めているにすぎないからである。[9]

(3) 名誉職裁判官は、あらかじめ法に列挙された例外を除き、公判または口頭弁論の開かれない審理については関与を否定されている。[10] したがって、準備手続や判決書の起案のような行為は名誉職裁判官に託されることはない。また、口頭弁論を経ない決定および裁定（Gerichtsbescheiden）は、職業裁判官が行う（裁構三〇条二項・七六条、労裁五三条一項、社裁一二条一項・三三条二文、行裁五条三項、財裁五条三項）。ただし、訴訟費用の援助（民訴一二〇条）および秩序罰の決定（同三八〇条・三八一条）はこの限りではない。また、裁判長は、判決書における書損じ、違算、およびその他明白な誤謬をいつでも職権により更正することができる（民訴三一九条、社裁一三八条、行裁一一八条、財裁一〇七条）。刑事判決の訂正（Urteilsberichtigung）は、本来、厳格な制限が求められるが、連邦通常裁判所は、明らかな誤りが判決自体またはその他の事情から明らかになるときの訂正を認めている（BGHSt 5, 5）。したがって、名誉職裁判官はこのような手続には関与しない。しかし、前述のような誤謬のほか、判決中の事実関係に、遺脱、不明、もしくは矛盾があるとき、判決に関与した裁判官全員がこれを更正しなければならない（民訴三二〇条、社裁一三九条、行裁一一九条、財裁一〇八条）。

(a)　農業事件については、全審級において名誉職裁判官の関与による構成による合議を基本としているが、例外的に、名誉職裁判官が立ち会わずにできる事項が法定されている。農業事件裁判手続法によれば、裁判上の和解の他に、次の事項について、名誉職裁判官を関与させないで裁判することができる。延吏の除斥または忌避、原状回復の申立て、管轄違いにもとづく移送、申立てまたは上訴の適法性、判決確定証明書の付与に関する事項、訴訟救助に関する事項、民法第五八五条b二項にもとづく鑑定人の任命、本案に関わらない軽微な事項、および訴訟費用である（農裁二〇条一項・二項・四六条）。いずれも、名誉職裁判官の専門知識が不要な場面である。

また、州法により、相続証書の付与等に関する訴訟について、名誉職裁判官の関与を認めない旨、規定することができる（同二〇条三項）。

(b)　商事部は、通常裁判権におけるその他の地方裁判所の部に関する構成と異なり、裁判長たる職業裁判官一人と名誉職裁判官たる商事裁判官二人による合議を原則とする（裁構一〇五条一項）。しかし現行法上、裁判長が証拠調べについて名誉職裁判官の特別な専門知識を必要とせず（同一一四条参照）、かつ商事部が証拠調べの経過に関する直接の印象なしに適切に評価できると考えるときは、裁判長は、単独で証拠調べを執り行うことができるほか、法所定の事項（訴訟事件の移送、訴えの適法性に関する責問、手続の中止、訴えの取下げ、請求の放棄・認諾、当事者の懈怠、訴訟費用、訴訟費用救助の承認手続、手形小切手訴訟、担保提供の方法、強制執行の仮の停止、訴訟物の価額、費用、手数料、および立替金）につき裁判することができる（民訴三四九条一項・二項）。これは、地方裁判所における単独裁判官制度の導入を契機に、商事部にも単独裁判官の制度が導入されたことによる[11]。さらに、一九七四年一二月二〇日法（BGBl. IS. 3651）による民事訴訟法第三四九条の改正によりその権限がさらに拡大されている[12]。民事訴訟法第三四八条の民事部における単独裁判官の規定は適用されない（同三四九条四項）。すなわち、商事部は、通常民事部のように事件を一括して裁判長に委ねることはできず、裁判長が、前述した民事訴訟法第三四九条一項・二項に掲げられた以外の事項について商事部に代わって裁判するには、当事者の承諾を得て行わなければならない（同三四九条三項）。しかし、その結果、現実の訴訟の運用からみると、商事部では、大半の事件が当事者の同意を得て単独裁判官により処理され、商事裁判官が関与することは多くない。前述のように、事件が商事部に係属するか否かは当事者の申立てに関わり、商事部に係属する事件は少なくない（「グラフ4－1」参照）。しかし、商事裁判官が関与するのは、単独裁判官の審理を経たうえで、かつ当事者が商事裁判官の関与を求める場合に限られる。したがって、商事部の設置されている地方裁判所を訪問しても、商事裁判官の関与する法廷を傍聴する機会に恵まれることは非常に少ない。連邦通常裁判所裁判官フランツ・メルツは、このような状況を踏まえ、商事裁判官制度の意義を損なうものと、民事訴訟法第三四九条三項の趣旨に懐疑的である。[13]

裁判長による単独裁判は、上訴との関係では、部の裁判として扱われる（民訴三五〇条）。

なお、裁判所構成法上、裁判長に支障があるときは、総務部により定められた合議体の構成員が議長職を務めることになるが（裁構二一条f二項）、商事部において、商事裁判官がこれを行うことはできない。[14]

さらに、鑑定機能を有する商事部における商事事件の若干特殊な扱いについて触れておこう。上述のように、「商事部は商人としての鑑定をもって十分とする事項および商慣習の存否について、自己の専門知識（Sachkunde）と学問（Wissenschaft）とにもとづき裁判することができる」（同一一四条）。この判断は商事部自らが行う。[15]自己の専門知識および学問にもとづき裁判する場合、裁判所は、当事者が鑑定意見に対する偏頗のおそれを抱かないように、当事者にその内容を明らかにしなければならない（民訴一三九条）。[16]自己の専門知識は鑑定に代わるものであり、顕著な事実ともまた裁判所の自己の学問とも異なる。

地方裁判所商事部における自己の専門知識と学問にもとづく判断事項は、訴訟法上鑑定を意味し、この判断は控訴審においても鑑定として扱われる。[17] すなわち、当事者は、鑑定人に要する費用を節約することができる。[18] 商事裁判官を構成員としない控訴審においては、専門家による新たな鑑定を妨げるものではないが、商事部の専門知識および学問に対する疑いが相当と思われる場合、商事部の裁判にあたり採用された証拠申請が事実認定にもとづいている場合、また一般原則からすれば別の理由にもとづき新たな鑑定をすることが適切と思われる場合などに限定される。控訴審裁判所は裁判を下すにあたり、商事部の鑑定意見を拠所とすることができる反面、商事部の判断事項と意見を異にする場合には、鑑定を行わなければならない。

なお、商事部が控訴審として機能するとき、自己の専門知識と学問にもとづき、第一審裁判所においてなされた鑑定意見を補充し、またこれと異なる裁判をすることができる。[19]

船舶所有者または船長と船員との間の法律関係に関する事件については、第一審に限り、裁判長が単独で裁判することができる（裁構一〇五条三項）。単独裁判を行うか否かは、裁判長の裁量である。[20]

(c)　労働裁判所においては、名誉職裁判官を参与させずに、まず裁判長の面前で和解弁論を行い、当事者の合意があればさらに引き続き単独で裁判することができる（労裁五四条一項一文・五五条三項）。労働裁判所に持ち込まれる事件の約半数はこの和解によって終結するといわれている。和解手続が和解不成立にともない口頭弁論に移行するまで、名誉職裁判官の手続への参与はない。また、消極的にも参与してはならないと解されている。[21] また連邦労働裁判所では上告の許容性について、名誉職裁判官を参与させずに裁判する（同七四条二項二文・三文）。しかし、当事者が上訴審において書面手続の裁判に合意していない限り、労働裁判所法は単独裁判官に関する規定（民訴五二四条）を準用しないことから（労裁六四条六項二文）、名誉職裁判官を立ち会わせなければならない。したがって、移送決定（民訴二七六条）、鑑定の依頼（同一四四条）、証人の採用、および本案終結後の費用に関する裁判（同九一条a）は、口頭弁論にもとづき名誉職裁判官が立ち会わなければならない[22]。

(d) 社会裁判所は、事件の解決にとりわけ困難を来さないと判断する場合、あらかじめ利害関係人の意見を聴いたうえで、口頭弁論を開かずに、裁定を下すことができる（社裁一〇五条一項）。これに対しては控訴することができるが、この控訴が社会裁判所法第一四四条以下によることが許されないときは、名誉職裁判官が参与する口頭弁論を申し立てることができる。したがって、名誉職裁判官の裁判を受ける権利がここで保障される。

(e) 前述したように（第四章**6**）、行政裁判権と財政裁判権では、法律上の争いがとりわけ事実上または法律上困難を伴わない場合や法律上の争いが基本的に重要でない場合、部は、その事件を単独裁判官としてその部の構成員の一人に付託することができる（行裁六条一項、財裁六条一項）。その結果、事件の大半は単独裁判官により処理されている。ただし、単独裁判官に事件が委ねられた場合でも、訴訟状態の本質的な変更から、法律上の事件が重大な意義を持ち、または事件の解決が事実上もしくは法律上とりわけ困難を伴うと思われるときには、単独裁判官は、利害関係人の意見を聞き、再び合議に戻すことができる（行裁六条三項、財裁六条三項）。

財政裁判所の場合、州政府は、単独裁判官の審理に名誉職裁判官二人の参与を定めることもできる（財裁五条四項）。なお、財政裁判権における単独裁判官制度の導入は、法政策的にみて疑問の余地なしとはいえない。他の裁判権と異なり、財政裁判権においては二審級制を採用しており（財裁二条）、判例の統一が図り難いからである[23]。単独裁判官への事件の付託は、決定によるが、取り消すことができないため（行裁六条四項、財裁六条四項）、あらかじめ関係者の意見を聴取して行われる[24]。

（1） 年間一二回という数に絶対的拘束力があるわけではなく、むしろ適当な回数として法に挙げられているにすぎない。例えば、シュトゥットガルト地裁では、年間一四～一五回を超えることもしばしばあるという。連邦通常裁判所も、参審員の出廷回数違反が裁判所構成に影響をもたらすことはない、と判示する（BGH NJW 1974, 155）。

（2）ちなみに、NRW州には、ハム、デュッセルドルフ、およびケルンの三つの州労働裁判所ならびに三〇の労働裁判所がある。ケルン州労働裁判所の管轄下には四つの労働裁判所（三六名の職業裁判官）があり、ここでは年間一人あたり約五〇〇ないし七〇〇件の事件が提起される。ケルン州労働裁判所には一三名の職業裁判官が従事し（したがって一三の部がある）、一人あたりの年間処理件数は約一二〇件である。同裁判所には年間約一五〇人の名誉職裁判官が携わり、一人あたり毎月約一回の割合で法廷に立ち会うという。この割合は、審級と地域に関係なくいずれの裁判所においても変わらないものと推測される。労働裁判所における裁判官一人あたりの取扱事件数が州裁判所のそれに比べて非常に多い。しかし、第一審は事件の約五〇パーセントが和解弁論（Güteverhandlung）により終結するのに対して、州労働裁判所では二五パーセントであるといわれる。いずれにせよ、前者の負担は大変に重い（以上資料提供は、ケルン州労働裁判所副所長クレンプト裁判官、ケルン労働裁判所長テュール氏、同裁判所ブリュール裁判官、およびデュッセルドルフ労働裁判所クレンプト裁判官）。最近のベルリン労働裁判所の訪問記によれば、ベルリン労働裁判所には、裁判官一人あたり約六〇〇件の事件が提起され、事件の半数はやはり和解により終結している。ベルリン高等裁判所に係属する事件の半数もまた和解によって終わっている。菊池絵理「ベルリン労働裁判所の運営と名誉職裁判官の機能と役割について」海外司法ジャーナル三号（財団法人最高裁判所判例調査会、一九九七年）五一頁以下参照。

　NRW州の社会裁判権では、年間最低六回を義務付けている（ケルン社会裁判所長ローベン氏談）。

（3）ケルン行政裁判所長クッチャイド教授談。財政裁判所法第二四条は、年間一二回を限度と明規する。木佐茂男『人間の尊厳と司法権』（日本評論社、一九九五年）二七九頁によれば、一人の出廷回数が半年に五〇回という事件（ミュンヘン第二空港行政事件）もあったという。

（4）ザールラント財政裁判所長シュヴァルツ（H. Schwarz）氏談。ミュンスター財政裁判所について、三木義一「判決の緒――税理士〝春香〟の事件簿」税研一九九八年七月号六四頁は同様の報告をしている。

（5）BAG v. 2. 3. 1962, APNr. 1 zu § 39 ArbGG 1953; Germelmann / Matthes / Prütting, aaO., § 31, Rz. 10, 13; R. Künzl, aaO., 171.

（6）BAG vom 2. 3. 1962, AP Nr. 1 zu § 39 ArbGG 1953; BFH, 23. 8. 1966, BB 1966, 1432.

（7）Germelmann / Matthes / Prütting, aaO., § 31, Rz. 17; R. Künzl, aaO, 171 f.

（8）Grunsky, Arbeitsgerichtsgesetz, 6. Aufl., 1990, § 31 Rz. 5. 同様にして、R. Kapp, Der Steuerprozeß, BB 1983, 815.

（9）Stein / Jonas / Leipold, ZPO 20. Aufl., 1988, § 309 Rz. 14; Vollkommer, NJW 1968, 1309.

(10) 一九九三年の司法負担軽減法との関係で、Kissel, Gerichtsverfassung unter dem Gesetz zur Entlastung der Rechtspflege, NJW 46, 489 ff.; Hansens, Die wichtigsten Auswirkungen des Rechtspflegeentlastungsgesetzes auf die Zivil- und Sozialgerichtsbarkeit, NJW 46, 493 ff. の二つが名誉職裁判官についても若干触れている。両者の翻訳として、三谷忠之「一九九三年ドイツ司法負担軽減法」香川法学一五巻一号（平成七年）一三二頁以下。

(11) 一九二四年二月一三日法（RGBl. IS. 135）。

(12) O. R. Kissel, GVG 2. Aufl., §106, Rz. 6. なお、単独裁判官制度に関する最近の文献として、三村量一「ドイツにおける単独裁判官制度の実状」木川統一郎古稀祝賀下巻（判例タイムズ社、一九九四年）三七頁以下、同「ドイツ連邦共和国における民事訴訟実務の現状について」法曹会『ヨーロッパにおける民事訴訟法の実情（上）』（平成一〇年）一六一頁等がある。

(13) Franz Merz, Die Verantwortung der Handelsrichter bei der Rechtsfindung, in: Laienrichter in Österreich und Europa, S. 45 f.

(14) O. R. Kissel, aaO., §105 RdNr. 3.

(15) O. R. Kissel, aaO., §114 RdNr. 7.

(16) O. R. Kissel, aaO., §114 RdNr. 6.

(17) O. R. Kissel, aaO., §114 RdNr. 1 f.

(18) 適正・公正な訴訟制度を保つためには、むしろ鑑定人を証拠方法として残すべきであるとするのはF・バウアーの主張である。F. Bauer, Laienrichter-Heute? in: Tübinger FS für E. Kern, 1968, S.

(19) O. R. Kissel, aaO., §114 RdNr. 3 f.

(20) O. R. Kissel, aaO., §105 RdNr. 10.

(21) Germelmann / Matthes / Prütting, aaO., §54 Rz. 6; R. Künzl, ZZP 104, 178.

(22) Vgl. U. Berger-Delhey, Stellung und Funktion der ehrenamtlichen Richter in der Arbeitsgerichtsbarkeit, BB 1988, 1666.

(23) Vgl. Gräber / Koch §6 Anm. 2.

(24) Gräber / Koch §6 Anm. 6.

4　予備員および予備員名簿

(1)　予備員名簿（Hilfsliste）

名誉職裁判官の予期できない事故などを考慮して、[1] 刑事（少年事件を含む）、労働、社会、行政、および財政の各裁判権では、予備の名誉職裁判官が登載された名簿（Hilfsliste）が作成される。[2] 予備名簿の作成は任意であり――いわゆる Kannvorschrift――、いずれの裁判手続も、本名簿と異なり、予備名簿の登載者数およびその算出方法を法定していない。[3] 予備員としての適任基準を示すのみである。しかし、刑事裁判権や行政裁判権の場合、予備名簿が作成されないことはない。予備員は、当該裁判所所在地もしくはその周辺に居住――または労働裁判権の場合、この地において職業に従事――している者でなければならない（裁構四九条、少裁三五条四項、労裁三一条二項、社裁六条、行裁三〇条二項、財裁二七条二項）。

(2)　刑事裁判権の予備参審員[4]

刑事裁判権の場合、法律上、予備参審員が法廷に関与するのは、①正参審員が欠けた場合（裁構五二条）、②新たに参審裁判所を設置する場合（同四六条）、③臨時の法廷（Außerordentliche Sitzungen）が開かれる場合（同四七条・七七条）、④補充参審員（Ergänzungsschöffen）として訴訟に関与する場合（同四八条・一九二条）、⑤その他、正参審員または補充参審員に不都合がある場合（同四七条・五四条）の五つである。

参審員が欠けた場合①とは、参審員として登録された者が参審員(本)名簿から削除される場合と（同五二条・七七条）、参審員が裁判所構成法所定の拒否事由にもとづき職務を拒否する場合である（同五三条・七七条。第六章4参照）。前者は、参審員として参審員名簿に登載された者の不適格要件が生じた場合もしくは不適格要件が知れた場合、または参審員としての召喚を適当としない事情が生じた場合もしくはその事情が知れた場合である（同五二条一項・七七条）。また、参審員は、年間二四法廷日に関与した場合、名簿からの削除を申し立てることができる

（同五二条二項一文・七七条）。ただしこの場合でも、参審員課に申立てをした後、二週間を経過した日以降に開始する公判から、参審員の職務を免れることができる（同五二条二項二文・七七条）。既に、代わりの予備参審員が関与しているときは、その公判終結以降、削除の効力が生じる（同五二条二項三文・七七条）。いずれにせよ削除については、裁判官が、検察官と当該参審員の意見を聞いて裁判するが、この裁判は取り消すことができない（同五二条三項・四項・七七条）。

区裁判所において、当該業務年、新たに参審裁判所を設置する場合、この参審裁判所のために、参審員を予備参審員名簿から抽選する。抽選された参審員は正参審員となり、この者の氏名は予備名簿から削除される（同四六条）。

事務の都合上、臨時の法廷を設置する必要がある場合、予備参審員名簿から参審員が召喚される（同四七条・七七条）。臨時法廷を設置するか否か、いつ設置するかは、裁判長の義務的裁量による。(5)

大規模な訴訟について、裁判長は、一人または数人の補充裁判官を参加させることとしているが（同一九二条二項）、これは素人裁判官にもあてはまる（同条三項）。この場合、予備参審員名簿から補充参審員をあてる（同四八条一項）。

正参審員または補充参審員に不都合があるときとは、参審員が止むを得ない事情により職務を遂行できない場合と参審員に職務遂行を期待できない場合である（五四条一項二文）。前者は、例えば、出廷に支障を来す健康上の問題、天候による交通網の遮断、そして拘留、検疫、兵役など高権にもとづく自由の制限である。職務遂行を期待できない場合とは、参審員として職務遂行は可能であるが、参審員の職務の重要性に鑑み、職務の遂行が期待できない場合である。

(3)　担当者（本）名簿（Hauptliste）に記載された名誉職裁判官が再度予備員名簿に記載されることは妨げない。(6) しかし、予備員名簿が作成されている以上、出廷できない名誉職裁判官に代わり、担当者(本)名簿上の次順位の名誉職裁判官が関与することは許されない(7)。

疾病、長期休暇、療養、旅行、職業上の責務など名誉職裁判官に支障のある場合には――ただし、これらの理由が正当事由と評価されないとき、懲戒処分の対象となりうる（後記第一三章参照）――、担当者名簿に記載された次順位の名誉職裁判官が召喚される。すなわち、交通事故や車両故障など、名誉職裁判官に法廷担当の召喚状が送達された後(8)、突発的事故により出廷が不可能となった場合に、予備員名簿に記載された予備員を召喚して、期日の延期を回避することができる。ただし、裁判長はあらかじめ事情を説明しなければならないと解されている(9)。

（1）使用者の参審員に対する解雇による威嚇は、裁判所構成法第五四条一項の予期せぬ事情にあたらない。Vgl. BGH, Urteil v. 31. 1. 1978, NJW 1978, 1868.

（2）社会裁判所法上、補充員の文言は見当たらないが、名誉職裁判官に故障が生じることはありうるわけで、その場合、補充員名簿の作成またはそれに準じた扱いは当然行われる。Meyer-Ladewig, SGG, 5. Aufl., §6 Rdnr 8. によれば、名誉職裁判官に支障が生じた場合、所長の決定により、代理人名簿（Vertreterliste）から別の名誉職裁判官を呼び出すか、そのような名簿が作成されていない場合、正規の名誉職裁判官名簿から次順位の名誉職裁判官を呼び出す。

（3）一九九四年度、ケルン行政裁判所の補充員名簿に記載された者は一二〇人であった。担当者名簿の記載者は七三六人であるので、約一六・三%にあたる。

（4）Vgl. KK-Kissel §42 RdNR. 7.

（5）BGHSt. 12, 159, 161＝NJW 1959, 251 ; 16, 63, 65＝NJW 1961, 1413

（6）BFH / NV zitiert bei Gräber, FGO, 3. Aufl., §27 Rz. 6.

（7）F. O. Kopp, VwGO, 10. Aufl., §30 Rz. 3.

（8）BVerWG, NJW 1992, 252, 256.

（9）BVerwG, Urteil v. 27. 10. 1961, NJW 1962, 268.

第一〇章　ドイツ市民裁判官の裁判上の地位
――権利および義務――

ドイツ裁判官法第四五条一項一文は「名誉職裁判官は職業裁判官と同様独立の地位を有する」ことを明規したが、その権利義務については、各裁判権における手続法に委ねている（ド裁判官四五条一項・九項）。これを受けて定められた各手続法における名誉職裁判官の権利に関する原則は、「名誉職裁判官は職業裁判官と同等の権利を有する」ことである（裁構三〇条一項・七七条・一一二条、農裁五条一文、社裁一九条一項、行裁一九条、財裁一六条。労裁五三条一項参照）。ただしこの原則は、綱領規定と解されている（通説）(1)。他方、義務についてはこのような原則規定を持たない。各裁判手続法が名誉職裁判官の義務を個別に規定しているにすぎない。

（1）　J. Rüggeberg, Zur Funktion der ehrenamtlichen Richter in den öffentlich-rechtlichen Gerichtsbarkeiten, VerwArch. 1970, 189.

1　名誉職裁判官の権利

名誉職裁判官は、公判もしくは口頭弁論、ならびに合議において、職業裁判官と同等の権限を有する。ドイツ名誉職裁判官は、従前、素人裁判官と呼ばれたにせよ、「裁判官」と呼ばれる理由は、以下のように、英米の陪審員にみられるような権能に対する制限がみられない点にある(1)。

(1)　質問権（Fragerecht）

公判または口頭弁論期日における訴訟指揮や係争事件の解明義務（Erörterungspflicht）は、合議体を代表する裁判長に帰属するが（刑訴二四〇条、民訴一三六条、労裁四六条二項、社裁一一二条一項・二項、行裁一〇四条一項、財裁九二条一項）、事実関係や紛争関係を解明するために、名誉職裁判官もまた、裁判長の許可をえて、訴訟当事者、訴訟代理人、証人、および鑑定人らに対して質問することができる。(2) ただし、刑事裁判権では、一六歳未満の証人に対する尋問は裁判長によってのみ行われる（刑訴二四一条a一項）。名誉職裁判官の中には適格要件として専門知識や経験を求める裁判権や、実質的にこれらの要件が求められている裁判権もあり、これらの裁判権では、多くの場合、証拠調べや鑑定などを実施しなくても、当事者らに対する質問権の行使により、裁判の充実が期待でき、その積極的行使が求められる場合もあろう。

ところで、この質問権は裁判長の権限とし、名誉職裁判官の発問は裁判長の裁量内に置かれている（刑訴二四〇条二項一文・二四一条二項、民訴一三九条一項、社裁一一二条四項一文、行裁一〇四条二項一文、財裁九三条二項一文）。しかし、質問権の行使は、公判または口頭弁論終結後に行われる評議の際の準備と事実関係の解明に資するところであるから、裁判長に権限があるといっても、制限が許されるものではない。(3) また、あらかじめ裁判長に質問の内容を伝える必要もない。(4) 裁判長は、その他の構成員が行う質問の時機を見計らうことができるだけである。(5) 質問の内容が事件に関わりなく無益であるとき、裁判長は――訴訟指揮権の行使として――その質問権行使を退けることができるが、そうでない限り、質問を批判することは許されない。また、質問内容を問いただす権限もない。(6) なお、名誉職裁判官の発問について訴訟関係人から異議が唱えられるときは、当該裁判所がこの異議について裁判する（刑訴二四二条、民訴一四〇条、社裁一一二条四項二文、行裁一〇四条二項二文、財裁九三条二項二文）。

(2)　評議（Beratung）

［写真10－1］
ザールラント財政裁判所長
シュヴァルツ（H. Schwarz）
裁判官

［写真10－2］
同裁判所評議室

［写真10－3］　同裁判所法廷

評議と評決に際しては、裁判所構成法の規定（一九二条～一九五条）が適用または準用される（労裁九条二項、社裁六一条二項、行裁五五条、財裁五二条）。したがって、以下に記すように、裁判長が評議を指揮し、質問して、意見を集約して行う（裁構一九四条）。

裁判官は、法定の員数においてするのでなければ、裁判に関与することはできず（同一九二条一項）、また、評議には、合議体の裁判官のみ関与することが許され、またこれに加わらなければならない（同一九三条一項）[7]。すなわち、前者において、法定裁判官の裁判を受ける権利がここで確認されるとともに、後者において、評議に加わる裁判官の自由闊達な議論が保障される。

ドイツ裁判制度は、訴訟促進の理念のもと、できる限り一回の公判または口頭弁論で、訴訟の終結がなされるよう配慮されている。したがって、通常、公判または口頭弁論終結後（午前中に複数の期日が設けられていることが多い）、場合によっては個々の公判または口頭弁論終結後ではなく、名誉職裁判官の出廷日に予定されている期日がすべて終結した直後、または簡単な打ち合わせを行い、休憩もしくは食事を挟んで合議が開始される。いうまでもなく、直接主義の効用をできうる限り活かすためであり、弁論と合議とのインターバルをあけないようにとの配慮による。名誉職裁判官は、職業裁判官の意見に追従してはならないこと、いうまでもない(8)。

評議は、通常、合議室で行われるが、裁判所に合議室を設けなければならないわけではない。したがって、弁論終了後、合議の秘密が担保できる限り、法廷における合議も適法である。

(3) 評決（Abstimmung）

すべての裁判官は、評決権を対等に有する。また、評決することは名誉職裁判官の義務であり、「先決問題に関して評決するにあたり少数意見であったという理由で、ある問題について評決を拒むことはできない」（裁構一九五条、労裁九条二項、社裁六一条二項、行裁五五条、財裁五二条）。もちろん、個別問題に関わりなく、一般的に投票を固辞することも許されない。投票固辞または拒絶がなされた場合、反対票として扱われる。

裁判所構成法第一九六条一項は、「本法に別段の規定のない限り、裁判所は絶対多数決（Absolute Mehrheit）(9)をもって裁判する」と定める。その結果、裁判所構成の関係上(10)、農業裁判所、商事部、労働裁判所、州労働裁判所、および社会裁判所は、職業裁判官一人と名誉職裁判官二人により構成される結果、名誉職裁判官全員一致の評決（三分の二）は職業裁判官のそれ（三分の一）に優位する。

刑事裁判権における参審員の数は、職業裁判官二人もしくは三人に対して二人（地裁大刑事部、同陪審裁判所、同大少年裁判部、区裁拡大参審裁判所）、または職業裁判官一人もしくは二人に対して二人（地方裁判所小刑事部、同少年裁判部、区裁参審裁判所、同少年参審裁判所）であった（第四章***1***、***2***）。刑事裁判権における参審員の数には変遷（員数削減）がみられたが、刑事裁判は、被告人にとって不利益な裁判をする場合、罪責問題（Schuldfrage）と行為の法律効果について、評決の三分の二以上の多数でこれを決するため（刑訴二六三条）、理論上、名誉職裁判官は職業裁判官の評決を拒否できる。裁判官が参審員一人の意見を取り込まない限り、ここでは裁判官の意見は判決には反映されない。現在の参審員の数は、評決との関係でぎりぎりの譲歩であったという(11)。前記以外の問題については、

裁判所構成法第一九六条一項により多数決による。(12)
しかし、次の裁判所の場合、職業裁判官の数は名誉職裁判官のそれを上回り、名誉職裁判官が一致して職業裁判官と異なる評決を下しても、職業裁判官の評決を拒否することはできない。すなわち、三対二の構成からなる上級地方裁判所農業部、連邦通常裁判所（農業事件の上告審）、州社会裁判所、連邦労働裁判所小法廷、連邦社会裁判所小法廷、行政裁判所、および租税裁判所においては、職業裁判官が一致して名誉職裁判官と異なる評決を下すとき五分の三の評決を得て、名誉職裁判官の意見を制する。同様に、大法廷を持つ連邦労働裁判所や連邦社会裁判所においても同様に、職業裁判官の評決が占める割合は八分の五である。いずれにせよ職業裁判官の意見が多数を構成するからである。

評決に際しては、すべての裁判官と名誉職裁判官が出席の上、職業裁判官に先立ちまず名誉職裁判官が意見を述べ、裁判長が最後に意見を述べる。素人が玄人の意見に追随しないよう、また市民裁判官の判断の独立を保障するためである。名誉職裁判官が複数関与する場合には、年齢の若い者から順に意見を述べる（裁構一九七条一文・二文・四文）。しかし、これは評決についての規定であり、評議については裁判長がこれを指揮し、裁判長の裁量で意見を求めることができる。(13) また、報告裁判官（Berichterstatter）が定まっている場合には、まずその者が最初に意思表示する（同一九七条三文）。これは、事件に最も集中して携わる裁判官の判定は、正当な裁判を下す際、特別な意義を持つとの考えからである。裁判長が報告裁判官であるときは、評決に際して、裁判長は最後に投票する。(14) 通常、職業裁判官以外の者が報告裁判官を務めることはない（社裁一五五条一項二文参照）。裁判長以外職業裁判官のいない下級審の場合、年齢の若い名誉職裁判官から評決権を行使していく。年齢が同じときは、くじにより、順番を決める。投票形式について規定はなく、裁判に対する裁判官の個人的責任を顧慮して、秘密投票は許されない。挙手、うなずき、黙認による意思表示は、投票方法として許される。

評決に際して、市民は職業裁判官に取り込まれてしまう、という参審制度批判がしばしばなされることがある。これについてカスパとツァイゼルの実態調査が参考になる。これによれば、裁判官と参審員に対して質問し回答を得た一二四五例のなかで、否認事例は七四二例あったが、そのなかで裁判官と参審員の間での合議（評決ではない）で、事実認定上に意見の違いがあったのは、参審裁判所一〇パーセント（事例数六〇二件）、地裁刑事部一三パーセント（同一二〇件）、陪審裁判所三〇パーセント（同二〇件）で、平均すると一一パーセントになる。また、意見の違いが生じた事例のなかで、一人の参審員が裁判官と意見を異にしたか、それとも二人の参審員が異にしたかの割合は、参審裁判所（事例数六〇件）および地裁刑事部（事例数一五件）において、いずれもほぼ同数の五割である。市民は、少なからず自分の意見を貫徹するとはいえないだろうか。

有罪判決が下された一〇九三例のうち、量刑に関する合議（評決ではない）で意見の違いが生じた割合は、参審裁判所二一パーセント（事例数八九四件）、地裁刑事部一九パーセント（事例数一八〇件）、陪審は五三パーセント（事例数一九件）で、平均二〇パーセントの割合で齟齬が生じた。いずれの場合も、これらは合議のなかで調整され、最終的な段階での評決不一致は、それほど多くないと推測される。(15)

(4) **判決起案および署名**

名誉職裁判官は一様に法廷に立ち会い、評議に加わり、職業裁判官と同一の評決権を持つ点で各裁判権における相違はない。ところで、誰が判決を起案するか、また、どのような表現で作成するかについての規定はない。しかしこの作業が、名誉職裁判官に負わされることはない。(16) 判決書における名誉職裁判官の署名をめぐる扱いについては、裁判権の相違により顕著な差異がみられる。

(a) 商事部の場合、通常、法廷終了後、合議室において直ちに合議を行い、それにもとづき裁判長が判決書を作成し、これに裁判長と名誉職裁判官が署名する（民訴三一五条一項）。判決書を即座に作成することができる場合には、裁判長がその場で判決書を手書きで作成し、これに署名がなされるが、多くの場合、裁判長が判決書を作成の上、後日、裁判に関与した名誉職裁判官に（通常、その次回出廷日に、すなわち多くは約一カ月後）署名を求めることになる。前述のように、商事裁判官は部に配属されるため、裁判に関与した職業裁判官およびパートナーの陪席裁判官たる商事裁判官の顔ぶれは同じであり、手続は円滑にすすむ。ただし、判決言渡しや判決書交付を急ぐ場合、その他、特段の事情がある場合、裁判長裁判官作成による判決書を裁判所職員が直ちに名誉職裁判官宅に持参し、これに署名がなされることもあるという。

(b)　労働裁判所が判決を下す場合、裁判長は、事実および判決理由を付した判決に署名しなければならない（労裁六〇条四項）。判決言渡しの効力は、名誉職裁判官の在廷の有無にかかわらないが、裁判に立ち会った名誉職裁判官が在廷せずに、別の期日に部の判決が言い渡されるとき、裁判長と名誉職裁判官は、あらかじめ判決主文（Urteilsformel）に署名しなければならない（同六〇条三項）。州労働裁判所と連邦労働裁判所では、事実および判決理由を付した判決に関与した裁判官すべての署名が必要である（同六九条一項・七五条二項）。名誉職裁判官が在廷せずに、部の判決が下されるときは、労働裁判所の扱いに同じである（同七五条一項二文）。したがって、州労働裁判所および連邦労働裁判所では、常に判決主文における名誉職裁判官の署名が必要となる。多くは口頭弁論終結後、法廷の隣室にある（通常、裁判官席の背後にある）合議室において評議と評決がなされ、裁判長がその場で判決主文を手書きで作成し、判決主文に署名がなされる。このような労働裁判所の名誉職裁判官とその他の名誉職裁判官との扱いの相違は、それぞれの職責に求められる立法者の認識の現れとして評価できよう。なお、強制執行手続は、通常、口頭弁論を行わずに裁判長が決定を下すことから、裁判長のみが署名するが、口頭弁論が行われたときには、名誉職裁判官の署名も必要になることは言うまでもない[17]。

(c)　社会裁判所において、裁判長は、事実と判決理由を付した判決書に署名しなければならない（社裁一三四条一文)。州社会裁判所と連邦社会裁判所では、部を構成する職業裁判官がこれを行う(同一五三条三項・一六五条)。本来、審理に立ち会った名誉職裁判官も署名すべきであるが、上述の規定から、名誉職裁判官は判決書に署名するには及ばない[18](通説)。このことは、一九七五年、連邦社会裁判所については、「書記課に判決文を引き渡す前に、裁判に関与した名誉職裁判官にその謄本を送達しなければならない。名誉職裁判官はこれについて、二週間以内に判決部の裁判長に対して意見を述べることができる」(同一七〇条a)と規定されたことから、法律上の裏づけがなされた。しかし、第一七〇条aが示すように、名誉職裁判官には判決に対して意見を述べる機会が与えられていることから、名誉職裁判官制度の本質を軽視する目的で定められたものではなく、名誉職裁判官が不必要に署名を拒むことを回避する目的から規定されたといわれる。[19]ただし、同条は上告審の手続における判決のみに適用されるため、下級審においてはこのような送達がなされることはなく、したがって、判決書の起案に対して意見を表明する機会は名誉職裁判官に保障されていない。

(d) 刑事、行政、および財政の各裁判権では、公判または口頭弁論の終結後、評議を行い、職業裁判官が判決を起案し、裁判に関与した職業裁判官がこれに署名する。すなわち、裁判に関与した名誉職裁判官の署名は認められていない(刑訴二七五条二項、行裁一一七条一項二文・四文、財裁一〇五条一項四文)。

判決の基本である公判または口頭弁論に関与し、合議に加わった裁判官は、判決起案に関与し、これに署名することが裁判手続の原則と思われるが、上述のように一部の裁判権については、名誉職裁判官が署名することは許されていない。なにゆえに、このような扱いがなされるのであろうか。ドイツの手続法において、判決における署名は一義的でないことにも留意しなければならない。商事部の判決にいう名誉職裁判官の署名は、判決主文ならびに判決理由および事実も含んだ意味で用いられている。しかし、労働裁判所の名誉職裁判官の署名は、判決主文に限定されている。その他の裁判所では、判決主文に対する署名も認められていない。

かつて、このような扱いが適当であるか否かについて、激しく議論された。従前、行政裁判権の領域においては、名誉職裁判官の署名がなされていたという。しかし、評議を尽くし、評決を行っても、後日、時間が経過し、名誉職裁判官が職業裁判官作成による判決書を目の前にすると、翻意して署名を拒み、ときには評議、評決のやり直しさえ求めることが少なからずあったという。このような理由から、政策的に名誉職裁判官の署名を外しているといわれる[20]。これはとりわけ、裁判における専門知識の活用が期待されていない裁判権の名誉職裁判官に対する扱いである。

その結果、これらの裁判権では、名誉職裁判官は評議に加わり評決権を行使するが、おそらく判決書を見ることなく当該裁判から退くことになる。評議・評決を経ても、判決を読み直し、もう一度じっくり練り直すという作業はなされない[21]。これは、主文のみに署名する労働裁判権や社会裁判権の名誉職裁判官についても言える。このことは、判決理由にすべての構成員の意見が反映される保障がないことをまた意味する。

(e)　芸名や頭文字による署名（Paraphe）を用いることはできず、また署名者の筆致を認識できるものでなければならない。陪席職業裁判官が署名することについて支障があるときは、裁判長が、職業裁判官がその署名をすることについて差支えのある理由を示して、その旨を判決の末尾に付記する。裁判長に支障あるときは、最年長の裁判官がこれを行う（刑訴二七五条二項、民訴三一五条一項二文、行裁一一七条一項三文、財裁一〇五条一項三文）[22]。労働裁判所は、裁判長と名誉職裁判官二人により構成されることから、裁判長が署名をするのに差支えがあるときは、最年長の名誉職裁判官がこれを行う[23]。また名誉裁判官が署名を拒むときは、裁判長は、その旨を判決に付記する。裁判に関与した名誉職裁判官が署名することは言うまでもないが、任期が終了し、名誉職裁判官の地位を喪失した者は、もはや署名することはできない[24]。

なお、判決記載事項として、すべての裁判権において裁判所および裁判に関与した構成員の表記が法定されており、名誉職裁判官の名前も記載される（刑訴二七二条二号、民訴三一三条一項二号、労裁四六条二項、社裁一三六条一項二号、行裁一一七条二項二号、財裁一〇五条二項二号）。ただし、その扱いには若干の相違が見られる。すなわち、名誉職裁判官の判決書への署名が許されていない裁判権では、署名の扱いに準じて、名誉職裁判官の家族名（Familienname）が示されれば十分で、名前（Vorname）や職業、住所の記載は不要と解されている。(25)

(5) その他（書類の閲覧権等）

書類の閲覧権については、次章（第一一章*2*）を参照のこと。名誉職裁判官は職務遂行に対する補償を受ける権利がある（第一五章参照）。しかし、執務室を求める権利は認められていない。

（1） これに対して、強いて市民裁判官を「裁判官」と呼ばずに、「陪審員」、「参審員」の呼称を用いるオーストリア刑事参加陪審制度について、本書**コラム8**「国民の司法参加を唱える国家の刑事司法」を参照のこと。

（2） R. Künzl, Die Beteiligung ehrenamtlicher Richter, *ZZP* 1991, 182 ff. によれば、質問権は、不明瞭な上申を解明するもの、不完全な申立てを補充するもの、および拙劣な上申を法的な上申に置き換えるものに分類され、名誉職裁判官はその性質上、前二者の質問権に限り許容される。

（3） Ostheimer / Wiegand / Hohmann, Die ehrenamtlichen Richterinnen und Richter beim Arbeits- und Sozialgericht, 9. Aufl., S. 43 f.; G. Ide, Die Stellung der ehrenamtlichen Richter, in: Die Arbeitsgerichtsbarkeit: FS zum 100 j. Bestehen des Deutschen Arbeitsgerichtsverbandes, 1994, S. 259. 行政裁判所法第一〇四条二項はこれを明記する。

（4） W. Brill, Stellung, Rechte und Pflichten der ehrenamtlichen Richter der Arbeitsgerichtsbarkeit, Der Betrieb, Beilage Nr. 4/70, S. 6.

（5） Ostheimer / Wiegand / Hohmann, aaO., S. 43. なお、刑事訴訟では、一六歳以下の証人に対する証拠調べは、裁判長のみが行うことができる（刑訴二四一条a一項）。

（6） G. Shuldt, Die ehrenamtlichen Richter bei den Gerichten für Arbeitssachen, AuR, 1960, 104; Meyer-Ladewig, SGG 5. Aufl., § 112 RdNr. 10.

（7） なお、合議には、例外的に、同じ裁判所における司法修習中の者が、裁判長の許可を得た場合にのみ、出席が認められていた。

しかし、一九九四年の裁判所構成法の改正（同年七月施行）により、現在、右裁判所における研究助手（wissenschafltiche Hilfskrafte）で裁判長の許可を得た者、ならびに、裁判所において研究のため滞在している外国の職業裁判官、検察官、および弁護士で、裁判長の許可を得、かつ、裁判所構成法第一九三条三・四項の規定に従い、守秘の義務を負う者は、合議に出席することができる。また、本国において司法修習中の外国人がドイツの裁判所における合議の出席を希望する場合についても、上述した外国法曹についての規定が準用される（裁構一九三条一項・二項）。

この外国の法曹に関する規定は、法統合を視野に入れた意見や経験の相互交換を目的としたものであり、とりわけＥＣ（現ＥＵ）圏内における外国法曹を念頭に合議の出席を認める方向で議論がなされてきたものであるが、合議の秘密の重要性に鑑み慎重論も唱えられていた。Vgl. O.R. Kissel, GVG, 2. Aufl., § 193 RdNr. 24. しかし、本条の運用にあたり、外国人の出身国が制限されることはない。

（8）　各訪問先において、合議における名誉職裁判官の発言の度合いについて質問を行ってきたが、刑事裁判権や行政裁判権においては、職業裁判官の「この件はこうでしたネ、これでいいですか?」との質問に対して、「ヤー」と頷くだけのことが比較的多いとの回答であった（もっともこれは、名誉職裁判官の事件に対する関心度の相違ともいえよう）。同様に、日弁連司法シンポジウム運営委員会ヨーロッパ調査団によるフランクフルト行政地裁裁判長に対する「合議において名誉職裁判官は活発に発言するか」との質問に対しても、「名誉職裁判官の発言の多寡は、法分野によって異なる。法律的にも技術的にも複雑な事件の場合は彼らの発言は少なくなるが、社会的な事件、生活保護などの事件などは活発な発言がなされる。刑事事件では、事実関係がリアルなので名誉職裁判官にとってもついていくのが容易である。行政事件はそうではない。」との回答が報告されている（『この目でみたヨーロッパ司法――国民の司法参加をめざして――』（平成二年、日本弁護士連合会）二〇頁）。

これに対して、商事裁判官や労働裁判権や社会裁判権における名誉職裁判官は、比較的積極的に発言するという。これは、法廷における職業裁判官と名誉職裁判官の弁論に立ち会う様相をみても想像がつく。東京三弁護士会陪審制度委員会による調査報告『フランスの陪審制とドイツの参審制』（一九九六年）一五九頁によるケルン弁護士協会における質疑応答内容をみても、「ドイツの参審制において、職業裁判官に対するチェック等民主的な側面からの効果は期待されていないのか」との質問に対して、刑事参審制に消極的な会員さえも、「商業関係の裁判では、若い裁判官に対して経験を積んだ素人裁判官が教育していく。『実際の業界ではそうでない』と教える」と、ポジティブな回答を寄せている。数人の商事部裁判長に対する筆者の同様の質問に対して、日進月歩する商事関係について商事裁判官の教示なしに裁判することは困難、積極的な発言を得ている、との回答をえた。
財政裁判権の名誉職裁判官は、選出委員会が候補者名簿の中から選出するが（前記第六章**1**(7)参照）、選考基準として、例えば経済のことや税金についての知識や経験とそれについての判断能力を持つことが要件とされることから、人にもよるが、銀行の取締役などは事実的知識を大変よく提供してくれるという。ヤン・グロテーア（園部逸夫監訳）「ドイツ連邦共和国の財政裁判所について」法の支配六二号（昭和六〇年）九〇頁。

(9) ここにいう絶対多数（Absolute Mehrheit）とは、過半数を意味する。O. R. Kissel, aaO., § 196 RdNr. 1; Baunbach / Lauterbach / Albers / Hartmann, GVG § 196, in: ZPO 55. Aufl.; Münchener Kommentar zur ZPO Bd. 3, § 196G VGRdNr. 3. 用語の使い方として、絶対多数決を用いるのは奇異に感じられるかもしれない。しかしここでは原語に忠実に従い、この訳語を用いることにした。刑事裁判における例外について、後注(11)を参照のこと。

(10) 裁判所の構成については、第四章および［図4－1］を参照されたい。

(11) これについては、平良木登規男「参審制度について――その成立と発展の経緯――」法学研究六七巻七号（一九九四年）一頁以下を参照されたい。

職業裁判官と名誉職裁判官との評決の違いは生じているのか、興味をそそられる。筆者が、直接尋ねた限りでは、すべての裁判権における職業裁判官が、自己の見解を否定された経験を持つ、との回答であった。しかし、過去、このような経験を何回したかなどについては、守秘義務（後記本章**2**(2)の手前、回答を控えられた。

ドイツ刑事裁判権における職業裁判官と参審員の意見の異同に関する、アメリカの研究者による調査報告 Casper & Zeisel, Lay Judges in the German Criminal Courts, 1 J. Legal Studies 135 (1972) がある。Casper & Zeisel, supra については、既に、安村勉「陪審制と参審制――刑事裁判への素人の影響――」上智法学論集二五巻二・三号（昭和五六年）二一四頁、稲葉一生「ドイツにおける刑事司法への国民参加の実情と問題点(3)」ジュリ九七七号（一九九七年）六七頁および最高裁判所事務総局刑事局監修『陪審・参審制度（ドイツ編）』（司法協会、平成一二年）三〇七頁で言及されている。そのほか、最高裁刑事局監修・前掲『陪審・参審制度』は、一九九〇年ころにヘッセン州で行われた「マールブルク大学の調査」も紹介している。

(12) 絶対多数決の行われる裁判としては、時効の条件（刑訴二六三条三項）、可罰性の客観的条件などである。Vgl. KK-Engelhart, StPO § 263 RdNr. 8.

（13）　O.R. Kissel, aaO., §197 RdNr. 6.

（14）　O.R. Kissel, aaO., §197 RdNr. 2 ; Baunbach / Lauterbach / Albers / Hartmann, aaO., §197.

（15）　そのほか、カスパとツァイゼルの調査を分析して、最高裁刑事局監修・前掲『陪審・参審制度』三一六頁は、罪責問題についても、量刑問題についても、参審員の方が職業裁判官よりも、より被告人に有利な判断をする傾向があると指摘する。

（16）　O.R. Kissel, aaO., §195 RdNr. 4.

（17）　Germelmann / Matthes / Prütting, ArbGG, 2. Aufl., §62 RdNr. 46.

（18）　BSG Breith 82, 73.

（19）　Meyer-Ladewig, SGG 5. Aufl., §153 RdNr. 9, §171a RdNr. 1 f.

（20）　ケルン行政裁判所長クッチャイド教授談。

（21）　齋藤哲「ドイツ刑事参審制度の機能と問題点」月刊司法改革一六号（二〇〇一年）三〇頁。

（22）　Stein / Jonas / Leipold, ZPO §315 RdNr. 30.

（23）　Vgl. Germelmann / Matthes / Prütting, aaO., §60 RdNr. 35.

（24）　連邦行政裁判所決定（一九九一年五月八日）の事件の概要および決定理由は、以下のとおりである（NJW 1991, 2657）。一九九〇年一二月二日、懲戒裁判手続において、部隊服務裁判所の部は、兵士Aに対して、服務規律違反を理由に有罪判決を下した。一九九一年一月九日、判決は、書記課により、裁判に関与した中佐（E）と伍長（B）に送付された。同月二三日、判決理由ならびに裁判長および両名誉職裁判官の署名が判決書に付され、同月二八日、判決正本は兵士に送達された。しかし、部隊服務裁判所の部の名誉職裁判官は、暦年（一月から一二月まで）で任命されるため、中佐（E）および伍長（B）は、一九九一年一月時点で、名誉職裁判官の任期は終了していた。そこで、先の署名の効力が争われたのが本件である。理由の付された判決に署名することは、裁判行為すなわち裁判官の行為であるとし、署名をする時点で裁判官である者のみが、有効に判決理由に署名できると判断した。

（25）　KK-Engelhart, StPO §275 RdNr. 8 ; Kleinknecht / Meyer, StPO, 40. Aufl., §272 RdNr. 4.

2　名誉職裁判官の義務

現在、各裁判手続法は名誉職裁判官の義務に関する一般規定を欠く。しかし、ドイツ裁判官法第四四条以下は、原則として、名誉職裁判官の法的地位を職業裁判官と同等のものとして扱っていることから、その限りにおいて同じ義務を結論付けなければならない。(1)

(1)　中立性・公正さ

名誉職裁判官の最も重要な義務は、裁判官としての中立である。手続当事者に対して、名誉職裁判官の裁判の客観性を担保しなければならないことはいうまでもない。名誉職裁判官の中立を唱える文言は法規上存在しないが、名誉職裁判官は職業裁判官と同様、法定裁判官として法規にのみ拘束されるとのドイツ基本法上の原則（ド基本九七条一項・一〇一条一項、ド裁判官四五条一項）から、当然の帰結である（前記第三章参照）。ドイツ裁判官法は、これを宣誓事項（「基本法および法律に忠実に従い、名誉職裁判官の義務を果たし、個人を問題とせず公平に誠心誠意判断し、かつ、真実と正義のために尽くすことを誓います」）として名誉職裁判官に義務づけている（ド裁判官四五条三項・四項。前記第七章参照）。

名誉職裁判官の中立性はとくに、選出母体が特定分野の団体であり、その分野の専門知識や経験の実用化が裁判に期待されている労働裁判権や社会裁判権において重要である。これらの裁判権の訴訟関係人はまさに、右の分野において活動する人々であり、裁判はこの分野における社会生活から得た知識と経験の活用に依拠しているからである。裁判は、偏った利益の実現に加担することがあってはならず、したがってまた名誉職裁判官は、偏頗の疑いを抱かせるような一切の行為を回避しなければならない。(2)名誉職裁判官の除斥、忌避、および回避については第八章**2**を参照のこと。

(2)　合議の秘密の遵守（Wahrung des Beratungsgeheimnisses）

評議において名誉職裁判官に自由に意見を述べさせ、また自由な評決をさせるため、合議（評議および評決）は非公開とし（裁構一九三条一項）、その経過ならびに各裁判官の意見およびその多少について、名誉職裁判官には、職業裁判官と同様、守秘義務が課せられている（ド裁判官四五条一項二文・四三条、農裁五条二文）。合議の秘密は、かつて、裁判所構成法第一九八条に、参審員と陪審員に対する規定として設けられていたが（現在、削除）、職業裁判官の守秘義務は、職務上の義務として当然派生するため、これについての規定は設けられていなかった。

この守秘義務の対象は、裁判に関わるすべての経過に及ぶ。裁判官は、任期中のみならず任期終了後においてもまた黙秘しなければならない。したがって、例えば、名誉職裁判官の意見が否決されることがあっても、その者は、関係当事者らにこれを伝え、また、その裁判を批判することがあってはならない。このように、守秘義務は、名誉職裁判官に自由闊達な合議を保障することを本旨とするが、その一方で、身分的独立の保障を担っていることを忘れてはならない。各裁判官がどのように評議・評決するか、訴訟当事者のみならず、名誉裁判官を選出した団体、ひいては社会一般の関心の的であろう。合議が明らかにされることにより、裁判官の意思表明が実質的に侵害され、また名誉職裁判官再任の道が脅かされ、さらには、裁判外において有形無形の不利益を被る恐れがあることは多言を要しない。しかし、この守秘義務違反に対して科刑はない。ただし、この義務に違反した場合、名誉職裁判官は任期中、罷免されることがある（第八章***1***(2)）。また、場合によっては、損害賠償請求権を発生させることもある[3]。

(3) 在廷義務

裁判所は、原則として、名誉職裁判官の参与なしに、公判または口頭弁論を行い、裁判を下すことはできない。名誉職裁判官は、適時、裁判所に在廷する

義務がある（裁構五六条一項一文・一一二条、刑訴二二六条、労裁二八条一文、社裁二一条一文、行裁三三条一項一文、財裁三〇条一項一文）。名誉職裁判官は、訴訟終結事項のひとつである本案の裁判のほかに、部の公判または口頭弁論にもとづき行われるすべての裁判に関与しなければならない。本案終了に際しての訴訟費用の決定（民訴九一条a）、訴訟の併合（同一四七条）、訴訟の分離（同一四五条）、弁論の中止（同一四八条・一四九条）、管轄違いの移送（同二八一条）などは、民事訴訟法第一二八条二項にもとづき両当事者が書面手続による裁判に明確に同意していない限り、口頭弁論を開き裁判を行わなければならない。ただし、裁判の言渡しに際して、名誉職裁判官は在廷する必要はない。

法は特に、十分な弁明なしに出廷せず、または適時に在廷していない名誉職裁判官に対して、名誉職裁判官の在廷義務を遵守させるために、過料（Ordnungsgeld）をもって制裁できることを定めた（後記第一三章参照）。場合によっては罷免の対象となりうることはいうまでもない（第八章*1*(2)参照）。

(4) そのほか、名誉職裁判官の「宣誓義務」については、第七章を参照のこと。

（1） W. Fürst / O. Mühl, Richtergesetz, S. 469.

（2） Vgl. G. Ide, Die Stellung der ehrenamtlichen Richter, in: Die Arbeitsgerichtsbarkeit: FS zum 100 j. Bestehen des Deutschen Arbeitsgerichtsverbandes, 1994, S. 257 f.

（3） O. R. Kissel, GVG, 2 Aufl., § 193 RdNr. 7.

コラム（8）　国民の司法参加を唱える国家の刑事司法――オーストリア刑事陪参審制度

英米は陪審制を、そして大陸諸国と社会主義諸国は参審制を採用しているといわれる。その狭間にあるものとして、陪審制と参審制を併用する国のひとつにオーストリアが知られるが、いままでその詳細は紹介されずにいた感がある。オーストリアは人口約八〇〇万の小国であり、同じドイツ語を母国語とするドイツ連邦共和国の影に隠れていた。しかし、この国の憲法は、国民に陪審員および参審員として司法に参加することを義務づける、きわめて興味深い規定を持つ。この国の制度理念は、わが国において展開されている国民の司法参加をめぐる諸問題の検討に際して、少なからず参考に値する。(1)

1　陪審員および参審員の憲法上の位置づけ

アメリカ合衆国は、陪審を憲法上当事者（国民）の権利として規定し、ドイツ基本法は名誉職裁判官制度について沈黙する。これに対してオーストリア連邦憲法は、国民が「陪審員（Geschworenen）」または「参審員（Schöffen）」として司法に参加しなければならないと定め、憲法をはじめ法律上、職業裁判官と一線を画している。すなわちオーストリアの市民裁判官は、陪審員および参審員と呼ばれ、ドイツと異なり、「裁判官（Richter）」の名称をいっさい用いない。陪審員や参審員の独立はその地位から派生し、憲法がうたう裁判官の独立は（連憲八七条）は裁判官にのみ保障され、陪審員や参審員には適用されない。裁判官は、裁判官と官吏としての二重の地位を持つ結果、服従しなければならない上司がいるが、陪審員や参審員は、国民の中から選任されこれを持たないからである。(2)

2　参審裁判所（Schöffengericht）の管轄と構成

連邦憲法によれば、「陪審員は、法が定めた重罪行為ならびにすべての政治犯罪について被告人の責任（Schuld）を裁判」しなければならず（連憲九一条二項）、また、「その他の刑事訴訟において、言い渡される刑罰が法定の量刑を犯すとき、参審員が関与しなければならない」（同条三項）。詳細は他の法典に委ねられている。

地方裁判所に設置される参審裁判所は、陪審裁判所および区裁判所の審理・判決に服さない事件の処理を責務とする（刑訴一〇条二号・一三条一項）。これには、長期五年を超える自由刑に該当する事件が該当する（同八条三項）。

参審裁判所は、裁判官二人と参審員二人から構成され、地方裁判所に設けられる。裁判長は裁判官が務める（刑訴一三条一項）。裁判官と参審員の性別は原則として問わないが、性犯罪（刑二〇一条～二〇七条）については被告人と同性の裁判官および参審員各一人と、被害者と同性の裁判官および参審員各一人が参審裁判所の構成員にならなければならない（刑訴一三条五項）。

刑事訴訟は原則として二審級制である。第一審参審裁判に対しては、無効抗告（Nichtigkeitsbeschwerde）と控訴（Berufung）のみを行うことができる。無効抗告は最高裁判所に行い、控訴は第二審裁判所に行う（同二八〇条）。控訴は事実上および法律上の観点から第一審判決の取消を求めるのに対して、参審裁判に対する無効抗告は手続的な瑕疵および法的な誤り（法の不当な適用および侵害）のみを理由に上訴することができる。

無効抗告は、無罪判決に対しては被告人の不利益にのみ、有罪判決に対しては被告人の利益にも不利益にも行うことができ、特別の定めのない限り、刑事訴訟法第二八一条一項に掲げられた無効抗告事由の一つを理由として（同二八一条一項）、判決言渡後、三日以内に第一審裁判所へ申し立てなければならない（同二八四条）。

3　**陪審裁判所（Geschworenengericht）の管轄と構成**

陪審裁判所が扱う事件は、法定重罪事件とすべての政治犯罪（alle politische Verbrechen und Vergehen）である。この規定の仕方は、一八六七年以来ほぼ変わっていない[(3)]。あらゆる犯罪は究極的には国家的法益の侵害ないし脅威を含むといえるが、とくにその法益侵害が著しいもの、また直接的に国家の法益に向けられた政治犯には陪審裁判所による判決手続を定めている。ここに政治犯として刑事訴訟法上定められているものは、外国の勢力への引渡し（刑一〇三条）、反逆（同二四二条）、大逆の予備（同二四四条）、反国家的結社（同二四六条）、外国および外国国章侮辱（同二四八条）、最高国家機関に対する攻撃（同二四八条）、外患誘致（同二五二～二五八条）、武装団体の結成（同二七九条）、戦闘手段の収集（同二八〇条）、外交妨害（同三一六～三二〇条）である（刑訴一四条一項一～一〇号）。

しかし、憲法上詳細な定義がないこともあり、刑事訴訟法に掲げられている行為が憲法の定める政治犯として適正であるか否かについて、疑義もある。刑事訴訟法が定める重罪行為とは、無期自由刑、または法定刑の短期五年を下らず長期一〇年を越える自由刑に相当する科罰行為がこれにあたる（同一四条一項一一号）。

陪審裁判所の構成は裁判官三人と陪審員八人であり、前者は「陪審法廷（Schwurgerichtshofe）」を形成し、後者は「陪審（Geschworenenbank）」を形成する（刑訴三〇〇条一項・二項）。

4　参審員と陪審員の資格要件

陪審員および参審員の任命および資格要件については、陪審員および参審員の任命に関する法律（Bundesgesetz vom 25. April 1990, über die Berufung der Geschworenen- und Schöffengesetz、以下、陪参審と略す）により詳細に規律されている。

陪審員および参審員の資格要件は、オーストリア国籍を持つことと満二五歳以上六五歳以下であることである（陪参審一条二項）。そのほか、身体的または精神的に職務に耐えることができない者、法廷用語を十分に理解できない者、裁判上有罪判決を受け刑罰登録簿（Strafregister）からの照会が制限されていない者、六カ月以上の自由刑が予定されている非親告罪を理由に刑事手続に付されている者は除斥される（同二条）。

その他、連邦大統領、政府または立法機関の構成員、会計検査院の所長および副所長、法律上承認された教会および宗教団体の聖職者および教団関係者、裁判官、検察官、公証人、弁護士など生業として司法に携わる者、連邦内務省・司法省およびその付属する連邦機関の職員ならびに地方自治体の保安局の構成員、さらに国内に主たる住居を持たない者を陪審員もしくは参審員に任命することはできない（同三条）。

前年の陪審員名簿または参審員名簿に登載され職務を遂行した者、ならびに本人自身もしくは第三者に対して個人的もしくは経済的に極度の負担を抱える者、または公の利益に対する重大な危険を孕む者は、二年を限度に職務の免除を申し立てることができる（同四条）。

少年刑事事件における陪審員および参審員については、(4) 先に挙げた資格要件および障碍事由があてはまるほか、さらに教職に就いているか、就いていた者、または少年保護補導（Jugendwohlfahrt）もしくは少年看護（Jugendbetreuung）に従事しているか、従事していた者でなければならない（同一八条一項、少年裁判所法二八条）。

5　陪参審員候補者名簿の作成

陪審員および参審員の資格要件は共通であるが、服務名簿（Dienstliste）についてはそれぞれ別に陪審員および参審員の本名簿（Hauptsliste）および補充員名簿（Ergänzungsliste）が作成される。複数の名簿への二重登録は認められない（陪参審一三条・一三条五項三文）。ただし、少年裁判所については陪審員および参審員に共通の本名簿および補充員名簿が作成される（同一八条四項）。この名簿は刑事事件を管轄する第一審裁判所長が作成するが、これに先立ちまず、各地方自治体において候補者名簿（Verzeichinisse）が作成、公開され、その後、地区行政当局（Bezirksverwaltungsbehörde）による審査を経て、刑事事件を管轄する第一審裁判所において服務名簿の母体となる年間名簿（Jahresliste）が作成され、これにもとづき服務名簿が作成される。

候補者名簿は、二年毎に、公職選挙人名簿の中から〇・五％（ウィーンでは一％）の員数が無作為に抽出される。すなわち、名簿の作成にあたりドイツにおけるような政党の関与は認められていない。また、この名簿作成時点において、資格要件を欠く者および国内に住居を持たない者は名簿から取り除かれる（同五条一項）。抽出方法および作業は各自治体に委ねられることとなるが、あらかじめこの方法を告示し、かつ抽出作業を公開しなければならず、これらは記録に留められる（同条二項）。地方自治体の長は、選出された者にアルファベット順で通し番号を付け、その者の氏名、出生日および住居所を明記して、地方自治体内の公衆の目に触れうる場所に、八日間、縦覧に供さなければならない。これには、注意事項として、候補者には免職規定の適用がありうること、また次に述べる異議申立権があることを添えなければならない（同五条三項）。すなわち、何人も、名簿に登載された者が資格要件を欠くことを理由に、書面または口頭で、縦覧期間中、異議を述べることができるほか、候補者自身も同様に免職を申し立てることができる（同五条四項）。さらに、地方自治体の長も、候補者に対して要件の欠缺の疑問を抱くときは、縦覧に供した後に、相応の所見を付することができる。これら、異議、免職申立て、および自治体の長の所見は記録に留められ、候補者名簿はこれらすべての申立書面等とともに、地区行政当局に提出される（同五条五項・六項、同六条）。

地区行政当局は地方自治体により提出された先の候補者名簿を審査し、場合によっては、地方自治体の長に補正または再提出をさせるために候補者名簿を差戻すこともある（同七条）。地区行政当局の職務としては、まず刑罰登録簿を入手し、除斥事由に該当する候補者を直ちに削除し、その他の候補者に対して陪審員または参審員の権利・義務、ならびに陪審員または参審員の資格要件、除斥事由、および免職事由について教示することにある（同八条）。次に、地方自治体に申し立てられた異議および免職申立ての審査であり、相当と認めるとき、その者は直ちに候補者名簿から削除される。その裁決については、刑事事件を管轄する第一審裁判所長に控訴を申し立てることができる（同九条）。地方自治体の長から所見が提出されている場合、地区行政当局は、これについて裁決しなければならない（同九条一項）。以上の手続を経て、地区行政当局は、当地において刑事事件を管轄する第一審裁判所長に候補者名簿を送付する（同一〇条）。

地区行政当局から候補者名簿の送付を受けた裁判所長はまず、地区行政当局の裁決に対する控訴がなされている場合には、これに対する裁判を行い、必要に応じて名簿に修正を加える。裁判所周辺の地方自治体（地方自治区域）から提出された候補者名簿は年間補充員名簿（Jahresergänzungsliste）を形成し、残りの名簿は年間本名簿（Jahres-hauptliste）となる。年間補充員名簿に登載される員数は、年間本名簿の三分の一である（同一二条）。

少年刑事事件の場合、陪審員および参審員は資格要件として特別のものが加わることから、年間名簿の作成にあたり、少年刑事事件を扱う裁判長は、州教育庁（ウィーンの場合、市教育庁）および少年保護補導事件を担当する州政府の構成員に、候補者の提案を求めなければならない。この提案には、候補者名、ならびに候補者の生年月日、職業、および住所が含まれていなければならない。この提案は、通常の刑事手続における候補者名簿に相当する（同一八条二項・三項・四項）。

6　陪審員・参審員（服務）名簿の作成

裁判所長は会議を開き、年間名簿にもとづき、くじ引きで、四半期毎の陪審員服務名簿（本名簿および補充員名簿）および参審員名簿を作成する。この作成作業は、通常、コンピューターを使用して行われる[5]。すなわち、ドイツにおける名誉職裁判官選任委員会のような人為的選出が行われることはない。州政府首相、検察庁、弁護士会はこの会議に代表を派遣し、候補者の資格要件の欠如を理由に異議を提起することができる。これらの異議および年間名簿が裁判所に送付された後になされた免職の申立てについては、裁判所長が裁決する。ただし、この裁決については不服申立てすることができない（同一三条一～三項）。服務名簿作成後の資格要件の瑕疵および免職の申立てについては、陪審法廷および参審法廷の各裁判長が決定で裁判する（同一五条）。陪審員および参審員の出廷日数は年間五日を限度とするが（ただし、公判が長期化する場合には終了するまで）、本服務名簿の員数は、これを前提とする場合、予想される公判日数の半数以上とし、補充員服務名簿の員数は本服務名簿の員数の半分とする。後発的事由にもとづき陪審員または参審員の不足が生じるときは新たな名簿が作成される（同一三条五項・六項・一四条三項）。この服務名簿の順番に従い、最初の公判への召喚と共に職務に任じられる（同一四条）。

7　陪審員・参審員の宣誓

人定質問の後、はじめて陪審員（参審員）になった者、また同じ年にまだ宣誓をしていない陪審員（参審員）は宣誓を行う。ドイツ法と異なり、宣誓の効力は任期中ではなく、暦年の期間中有効だからである（同二四〇条a一項・三項・三〇五条三項）。陪審員（参審員）は起立し、裁判長は、陪審員（参審員）に向かって宣誓内容を朗読する（同二四〇条a一項・三〇五条一項）。その後、裁判長は、個別に「〇〇さん、誓いますか」と質問がなされ、「はい」、「私は神にかけて誓います」、「誓います」と答える。その際、陪審員（参審員）は信仰の告白により差別されることはなく、信仰の告白に従わない陪審員（参審員）、または信仰の告白によって宣誓することが禁止されている参審員のみが握手の義務を負う（同二四〇条a二項）。陪審員、参審員いずれもが、手を挙げて宣誓するが、その際、二本指を立てて（Vサインで）宣誓する。宣誓のないときは無効であり（同二四〇条a一項・三〇五条一項）、宣誓は、弁論調書に記載され、かつ特別の記録簿に記録される（同二四〇条a三項・三〇五条三項）。

8　参審裁判所の審理および判決

公判手続は、書記官の事件の呼上げにより開始し（刑訴二三九条）、裁判長は直ちに、被告人に対して、氏名およびかつて使用したことのあるすべての氏名、生年月日、出生地、国籍、両親の名前（Vorname）、職業、住所、必要な場合には、その他の個人的関係に関して質問し、かつ提起されるべき訴追と弁論の進行について注意するよう、警告する（同二四〇条）。

評決は裁判官および参審員ともに平等に行使する。評議を経て評決を行うが（刑訴一九条一項）、報告裁判官がいる場合まずその裁判官から行い、次に参審員、そして職務歴の長い順に裁判官が行い、裁判長は最後に投票する。参審員の投票順は、氏名のアルファベットの順番による（同条二項）。評決は特別の定めのない限り、絶対多数決（過半数）による（同二〇条一項）。意見が別れ、過半数を得る意見が出ない場合、裁判長が問題点を整理し、絶対多数の見解を導かなければならないが、これが功を奏しない場合、被疑者に最も不利な意見は順次有利な意見に加えられる（同条二項）。判決書には構成員の氏名が記載され、裁判長によって署名がなされる（同二七〇条一項・二項）。

［写真10－4］　リンツ地方裁判所陪審法廷（左側は弁護人、検察官、鑑定人等の席。右側は陪審員席）

9　陪審裁判所の審理および判決

オーストリア刑事訴訟法は、前手続、中間手続、公判手続、および判決言渡しから編成されるが、陪審裁判所に委ねられるのは、公判および判決言渡しだけである（刑訴一四条一項）。陪審における公判手続は、参審に関する規定が準用される（同三〇二条一項）。以下では、陪審に特徴的な部分について概観する。

検察官から公訴された事件の公判決定を中間手続において行い、手続は公判に移行する。陪審裁判所は陪審法廷と陪審により構成されるが、まず陪審法廷を形成する裁判官が入廷し、次に陪審員が、アルファベットの順に入廷、着席し、補充陪審員は後方に着席する（同三〇四条）。補充陪審員は一人または二人である（同三〇〇条三項）。

公判は裁判長の訴訟指揮にもとづき行われ、被告人の入廷および人定質問の後、陪審員の宣誓を経て、証人および鑑定人を呼び出し、証拠手続が行われる（同三〇六条・三〇七条）。これに続き、裁判長による被告人尋問が行われる（同三〇八条一項）。参審法廷同様、陪審法廷においても、補充裁判官、陪審員、および補充陪審員も質問権を持つ。

証拠調手続の終結後、裁判長は陪審法廷（裁判官三人）の仮評議（vorläufige Beratung）を行い、陪審員に対する質問を確認する。裁判長は、「はい」、「いいえ」で答えさせる質問書を作成して署名し、これが法廷において朗読される。質問の記録は、公訴官および弁護人に交付される。当事者は、質問の変更または補充を申し立てることができ、この申立てについて陪審法廷が決定を行う。この変更または補充が認められたとき、質問書の作成、裁判長による署名、朗読がなされ、陪審員に交付される（同三一〇条・三一七条）。

陪審員は陪審員の評議室に赴き、陪審員長を選出する。補充陪審員の入室は原則として認められない（同三二〇条）。その後、裁判長は他の裁判官と法の説示を作成し、陪審員の評議室において説示を行い、陪審員長に法の説示およびその補足文書を交付する（同三二三条）。法の説示に関して、裁判長は、個々の質問について陪審員と協議する。また、陪審法廷が全員一致で、困難な事実問題または法律問題のよりよい解明のため、陪審員の評議に出席することが必要と考えたときは、陪審員の過半数の同意を得て、評議の全部または一部に立ち会うことができる（同三二四条）。評決は陪審員だけで、被告人に不利益なものは絶対多数決（五票）で行う。陪審員長は質問書に得票率を記載し、署名して、裁判長に評決の終了を報告する（同三二九条〜三三一条）。裁判官、書記官、検察官、弁護士が陪審員の評議室に入室し、陪審員長が質問書を交付すると、裁判長がこれに署名して、書記官に朗読させる（同三三二条）。

陪審法廷が全員一致で、陪審員の本案における答申について錯誤があったとの見解にいたったときは、裁判の延期をして、事件を最高裁判所へ送付する決定を行う（更新）。最高裁判所は、事件を別の陪審裁判所へ移送するが、この陪審裁判所の評決が最初の陪審裁判所の評決と一致したときは、この評決が判決の基礎とされる（同三三四条）。

被告人が有責と判断されたときは、陪審法廷は、陪審員と共同して、刑罰、予防措置、私法上の請求、訴訟費用について決定する（同三三八条）。その後、裁判長は法廷を再開し、被告人を勾引して、すべての陪審員の面前で、陪審員長に、質問および質問に対する陪審員の評決を朗読させる（同三四〇条）。その後、裁判長は、検察官、被告人、および代理人が在席する法廷で、本質的な理由の付された判決を言い渡す（同三四一条）。

判決は、言渡しの日から一四日以内に、文書をもって作成される。判決正本には、裁判官、公訴官、被告人、弁護人および陪審員の氏名、公判日および判決言渡日、陪審員に対する質問、陪審員の答申、および決定理由（簡潔な文体で明確に、裁判所が、いかなる事実を、いかなる理由で証明されたと認め、または証明されなかったと認めたか。裁判所が、法律問題の決定と提起された異議の申立ての排除にあたり、いかなる考慮に影響されたか。有罪の言渡しの場合、裁判所がいかなる加重事情および減軽事情を認めたか。無罪判決の場合、二五九条に掲げる理由のいずれによったか、など。）が記載される（同三四二条・二七〇条）。陪審裁判所の判決に対しては、無効抗告と控訴が許される（同三四四条）。

次の判決は、一九九八年九月二九日、ウィーン地方裁判所刑事部において言い渡されたものである。

国民の名において

ウィーン地方裁判所刑事部陪審裁判所では、ウィーン検察庁により、被告人SM（一九六七年五月六日インド出生、インド国籍、ウィーン〇〇通り〇番地在住、現在刑訴法四二九条四項にもとづき勾留中）に対する、二一条一項（刑法二〇七条一項・一五条・七五条）にもとづく申立てについて、一九九八年九月二九日、裁判長UEのもと、陪審法廷の構成員として陪席裁判官REおよびAP、ならびに陪審員FB、HH、GH、GK、WM、ES、IUおよびTW、書記官SS、公訴官WG、被告人SM、弁護人RMおよび鑑定人HPが在廷し、公判が開かれた。陪審員は、陪審員に対する質問に、以下のように答申した。

第一　主たる質問A　SMは、一九九八年四月一九日、ウィーンにおいて、生後三カ月半の娘AMを、未成年者と性交するとは別の方法で、すなわちSMは陰茎でAMの膣に触れ、また指を膣に入れることにより性的興奮を得るため、猥褻行為をしたので、有責か。「いいえ」七票、「はい」一票

第二　付加的な質問ａ（主たる質問Ａで肯定した場合に答えなければならない）　ＳＭは、主たる質問の中で記された行為時、精神病、精神薄弱、深刻な意識障害、またはその他の重大な、つまり同等の精神障害の状態を理由に、自己の行為の不当性を理解することができなかったか、または認識ある行動をとることができなかったか。無回答。

第三　主たる質問Ｂ　ＳＭは、一九九八年四月一九日、ウィーンにおいて、地上約八メートルある彼の住居二階の窓からＡＭを投げ捨て、その際、大腿骨を骨折させ、頭蓋骨を亀裂させることにより、故意に殺害したので、有責か。「はい」七票、「いいえ」一票

第四　付加的な質問ｂ（主たる質問Ｂで肯定した場合に答えなければならない）　ＳＭは、主たる質問の中で記された行為時、精神病、精神薄弱、深刻な意識障害、またはその他の重大な、つまり同等の精神障害の状態を理由に、自己の行為の不当性を理解することができなかったか、または認識ある行動をとることができなかったか。「はい」八票、「いいえ」〇票

以上により、ウィーン地方裁判所刑事部陪審裁判所は、一九九八年四月一九日、次のように判決した。

一九九八年四月一九日、ウィーンにおいて、責任能力が欠如した状況の下（刑一一条）、極度に精神的変質をきたした状態、すなわち妄想症の状態で、彼の生後三カ月半の娘ＡＭを故意に殺害した、すなわち、地上約八メートルある彼の住居二階の窓から娘を投げ捨て、その際、大腿骨を骨折させ、頭蓋骨を亀裂させた被告人は、刑法第二一条一項にもとづき、精神的に異常な法侵害者のための施設への収容が命じられる。

自己の生後三カ月半の娘ＡＭを責任能力が欠如した状態で（刑一一条）、極度に精神的変質をきたした状態、すなわち妄想症状態で、未成年者と性交するとは別の方法で、すなわちＳＭが陰茎で膣に触れ、また指を膣に入れることにより、性的興奮を得るために猥褻行為をしたとの理由で、被告人を精神的に異常な法侵害者のための施設へ収容することは、棄却される。

理由

収容は、陪審員の評決にもとづく。

重度の精神病と同等の精神障害、すなわち妄想症に相応する当事者ＳＭの状態に鑑み、高度の蓋然性をもって、具体的に有罪をきたす可罰的行為を意味するような、重大な結果をもたらす可罰的行為に対する新たな欲求が危惧されるので、刑法第二一条一項にもとづき、当事者ＳＭを、精神的に異常な法侵害者のための施設へ収容することが命じられなければならなかった（鑑定人Ｐ博士の疑いなき鑑定）。

第一点の意味での、すなわち刑法第二一条にもとづく精神的に異常な法侵害者のための施設へ収容を求める申立ての意味での可罰的行為の欲求を理由にした収容は、陪審員の評決にもとづき、棄却されなければならなかった。

Landesgericht für Strafsachen Wien 1082 Wien, Landesgerichtsstraße 11 Wien,

一九九八年九月二九日

裁判長（署名）　書記官（署名）

［写真10－４］　'98年の視察（BRUCKHAUS, WESTRICK, HELLER, LÖBER 法律事務所（ウィーン）、世界14カ所、198人のパートナーを持つ）

10　オーストリア陪参審制度の評価

オーストリアにおいて年間訴追される事件は約二万二〇〇〇件、その中、参審裁判所に係属する事件は約四〇〇〇件（約一八％）、陪審裁判所の管轄事件は約二〇〇件強（約一％）である。国民の司法参加を唱えるこの国は、法律上、国民参加が徹底されているといえよう。まず、（自認事件も含め）すべての第一審合議事件に国民参加を義務付けていることである。次に、参審員または陪審員として、形式的にも実質的にも、広く国民に平等に参加する機会を確保し、国民が候補者をチェックできる制度を持つことである。しかしその結果、市民裁判官が選抜されるということがないため、ひ弱さを感じざるをえない側面もある。ウィーン地裁で傍聴した参審法廷では、初老の女性（年金受給者）二人が初めて参審員として関与し、この二人と対話する機会に恵まれたが、頼りなさは隠し切れない。

訴訟構造として職権主義を採用するが、真実発見に裁判官が責任を負うという思想は陪審制の中にも取り込まれている。裁判官は説示に際して陪審員と協議を行い、場合によっては陪審員の評議に加わり、さらに陪審の答申を更新することもできる。素人裁判官は、十分な法律知識や証拠の評価という特殊な経験なしに裁判しなければならない、すなわち、素人はさまざまな要因に影響を受けるという批判が陪審制の根底にある。しかし、参審制においてこの批判は、職業裁判官のマンネリ化に対する歯止めとして歓迎され、消極的評価が与えられることはない。参審裁判所の構成は二対二であり、裁判官の役割を高める一方で、徹底的な議論を求める（有罪には三人の評決を必要とする）。また、陪審では、簡潔ながら、裁判長により本質的な理由も示される。この理由が説示と質問、さらに答申と一体になり、陪審の意思を汲み取ることができることから、オーストリアでは陪審に理由がないことは致命的なものと理解されていない。(6)

(1) オーストリア刑訴法については、W. Platzgummer, Grundzüge des österreichischen Strafverfahrens, 8. Aufl., 1997 および **Foregger-Kodek, StPO**, 7. Aufl., 1997 を参照した。オーストリア刑訴法の翻訳として、横山潔「一九七五年オーストリー刑事訴訟法典（その一〜六完）」外国の立法二四巻六号、二五巻一〜五号（一九八六年）がある。

(2) Walter-Mayer, Grundriss des österreichischen Bundesverfassungsrechts, 8. Aufl., 1996, Rz. 778.

(3) 近年の沿革については、Sepp Rieder, Erfahrungen mit der Laiengerichtsbarkeit in der zweiten Republik, in : Justiz und Zeitgeschichte, 1995. Bd. 2, S. 100 ff. 戦前の沿革について、齋藤哲「オーストリア刑事裁判権における陪審制度の成立略史—国民の司法参加を唱える憲法国家の法廷を訪ねて—」島大法学四二巻四号（一九九九年）。

(4) オーストリア少年司法については、齋藤哲『少年審判に参審制を—フランスとオーストリアの少年司法調査報告』日本弁護士連合会司法改革推進センター・東京三弁護士会陪審制度委員会編（現代人文社、二〇〇〇年）一四二頁。

(5) この問題に言及する最近の文献として、Gabriele Kucsko-Syadlmayer, Geschworenengerichtsbarkeit und politisches Delikt, JZ 1993, 220. がある。

(6) 本文に記した陪審および参審に対する評価は、一九九八年一一月、日本弁護士連合会司法改革センター（陪審・参審部会）とともにウィーン大学民事手続法研究所、同大学刑事手続法研究所、ウィーン地方裁判所、ウィーン区裁判所、ウィーン労働社会裁判所、ウィーン少年裁判所、および市内の弁護士事務所を、また、一九九九年一月に、ウィーン商事裁判所、リンツ地方裁判所、リンツ労働社会裁判所、リンツ大学、インスブルック地方裁判所などを視察した際の関係者のほぼ共通する見解である。

第一一章　ドイツ市民裁判官への情報の供与

——法廷における情報供与と文書の閲覧権——

1　法廷における訴訟資料の獲得

名誉職裁判官は、訴訟において十分な情報提供を得ることにより、その職責を果たすことができる。名誉職裁判官は、公判もしくは口頭弁論にもとづく裁判にのみ参与する。法廷に直接立ち会うことで、事件内容の新鮮な印象を享受し、また合議の充実を図ることができる。名誉職裁判官は、以下のように公判もしくは口頭弁論の進行を通して、法廷における訴訟資料を獲得する。

法廷においては、いずれの裁判権においてもまず、公判または口頭弁論に先立ち、廷吏または書記官による事件の呼上げが行われる。ただし、名誉職裁判官がはじめて裁判官として訴訟に関与するときは、この呼上げ前に、宣誓が行われる（第七章）。職業裁判官がはじめて関与する場合も同様である。

(1)　前述のように、刑事手続は、事前手続、中間手続、および公判手続を経て、合議、評決、そして判決宣告に至るが、公判手続の開始決定に先立つ手続に参審員は関与しない。したがって、参審員は、公判手続の中で、口頭主義および直接主義にしたがい、訴訟資料を獲得することになる。ところで、裁判官は、公判手続の開始の決定を行い、広範囲に及ぶ事実関係を把握し、真実を発見するために、準備しなければならず、事件記録の精査は必須である。[1] 事件記録の精査は陪席する職業裁判官も自明のこととして捉えられている（第九章*1*(1)）。また、当該記録は公判中も手元におかなければならない。このことは、本来、職業裁判官と同じ権利と義務を持つ参審員にもあてはまるはずである。しかし、実務では、参審員に、起訴状をはじめとして事件記録の閲覧は許されていない。直接主義の原則に対する侵害の危惧からである。すなわち、公判手続では、直接主義が適用され、判決裁判所すなわち裁判官のみならず参審員は、自らが知覚し、事実の供給源を直接入手しなければならない。しかし、参審員に事件記録の閲覧が許されると、何が公判手続の対象であったのかが希薄になり、また、さまざまな情報源から得られる印象が参審員に混乱を招き、さらには、参審員の事件に対する見方が、証拠調べ以外の記録から職業裁判官が参審員に与える描写に感化されてしまう、などの理由からである。[2]

起訴状一本主義を採用するわが国と異なり、ドイツの起訴状には、公訴事実、罪名、および罰条のみならず、証拠方法と捜査の主要な結果を記さなければならない（刑訴二〇〇条）。この起訴状とともに一件記録が裁判所に送付されるのである。ドイツでは職権主義を基調としながら、公判手続では口頭主義（同二六一条・二五〇条・二四九条一項等）と直接主義（同二四四条二項・二五〇条等）を採用する結果、事件記録にもとづく裁判は許されない。参審員が、起訴状をはじめとした捜査記録の閲覧をすると、事件に対する予断が生まれる可能性が高いと考えられているからである。

簡潔に言えば、職業裁判官は修習や経験を通して事件記録を精査する能力を備えるが――換言すれば、記録を読むことにより事件に対して予断を抱くおそれはない――、参審員にはそれが欠けるということである。しかし、事件記録の中には参審員にその内容が知れていながら、刑事訴訟法第二六一条による直接主義（裁判所は、「証拠調べの結果について、公判の全体から得た自由な心証に従い裁判する」[3]）によっては必ずしも評価できないものもあり、記録の閲覧禁止が逆に真実発見の妨げにならないのか、そもそも特別な能力を求められていない参審員と職業裁判官との共同作業を、参審制度に求めたことの意義はどこにあったのか、また、参審員に職業裁判官と同等の権限を与えた趣旨は何であったのか等の理由から、参審員に事件記録の閲覧を禁止することに対する反対意見もある(4)。

(2)　広義の行政裁判権では、事件の呼上げの後、まず、裁判長または主任裁判官——社会裁判所の場合、裁判長——は、「事実関係の陳述（Darstellung des Sachverhalts）」（社裁一一二条一項二文・一五五条一項二文）もしくは「記録の内容の要領を陳述（Vortrag des Inhalts der Akten）」（行裁一〇三条二項、財裁九二条二項）を行う。社会裁判権にいう事実関係の陳述とは、利害関係人が提出した書面や申立書を含めた記録内容の要領の陳述である。財政裁判権における裁判長等による陳述は、財政裁判所法第一〇五条三項との関係で、「重要事項にならい」また「簡潔に」行われることが多い(5)。これらの陳述は、利害関係人の法律上の審問を請求する権利を保障するとともに、名誉職裁判官に情報を供与するためにも行われる。したがって後者の観点から、事実関係の陳述は、利害関係人が在廷しない場合にも行わなければならない(6)。利害関係人に法律上の審問を請求する権利が保障されなかった場合、または名誉職裁判官に十分な情報の供与がなされなかった場合、手続の重大な瑕疵を来し、上告理由となる(7)。よって、証拠調べが行われる際も、これに先立ち、事実関係等の陳述がなされなければならない。これらの陳述により、名誉職裁判官には適切な発問をする機会が保障され（釈明権については、第一〇章**1**(1)を参照のこと）、当該訴訟の問題点を整理することが可能となる。

さらに、裁判長は、口頭弁論において、利害関係人とともに事実関係と争点を解明し、また、利害関係人にとって重大な事実について十分な説明を行い、利害関係人が適切な申述をできるよう努めなければならない（社裁一一二条二項二文、行裁一〇四条一項、財裁九三条一項）。これもまた、名誉職裁判官への情報供与に資することはいうまでもない（通説）。

(3)　通常民事裁判権や労働裁判権においては、行政裁判権のような（前掲(2)）、名誉職裁判官の法廷における情報供与に関わる明文規定は置かれていない。いずれの裁判権においても、口頭主義の原則（民訴一二八条一項、労裁四六条二項）が立てられているが、当事者もしくは訴訟代理人には口頭弁論における事件記録の引用が認められており（民訴一三七条三項一文）、口頭弁論に参与する名誉職裁判官が正確な事件像を描くことはかなり至難である。

そこで労働裁判権では、連邦労働裁判所の判決(8)を通して、書面の送付または裁判所による書面の閲覧の許可によっても、名誉職裁判官の情報獲得が十分でない限り、あらかじめ弁論に不可欠な個々の事実について名誉職裁判官に説明することを、裁判長に、義務的裁量として義務づけている。

労働裁判実務の実態としては、通常、弁論の開始前または開始直後、裁判長が事件の概要を簡潔に説明する(9)。第一審の労働裁判所ではこのような裁判長の名誉職裁判官に対する事件の教示により、訴訟が円滑に運営されるものの、州労働裁判所と連邦労働裁判所では、しばしば膨大な事実資料や裁判に必要な解決し難い法律問題が持ち込まれ、裁判長が行う法廷前の口頭による簡略な教示では、名誉職裁判官が裁判に従事するのに十分と言えない場合が多々ある。名誉職裁判官は職業裁判官と同等の権限を持つとの建前であるが、裁判を行うための情報量として、職業裁判官と名誉職裁判官との格差は著しく、名誉職裁判官制度の限界を露呈する結果となっている。

商事部や農業事件裁判所の訴訟運営について、上述した連邦労働裁判所のような裁判例は見当たらないが、他の裁判権に同じく、弁論開始前、裁判長による事件の教示がなされている。

（1） 以下、KK-Kissel, GVG, § 30 RdNr. 2 : O. R. Kissel, GVG, § 30 RdNr. 2. を参照。

（2） ライヒ裁判所以来の判例が基本的に採る立場である。RGSt 69, 120 ; BGHSt 13, 73 ; OLG Hamburg MDR 1973, 69.

（3） Vgl. B. Terborst, Information und Aktenkenntnis der Schöffen im Strafprozeß, MDR 1988, 809. 刑事陪審制度と口頭主義（＝書面排除）・自由心証主義との一体不可分性について、糺問手続から近代弾劾手続への移行期にあるフランス一七九一年刑事訴訟法に関する起草委員会報告の理論を検討した、梅田豊「フランスにおける自由心証主義の歴史的展開」法政理論一八巻一号、同三号（一九八五年）、および同「近代刑事裁判における口頭主義・自由心証主義・継続審理主義の意義と陪審制度」法学五四巻三号、同四号（平成二年）がある。

（4）KK-Kissel, GVG §30 RdNr. 2 : O. R. Kissel, GVG, §30 RdNr. 2.

（5）Vgl. H. Ehlers, Die ehrenamtlichen Richter beim Finanzgericht, BB 1982, 1608.

（6）J. Meyer-Ladewig, SGG, 5. Aufl., §112 RdNr. 5. なお、後記注（7）において紹介する裁判例を参照のこと。

（7）事実関係の陳述もしくは記録内容の要領の陳述が、名誉職裁判官に情報を供与するために行われることについて、文献上、争いはない。これについて詳細に言及する裁判例として、連邦行政裁判所の決定（NJW 1984, 251）がある。本件の事実の概要および判旨は次のとおりである。

原告は、亡命を求めていたが、敗訴したため上告を申し立てた。しかし、行政裁判所により上告は不許可と判断された。そこで、これに対して、不服の目的としている本件の裁判は、瑕疵ある手続にもとづいていると主張し、抗告を申し立てたのが本件である。手続の瑕疵が問われている本件行政裁判では、期日に被告のみが出廷し、記録内容の陳述のための口頭弁論は開かれなかった。これに対して、連邦行政裁判所は、以下の理由から抗告を棄却している。

行政裁判所法第一〇三条二項による口頭弁論期日における記録内容の要領の陳述は、単に手続関与者に情報を提供するだけでなく、裁判所の構成員とりわけ名誉職行政裁判官に情報を供与するためにまた規定されている。これにより名誉職裁判官は、手続の全体の結果から心証を形成することができるのである（行裁一〇八条一項一文）。この場合、利害関係人がその遵守を放棄した場合、民事訴訟法第二五九条［責問権の喪失］を準用する行政裁判所法第一七三条にもとづき、違反は問責されることはないとする規定が問題となる（Vgl. BVerwG, Buchholz 310 §103 VwGO Nr. 1 ; BSG, SozR [alte Folge] SGG §112 Nr. 6）。本件では、手続関与者の一方は弁論期日に出廷していない。しかし、不出廷はさまざまな原因や理由があるため、記録内容の要領の陳述を放棄した状態にあるとはいえない。――本件におけるように――口頭弁論への正規の召喚にもかかわらず出廷しない者は、その限りにおいて法律上の審問権を放棄しているが、口頭弁論について強行法規として定められた正規の手続から外れることを裁判所に、許しているわけではない。定められた口頭弁論期日において手続関与者の一方が出廷しない場合、または事実の陳述を放棄する手続関与者の一方のみが出廷する場合、記録内容の要領の陳述がなされなければならない（Vgl. BSG, SozR [alte-Folge] SGG §112 Nr. 8＝NJW 1968, 1742）。

しかしながら、抗告状には、争われた裁判が瑕疵ある手続に起因していることの説明が十分になされていない。行政裁判所法

第一〇三条二項違反は、すなわち——行政裁判所法第一三八条にもとづくような——手続の絶対的瑕疵を意味しない（BSG, NJW 1968, 1742）。正確にいえば、この違反は、これが参与裁判官への情報の供与に関する瑕疵もしくは欠缺を惹起した場合、または不十分な裁判理由を惹起した場合にのみ重大なものとなる。本件は、裁判に関与する裁判官が口頭弁論における記録内容の要領の陳述を行わずに手続全体の結果から心証を形成することができたとすれば、第一〇三条二項違反事件にあたらない。なぜなら、この裁判官らは、他の過程、とりわけ合議を通じて裁判に不可欠なすべての情報を得ることができたはずであるからである。この理は、通常、受け入れられなければならない。本件では、これと同様に、裁判所は原則として利害関係人の陳述を認識するということから出発点しなければならず（Vgl. BVerfGE 27, 251）、あらかじめ手続関与者の不出廷を理由に、合目的理由から——むろん手続方法に瑕疵があるが——記録内容の要領の陳述が看過されたとしても、裁判官は法規に拘束されるということにもとづき、あらかじめ口頭弁論が行われない裁判（行裁一〇一条二項）の場合と類似の方法で、すべての裁判官に、合議の中で、訴訟資料に関する完全な情報が享受されるという推定は、これにプラス材料を提供する。

これらの点に鑑みると、事実の陳述が行われなかったことを理由に、裁判に関与した裁判官は裁判を行うのに十分な状況にあったとは言えなかったとの主張は、行政裁判所法第一〇三条二項違反の原因を説明するのには十分なものとはいえない。むろん、抗告状には、特に争われた裁判から発生し、口頭弁論以外の方法で、争訟状況に関する十分な教示が、すべての裁判官になされていなかったという結論を導くことのできる、疑義の契機となる事情が説明されていなければならない。本件抗告状には、これが欠如している。

（8） Urt. v. 13. 5. 1981 — 4 AZR 1080/78 — AP Nr. 1 zu §1 TVG Tarifverträge : Presse.

（9） Vgl. Ostheimer / Wiegand / Hohmann, Die ehrenamtlichen Richterinnen und Richter beim Arbeits- und Sozialgericht, 9. Aufl., S. 55 f.

2 事件記録の閲覧（Aktenkenntnis）

名誉職裁判官は職業裁判官と対等な権限をもって、司法に携わる、との原則を前提とするならば、法廷における当事者らへの質問権や評議・評決権と同様、事件記録の閲覧についても裁判官と同じ扱いがなされるはずである。しかし、名誉職裁判官が、適正な裁判を行うために、書類の閲覧権を有するかについては、若干の議論を要する。

いずれの裁判権においてもこれについて明文の規定を持たないことから、閲覧権がそもそもあるのか否か、また、認められるとした場合、いかなる時期に、いかなる場所で、いかなる方法でこれを行使しうるのか、さらに、これについて争いが生じた場合、誰がその可否を判断するのか、などについて統一的取扱いはなく、各裁判権においてさまざまな見解が主張されている。

(1)　概　説

刑事裁判権以外の裁判権では、概ね、弁論期日における法廷や合議の際に、名誉職裁判官が事件記録を閲覧しうることについては争いがない。参審員の事件記録閲覧権については、前記***1***(1)を参照のこと。

法廷開始以前、あらかじめ閲覧することができるかということになると、制度論として名誉職裁判官の活動が法廷の立会いを基本に構築されているという問題、また、現実問題として閲覧室の確保などの問題に突き当たる。労働、社会、および財政の各裁判権では、訴訟の充実や名誉職裁判官が職業裁判官と同等の権利義務を有する（前記第一〇章参照）ことを理由に、名誉職裁判官が裁判に関与するための準備として、弁論開始前に資料を閲覧しうるとの見解が支配的である。[1]商事裁判官にあっては、その鑑定人としての役割と機能から、閲覧権について疑義はないようである。しかし、刑事裁判権や行政裁判権[2]においては、名誉職裁判官の権利・義務について、他の裁判権と同一の規定を有するにもかかわらず、名誉職裁判官に閲覧請求権はないと解されている。

(2)　文書の送付

さらに積極的に、事件記録を閲読するために、予め自宅もしくは勤務先に、これらの文書を送付させる権利を認めることができるかについて争いがある。

積極説は、名誉職裁判官に訴訟の根底にある事実を十分に把握させる必要があること、また、名誉職裁判官は職業裁判官と同様「誠心誠意」裁判に関与する義務を持つことから、これを達成させるには、職業裁判官によりフィルターの掛けられた訴訟資料（本章**1**参照）を認識するだけでは十分でなく、完全に生の書類の閲覧が不可欠であるとの理由から、名誉職裁判官に、法廷担当の召喚状とともに事件記録のコピーを送付しなければならないとする。[3]また、裁判所は名誉職裁判官に資料を送付する義務はないが、名誉職裁判官は守秘義務を負っているとの理由から、少なくとも、法的には、事件記録の送付請求を否定できないとする見解も根強い。[4]

一方、消極説は、名誉職裁判官は法廷に立ち会うことを主たる役割とするとの理由から、法廷と書記課における閲覧に限定されるとする。現在一般に、事件記録を閲覧するため、事前に自宅もしくは勤務先に資料を送付させる権利まではないと解されている。[5]

ただし、商事裁判官については、例えば、ハンブルク地裁のように、期日前に、商事裁判官に送付されない文書等は、弁護士協会との協定にもとづき、時機に遅れたものとして扱う地域もある。[6]

(3)　閲覧に対する補償

ところで、当事者の利害が一層先鋭化し、複雑な法律問題を扱わなければならない上訴審のみならず、下級審においても、このような法廷開始前または開始時における裁判長による情報開示だけでは必ずしも十分なものとはいえない。[7]しかし、名誉職裁判官があらかじめ書類を閲覧できるとしても、資料の送付請求権や閲覧に要する時間の補償が認められていない以上、名誉職裁判官が手弁当覚悟で裁判所に赴くことは期待できない。

社会裁判権では一九八一年の連邦社会裁判所の職務規則にもとづき、[8]名誉職裁判官に事件とマスコミ報道の目録が送付されている。さらに、上告審では、原審の判決、上告理由書、および添付書類の写しが、適宜、弁論開始前、名誉職裁判官に送付される。また、連邦労働裁判所においては、一九八三年の連邦労働裁判所規則により、原審判決、事件の概要書、上告理由書、および添付書類のコピーが送付されることとなった。[9]

このような連邦社会裁判所の訴訟運営にならい、現在、名誉職裁判官を採用する若干の上級行政裁判所においてまた、名誉職裁判官の召喚の際に、第一審判決の謄本を情報提供として名誉職裁判官に送付している。名誉職裁判官が事前に訴訟の事実関係と問題点を把握することにより、内実ある期日の実施が期待でき、訴訟の早期終結に資しているという。(10)

しかし、下級審である行政裁判所や財務裁判所におけるそのような扱いは稀れであり、結局、上述した裁判長らの陳述による情報に頼らざるをえず、裁判を行うに十分な状況とはいいがたい。(11)しかし、名誉職裁判官に包括的に情報が開示されている限り、弁論における釈明権の行使や、評議における裁判官との訴訟資料に関する検討を通じて、少なくとも情報を獲得する機会は与えられているといえる。したがって、制度のあり方としてこれを是とするか否かは、政策的な問題ともいえよう。

(4)　ま　と　め

この問題、手続理念や名誉職裁判官の資質、さらには閲覧に要する諸々のコストなどの問題が複雑に相克している。裁判の理念からすれば、裁判主体は書面に目を通すことが望ましいのみならず、精読のうえ弁論に参与すべきである。しかし、実際問題として、大量の書類が送付されたとしても名誉職裁判官がこれを読むとは限らない。また、名誉職裁判官は職業裁判官と異なり法律家ではなく、書類に目を通すことで逆に事実関係や法律問題の把握に混乱を来すという弊害が危惧される。さらに複写に要する労力、複写費用、郵送料の負担等を勘案すると、一概に賛成し難いというのが実情であろう。(12)また、自主的に裁判所において書類の閲覧に時間を費やしたとしても、かかる時間に対して補償請求権は認められていない（第一五章*1*(1)参照）。しかし、名誉職裁判官は、口頭弁論終結後の合議において最終的に評決権を行使しなければならず、その際、資料の閲覧を何人も拒むことはできない。合議に際して長時間を費やさなければならないことを考えるならば、あらかじめ裁判長が名誉職裁判官に召喚状とともに資料を送付することが合理的ともいえる。(13)

結局、名誉職裁判官の裁判主体としての地位に鑑みれば、これは閲覧義務の問題ではなく、閲覧する権利と送付させる権利の問題であり(14)、これを保障すべきとの主張を首肯できようか。

（1） Ostheimer / Wiegand / Hohmann, Die ehrenamtlichen Richterinnen und Richter beim Arbeits- und Sozialgericht, 9. Aufl., S. 56, 58 ; J. Meyer-Ladewig, SGG 6. Aufl., § 19 RdNr. 3 ; Ziemer / Birkholz, Finanzgerichtsordnung, 3. Aufl., § 16 RdNr. 3.

（2） 名誉職裁判官の閲覧と補償について判示した**NRW**州上級行政裁判所の判決によれば、名誉職裁判官は口頭弁論の準備などのような役割を担わないことを理由に、事前に行使される閲覧請求を消極的に解している。Beschluß des OVerwG NRW v. 27. 9. 1989, **NWVBl** 1990, 103 zitiert bei B. Atzler, Das Recht des ehrenamtlichen Richters, die Verfahrensakteneinzusehen, DRiZ 1991, 207. 自由心証主義は、言うまでもなく近代手続法の共通原理である。しかし自由心証は、刑事手続では「証拠調べの結果」に限られるのに対して（刑訴二六一条）、その他の手続では「弁論の全趣旨」（民訴二八六条、労裁四六条二項）もしくは「手続の全体の成果」（社裁一二八条一項、行裁一〇八条一項、財裁九六条一項）までもが斟酌される。

（3） Vgl. Lattreuter, Der Sozialrichter 1970, S. 61 ff. ; H. Ehlers, Die ehrenamtlichen Richter beim Finanzgericht, BB 1982, 1608. なお、近年、労働裁判権では、労働組合側から要望として、このような主張がなされているという。Ostheimer / Wiegand / Hohmann, aaO., S. 57 f.

（4） G. Schuldt, Die ehrenamtlichen Richter bei den Gerichten für Arbeitssachen, AuR 1960, 105 ; R. Künzl, Die Beteiligung ehrenamtlicher Richter am arbeitsgerichtlichen Verfahren, **ZZP** 104, 185 ; Ostheimer / Wiegand / Hohmann, aaO., S. 56.

（5） Vgl. Peters / Sautter / Wolff, SGG, § 19 Anm. 2 ; Meyer-Ladewig, aaO., § 19 RdNr. 3.

（6） Vgl. Weil / Horstmann, Der Handelsrichter und sein Amt, 4. Aufl., S. 51. 商事部では稀れに、裁判長から事前に書類が送付され、その精査が求められるという。

（7） 上級審における閲覧請求権を強調するのは、Ostheimer / Wiegand / Hohmann, aaO., S. 56. これに対して、R. Künzl, Die Beteiligung ehrenamtlicher Richter, **ZZP** 1991, 185. は第一審裁判所における訴訟の重要性を唱える。

（8） 社会裁判権の職務規則は、社会裁判所法第五〇条にもとづき、総務部が最年長の名誉職裁判官二人を召喚して作成し、連邦参議院の承認を経る。なお、規則制定以前の一九七八年に実施された社会裁判権における文書の送付に関する実態調査によれば、社会裁判所で行われた一四〇〇件の手続の中、事前に名誉職裁判官に書類の抄本が送付されたのは三件、州社会裁判所では八六

○件中八件にすぎなかったという。Vgl. Rohwer-Kahlmann, zitiert bei L. Gehrmann, Der demokratische Auftrag des ehrenamtlichen Richters und ein Informationsbedürfnis, DRiZ 1988, 129.

（9）Ostheimer / Wiegand / Hohmann, aaO., S. 56 f.

（10）L. Gehrmann, aaO., 126 f.

（11）Vgl. R. Kapp, Der Steuerprozeß, BB 1982, 814.

（12）訪問した各裁判権の裁判所においては、いずれもこのような理由から消極的見解が多かった。また、名誉職裁判官自身も大量の書類を送付されても困惑するとの意見を得た。なお、vgl. R. Künzl, aaO., 184 ff.

（13）Ostheimer / Wiegand / Hohmann, aaO., S. 59 f.

（14）Vgl. H. Reim, Fachkenntnisse der ehrenamtlichen Richter, DRiZ 1992, 141.

第一二章　ドイツ市民裁判官の委員会

――名誉職裁判官の司法行政への参加――

名誉職裁判官は司法機関における判決主体として役割が求められているのみならず、一部の裁判権ではさらに、名誉職裁判官と職業裁判官の協力による司法行政への積極的関与が予定されている。名誉職裁判官が司法行政に加わることで、裁判所と名誉職裁判官との関係のみならず名誉職裁判官相互の関係を緊密にする必要がある。労働裁判権と社会裁判権に設置される「名誉職（陪席）裁判官の委員会」（Ausschuß der Beisitzer）がそれであり(1)、その起源は一九二六年の労働裁判所法にさかのぼることができる(2)。

(1)　**委員会の構成**

複数の部を持つ労働裁判所と社会裁判所、ならびに州労働裁判所と州社会裁判所には、名誉職裁判官の中から選挙された委員と裁判所の監督権限を有する裁判長裁判官（この裁判長に支障がある場合には、裁判所の中で最も勤務年数の長い裁判長）により構成される名誉職裁判官の委員会が設置される（労裁二九条・三八条、社裁二三条・三五条）。委員会の委員長は裁判長が務める。ただし、複数の部を持たない労働裁判所と社会裁判所ならびに連邦労働裁判所と連邦社会裁判所における委員会の設置は義務づけられていない。これらの裁判所では、名誉職裁判官と職業裁判官の緊密な共同作業が保障されているからという(3)。もっとも、連邦裁判所では、名誉職裁判官の部への配属などに

ついて、名誉職裁判官には実質的に関与権が認められている。(4)

(2) 構　成　員

労働裁判権の委員会の構成員（委員）は、名誉職裁判官の中から、それぞれ労使代表の名誉職裁判官により、分離された選挙において、労働者階層と使用者階層の中からそれぞれ少なくとも三人選挙される（労裁二九条一項二文）。社会裁判権における委員会の構成員は単に六人と定められ（社裁二三条一項二文）、これが唯一、労働裁判権との違いである。出身母体についての定めはないが、社会裁判権の場合、その専門性を考慮してすべての階層から選出することが望まれる。(5) 名誉職裁判官は、委員を選出する選挙権を持つにすぎず、選出義務を有するとは解されていない。(6)

委員の任期は、名誉職裁判官の任期に照応させ四年であり、また、委員は、自己の名誉職裁判官としての任期を超えてはならない。(7) ところで法は、このように委員の定員を定めるのみで委員の選挙に関する具体的な規定を定めず、また、これを管轄大臣に委ねているわけでもない。したがって、委員長を務める裁判長と選挙人である名誉職裁判官は、相互の協力理解のもと、民主的な手続内容を持つ、秘密もしくは公開による選挙制度を自ら創設しなければならない。(8) むろん、選挙ごとに手続を決めることも可能である。

(3) 裁判長の役割

委員会には、前述の裁判長裁判官が議長役として加わるが、裁判長は議決権を持たず、委員会の構成員としての委員ではない。したがって、委員会において意見が別れたとしても、裁判長の意見が最終的判断に影響を及ぼすことはない。(9) 選出された委員は職務として委員会に参加する義務を負う。したがって、これを懈怠するときは懲戒処分（後記第一三章参照）の対象となる。

(4) 委員会の役割

委員会の役割は、裁判官の司法行政に関わる事項、すなわち裁判部の設置、事務配分、部への名誉職裁判官の配置、および名誉職裁判官の事件担当に関する名簿の作成について、あらかじめ、名誉職裁判官から口頭または書面で意見を聴取すること、さらにこれをとりまとめ、名誉職裁判官の要望として、各裁判所の裁判長ならびに裁判所の管理服務監督官庁（労裁一五条、社裁九条三項）に提出することのふたつである（労裁二九条二項、社裁二三条二項）。

所轄官庁は、部の構成（労裁一七条、社裁七条）、事務分配（労裁六条a、社裁六条）、名誉職裁判官の部への配属、および名誉職裁判官の法廷担当に関する名簿の作成（労裁三一条、社裁六条）に際して、委員会に諮問する。したがって、委員会はあらかじめ、これらについて口頭または書面により名誉職裁判官の意見を聴取しなければならない（労裁二九条二項、社裁二三条二項）。

以上は法定事項であるが、委員会は、そのほか、法廷への召喚時期、法廷の立会い時間、休憩時間、期限の取決めに関する期日、裁判所の設備、さらに法廷の審理などについて、名誉職裁判官の意見や要望を取りまとめ、決定をもって管理服務監督官庁に提出することができる[10]。

(5)　委員会の効用

委員会の活動は、職業裁判官と名誉職裁判官、ならびに名誉職裁判官相互間の会話を活性化し、両者の共同関係をより緊密にすることから、その積極的促進が望まれよう。かかる場面における名誉職裁判官の消極性は、法により保障された事物的独立の保障の放棄にもつながりかねない。しかし、実際のところ、名誉職裁判官は司法行政に自己の利益を感じておらず、その形骸化が指摘されている[11]。

(1)　刑事、行政、および財政の各裁判権には名誉職裁判官選出委員会が設置されるが、これは文字通り名誉職裁判官を選出するための委員会であり、その他の役割はない（第六章***1***(1)・(7)参照）。

（2） Vgl. W. Röhsler, Der Beisitzerausschuß in Theorie und Praxis, AuR 1970, 65 f.; Germelmann / Matthes / Prütting, ArbGG, 2. Aufl., § 29 RdNr. 2.

（3） Schuldt, AuR 1958, 336 f.; G. Ede, Die Stellung der ehrenamtlichen Richter, in: Die Arbeitsgerichtsbarkeit: FS zum 100j. Bestehendes Deutschen Arbeitsgerichtsverbandes, 1994, S. 261; Germelmann / Matthes / Prütting, aaO., § 29 RdNr. 6. ただし、連邦社会裁判所には、名誉職裁判官の委員会が設置されている。Bundessozialgericht Referent für Öffentlichkeitsarbeit und Pressewesen, Bundessozialgericht und Sozialgerichtsbarkeit, 1994, S. 14.

（4） Ostheimer / Wiegand / Hohmann, Die ehrenamtlichen Richterinnen und Richter beim Arbeits- und Sozialgericht, 9. Aufl., S. 74.

（5） Meyer-Ladewig, SGG, 6. Aufl., § 23 RdNr. 2

（6） R. Kunzl, *ZZP* 1991, 168; Germelmann / Matthes / Prütting, aaO., § 29 RdNr. 11.

（7） Meyer-Ladewig, aaO., § 23 RdNr. 3.

（8） G. Ede, aaO., S. 260 f. 民主的な選挙として、書面によることが必要かについては争いがある。これを必要とするものとして、Ostheimer / Wiegand / Hohmann, aaO., S. 72.、消極説として Germelmann / Matthes / Prütting, aaO., § 29 RdNr. 9; Meyer-Ladewig, aaO., § 23 RdNr. 2. また、W. Röhsler, aaO., 65 ff. は全国的に統一された選挙手続の必要性を唱える。

なお、Ｈｅ州では、郵便投票による選挙が行われている。参照、Ｈｅ州司法大臣による回覧公報（Runderlaß）「一九九一年一一月一三日に行われるＨｅ州の労働裁判所の名誉職裁判官の委員会の構成員に関する選挙」（Ostheimer / Wiegand / Hohmann, aaO., S. 115 ff.）。

（9） Germelmann / Matthes / Prütting, aaO., § 29 RdNr. 14.

（10） Ostheimer / Wiegand / Hohmann, aaO., S. 74.

（11） Vgl. Germelmann / Matthes / Prütting, aaO., § 29 RdNr. 21.

第一三章　ドイツ市民裁判官に対する懲戒処分

――過料の賦課――

法は、名誉職裁判官および名誉職裁判官選出委員に対する懲戒処分として、罷免（第八章*1*(2)）と過料（Ordnungsgeld）の賦課を定める（なお、Ordnungsgeldは、一般に、「秩序金」と訳されることも多い）。(1)

(1)　名誉職裁判官が、適時に在廷せず（第一〇章*2*(3)）、また名誉職裁判官としての義務（Obliegenheit）を履行しない場合、過料が科せられる。各手続法には、過料の額についての規定は設けられていない。刑法典施行法第六条一項によれば、五～一〇〇〇ドイツ・マルクを限度に過料を科することができる。(2)過料による制裁の対象として、出廷義務違反の他に、宣誓拒否（第七章）、合議の守秘義務違反（第一〇章*2*(2)）、法廷秩序違反（例えば、裁判長の許可をえない執拗な釈明権行使、法廷終了前の退出、裁判長の訴訟指揮の妨害など。第一〇章*2*(1)参照）、評決義務違反（第一〇章*1*(3)）、判決書の署名拒否（第一〇章*1*(4)）などを挙げることができる。この規定の歴史は古く、労働裁判権にあっては一九八〇年の営業裁判所法および一九〇四年の商人裁判所法に起源をさかのぼる。(3)

(2)　これらの裁判は、裁判長（裁構五六条二項、社裁二一条一文、行裁三三条二項、財裁三〇条二項）、または各執務年度あらかじめ総務部により定められた部（労裁二八条一文、社裁三五条・四七条）が、あらかじめ当該名誉職裁判官に対する審問を行い、義務的裁量によりこれを行う。審問を行わずに過料を科すことは許されない。懲戒手続に服することは裁判官の職責であることはいうまでもない。総務部が定めた当該名誉職裁判官が関与していない部により懲戒処分に関する裁判が行われる場合は別として、懲戒される者が加わっていた部の裁判長に懲戒処分を付託することは、裁判官の独立に抵触する危険がある。(4) このような手続に付される名誉職裁判官が、裁判長の判断に偏見を抱いても不思議はなく、他の機関による裁判が望まれよう。(5) また、部が裁判する場合でも、処分を受ける名誉職裁判官が懲戒処分を行う部に属していた場合には同様の問題が生ずる。

(3) 通常裁判権、ならびに社会および行政の各裁判権ではさらに、名誉職裁判官の出廷を確保するために、とくに障碍となりうる十分な理由が弁明されていないにもかかわらず出廷を拒み、または出廷に遅れる者に対して、過料とは別に、出廷義務違反にともない生じる費用の負担を名誉職裁判官に命じることができると明規した（裁構五六条一項二文、社裁二一条一文、行裁三三条一項二文）。出廷義務違反の制裁を免れることのできる特別な理由は、限定される。十分な理由となりうる障害事由として、例えば、既に期間の確定している休暇や修学を理由とした不在、疾病、療養、および冠婚葬祭のような個人的理由、ならびに企業の存続に関わる重要な商取引および企業における不慮の事故のような使用者側の特別な事情を、また労働者側の代表が技術者の場合には、故障した機械を修繕する必要性などを特別事情として挙げることができよう。(6)

これに対して、訴訟当事者との縁故関係や面識があるなどの除斥・忌避事由は出廷を拒絶する理由とはならない。除斥・忌避事由が生じると思われる個々の事件から、当該裁判官を外せばよいことであり、その他の事件に関与させることは問題ないからである。(7)

(4) ところで、名誉職裁判官の軽率な発言が災いして、当事者から、これを理由に、当該名誉職裁判官に対する忌避の申立てがなされ、その結果、手続関係者が著しい手続費用の出費を強いられたとしても、名誉職裁判官は、その地位に鑑み、かかる費用を負担しないと解されている——また、名誉職裁判官は裁判官として、職業裁判官と同等の地位を具有していることから、その活動に起因する賠償責任にも、民法の規定により大きな制限が加えられている。[8] この問題について言及したフランクフルト上級地方裁判所において下された抗告事件の概要は以下のとおりである。[9]

Aは参審員としてダルムシュタット地方裁判所刑事部の審理に立ち会った。一九九〇年一一月一日、法廷終了後、刑事法廷に立ち会ったA、他の参審員、被告人、および弁護人は共に飲食店に立ち寄った。この席でAは、被告人に対して、「被告人の場合、六年は免れない」と発言した。これに憤慨した被告人が、一九九〇年一一月一八日、この発言を問題にし、偏頗の恐れがあることを理由に、この参審員Aを忌避する申立てを行った。これが認められて、公判は中断されるとともに、新たな参審員が加わり公判は再開された。このため、Aが除斥されるまでの間、新たな手続費用の出費を余儀なくされたため、裁判長は、決定をもってAに対して、秩序金として五〇〇ドイツ・マルクを課すと同時に、右手続費用の負担を命じたという事件である。この決定に対してAが抗告。抗告審では、本件手続費用が、裁判所構成法に定められた秩序規定にもとづく義務違反によって生じた費用とみなしうるかが争点となった。

抗告審裁判所は、裁判所構成法第五六条一項は、「参審員……は十分な理由がないにもかかわらず適時に出廷せず、またはその他の方法により責務を免れたものは、過料ならびにこれによって生じた費用の負担を言い渡すことができる」と規定することで、法廷の立会いを懈怠する参審員に警告を発するにすぎず、本件ではこのような出廷に対する懈怠が認められないとして、抗告を認容した。

(5)　このほか、名誉職裁判官がこれらの義務に著しく違反した場合には、労働裁判権の場合、管轄州最高官庁または州政府により委託された官署（労裁二〇条一項）の申立てにもとづき（同二七条）、行政裁判権と財政裁判権の場合、裁判所長の申立てにもとづき（行裁二四条三項、財裁二一条三項）、また、通常裁判権と社会裁判権の場合、このような申立てにもとづかずに（裁構五六条、農裁七条、社裁二二条）罷免される（第八章**1**(2)参照）。いずれの裁判権においても、各執務年度の開始前総務部によりあらかじめ定められた部がこれを裁判する。なお、前記(2)の問題がここでも生ずる。

(6) 過料の賦課と罷免は同時に行うことができないと解されている。すなわち、義務違反を理由に罷免される場合、過料を科すことはなく、また逆に、過料を科しているときもはや罷免されることはない。(10) ただし、過料を賦課しても名誉職裁判官が職務を遵守しないときは、新たな懲戒事由として、罷免または過料の問題が生じよう。(11)

（1） **OVG Berlin, Beschl. v. 31. 8. 1978, NJW 1979, 1176.** は、名誉職裁判官の出廷義務違反と過料について言及した裁判例である。本件は次のような事案である。行政裁判所名誉職裁判官に任命されたAに、第一回目の期日への召喚状が届けられた。Aは交通犯罪を理由に区裁判所において起訴されていること、名誉職裁判官に支払われる補償額が十分なものではないことなどを理由に出廷を拒否した。同行政裁判所所長は、この者が名誉職裁判官の不適格者に該当しないこと（行裁二一条）、およびこの者には職務を拒否する理由がないこと（同二四条）、出廷を拒む場合には過料が科せられることを説明して、出廷を促した。しかし、Aが応じなかったため、過料を科す決定を下したのが本件である。A抗告。抗告に対してベルリン上級行政裁判所は、抗告人Aに対して過料を科すことは許されず、免職されるにすぎないとして、決定を取り消した。

（2） ドイツ・マルクの為替相場については、**コラム**（✎2）を参照のこと。

（3） Germelmann / Matthes / Prütting, ArbGG, 2. Aufl., § 28 RdNr. 2.

（4） **K. Müller,** Ehrenamtliche Richter, in: FS zum 25j. Bestehen des Bundessozialgerichts, S. 908 f.

（5） 局面は異なるが、名誉職裁判官が職業裁判官を事実上忌避することも考えられるのである。一九九五年一月一九日のドイツ通信社（dpa）発の各紙報道によれば、マンハイム地方裁判所刑事部（BW州）に加わっていた参審員二人が、同部の裁判長が別件ネオナチ事件において下した偏見的裁判を理由に、同氏が裁判長を務める部の参与を拒絶した。

（6） **R. Künzl, ZZP** 104, S. 172 f.

（7） **R. Künzl,** aaO., S. 173 f.

（8） これについては、西村宏一「裁判官の職務活動と国家賠償」判タ一五〇号（一九六三年）八四頁以下。

（9）OLG Frankfurt, Beschl. v. 29. 5. 1990, NJW 1990, 3285.

（10）Germelmann / Matthes / Prütting, aaO., § 28 RdNr. 12.

（11）Vgl. R. Künzl, aaO., S. 190 Anm. 259.

第一四章　ドイツ市民裁判官に対する研修
――職業裁判官への接近？――

(1)　名誉職裁判官に対して専門的な研修を行うべきか否かについては、論議がある。市民である名誉職裁判官に対して研修を行うべきか否か、本来これを行うことが許されるのか否か、許されるとするならばその主体は誰か、そして、研修内容として何を盛り込むのかなど、さまざまな問題が交錯する。しかしながらこの問題はかなり以前から提示されていたにもかかわらず、法が名誉職裁判官に対する研修についていっさい言及していないこともあり、その論議は意外なほど乏しい。

市民関与の長い歴史を有する刑事裁判権においては、名誉職裁判官に対する専門教育の要請が少なからず聞かれた。刑事裁判権における参審員に対しては現在、法理論の研磨を目的とする研修を通して確かな基本知識を得させようとの理由から、主に各州の司法省が中心になって、裁判官の独立の遵守や刑法の諸原則の習熟を目的に研修プログラムが組まれ、各州の裁判所レベルで実施されている(1)。

それ以外の名誉職裁判官の専門知識の反映が期待されていない裁判権においても、有能な名誉職裁判官による適正な裁判を保障しようと、あるいは、名誉職裁判官が裁判官としての職務を引き受けかつ引受義務がある以上当然のこととして、このような研修制度の必要性が唱えられる。

しかし、専門教育は、望ましからざる中途半端な教育をしかねない（「半教育」の危険性）と同時に、名誉職裁判官に対する統制を意味する結果になりかねないこと、さらには、純朴な市民の法感覚を裁判に取り込むという市民の司法参加の本来的機能を根本的に損なうとの理由から、これに反対する意見も根強い。

(2) 労働裁判権や社会裁判権における名誉職裁判官は、各種関係団体の作成する候補者名簿にもとづき選出されるが、この名簿作成者は、名誉職裁判官に対して研修を行う権限もしくは義務があるか、また、任命権を有する大臣や裁判所総務部が同種の行為を行うことができるか、争われていた。消極的見解は、法は、特別な階層から選出される市民裁判官に対しての特別な研修を求めておらず、また、名誉職裁判官を推薦しなければならない諸連盟（例えば、労働組合または使用者の団体、保険医の団体または戦争犠牲者の団体）がその推薦にもとづき任命される者に対する研修を行うことも求めていない。なぜなら、このような片面的な研修について公の手段が承認されているとしても、名誉職裁判官は特定団体の利益を擁護することなく、裁判を行わなければならず[2]、また、名簿の作成権者は、名簿の作成、提出によってその役割は終わり、任命後の研修は、裁判官の独立に対する危険を惹起するからである[3]、と。他方、このような団体は、名誉職裁判官を研修させる義務を負うとする見解もある[4]。研修は一定の事件を裁判するためにあるのではなく、むしろ名誉職裁判官に欠けている実体法や訴訟法の知識を補わせることをその理由とする。名誉職裁判官には、職業裁判官と同等の権利が与えられ、また、義務が課せられているが、これらは、通常、学校教育過程で学ぶ機会はなく、積極的にこれを修得する機会を保障しなければならない、と。

(3) 現行法上少なくとも、国家がこのような研修を行わなければならないとの規定はない。また、国が少なくともこのような義務を負うと解するのは難しく、現在、このような研修は一般に行われていないようである[5]。ただし、伝統的に、ドイツ労働総同盟（DGB）や全国被用者労働組合（DAG）が、労働裁判権と社会裁判権の下級審裁判所に関与する組合員を対象に、特殊な法律問題について部分的に、年数回、職業裁判官や組合弁護士を招き研修会を催しているという。(6) これに対して、使用者連盟は、社会裁判権における名誉職裁判官に対して研修会を実施しているが、(7) 労働裁判権においてははごく稀であり、開催しているとしてもその回数は年一、二回にしか満たないという。いずれの研修会にせよ、週末の開催は、大半の参加者から敬遠されているという。(8)

Bay州、T州、BW州、およびBln州の手引書

(1) 例えば、He州では、地方裁判所と区裁判所における研修や刑務所訪問が行われている。参審員には、司法省作成による小冊子「参審員の職務」(Das Schöffenamt) が、また少年参審員には「少年参審員の手引き」(Leitfaden für Jugendschöffen) が配布される。他の州においても同様の方法で研修が行われるが、地域によっては市民大学や、その他公共教育施設において研修が実施される場合もある。**H. Bietz, Laienrichter zwischen Macht und Ohnmacht?, DRiZ 1987, 164.**

ＢＷ州では、参審員の任期前に、正参審員のみを任意に裁判所会の会議室に集めて、四時間程度（午後）の講習を行う。教材は「参審員の手引き」(Leitfaden für Schöffen)、講習内容は、刑事法および手続法についての一般的知識についてである。情報提供は、カールスルーエ区裁判所フリック・エルンスト (Flick Ernst) 裁判官による。

ＳＡ州では、参審員向けに司法省編纂の小冊子「参審員」(Schöffen)、Ｂａｙ州では「バイエルンにおける参審員の職務」(Das Schöffenamt in Bayern)、Ｂｌｎ州およびT州では「参審員の職務」(Das Schöffenamt)、ＮＲＷ州では「名誉職裁判官について何を知るべきか」(Was Sie über ehrnamtliche Richter wissen sollten) が公刊されている。おそらく、ドイツの全ての州において類似の冊子が作られているものと思われる。

なお、戦前、日本においても陪審制度が行われていたことは既に述べたが、当時、同じように、陪審員のための手引書が交付されていた。第一章一**9**参照のこと。

(2) E. Kern, Gerichtsverfassungsrecht, 3. Aufl., S. 118.

(3) Buss, Ist eine Schulung der Sozialrichter durch Verbände zulässig?,

DRiZ 1957, 103 f.

（4）例えば、G. Schuldt, Schulung der Arbeitrichter durch Verbände, AuR 1959, 117, 118 u. 1960, 103～109; W. Herschel, Die ehrenamtlichen Richter der Arbeitsgerichtsbarkeit, ArbuR, 1980, 321, 323.

財政裁判権の名誉職裁判官に関して、ミュンスター財政裁判所（NRW州）ライム所長は、専門知識の絶対的欠如に鑑み、積極説の立場に与する。しかし、研修制度を持つことによる諸経費等を勘案し、積極説を現実的な解決策とせず、結局、職業裁判官が名誉職裁判官を指導することにより職務に習熟させることをベターとする。H. Reim, Fachkenntnisse der ehrenamtlichen Richter — Überforderung bei der Entscheidung, DRiZ 1992, 139 f.

（5）ちなみに、NRW州の労働裁判所においては、名誉職裁判官にあらかじめ、民事訴訟法に関する簡潔なテキスト「民事訴訟法の基本概念（Grundbegriffe des Zivilprozeßrechts — Information für die ehrenamtlichen Richter am Arbeitsgericht）」（A四版、全九頁、タイプ打ち）が送付される（資料提供、ケルン労働裁判所クレンプト所長）。さらに詳細な啓蒙書をあらかじめ送付すべきとの見解もあろう。しかし、現実に、先のようなテキストが読まれているか定かではなく、これ以上のものが必要か否か、送付された者の負担を考えると、一概にこれを推進し難い事情がある。

（6）E. Klausa, Ehrenamtliche Richter, 1972, S. 128, 153; W. Brill, Stellung, Recht und Pflichten der ehrenamtlichen Richter der Arbeitgerichtsbarkeit, DB 1970, 8. DGB作成の名誉職裁判官向け小冊子として「社会裁判官の名誉職」（Das Ehrenamt des Sozialrichters）や「年金保険における医者の鑑定」（Das ärztliche Gutachten in der Rentenversicherung）などがある。

（7）R. Wassermann, Die richterliche Gewalt, S. 121.

（8）E. Klausa, aaO., S. 128.

コラム（9）　連邦特許裁判所（Bundespatentgericht）

法曹教育を受けた者でない裁判官により構成される裁判所として、毛色の異なる連邦特許裁判所がある。ミュンヘ

［写真14－1］　連邦特許裁判所技能抗告部（左から法曹裁判官、裁判長（技能裁判官）、技能裁判官２人。法曹裁判官は黒の法服、技能裁判官は青の法服をまとっている）

ンの郊外、ミュンヘン中央駅からSバーン②に乗車して約三〇分、ファザンガルテン駅から徒歩一〇分程のところにあるこの裁判所の設立は、一九六一年六月一日にさかのぼる。それまで審査局やドイツ特許局（DPA）の審査課の裁判に対しては、特許局の中の抗告部やその構成員による審査に委ねられていた。この裁判主体は、欧州特許協約（EPÜ）第二一条にもとづく、欧州特許局抗告部であった。当時、これらの裁判に対しては、上訴が認められていないこともあり、特許局抗告部の行う裁判は、裁判所の下す決定と同じ役割を有するのか、それとも行政行為にすぎないのかが問われていた。ドイツ基本法第一九条四項一文（「何人も、公権力によって自己の権利を侵害されたときは、出訴の途が開かれている」）の発効以降（一九四九年）、この問題はとりわけ顕在化する。

一九五九年六月一三日、連邦行政裁判所は、ドイツ特許商標局の裁判に対してなされた、ドイツ基本法一九条四項一文にもとづく行政裁判所への訴えに際して、ドイツ特許商標局の裁判は行政行為であり、行政裁判所により取り消されうることを明らかにした。この判決にもとづき設置されたのが連邦特許裁判所である。ドイツ特許商標局の所在地は、この裁判所と同じミュンヘンである。二審級制度を採用するこの裁判所の上級審は、連邦通常裁判所であり（ド基本九六条三項、特許四二条）、連邦司法省の管轄下にある。

連邦特許裁判所は、事件を概ね六種類に区分し、計三〇の部を設置し、約一三〇人の裁判官（一九九八年一三三人、九七年一三二人）とそれより若干多い職員を配置する。裁判官は技能裁判官（Techniker）と法曹裁判官（Juristen）により構成され、前者が三分の二を占める。名誉職裁判官の関与が、口頭弁論とそれに付随する裁判に制限されるのに対して、技能裁判官の権限は、法曹裁判官の有するすべてに及ぶ。

連邦特許裁判所の技能裁判官は、工学分野における鑑定能力を備えている。技能裁判官は、工科大学において自然科学と工学を修得した後、国家試験に合格しなければならず、少なくとも五年の実務経験と特許法関係の法知識が求められる。連邦特許商標局の技官には、右の要件を備えた者が採用されることもあり、事実上、連邦特許裁判所の技能裁判官は、連邦特許商標局の出身者で占められる。これに対して、法曹裁判官はドイツ裁判官法にいう裁判官職を担う者であり、法曹課程を修め、通常、他の裁判権や連邦特許商標局等において経験を積み、資質を備えた者の中から任命される。長官、副長官、および裁判長裁判官の任命権者は連邦大統領であり、その他の裁判官の任命は通常連邦司法大臣に委ねられる。

各事件の特性に応じて設けられた六種類、三〇の部の管轄と構成は次のとおりである。

(1)　第一部から第三部は、無効部（Nichtigkeitssenat）である。無効部は、特許の無効もしくは取消の宣告または強制実施権（ライセンス）の付与を理由とする訴えについて裁判する。部の構成は、裁判長法曹裁判官、法曹裁判官一人、および技能裁判官三人の計五人である。

(2)　第四部は、法曹裁判官三人で構成される法律抗告部と法律無効部（Juristischer Beschwerdesenat und Nichtigkeitssenat）である。連邦特許法の執務配置により他の部の管轄に属さない限りで、ドイツ特許商標局審査課の決定に対する抗告と、意匠登録簿の決定に対する抗告を管轄とする。

(3)　第五部は、実用新案事件と地形測量事件の判断に対する抗告を裁く、実用新案抗告部（Gebrauchsmuster-Beschwerdesenat）である。この部は、原則として、法曹裁判官三人で構成される。ただし、実用新案事件と地形測量事件の申請却下の抗告を扱うときは、裁判長法曹裁判官、法曹裁判官一人、および技能裁判官一人が関与する。また、抹消申立てについての実用新案課または地形測量課の決定に対する抗告は、法曹裁判官裁判長と技能裁判官二人による。

(4)　ドイツ特許商標局審査課と特許課の決定に対する抗告は、申請の却下、部の専門分野に関わる特許の付与、維持、制限もしくは取消に該当する決定である限り、裁判長技能裁判官、技能裁判官二人、および法曹裁判官一人で構成する技能抗告部（Technischer Beschwerdesenat）が担当する。技能抗告部は現在一五ある（第六～九部、第一一部、第一三～一五部、第一七部、第一九～二一部、第二三部、第三一部、および第三四部）。［写真14－1］は技能抗告部の法廷。

(5)　商品保護部（Sortenschutzsenat）は、連邦商品局異議委員会の決議に対する抗告を扱う（第三五部）。部の構成は、裁判長技能裁判官、技能裁判官二人、および法曹裁判官一人である。

(6)　商標抗告部（Marken-Beschwerdesenat）は九つあり（第二四～三〇部、第三二部、および第三三部）、ドイツ特許商標局審査課と商標課の決定に対する抗告を裁判する。構成は、法曹裁判官三人である。

この裁判所に持ち込まれる事件は、年間平均約四〇〇〇件（一九九七年四〇四四件、一九九八年四二七一件）を超える。一九九八年、新受件数四二七一件の中、三四七七件（一九九七年、三二六七件）は弁論手続に付され、残り七九四件（一九九七年、七七七件）は書類閲覧手続に付されている。弁論手続に付された事件の六二パーセント（一九九七年、五八％）は商標抗告部に係属するほか、技能抗告部二八パーセント（一九九七年、三二％）、無効部五パーセント（一九九七年、四％）、実用新案抗告部三パーセント（一九九七年、三％）、法律抗告部二パーセント（一九九七年、三％）である。審理期間の平均は一五・四二カ月、各部の審理期間は、無効部一五・三九～一五・七八、法律抗告部一〇・八六～一五・一三カ月、実用新案抗告部一三・六三～一四・二一カ月、技能抗告部二一・〇二～一八・七七カ月、商標抗告部一五・二七～一三・二三カ月である。

前述のように、連邦特許裁判所の上訴審は連邦通常裁判所であるが、その役割は一様ではない。すなわち、抗告部の決定に対する上訴は、いわゆる法律抗告であり、上告である。他方、無効部の判決に対しては、控訴が認められ、したがって連邦通常裁判所では、事実と法律の両面において審理がなされる。後者では、事実審理に専門知識を必要とすることから、通常、連邦通常裁判所は鑑定人を依頼している。

※Vgl. Pressestelle des Bundespatentgerichts, Bundespatentgericht Jahresbericht 1998.

第一五章　ドイツ市民裁判官に対する補償

――無償裁判官に対する弁償――

名誉職裁判官は別名無給判事とも呼ばれ、基本的に職務遂行に際して対価を受けることはない。ただし、名誉職裁判官は、名誉職裁判官の補償に関する法律（Gesetz über die Entschädigung der Ehrenamtlichern Richter in der Fassung der Bekanntmachung v. 1. Oktober 1969, BGBl. I S. 1753. 以下、名誉職裁判官補償）(1)にもとづき、時間の消費、交通費、および職務に伴う個人負担などに対する補償を受ける（名誉職裁判官補償一条、裁構五五条・七七条・一〇七条、社裁一九条二項、行裁三二条、財裁二九条）。また、名誉職裁判官は、職務の遂行中または裁判所への出廷もしくは裁判所からの帰宅途中、災害に遭遇した場合には、ライヒ保険法（Reichsversicherungsordnung）第五三九条一項一三号に従い補償を受けることができる。(2)労働裁判権と社会裁判権に設置される名誉職裁判官の委員会（第一二章）の委員、ならびに刑事、行政、および財政の各裁判権における名誉職裁判官選出委員会（第六章*1*(1)(7)）の構成員に対してもこの補償法による補償が認められている（名誉職裁判官補償八条・一三条、裁構五五条、行裁三二条、財裁二九条）。

1　時間の消費（Zeitversaumnis）に対する補償（Entschädigung）

(1)　時間の消費に対する補償は、名誉職裁判官が職務の受託とその行使により、不当な経済的負担を強いられるからであり、これは報酬（Vergutung）の類ではない。補償は、法廷の立会いのみならず、研修会に参加する場合や名誉職裁判官の委員会に出席する場合にも認められる（名誉職裁判官補償八条）。補償は、職務に費やした時間すべてについて賄われるわけではなく、必要時間に限られる。例えば、書類の精読に費やす時間などは、裁判長が個々の事件において特に、裁量にもとづき閲覧を命じない限り、必要時間とはみなされていない。(3) しかしこれは、名誉職裁判官に職業裁判官と同等の権利義務を付与した制度理念や名誉職裁判官の職務行使の制限を禁止した手続規定（労裁二六条、社裁二〇条）に相反する。(4) このことから、書類の閲覧に対する求償権を認める説もあるが、(5) これを認めると名誉職裁判官が自己の判断にもとづき裁判官の権限を行使する情報収集すべてに求償権を認めざるをえなくなり、その限界に歯止めが利かなくなること、また、名誉職裁判官自らの判断にもとづく書類の閲覧は自主的なものであり、出廷義務にもとづくものではないとの理由から消極的見解が支配的である。(6) なお、ブレーメン州労働裁判所は、名誉職裁判官は使用者に対して、訴訟資料の閲読に費やした時間について民法第六一六条一項にもとづく賃金支払継続請求権を有する、との判決を下している。(7)

(2) 名誉職裁判官の補償に関する法律によれば、一日あたり一〇時間を限度に、一時間に付き八ＤＭ（ドイツ・マルク）の最低補償を受ける。これは法廷の立会いに要した時間のみならず、休憩時間、出廷および帰宅に要する時間（旅費とは別に支給される）、待ち時間、さらに更衣時間に対して補償する。

また、名誉職裁判官に対しては、所得の減損（Verdienstausfall）を考慮してさらに、一時間あたり三〇ＤＭを限度に補償される。時間交代制労働者のように勤務に支障を来さないときでも、休息時間が求められて当然である場合には、所得の減損が考慮されるべきであろう。職業を持たない者でも、世帯を有する者には同様に、一日あたり八時間まで二八ＤＭを限度に支給される（同二条一・二・四項）。

以上は、通常の場合すなわち名誉職裁判官が年二一〜一二回程度法廷に立ち会う場合の補償額を規定したものであるが（前記第九章***3***参照）、これとは異なり、とりわけ集中的に審理を行わなければならないような場合のために例外規定を設けている。三〇日間のうち六日以上またはひとつの手続に二〇日以上携わるときは、右の金額に代えて六〇ＤＭを限度に支払われる。さらに、ひとつの手続に五〇時間以上携わるときは、六〇ＤＭに代えて、八〇ＤＭを補償している（同条三項）。

(3)　以上は、原則として、すべての裁判権における名誉職裁判官に共通して認められる。しかし、例外的に、商事裁判官には、このような弁償の保障は認められていない。商事部の所在地に住所もしくは営業所を持たない商事裁判官のみが、地方裁判所裁判官に適用される規定に従い、日当および宿泊費の補償を受けることができるにすぎない（裁構一〇七条一項）。他の裁判権の名誉職裁判権とは異なり、商事裁判官は、職務の引受けを拒否することができることがその理由とされていたが、現在では、この規定の妥当性を疑う見解(8)もある。かつて、ある商工会議所から、商事裁判官以外の名誉職裁判官と同様、商事裁判官に対する弁償を認めるべきであるとの提案がなされたことがある。その後、この提案を受けるかのように七三の商工会議所が集い、その際、商事裁判官に対する補償に関するアンケートが行われた。しかし、約四分の三の商事裁判官は補償の法制化に対する反対の意思表明をしている。ところで、法制化に賛成した商事裁判官が約二五パーセントいるわけであるが、その真意は、補償の法制化にはなかったという。これは当時、施行されて間もなかった名誉職裁判官の名称の統一（商事裁判官の名称の廃止）に対する不満の現れと解されている（第二章***3***参照）(9)。商事裁判官の大半は、裁判への無償関与を誇りとしているのである。

（1）　本法の仮訳として、齋藤哲「〈資料〉民事参審制度（名誉裁判官）に関する法律」島大法学三九巻一号一〇三頁以下（一九九五年）。また、補償制度について比較的詳細に解説する文献として、Ostheimer / Wiegand / Hohmann, Die ehrenamtlichen Richterinnen und Richter beim Arbeits- und Sozialgericht, 9. Aufl., S. 79 ff.

(2) G. Ide, Die Stellung der ehrenamtlichen Richter, in: Die Arbeitsgerichtsbarkeit: FS zum 100j. Bestehen des Deutschen Arbeitsgerichtsverbandes, 1994, S. 264.

(3) 判例・通説である。例えば、LAG Bremen v. 25. 7. 1988, MDR 1988, 995.

(4) 諸州の中には、部分的に、行政実務のレベルで前掲注(3)以外の補償を認めている。Ostheimer / Wiegand / Hohmann, aaO., S. 79 f.

(5) 例えば、Rohwer / Kahlmann, Komm. zum SGG, 4. Aufl., § 19 RdNr. 19, 45.

(6) Vgl. Ostheimer / Wiegand / Hohmann, aaO., S. 58f. 補償を否定した裁判例として、Oberverwaltungsgericht NRW v. 27. 9. 1989, NWVBl 1990, 103.

(7) DB 1990 S. 2973 zitiert bei Ostheimer / Wiegand / Hohmann, aaO., S. 59. ただし、この判決に対しては上告がなされている。

(8) O. R. Kissel, GVG, 2. Aufl., § 107 RdNr. 1.

(9) H. Weil / K. Horstmann, Der Handelsrichter und sein Amt, 4. Aufl., S. 15. なお、この問題に関しては、F. Scholz, Der Kommentar, DRiZ 1976, 239 の意見と、これに反論する H. Weil, Handelsrichter, DRiZ 1976, 351. がある。

2 旅費 (Fahrkosten)

(1) 名誉職裁判官には、最も格安な公共輸送機関を利用するために必要な費用、または走行距離二〇〇キロメートル以下の場合には、自己もしくは第三者が無償で使用する自動車の利用に伴う費用を限度に旅費が支給される(名誉職裁判官補償三条一項)。

(2) 公共輸送機関を利用せずに、自己もしくは第三者が使用する無償の自動車を使用し、裁判所に出頭する場合には、駐車料金および(将来的には)高速料金など諸費用を含め、走行距離に対して、一キロメートルあたり〇、五二DMが支給される(同三条三項)。

(3) 自己の居住地以外の場所から裁判所に向かう場合、または法廷終了の後、自己の居住地以外の地に帰るときは、居所から裁判所、または裁判所から居所へ要する旅費が補償される（同三条五項）。そのほか状況に応じた旅費の支給額が定められている。

(4)　旅費については、商事裁判官に対しても名誉職裁判官補償法の準用により、他の裁判権における名誉職裁判官と同様にこれが補償されている（裁構一〇七条二項）。しかし、当初、商事裁判官に対する旅費の支給は認められていなかった。これが初めて認められたのは一九二三年法によってであり（当時の規定によれば、「商事部の所在地に住所、営業所のいずれをも持たない商事裁判官に対する旅費の補償」を認め、また、「商事部の所在地に居所または営業所のいずれかを有する商事裁判官については、裁判所への距離が二キロメートル以上であるとき、必要な旅費の補償」を規定したにすぎない）、現在の規定に落ち着くのは、一九八七年の改正によってである[1]。

しかし、現実にこの支給を受けている者はほとんどいないのではないかと思われる。商事裁判官は、経済的に豊かな者が多い。ささやかな支給を受けること自体、商事裁判官の体面を損なうと考えるのかもしれない。というよりも、多くの商事裁判官は（商事部に所属する職業裁判官も）旅費が支給されることを知らないというのが実情のようである[2]。

（1）　O. R. Kissel, GVG, 2. Aufl., § 107 RdNr. 2.

（2）　商事裁判官の無補償は、オーストリアの商事裁判官に対しても同じである。同裁判官に対しては、交通費の手当もないという。コラム（5）参照。

3　職務遂行に伴う手当（Aufwandsentschädigung）の補償

そのほか名誉職裁判官の職務の遂行に伴う手当が、料金表に従い補償されている。例えば、昼食代や宿泊費などがこれにあたる。

(1) 名誉職裁判官が法廷の開かれる地の自治体内に居住するかまたは職業に従事する場合で、法廷に六時間以上関与する場合には、日当（Tagegeld）として、六ＤＭを受ける。その他、事情に応じて、一定限度で補償を受ける（名誉職裁判官補償四条三項）。

(2) 名誉職裁判官が法廷地の自治体内に居住せず、また、そこに職業を持たない場合、裁判官の旅費に関する規定（Ｂ）に従い、日当が支払われる（同四条二項）。これによれば、例えば、名誉職裁判官が居住地を不在にする時間が六時間未満のときは、六ＤＭを限度に、六～八時間のときは八・四ＤＭが、八～一二時間のときは、一四ＤＭが、そして一二時間以上のときは二八ＤＭが補償される。これは各日ごとに計算される。したがって、夕方出発し翌日到着する場合には、出発日の日当と到着日の日当が別に計算される。連邦（労働・社会）裁判所の名誉職裁判官には、これとは異なる裁判官の旅費換算表（Ｃ）が適用される。

(3) 宿泊日についても同様に裁判官の旅費換算表に従い、三三ＤＭ（連邦裁判所の名誉職裁判官の場合、三九ＤＭ）が、五割増しを限度に支給される。

(4) そのほか、前記***2***および***3***により補うことのできない必要支出が補償される（同五条）。例えば、名誉職裁判官が身障者であった場合の介添人や必要不可欠なベビーシッターに支払う費用などがこれにあたる。しかし、社会保険料の支払はこの費用に含まれていない。(1)

(1) Ostheimer / Wiegand / Hohmann, Die ehrenamtlichen Richterinnen und Richter beim Arbeits- und Sozialgericht, 9. Aufl., S. 84 ; Germelmann / Matthes / Prütting, ArbGG, 2. Aufl., §6 RdNr. 17, §26 RdNr. 17.

4 補償額の確定、課税など

(1) 名誉職裁判官もしくは国庫が補償額の確定を申し立てるときは、名誉職裁判官が関与した裁判所が、名誉職裁判官の意見を聞かずに、決定する（名誉職裁判官補償一二条一・三項）。決定に対しては、対象額が一〇〇ＤＭを超えるとき、抗告が認められる（同一二条二項）。

なお、補償金は端数を切り上げ、一〇ペニヒ（一〇分の一ＤＭ）とする（同九条）。申立てがあれば、名誉職裁判官に相応の前払金が支払われる（同一〇条）。また、この補償請求権は、職務遂行後一年以内に請求がなされないとき、消滅する（同一一条）。

(2)　ところで、税法上、補償金に対する扱いはどうなるのであろうか。(1) 原則として、名誉職裁判官が受ける補償金は所得税の課税対象とならない。ただし、例外として　補償金が時間の損失（**Zeitverlust**）もしくは所得の減損に対するものと認められる場合（前記***1***(2)、または受取人に生じた費用が明らかに度を越えている場合には、課税対象となる（所得税法三条一二号二文）。しかし、この確認作業の軽減措置として、税務署は、認められた補償金の三分の一、少なくとも月額五〇ＤＭまでにつき、非課税措置をとっている。個々において証明された支出が補償金額を上回る場合、これは必要経費として所得から控除される。

(3)　名誉職裁判官に対する補償の問題は、一見、制度の本質論から外れるように思われるが、司法予算に関わり、かつ国家予算にも関係する大きな現実問題である。わが国においては、司法の硬直化の原因のひとつに、司法予算の問題が指摘されていることは周知のとおりである。司法予算と名誉職裁判官制度との問題について触れた文献は比較的少なく、旧くはＦ・バウアーなどがある。(2) 本書では、各州において、また連邦規模で、どの程度の費用が費やされているのか明らかにすることができなかった。(3)

（1）　以下、Ostheimer / Wiegand / Hohmann, Die ehrenamtlichen Richterinnen und Richter beim Arbeits- und Sozialgericht, 9. Aufl., S. 85. を参照した。

（2）　F. Bauer, Laienrichter-Heute, Tübinger FS für E. Kern, S. 63. 費用の観点からも、彼は、名誉職裁判官制度を消極的に評価する。

（3）参考までに、稲葉一生「ドイツにおける刑事司法への国民参加の実情と問題点(1)」ジュリ九七三号七七頁（一九九一年）以下によれば、ラインラント・ファルツ州では、一九八八年度、刑事参審員に対する補償として、年間、一億一〇〇〇万円がかかっている。同州の満二五歳以上（参審員の年齢要件）の人口は約三六三万人、参審員の員数は三四三人である。

第一六章　ドイツ名誉職裁判官制度の役割

ドイツ名誉職裁判官制度について、さまざまな観点から考察を試みてきた。以下では、名誉職裁判官の役割を整理し、わが国における市民裁判官制度構築のための礎石としよう。

(1)　名誉職裁判官制度は、司法の民主化を基礎づける。「すべての国家権力は、すべて国民に由来する」（ド基本二〇条二項）ことから、市民の司法への関与は基本法の要請する民主的要素として、自明のこととみられている。(1) しかし、いわゆる法律の素人である市民の司法への関与が、民主主義の掟とみなされているわけではない。(2)

刑事事件や行政事件における市民の関与は常に、官僚司法に対する警戒感の現れであった。しかし、狭義の民事紛争を見るとき、司法における民主的機能を取り入れる積極的意義は見出しがたい。個人の利益が訴訟の対象とされ、私的自治の延長として裁判制度が捉えられるからである。通常裁判権における市民参加にあっては、専門知識を必要とする商事事件と農業事件に限られ、しかも商事部における管轄が任意とされているのは、まさにこのことを表わす。これらの領域では、司法の民主化以外の理由にもとづく市民参加の原理が主に支配する。また、労働裁判権や社会裁判権についても、選出母体や適格要件に制限がみられることから同様のことがいえよう。しかし、一部の裁判権や上級審を除き、名誉職裁判官の評決権は、職業裁判官のそれを上回るよう配慮されていることは特筆に値する。

バッサーマンは、市民の司法参加の民主的意義を次のように説明する。(3) 官吏が民主的統治者の名において権力を行使する場合、参加思想を体現する民主主義が実現されているとはいい難い。国家権力行使への市民の直接関与が不可欠である。統治が、国民のためにかつ国民の付託を受けて行われているにもかかわらず、官僚構造を受け入れることにより、公職にある者と市民との隔たりが大きくなることは、過去の歴史をたどれば一目瞭然である。国家や自治体の公職に多数の市民が関与することは、緊張関係を緩和し、市民と司法機関とを結びつける一手段である。どの程度この政策領域における市民関与の思想が発揮できるかは、行政作用への影響力を市民にいかに得させるかという試みにかかっている。

(2) 名誉職裁判官は、職業裁判官とともに、事実認定および法律の適用に寄与する。一般に、市民裁判官の役割は、事実の認定にあると考えられている。しかし、ドイツ法は、このような考え方を採らない。法律問題と事実問題を切り放すことは不可能であるとの考えが支配しているからである。法には社会規範が含まれることを考えれば当然であり、ここに一般人の法意識を取り込む政策が採られるのである。その結果、判決については、市民と裁判官の役割の分化が解消された。このことは、刑事裁判では、陪審制から参審制へ移行し、民事事件では民間の特別裁判所が参審制へ移行していった歴史的経緯からも説明できる。

(3) 市民が職業裁判官の運営する裁判に参与する結果、職業裁判官は、市民に理解できるような訴訟運営を迫られる。他面、職業裁判官は、市民を通して世論や特定領域における意見を先取りし、法律に馴染みの少ない者との会話を通して自らの意見を見直し、修正する契機を必然的に持つことにもなる。(4) 新参の若い裁判官は「無知な者」と見られることやキャリアへの影響を恐れるあまり、不明な点について質問する勇気を持てないことが多いであろうが、市民は「笑いもの」にされる心配がないので、一見素朴な、しかし重要な質問を気兼ねなくする。(5) その結果、事件処理に時間がかかるかもしれないが、職業裁判官は、法律の素人である市民に裁判内容の説明などを通して自ら熟考を重ね、これにより、裁判所が、不知の間に自己矛盾に陥る危険や社会的に偏った立場から判決を下すことを回避することができ（ルーティーン化の防止）、当事者から納得の得られる理論構成に配慮することができる。もちろん、これは、民主的機能が重視される裁判権だけでなく、名誉職裁判官が関与するすべての裁判についてあてはまる。(6)

(4)　名誉職裁判官制度では、市民が裁判に加わることにより、法治国家の理念を広く社会に涵養する。社会から多くの市民を裁判官に登用することにより、これらの市民が社会に波及させる効用も見逃すことはできない。司法とかけ離れた社会にいる一般市民が、裁判所における職務経験を通して学び、これが社会に伝播され、啓蒙効果を生み出す。一般市民は、裁判に直接関与しなくても、裁判所を身近なものと感じ、裁判に、そして司法行政に関心を寄せることであろう。

(5)　名誉職裁判官制度は、市民を裁判官として司法に参加させることにより、職業裁判官に自己改革を迫る。陪審制と異なり、参審型のドイツ名誉職裁判官制度では、職業裁判官は、市民と直接、接しなければならない。その結果、自らの司法に対する姿勢、裁判官としての良心を、市民に曝け出さなければならない。名誉職裁判官制度では、市民は、法律知識に関しては裁判官に劣る。したがって、裁判の結果に対する直接的な影響力が乏しく、目にみえる効果は少ない。しかし、裁判官の意識を変えさせるという点では、陪審制が及びようのない長所を持つ。

(6)　名誉職裁判官制度は、社会のさまざまな領域における常識や意見を司法に反映させるとともに、それぞれの領域における自治を育む機能を持つ。

刑事裁判権、行政裁判権、および財政裁判権の名誉職裁判官の場合、何人も名誉職裁判官になれることから、特定団体の意見の反映や利益擁護機能は考えがたい。団体代表者としての側面を持つ名誉職裁判官として、名誉職労働裁判官や同社会裁判官は、その適格要件や選出母体の限定から、裁判官としての中立性を損なっているのではないかとの疑問を持たれることがある。しかし、これらの名誉職裁判官には、独立・中立の原則が確立されており、これらの主張にはかなりバイアスがかかっていると思う。

例えば、選出母体の問題についてみても、管轄区域内には数多くの選出母体があると同時に、例えば労働裁判権において扱われる事件は多様で、多くの場合、名誉職裁判官として任命される者と事件との関係は密接とはいい難く、団体利益の擁護者としての性格は後退する——事件との関係が強い場合、当然、忌避の対象になる——。名誉職裁判官と職業裁判官の合議過程をみても同様のことがいえる。労働裁判権では、裁判官と名誉職裁判官の両者の結論が異なることは稀れであるというし、労働者側代表が訴訟において使用者側を正当化し、その一方で使用者側代表が労働者を正当化するという「役割の交替現象」(7)がみられることも少なくないという。また、職業裁判官の意見が名誉職裁判官により否定されることもある。職業裁判官の意見が名誉職裁判官により覆されるということは、労使双方の代表である名誉職裁判官の意見が一致することを意味する。これらの現象を前提とする限り、少なくとも労働裁判権の名誉職裁判官は、特定の労働者側団体または使用者側団体の代表ではなく、労使双方すなわち労働界の代表者として機能しているといえよう。労働裁判権の名誉職裁判官は、労働界の常識を反映させる機能を持ち、それは主として適正裁判に奉仕する。

社会裁判権の場合、労働裁判権にみられるような訴訟当事者としての労働者と使用者との間の利害の対立関係、ならびに労働者側代表としての裁判官と使用者側代表としての裁判官との間の利害の対立関係というような純粋な利害の二極性（Interessenpolarität）はない(8)。社会裁判権における相手方当事者は常に社会行政当局であり、また、三権分立原理から、行政機関の代表者が名誉職裁判官に選出されることはないからである。

いずれにせよ、利益擁護機能の批判は消極的に解されるべきであるが、名誉職裁判官が特定階層から選出されている以上、集団利益が持ち込まれることは否定できない。しかしこれは、職業裁判官に欠ける特定領域における常識や意見を補充することにあるとみるべきで、これは利益の擁護ではない。名誉職裁判官の経験により培われた特別な利害関係に関わる知識の伝達として、積極的評価が加えられる(9)。

これらを背景に、そのコミュニティーにおける構成員は、心理的に、容易に紛争を裁判所に持ち込むことが可能になる。また、争いが裁判所において適正に裁かれるという保障は、それぞれのコミュニティーにおける自由闊達な自治を育むことを忘れてはならない。

(7)　専門分野の知識や経験の寄与が期待される名誉職裁判官は、鑑定人として機能する。職業裁判官は、特定分野に関する知識に乏しいことがあり、専門家として職業裁判官をサポートすることがこれらの名誉職裁判官に期待される。これらの名誉職裁判官としては、商事裁判官、労働および社会裁判権の名誉職裁判官、そして部分的には少年参審員が挙げられよう。適格要件の分析において明らかにしたように、これらの裁判官には特別な職業訓練や教育の習得などが求められているわけではない。特定の職業経験者や有識者を適格者とすることで、専門知識の保有者を裁判官として確保し、証拠調べとしての鑑定に代わる機能が期待される。ただし、これは鑑定を不要とするものではない。有識者の知識が及ぶ限りで、鑑定を不要とする。これにより、鑑定費用、迅速な裁判など当事者の負担が軽減されることはいうまでもない。しかし、実際は、鑑定を適正に評価する機能が期待されているといえよう。高度な専門化した社会においては、すべてをまかなえる専門家は稀れである。

また、名誉職裁判官の適格要件として特別な社会階層から選出を求めてはいないものの、実質的に専門知識や特別な経験を求める財政裁判権の名誉職裁判官はこの種の機能を担っているといえよう。

商事裁判権では、商事裁判官の鑑定機能を重視し、尊重することにより（例えば、商事部の判決の控訴審における扱い、商事裁判官の判決書に対する関与の度合いなど）、経済界の威信が保たれているという事実もある。これは、商事裁判官の役割が多かれ少なかれポジティブに評価されていることの裏返しともいえよう(10)。筆者がインタビューを試みた限りでは、ポジティブな意見で占められた。偶然かもしれないが、とくに商事部に関わる職業裁判官の名誉職裁判官に対する評価は大変高い。これら職業裁判官の意見によれば、とりわけ日々進捗する経済界の動向（例として、しばしば競争事件などが挙げられた）を職業裁判官が的確に把握することは困難であり、適正、迅速な訴訟運営のためにも商事裁判官の存在は欠かせない。

しかし、これら職業裁判官らによるポジティブな評価の出所は、このような商事裁判官の鑑定機能にだけあるのではなく、訴訟における自己の役割を認識している商事裁判官が多いことにあるだろう。商事裁判官は「我々は法律家ではない」との言葉をしばしば口にする――労働裁判権や社会裁判権の名誉職裁判官もそうであった――。これは、商事裁判官が自己の鑑定人としての役割のみならず、職業裁判官との役割の相違を十分に認識しているからであろう。職業裁判官と商事裁判官の相互の役割が認識されることにより、相互に緊密な共同作業による部の適正な運営が図られる。

刑事、行政、および財政の各裁判権では、何人も名誉職裁判官となることができ、名誉職裁判官には、裁判における専門知識の反映は期待されていない。かかる側面を捉え、「判決の法的内容そのものへの貢献ができない」と、制度に対する消極的評価を唱える者もあるが[11]、現行法上、名誉職裁判官にそのような期待がなされていない以上、無意味といわざるをえない。しかし、例えば、財政裁判所の名誉職裁判官として銀行実務の経験者を導入したり、またドイツ行政裁判所の始まりには有識者を陪席判事として加えていたように、選任方法次第では、このような批判を十分にかわすこともできる。名誉職裁判官の選出に際して、わが国の検察審査員のように無作為に市民が選出されるべきとの考えもあろうが、ドイツ現行法は、広く市民から実質的に有能な人材を選任する途を残したのである[12]。

(8) 名誉職裁判官は、司法を監視する機能を持つ。職業裁判官は、裁判官の独立を保障する制度によって外からの干渉からは守られる。しかし、法律家、官吏、および特定社会の構成員として、職業裁判官の三重の性質は、とりわけ政治的な事件において、ややもすれば職業裁判官が無意識のうちに受ける心理的影響に対して無防備であり、世論は、国家から完全に独立する非職業裁判官に信頼感を感じる。(13)

州裁判官の場合、日本の裁判官制度と異なり、定期異動がなく、このような考え方に否定的な見解も成り立ちえよう。しかしそれでも、連邦裁判官の圧倒的多数が州裁判官出身者により占められていることを考えれば、裁判官人事を人為的に操作することも考えられないわけではなく、(14)名誉職裁判官が裁判に関与・監視することで、国民の裁判に対する信頼を確保する機能が生まれることは看過できない(15)――なお、監視機能からさらにコントロール機能を期待できるかは一概に言い難く、裁判権を問わず個々のケースにおける各名誉職裁判官と職業裁判官との力量関係（専門知識や社会経験の相違）からそれぞれ推測せざるをえない。(16)

とりわけ行政訴訟は――狭義の民事事件と異なり――、行政権による国民の権利自由の侵害に対する救済と法秩序維持を目的としており、個人の自由その他の利益を侵害しないよう努める自由保障機能と国家的公共社会の安全を維持する秩序維持機能のふたつを持つ、刑法の実現を目的とした刑事訴訟に共通する。歴史的にも、非職業裁判官が、裁判官の官僚主義的権力を抑制する目的で参与した経緯もある。他の裁判権と異なり、適格要件として特別のものが求められていない行政裁判権における名誉職裁判官の機能として、とくに裁判を監視するオンブズマンをみることができよう。(17)

(9)　名誉職裁判官の機能は、司法における職業裁判官との良心の共同作業に集約できる。裁判活動を、法規範を大前提とし、具体的事件の事実を小前提として、結論を導く演繹的推論と捉えるとき、法について素人である名誉職裁判官には、必然的に、過度なものが求められているという評価がつきまとう。確かに、法解釈は、裁判という複合的経過における根幹をなす。しかし、裁判過程に論理以外の一切を捨象することは誤りである。裁判は、専ら論理的、理性的にあとづけすることのできる型通りの過程とはいいがたい――感情や意思やポリシーが重要な役割を演ずる――情報処理をもまた不可欠としている。したがって、裁判には、意識的に、またときには無意識のうちに、裁判官の経験のなかで培われた――利益考量や紛争解決に重大な意義をもつ――様々な主観的価値判断が入り込まざるをえない。[18] 例えば、行政裁判権の管轄事件の中には、原発施設、空港、廃棄物処理関係施設に関するものなど、端的に政策的価値判断を伴うような事件も多い（第四章**6**(3)）。これ以外の領域においても、立法者が当初予想しなかったような規範や価値判断が問われることも多々あろう。このような認識が正しいとするならば、名誉職裁判官は合議体における単なるエキストラではなく、かかる側面において職業裁判官と同等の役割をまさに期待することができる。

元連邦行政裁判所長官F・ヴェルナーによる裁判の本質論[19]は、職業裁判官と名誉職裁判官との共同関係について、次のように集約する。「個別的事件について規範を適用することは――これは裁判官の活動であり――、論理学、法感情、および良心（Gewissen）を伴う行為である」、そして「合議体は、名誉職裁判官をも含めて、単に裁判を請け負う共同体ではなく、同時に良心の共同体でもある[20]」。

（1） Vgl. BverwGE 8, 350, 355.
（2） J. Rüggeberg, Zur Funktion der ehrenamtlichen Richter in den öffentlich-rechtlichen Gerichtsbarkeit, in: VerwArch Bd 61, S. 204.
（3） R. Wassermann, Die richterliche Gewalt, S. 114.
（4） Vgl. L. Gehrmann, DRiZ 1988, 130; J. Rüggeberg, aaO., S. 213. 同旨、最高裁判所事務局刑事局監修『陪審・参審制度（ドイツ編）』（司法協会、平成一二年）三七六頁。
（5） アルビン・エーザー＝豊川正明「ドイツの参審制について（対談）」川口浩一（訳）奈良法学会誌五巻四号（一九九三年）一二六頁。
（6） 筆者の見聞では、名誉職裁判官とともに裁判に携わるか否かにかかわらず、すべての職業裁判官が名誉職裁判官制度の長所としてこれを挙げた。さらに共通する長所として、市民関与による司法制度の啓発効果が挙げられる。刑事参審制について同旨、最高裁・前掲『陪審・参審制度』三七六頁。

（7）E. Klausa, Ehrenamtliche Richter, S. 140 ff.

（8）J. Rüggeberg, aaO., 206 f.

（9）J. Rüggeberg, aaO., 207. バッサーマンは、これを名誉職裁判官の単なる権利としてではなく、義務として捉える。R. Wassermann, aaO., S.115.

（10）職業裁判官ならびに名誉職裁判官ともに、この制度を高く評価していることからも理解できよう（前掲［表9－1］参照）。

（11）木佐茂男『人間の尊厳と司法権』（日本評論社、一九九〇年）三〇〇頁は消極説を紹介する参照。

（12）このような側面を捉えて、F・バウアーは逆に、ドイツ参審制度には民主制がないと批判する。バウアーは、司法の民主化を実現させるための要件として、第一に、国民が国民の中から代表者を直接選出すること、第二に、その代表者を国民に周知させることを挙げる。F. Bauer, Laienrichter-Heute? in : Tübinger FS für E. Kern, 1968, S. 49.

（13）ラートブルフ著作集・第三巻『法学入門』碧海純一訳（東京大学出版会、一九九一年）一八九頁参照。

（14）ドイツ裁判官制度についての文献は、すでに数多く出ている。ここではさしあたり、木佐・前掲『人間の尊厳と司法権』八三頁以下を挙げておく。

（15）例えば、F. Haueisen, DRiZ 1962, 162.

（16）例えば、適格要件として専門知識が求められていない財政名誉職裁判官に、金融業に永年従事した者が選定され、偶然、この者と経験の浅い若い職業裁判官が部を構成した場合を想起されたい。職業裁判官は名誉職裁判官により大いに教育されるであろう。

（17）しかし、このような名誉職裁判官の監視機能（Wächterfunktion）の重要性を認めながらも、名誉職裁判官は合議について守秘義務を負っていることから、公共のための監視機能を効果的に果たすことはほとんどできず、したがって、国民または社会の参加構成員に芽生える裁判所に対する不信を払拭し、もしくは同時に階級差別的判決との非難から裁判所を守るという意味で名誉職裁判官の監視機能を捉えることは、時代錯誤との分析もある。J. Rüggeberg, aaO., 209 f.

（18）J. Rüggeberg, aaO., 202 f. ; Reim, DRiZ 1992, 140.

名誉職裁判官

労働裁判権	社会裁判権	行政裁判権	財政裁判権
労働事件（労働裁判所法に明規）	社会事件（社会裁判所法に明規）	行政事件（行政裁判所法に明規）	連邦および州が所掌する租税公課に関する事件
労働裁判所　○●○ 州労働裁判所　○●○ 連邦労働裁判所○●●●○	社会裁判所　○●○ 州社会裁判所　○●○ 連邦社会裁判所○●●●○	行政裁判所　○●●●○ 上級行政裁判所の場合 州法により　○●●●○ または　○●●●●●○	財政裁判所　○●●●○
5年	4年	4年	4年
職能団体が推薦	職能団体が推薦	無作為抽出型、政党推薦型、公募型等	職能団体が推薦
労使の代表	社会機関関係者	特別な要件なし	特別な要件なし
労働裁判所：25歳～※※ 州労働裁判所：30歳～ 連邦労働裁判所：35歳～	社会裁判所：25歳～※※ 州社会裁判所：30歳～ 連邦社会裁判所：35歳～	30歳～※	30歳～※
なし（[写真4－5]）	なし	なし（[写真4－6]）	なし
	約12日	約6日	約2～3日
絶対多数決（過半数）	絶対多数決（過半数）	絶対多数決（過半数）	絶対多数決（過半数）
主文（AG）、事実及び判決理由（LAG、BAG）	不要	不要	不要
3審制 全審級	3審制 全審級	3審制 第1審のみ（例外あり）	2審制 第1審のみ
共に支給	共に支給	共に支給	共に支給

フランソワ・ゴルフ『判決――裁判心理学的研究』（一九五二年）は、「判断の過程においては、感情および意思が重要な役割を演ずることを明らかにし」、「具体的な事実の確定とこれに適用すべき法原則の発見とを裁判官の二つの課題であるとし、しかしながらこの両者は精神作用においては、相互に混じり合うものである」とした。しかも、事実と法の区別は、実際は曖昧なものであり、「具体的事実は予備的な知識や観念の助けをかりてのみ理解され、法的評価の下においてのみ確定されるものであり、抽象的な法規は、それを選択しかつ解釈するための役割を果たすところの事実それ自体を考慮にいれなければ正当に適用されない」（染野義信『裁判法理論の展開――民事訴訟法の視角からの研究――』（勁草書房、一九七九年）二二三頁以下）。

(19) F. Werner, Recht und Gerichte in unserer Zeit, 1971, S. 183.

(20) 裁判官は、宣誓において「誠心誠意

［表16—1］　ドイツ

	刑事裁判権	少年裁判権	商事裁判権	農業裁判権
市民裁判官の関与する事件	刑事裁判官の管轄事件（2年以下の自由刑、私訴罪）と国家の安全に対する犯罪を除いた事件	少年係裁判官の管轄事件以外の事件	商事事件（裁判所構成法等に明規）	農業事件（農業事件裁判手続法に明規）
裁判所の構成	参審裁判所○●(●)○ （拡大参審裁判所） 小刑事部　○●(●)○ 大刑事部　○●●●○	少年参審裁判所○●○ 小少年部　○●○●○ 大少年部　○●●●○ 少年部　○●●●○	地裁商事部　○●○	農業裁判所○●○ 農業事件部○●●●○
任　期	4年	4年	4年	4年
候補者名簿の実質的作成方法	無作為抽出型、政党推薦型、公募型等	関係団体の推薦	商工会議所の推薦	職能団体が推薦
適格要件	特別な要件なし	教育関係者	商人	農業経営者
年　齢 ※任意法規 ※※強行法規	25歳～70歳※	25歳～70歳※	30歳～※※	25歳～70歳以下※
法服の着用	なし（［写真4－2］）	なし	着用（［写真2－1］）	なし
年間出廷日数	12日		約12日	約12日
評　決	3分2（被告人に不利益なもの）	3分2（被告人に不利益なもの）	絶対多数決（過半数）	絶対多数決（過半数）
書類の閲覧権	無		有	
判決書の署名	不要	不要	主文と理由に署名	
審級制と市民裁判官の関与	2審制	3審制	3審制 第1審のみ	3審制 全審級
補償・交通費	共に支給	共に支給	交通費のみ※支給を受けない場合が多い	共に支給
その他	事実問題について上訴できない		任意管轄	

(nach besten Wissen und Gewissen) 裁判する」ことを誓うことからも（第七章参照）、これを理由づけることができる。その他、七〇年代の実証的研究においても、職業裁判官との共同関係が強調される。G. Schiffmann, Die Bedeutung der ehrenamtlichen Richter bei Gerichte der allgemeinen Verwaltungsgerichtsbarkeit, S. 145 ff.

エピローグ
——二一世紀のわが国における市民裁判官の展望——

1　二一世紀に向けて

司法制度はいま転換期を迎えようとしている。転換期の特徴は、古いものと新しいものとがぶつかり合うカオスの時代でもある。ここ十数年間の議論を振り返ってみると、「開かれた裁判」または「市民の司法参加」のふたつがキーワードであった。

昭和から平成への転換期に、矢口元最高裁判所長官により唱えられたキャリア裁判官制度の見直しは、最高裁判所や弁護士会をはじめとした各種団体、そして研究者をこの種の研究・調査に駆り立てた。市民参加に関する意義や内容についての研究、さらに諸外国の実態調査がなされてきたが、法制度上、特に大きな進展をみることなく今日にいたっている。ところで、これまで司法への市民の直接参加をめぐっては、その大半が直接参加に対するポジティブな意見を表わしているが、その目的、すなわち意図するものは何であったのだろうか(1)。司法制度改革審議会の報告を迎えようとしている今、これからの司法になにを求めていくのかが、市民裁判官制度導入の鍵になる(2)。

ところで、わが国の刑事司法は精密司法の名の下、限りなく一〇〇パーセントに近い有罪率を維持し、一般市民には、刑事司法の問題点が覆い隠されていたように思う。しかし、この高い有罪率に対しては、「手続の適正」と

「真相の解明」のふたつの理念から再検討が迫られ、新しい司法制度を切り開く端緒となっている。他方、民事訴訟に関する市民参加の議論は刑事に比べ大変乏しかった。その理由を考えてみると、わが国の訴訟法学はドイツ法の影響を強く受けていることにあったように思う。ドイツでは、まず、狭義の民事裁判権においては原則として市民参加が認められていないこと、次に、司法改革の議論がＡＤＲに向けられていたことを挙げることができる。Ｈ・プリュッティングは言う、「ドイツの民事裁判権は少数の特別手続を別にすれば、素人裁判官の関与を認めてはいない。人は、この〔民事裁判権においては素人の関与が排斥されているという〕ことを、裁判外の紛争解決においても、しかも専門的な知識を有する各調停人〔を用いること〕によって補い得ることを希望した。……裁判官による裁判や法の権威主義的な貫徹によって示されるのではない合意的および非強制的なコミュニケーションへの希望は、ドイツにおいては七〇年代のはじめからより強く現れている」(3)と。司法への市民の直接参加制度をいっさい持たないわが国としては、現在の司法参加の議論はある意味で、〔今までなかった〕裁判〔制度以〕外〔の〕紛争解決制度の議論としても捉えることもできよう。

これからは、従来、わが国の議論にありがちな、陪審制度か、それとも参審制度かというような、二者択一的なものに終始するのではなく、多種多様な事件に適合する、しかもわが国の風土にあった制度のあり方を模索する必要があろう。そのとき、司法参加の原理をしっかりと守りながら、多様な事件に対応させた市民参加の形態を持つドイツ名誉職裁判官制度は、少なからず参考になる(4)。このことは、英米の陪審制度を基調とした裁判制度の議論を排斥することを意味するものでないことは、いうまでもない。

司法の民主化を錦の御旗に、とにかく市民が参加すればよいという発想には大きな抵抗がある。また、事件の特性を見ない司法政策論議は暴論である。しかし、ドイツ名誉職裁判官制度の考察から分かるように、一般市民が裁判に関与することで、職業裁判官は、世論を敏感に先取りし、法律に馴染みの少ない者の意見を聞き、市民と話し合うことで、自己と市民との意見を相互に調整する契機を持つことができる。さらに、法律の素人である市民に裁判内容を説明することにより、不知の間に自己矛盾に陥る危険や社会的に偏った立場からの判決を回避し、当事者から納得の得られる理論構成に配慮する、という効果も重要である。(5) 職業裁判官が法律知識を備えているのは当然のことである。だが、いまや、社会構造や市民の意識が多様化するなかで、一般市民の意見やさまざまな専門的知識を受け入れることなしに、説得力ある裁判はできない。裁判官は可能な限り広範な知識を蓄えて、それらを縦横無尽かつ多角的に検討し、これを一般市民に分かる表現で語ることが求められている。法廷ウォッチングは司法参加の第一歩といわれるが、裁判傍聴により、裁判所、裁判官を監視することだけでも、法廷における裁判官の言動の変化が一目で分かるという我々の経験からも、これは想像に難くない。このような側面から見ると、市民の司法参加を基調とするドイツ名誉職裁判官制度は理論的にうまく構築されている。しかしより重要なことは、この手続を運営する側、特に職業裁判官の意識、すなわち、なぜ市民が裁判に関与するのかという意味を、裁判官が自ら十分に理解することにある。いかなる市民裁判官制度を導入するにしても、制度が取り入れられた後は、市民のみならず裁判官が、裁判の根幹をしっかりと認識し、制度をしっかりと運営することが必要である。職業裁判官制度の見直しを抜きにして、市民裁判官の問題を論じることはできない。(6)

どのような紛争に、いかなる市民が関与すべきであろうか。ひとつのキーワードとして、「議論の共有」があるように思う。市民の司法参加の問題は、後記のように、法理論的に説明することも可能であり、大切であるが、現実問題としては、参加する市民が面前の訴訟の議論に加わることができるか否かが重要な鍵になる。これは、裁判に対する信頼性および当事者に対する説得力に関わってくる。

大半の国々では、制度の内容は異なるものの、刑事裁判権について市民の司法参加を義務づけている。また、少なからず、何らかの形で、民事事件についても市民を関与させている。後者については、ドイツ名誉職裁判官制度をはじめとする欧州の司法制度に見られるように、一般市民が関与するとは限らない。刑事事件は、一般に、我々の日常生活における経験則にもとづき、身近な生活事象について裁判する。したがって、刑事司法における市民裁判官に、特別の資格要件を求めることはない。これに対して、民事事件では、特殊領域における事件が争いの対象になることもあり、その分野から市民裁判官が選出されていることが多い。ここで共通項としていえることは、市民が裁判官として司法に関与した場合に、職業裁判官と議論を共有できる、ということであろう。

もちろん、すべては人がなすことであり、紛争について特殊な専門知識が必要なときは、これらの知識を学べばよい。これを前提にすれば、誰もがみな、いかなる訴訟にも関与できるということになる。しかし、これは実際的ではない。刑事、民事いずれにおいても、裁判の適正が求められることはいうまでもないが、迅速を欠く裁判は適正な裁判とはいえない(7)。専門知識は、鑑定等を用いて補えばよいが、鑑定の内容を迅速・適正に判断する能力も時として求められる。このような観点から、おそらく、裁判官として関与する市民には、事件について議論を共有できる程度の知識や経験を持つことが暗黙の要件として求められているように思われる。このような見地に立つと、わが国の司法のなかには、官僚裁判官に裁判をすべて委ねることなく、市民が関わることができ、また関与すべき領域はかなりある。

（1） 例えば、刑事陪審に関する議論の推移をみても、「冤罪防止」から「国民の司法参加」へとニュアンスが変わってきているように思われる。

（2） このような観点から「開かれた裁判」を論じるものとして、NHKテレビシンポジウム「特集『司法』にとって何が必要か」法と民主主義二三〇号二頁以下（一九八八年）、同「続『司法』にとって何が必要か！」法と民主主義二三五号四六頁以下（一九八九年）に各界からの提言があるが、残念ながらいずれも刑事裁判に焦点をあてたものである。

（3） ハンス・プリュッティング「ドイツの側から見た裁判外の紛争解決（ＡＤＲ）」石川明＝三上威彦編著『比較裁判外紛争解決制度』（慶応義塾大学出版会、一九九七年）二一一頁。

（4）　世界にあって、注目すべきイタリアの立法上の試みがある。従前、イタリアにおける素人の司法参加は、少年事件と農業事件を扱う地方裁判所だけであった（諸外国の制度事情の概要については、**コラム（✒1）**。前者は、職業裁判官、心理学者、および福祉局の官吏により構成される部がこれを扱い、後者は、職業裁判官および農業事件の専門家により処理されていた。しかしその後、一九九一年の民事訴訟法改正を経てさらに、五〇〇万リラ（約三五五万円）までの少額事件と三〇〇〇万リラ（約二一三三万円）までの交通事故訴訟を専門に扱う、治安裁判官制度が導入され、一九九四年から施行されている。総員四七〇〇人の治安裁判官は、適格要件として、学士の資格を持つことと満五〇歳以上であることとが求められ、手続、簡易、迅速、口頭、集中審理、低廉、さらには当事者に対するサービスを理念とし、しかも二〇〇万リラまでは衡平に従い裁判することができる。九一年改正の最重要点のひとつとして本制度は、その効用が期待されている。**M. Taruffo, Reforms of Civilprocedure in Italy, The International Symposium on Civil Justice in the Era of Globalization, 1992, p. 261, 272.**

また、スペインとロシアの刑事司法について、プロローグ注（6）参照のこと。

（5）　裁判制度についてこのようなとらえかたをしようとする試みとして、篠倉満「裁判も地方自治の一環として捉える必要がある」判タ五六一号（一九八五年）一頁がある。また、今後の司法改革を考えるにあたって、一六〇〇人を超える原告が、代理人に訴訟のなりゆきを任せることなく、一〇年余にもわたって戦い続け「自分たちが住み自分たちで裁判を監視できる土地で裁判をやるという地元主義を貫いた」鶴岡灯油（消費者集団・少額被害）訴訟などのように、市民参加の礎石が敷かれていることも忘れてはならない。渡辺洋三他著『日本の裁判』（岩波書店、一九九五年）二九六頁参照。

一九九七（平成九）年八月二九日、「第三次家永教科書訴訟」が終結した。最高裁（第三小法廷）が、教科書検定が違法となる場合のあることを初めて認めたものであり、また第一次訴訟提訴以来三二年間の闘争を経ての勝利として報道紙面は沸き返った。しかし、裁判官出身の裁判官とそうでない裁判官とでは意見は異なり、僅差による判決である。キャリア裁判官の描く像とそうでない者が頭に描く像の隔たりとして注目したい。また、この第三次訴訟提訴から数えても一七年の年月を経過している。わが国の司法に対する信頼が問われている。

（6）　市民裁判官論は法曹一元など職業裁判官制度の検討なしにはありえない。法曹一元については、京都弁護士会『法曹一元――市民のための司法をめざして』（京都弁護士協同組合、一九九八年）、豊川義明「日本社会の変動と法曹一元」宮沢節生＝熊谷尚之＝司法制度懇談会編『21世紀司法への提言』（日本評論社、一九九八年）、後藤富士子『官僚司法を変える・法曹一元裁判官』

（現代人文社、一九九九年）、日本弁護士連合会編『市民に身近な裁判所へ』（日本評論社、一九九九年）、田川和幸『弁護士裁判官になる――民衆の裁判官をこころざして――』（日本評論社、一九九九年）二二八頁以下、「特集・法曹一元は実現できるのか」月刊司法改革二号（一九九九年）二五頁以下などがある。

なお、ドイツの司法改革論における法曹一元について、中野貞一郎「司法改革論における裁判官の地位」『過失の推認』（弘文堂、昭和五三年）所収二六九頁が有益である。

（7） 伊佐千尋「正義の遅延は正義の否定」立正大学法制研究所研究年報五号（二〇〇〇年）六一頁参照。

2 二一世紀の市民裁判官

(1) 憲法と市民裁判官

世界の国々における市民裁判官制度と憲法の関係を考察して考えることがある。なぜ司法に市民を参加させるのかという、最もシンプルな問題である。なぜ市民参加が必要なのかについてしばしば議論されることはある。しかし、わが国においてこれが憲法との関係で論じられることは多くなかった（第一章二*3*）。日本国憲法やドイツ基本法は、市民裁判官制度について明文を設けていないが、これについて言及する憲法もある。ここではまず、刑事司法について触れるアメリカ合衆国憲法とオーストリア連邦共和国憲法を比較してみよう。

米国とオーストリアは、いずれも刑事陪審を採用する国のひとつであるが、両国は興味深いことに対照的ともいえる文言を憲法に明規する。アメリカ合衆国憲法は「何人も、大陪審の告発または起訴によらなければ、死刑を科せらる罪その他の破廉恥罪につき責を負わされることはない……」（修正第五条）、「すべての刑事上の訴追において、被告人は、犯罪が行われた州およびあらかじめ法律によって定められた地区の衡平な陪審による迅速な公開の裁判を受け、かつ事件の性質と原因について告知を受ける権利を有する……」と規定する。他方、オーストリア連邦共和国憲法第九一条は「国民は司法に関与しなければならない」（一項）、「法律が重罰を以て臨む重罪ならびにすべての政治的重罪および軽罪について、陪審員が被告人の責任を裁判する」（二項）、「その他の可罰的行為を理由とする刑事手続において、参審員が裁判に関与する」（三項）と定めた。これは陪審を被告人の権利とするか、司法の市民参加を刑事裁判の基本とするのかの相違である。基本理念の違いは、手続の相違を来すのみならず、制度のスキームを形成することを念頭におかなければならない。しかしこれは、陪審固有の問題ではない。

わが国における司法への市民参加を考える場合、まず憲法におけるその許容性を明らかにしておかなければならない。

わが国の場合、米国憲法のように明確に市民の司法参加の規定を設けなかったので違憲であるとの主張がある。その一方で、明治憲法第二四条では「法律ニ定メタル裁判官ノ裁判ヲ受ケル権利」を保障していたのを——すなわち、裁判官をまさに官吏と考えていた——、日本国憲法においては「公平な裁判所の迅速な公開裁判を受ける権利」（憲三二条）に改められたことから積極的に陪審制度の合憲性を承認した、というような議論がある。

ところで、日本国憲法第三章は、国民が法律の定めるところにより権利および義務を負うことを定め、国民は法律によって保護されることを明らかにしている。そのなかで、国民に、精神的、身体的、経済的、社会的な自由を保障した。これは国民の側から国家に対する権利（人権）として宣言し、統治の仕方に関するルールとしている[1]。これらを受けて、憲法は、人権を具体的に保障する国家機関を定め、この機関による裁判を受ける権利を国民の権利として定めた。すなわち「何人も、裁判所において裁判を受ける権利を奪はれない」（憲三二条）としたのである。

この国民の権利としての第三二条と市民裁判官制度との関係については、既に、新憲法制定当初からその合憲性が問われていた（第一章二**3**）。しかし、憲法学においては、長い間、裁判を受ける権利と市民裁判官の当否についての議論は封印されてきたといえよう。第三二条は、法律上の裁判官の裁判を受ける権利を保障するために、事後裁判所、特別裁判所による裁判を禁止した[2]。すなわち、国民を裁判官の恣意的交代や個別事件に対応した指定による国家の不当な介入から保護しようとしたのである。したがって、法律上の裁判官（法定裁判官）とは、必ずしも職業裁判官を意味するのではない。司法に市民が法律の規定に従って参加する限り、憲法上の疑義は生じない。他方、憲法は、「主権が国民に存することを宣言し」、国政は、国民の厳粛な信託により、「その権威は国民に由来し、その権力は国民の代表者がこれを行使し、その福利は国民がこれを享受する」ことを唱え、これを人類普遍の原理とした（前文）。要するに、国民は、市民裁判官（陪審員または参審員）として司法に参加することができるのである。

(2) 刑事事件と民事事件とにおける市民の司法参加の本質的相違

ここまでの段階では、憲法が、積極的に市民裁判官制度を求めているとも、いないともいえない。市民が裁判官として裁判に関与すべきか否かは、裁判の目的から判断しなければならない。一般に、刑事法の目的のひとつに、秩序維持の機能がある。これは一面において、「国家の刑罰権の発動を一定の限度に制限することによって、犯人の個人的自由その他の利益を不当に侵害することのないよう」自由保障の機能を認め、他面「国家的公共社会の安全を維持し、その文化的発展に奉仕する」秩序維持の機能を、国家と容疑者との関係から導く(3)。また、刑事訴訟法第一条は、その目的を、「刑事事件につき、公共の福祉の維持と個人の基本的人権の保障を全うしつつ、事案の真相を明らかにし、刑罰法令を適正且つ迅速に適用実現すること」と定める。そして、刑事事件に関する憲法の諸規定は、長い間培われた歴史も手伝い、被疑者の自由保障の機能を重視している(4)。その結果、刑事手続の目的は、被疑者の自由保障にウェイトが置かれてきたことは疑う余地もない。しかしその反面、社会秩序維持の機能が背後に置かれ、国民は司法から遠ざけられてしまっていることを認識しなければならない。昨今、犯罪被害者の権利に関する議論が活況を呈しているのは、これを端的に表わしている。それはおき、社会秩序維持の機能を刑事裁判の背後に追いやることは、一方で、刑事訴訟における主体論を希薄化させることになってしまうように思われる。社会の秩序が破られ、権利の侵害を受けたのは被害者のみならず、広く一般国民であるにもかかわらず、わが国の刑事裁判において国民は常に蚊帳の外に置かれてしまった。国民主権は人類普遍の原理であるにもかかわらずである。このような理解から、市民には刑事裁判に原則として関与する権利があるとともに義務があると考えられる。(5)

民事訴訟においては、新憲法制定時、民事訴訟の参陪審が唱えられていたにもかかわらず（第一章二*1*）、その後、まったくといってよいほど、職業裁判官による裁判（市民が裁判官として裁判に関与しないこと）を疑うことがなかったが、それにはそれなりの理由がなかったわけではない。民事訴訟の対象は、私人間の一定の権利・義務ないし法律関係についての争いであって、訴訟は原告の申立てである場合に、申立ての範囲内で開始するのであり、申立てのない事項について裁判所が審理裁判することはない。同様に、訴訟が裁判所に係属した後も、当事者間においては自由に和解を締結し、あるいは原告が訴えを取り下げ、請求を放棄し、また被告は請求を認諾することができる（当事者処分権主義）。すなわち、民事訴訟は私人間の利益を対象とするのであり、一般市民が民事訴訟に直接関わる利益を導き出すことは難しい。また、民事事件には常に、適正・迅速・低廉な裁判が理想として求められていることを考えれば、欧州大陸における民事司法の歴史が、参審制度として、裁判外の専門知識や経験知識を持つ者を裁判の主体に求めてきたことは、それなりに合理的なものとして理解できる。

しかし、民事事件は、契約にもとづき請求が発生するような私人の利益ばかりではなく、不法行為類型のように、前触れなく――刑事事件とともに、またはこれにいたらない場合も含めて――権利が侵害され、請求が発生する場合もある。後者では、市民は強く紛争に惹き付けられ、刑事事件と同じように、社会秩序の被侵害者つまり利害関係者として位置づけられる。(6)ところで、民事訴訟法学においては、民事訴訟の目的について長い間議論がなされてきたが、今日、定説を見るにいたっていない。(7)目的論のなかで司法参加が言及されることはなかったが、今後、目的論を通して司法参加を論じることも考えうる。これについては他日を期したい。

(3) 刑事裁判では参審制を基本にした陪審制の保障

刑事事件については、国民の司法参加が基本であることは既に述べた（前記(2)）。これを前提に、わが国は、刑事裁判権において、いかなる市民裁判官制度を構築すべきであろうか。

陪審制も参審制も、ふたつの制度の根底には、国民の司法参加の理念がある。(8) 陪審制と参審制の基本的相違は、市民が裁判官と離れて、すなわち裁判官と合議することなく、何らかの判断権が与えられているのか否か、それとも市民が裁判官と共同作業により裁判を行っていくのかにある。わが国では、アメリカを模範とする陪審制度と、ドイツを模範とする参審制度との比較がしばしばなされるが、いずれも、変遷を経て今日の制度にたどりついているのであり、上述した相違点を除けば、相互に共通し、接近する場面もある。陪審制や参審制を採用する諸国は、アメリカやドイツと同じ制度を持つわけではないことが、これを端的に証明している。(9)

刑事裁判には、国民が原則として裁判に関与すべきであるとする場合、アメリカとドイツを比較して考えるならば、詳細は別にしてドイツ型参審制度を採用する方向に傾かざるを得ない。わが国における陪審導入論の多くは、アメリカ陪審を模範にしながら、停止中の陪審法の復活を提唱する。これによると、陪審が行われるのは、合議事件のうちの否認事件に制限され、しかも陪審を被告人の権利として捉える。(10) しかしこれでは、個人的法益および社会的法益に対する犯罪のみならず、国家的法益に対する犯罪、例えば公務員の職権濫用や贈収賄事件は、被告が希望しない限り、国民は司法に関与することはできない。被告人が陪審を希望する場合にだけ国民の司法参加を開くということになると、国民の利益（国民主権）は明らかに後退する。国民の司法参加の目的および効用は、被告人の利益に求められるものではない。ちなみに、一九九八（平成一〇）年、わが国の地裁レベルの第一審刑事裁判では五万八二五七人起訴され、そのうち合議事件は四六四八人（裁定合議六八八人を含む）であった。単独事件は五万三六〇九人である。否認事件は七パーセント弱といわれているが、法定合議事件三九六〇人に七パーセントを乗じると二七七・二人となる。このうち、何割の被告人が陪審を選択するかであるが、五〇パーセントとすると一四〇人弱で、各地裁において想定される陪審事件は、年間約〇・五人（鳥取、山形、函館）から約一八人弱（東京）にすぎない。これでは、国民の司法参加の名に十分値するものといえない。

しかし、これは、陪審制採用の必然的帰結ではなく、アメリカ型陪審制を導入すればということである。陪審制度を採用している国は、アメリカ以外にもあるが、例えば、オーストリアは重罪や政治犯罪について法定陪審を採用し、またデンマークは重罪否認事件に陪審制を採用して国民の司法参加を遵守している（［表17－1］参照）。参審制を採用する国で知られている限り、被告人に参審制か職業裁判官制かの選択を認めていない。参審制を採用する国々では、強く市民参加の理念が働いているといえよう。司法への市民参加の基本は、参審型の参加制度の導入がふさわしいと考える。(11)

裁判所法第二六条二項は、法定刑が死刑または無期もしくは短期一年以上の懲役もしくは禁錮にあたる罪に係る事件を合議事件とし（ただし、強盗罪およびその未遂事件、加重傷害罪、常習的傷害罪、常習強窃盗罪、常習累犯強窃盗罪などは、審理が比較的容易なため、除外されている）、三人の裁判官が合議体で決することにしている。裁定合議事件を含めて合議事件に、従来の陪席裁判官に代わって、または一人減らして市民を参与させたらどうであろう。軽い事件で、事実関係について被告人が争わないようなものにまで、市民を関わらせることには議論の余地があり、このような事件を職業裁判官に委ねることは、刑事訴訟の目的に背理するものではないであろう。(12)ただし、いかなる事件を参審制の管轄として扱うかは、最終的には法定刑の観点からのみ決めるべきではなく、市民裁判官が裁判官と議論を共有できる事件か否かの観点からも判断されるべきである。三人の職業裁判官が、対等な立場で自由に議論ができるのかは、裁判官の人事構成上（裁判長は部長つまり上司であり、右陪席は左陪席の上司に相当する）、疑問なしとしない。事件により、慎重を要するものには、職業裁判官の員数を調整することも必要であろう。その場合でも、参審員の数は、評議および評決との関係で、市民の意見を十二分に反映できる比率にすべきである。陪席裁判官に充てられる俸給が、(13)市民裁判官の手当に充てられると考えれば、国民の司法参加に伴う特別の出費は要らない。

ドイツ名誉職裁判官制度が紹介され、ドイツの参審制度が唯一のものと思われがちなわが国では、職業裁判官と市民裁判官が対等に議論できるかについて懐疑の念が強い。前述したように（第九章）、ドイツでは確かに職権主義が採用され、裁判官と参審員の事件に対する情報量の格差は歴然としており、両者が対等な議論をできるかについては疑問が残る。(14)しかし、当事者主義および直接主義を採用するわが国の刑事訴訟では、職業裁判官と市民裁判官は基本的に対等であり、当該事件に対する情報量の偏りはない。さらに、直接主義を採用することから、公判終了後、ただちに職業裁判官と市民裁判官は評議に入らなければならない。参審制度は、公判廷から評議にいたるまで職業裁判官を変容させる要素を持っている。当事者主義を採用する訴訟制度は、参審制度とも調和するのである。

前述のように、一九九八（平成一〇）年、わが国の地裁レベルの第一審刑事裁判は約五万八三〇〇人で、そのうち合議事件は約四七〇〇人である。この数値は、毎年検察審査会が受理する事件の約二～四倍にすぎない（第一章**3**(1)参照）。参審員を何人にするかによるが、二人として、日本全国で延べ約一万人、予備員二人を加えても約二万人にすぎない。任期制を採用すると、任期の長さにもよるがその数は激減する。

なお、今日、参審制を採用する国々の中に陪審制を併用している国があること、また多くの国々で陪審制を採用していることはまことに重たい（後記注(9)参照）。参審制と陪審制の併用制の導入を積極的に検討する余地は十分にあろう。しかし、陪審制の内容にも多々あり、併用について論じる前に、陪審制について検証しておかなければならない論点が多々ある。これらの検討を踏まえたうえで、参審制と陪審制の併用の可能性については論じたいと考えている。

(4) 不法行為類型の訴訟と陪審制度

民事事件では市民を引き込む要素は大きくないが、不法行為類型には市民の意見を反映させる積極的理由づけがある(前記(2))[15]。また手続法の見地からみても、この種の訴訟に、市民感覚を反映させた制度を導入しないことには問題がある。民事の紛争では、原告が基本的に自己の主張を根拠づける主張・立証の責任を負わなければならない。その結果、紛争の予防を図ることがある程度可能な契約類型ならばまだしも、不法行為類型における原告は、一般に被害者と目されるにもかかわらず、多大な訴訟上の負担を強いられている。自動車損害賠償保障法や製造物責任法等、特別法により証明責任の転換がはかられてきた領域はまだよい。しかし、そのほかの領域では、依然、原告が過酷な証明責任を負わなければならない。民事事件における陪審制を主張する論者は、このような訴訟の現状を踏まえ、結果として被害者救済に消極的な職業裁判官に代わる裁判主体を待望するのである。したがって、この種の訴訟の課題は、現在支配している証明度の在り方や証明責任論の是非もしくはその運用の仕方にまずある。現在、わが国を支配する証明理論によれば、原告が原則として証明責任を負い、裁判所はこれを高度な蓋然性をもって心証ありとする。すなわち、「確信に至る程度」(八〇パーセント程度の証明度)を要求し、五一パーセントでよいとする「証拠優越準則」を採用しない。新民事訴訟法(平成一〇年)は、損害額の認定についてより低い蓋然性で足りるとしたが、事実認定に必要な証明度は依然従来のままである(民訴二四七条・二四八条)。

したがって、従来の証明責任論や証明度に関する原則が貫かれる限り、陪審制によっても勝敗の行方は大きく変わらない。刑事訴訟では「無罪の推定」が働き、「合理的な疑いを超えた確信」(九〇パーセント程度の証明度)が得られない限り、これは被告人の有利に働く。しかし、民事訴訟の場合、原告が証明責任を果たすことができないとき、原告の敗訴を意味し、被害者救済に寄与することはない。しかし、陪審制が採用され、市民が裁判官になったとき、多くの陪審員は、被害者側と同じ目線で事件を見るであろうから、証明度は実質的にかなり低下し、また証明責任論が崩れることもありうる——もっとも、陪審は、裁判官からの証明度についての説示をよく守るともいわれている——。

ところで、民事訴訟における証明責任のルールというものは、法に定められたものではなく、長年の実務や学説の積み重ねによって支えられてきたものであり、これに修正が加えられうることは当然予想されてきた。現に、学説では証明責任のルールを見直す見解が提唱されていたし、証明度をもう少し下げようとの主張もなされている[16]。この判断を市民の意見を汲み上げて考えることもひとつの方策かもしれない[17]。しかし、課題として残るのは、一般に陪審の場合、判決理由を欠くことである。その結果、例えば原告が勝訴するときにも、従来の理論に従って勝訴判決が下されたのか、証明度を少し下げての原告勝訴なのか、それとも新たな証明責任ルールに依拠して（例えば、証拠との距離で証明責任を規律するとか）なのかが分からない。裁判は、社会に対する先例としての機能もあるため、その理由が分かるように、十分に説示を考えるなどの方策が必要になる。しかし、すべての損害賠償型の紛争に陪審制を導入することには慎重にならざるを得ない。訴額による制限等も考慮すべきであろう[18]。

(5)　専門分野の経験や知識を反映させる市民裁判官制度の基本的な考え方

わが国では、陪審制か参審制かという議論と並んで、専門参審制度に対する関心は非常に高い。後者は、裁判所側から特に積極的な意見が出されているが、前者の議論において、陪審制度の導入を求める者の側には、誰の、どのような専門的知識が、どう裁判に使われたかが不明なため、消極的意見が多い[19]。また実際に、専門参審制は、一般市民が関与する参審制に比べ、司法の民主化に資することは少ない。

ところで、イギリスで、民事陪審が衰退した理由は次のように説明されている[20]。第一に、陪審による裁判では、素人である陪審員に、職業裁判官にとっては日常的な事項や手続について、説明しなければならず、当事者の負担を増加させること。第二に、職業裁判官による裁判は、裁判に対する予測可能性または確実性を生み、裁判外の紛争解決が促進されること(「もし、すべての法的紛争が裁判手続に付されるならば、民事裁判制度は破壊されてしまう」こと)。第三に、陪審によらない裁判で判決理由が示されることは、すべての論点および主張が考慮されたことを明らかにし、当事者に大きな満足感を与え、また上訴を容易にすることができるからである。ドイツにおいて民事事件に専門参審制が採用されている理由は、沿革的理由もあるが、少なからず、右に挙げた陪審制衰退理由と表裏の関係にあるといってよい。専門参審制では、職業裁判官と対等に議論できる者を審理に加え、迅速な裁判に信頼性を裏づけようとした。

ところで、ドイツ名誉職裁判官制度では、すべての名誉職裁判官の役割は、口頭弁論にもとづく終局判決において求められ、準備的手続や和解手続の段階での関与は認められていない。職業裁判官による争点の整理を初めとして、十分なお膳立てを経て、主に最後の事実認定の上で、市民の意見が反映できるように整備されている。ドイツの場合、日本と異なり、裁判権および裁判官の専門化が進み、事案および争点の把握に熟達してくるのであろう。しかし、わが国では、裁判権や裁判官の専門化は原則としてない。そこで日本において専門参審制といわれるような領域またはこれに準ずる特定領域の事件に、市民裁判官制度を設ける場合には、別の機能を考えることも肝要であろう。訴訟の早い段階で、専門家を関与させ、事案の整理に関与させ、争点の整理に寄与させるなどである。事件のあらましが見えてくれば、和解の端緒も摑むことができる。これらを経て、口頭弁論に繋ぎ、法律の専門家である裁判官と専門知識を備えた市民裁判官とが真摯に議論し、判断の根拠を市民に分かりやすいかたちで示させるという構想もありえよう(21)。

専門知識を持つ市民裁判官は、実質的に鑑定人としての役割や鑑定を適正に判断する者としての能力が期待される結果、判決に対して強い影響力を持つ。このことから、他の市民裁判官制度に比べ、より強い適正・中立性が求められる。中立性を保てる市民裁判官を確保できる見通しがない限り、その設置は閉ざされなければならず(22)、また制度を設けるにあたっても、専門的な知見を備えた市民裁判官の選出には特に慎重を要する。

いかなる領域においても、専門家すなわち鑑定人に対する不満は少なからずある。しかし、専門知識を持つ市民裁判官を導入すると否とにかかわらず、裁判における鑑定は不可欠であり、また、社会において専門家の役割がなくなることはない。裁判においても、裁判外の分野においても、それぞれの領域における信頼性の確立は社会が常に求めるところである。裁判制度において、専門的な知識と経験を持つ市民裁判官の評価が確立すれば、裁判所外における専門領域の法社会を律することにもなろう。

(6) 労働紛争

一九四七（昭和二二）年、労働組合法第七条によって禁止された使用者による労働者や労働組合に対する団結権侵害等の行為を不当労働行為とし、このような行為があった場合の救済機関として、労働委員会制度が設けられた。ここでは、官吏ではない労働委員が紛争解決に携わり、その構成員として公益委員のほかに参与委員として、労使の代表が加わることにより、紛争当事者の労働委員会へのアクセスを容易にした。しかし、労働委員会は、制度の趣旨から労働組合がらみの事件しか管轄を持たない。その結果、労働組合に加入しない者の事件は、原則としてここで扱うことはできない。

近年、労働者の労組離れは著しく[23]、また、労働委員会に持ち込まれる労働争議も減少の一途にある[24]。さらに、労働委員会が抱える制度的問題点も深刻である。例えば、労働委員会が下す救済命令に対しては、地方労働委員会の場合、中央労働委員会への不服申立て、中央労働委員会の場合には、地方裁判所へ取消訴訟を提起することができる。その結果、地方労働委員会の下した判断に対しては、中央労働委員会、地方裁判所および高等裁判所を経て、最高裁判所が地方労働委員会の命令を取り消すと、再び地労委に差し戻されることになる（五審制度）。いうまでもなく、この領域においても迅速な紛争解決の要請が支配することはいうまでもないが、現行制度では、実質的な解決にどれだけの年月を要することになるであろうか[25]。また、労働委員会の構成が、労使の代表を加えているにもかかわらず、救済命令について、参与委員である労使の代表には、意見を述べる機会が与えられても評決権はない[26]。近年、労働問題を抱える者の数は激増しているといわれる。東京都労政事務所に持ち込まれる相談件数は、一九九八（平成一〇）年、五万五〇〇〇件を超え、その段階で五、六割は解決しているものの、解決に至っていないものの七、八割は労働者側があきらめている[27]。他方、裁判所に持ち込まれる全国の労働紛争は、徐々に増加しつつあるが、通常民事事件と民事仮処分を合わせても、年間約二〇〇〇件にすぎない[28]。

労働界の代表を裁判所に関与させることで、不当労働行為のみならず、広く労働紛争が裁判所へアクセスしやすいように市民を司法に関与させるべきである。また、これにより、労働者の権利意識も高まり、労働界の自治の充実も期待できるであろう。なお、労働紛争は組合絡みの事件だけではない。したがって、労働者の代表は組合の代表に限定すべきではない。

(7)　少年審判事件

昨今、最も国民の関心の高い司法問題として、少年事件を挙げることができよう。裁定合議制、検察官関与、観察措置（身柄拘束）期間の延長、対審構造、刑事罰適用年齢の引下げ、再審手続の創設、被害者の関与等の問題が議論され、二〇〇〇（平成一二）年一一月改正少年法が成立したことは周知のとおりである。

家裁の取り扱う事件は、単独制・非公開であるが、昨今、少年事件が複雑の様相を呈し、事実認定ならびに処分内容の決定により慎重な手続審理が叫ばれるようになった。そこで、合議体構成員の知識や経験を活かし、迅速かつ円滑な審理を図りながら、構成員が相互に短所と長所を補完しあいながら判断の客観性を保たせようと提唱されたのが裁定合議制である[29]。しかし、少年は、審判官と一対一で向き合っていくうちに信頼関係を築き、初めて真実を語るとの考えから、これに対する批判は根強い[30]。ところで、少年法の保護主義の理念は、処罰ではなくいかに少年を非行から立ち直らせるかがその核心であり、それには調査・審判段階から処遇過程、さらには少年が社会生活に戻った後までの、地域社会ぐるみの取組みが要請される[31]。したがって、非行事実の認定から処遇を決定する審判過程を通して、市民が関与することが要請される。ここでは、陪審のような大がかりな市民参加ではなく、参審のような少人数による、しかも少年問題に関心と能力のある専門性をもった市民の参加が必要である。事実認定のみを裁判官以外の者に求めるならば、一般市民でもよい。しかし、処遇は事実認定と切り離すことはできない。少年事件では、少年の処遇が重要な役割を果たすのであり、少年問題に少なからず携わったことのある者の関与が適当であると考える[32]。

(8) 行政訴訟について

司法の民主化の視点から、最も市民参加の望まれる領域は行政訴訟といえよう。市民が国家もしくは地方自治体と拮抗する場面であり、この種の紛争に、市民が関与できないのはおかしい。しかし、市民裁判官制度の構築において、最も苦心するのがこの分野であるといってもよい。訴訟の上では、一市民が、行政と争っていても、これが市民生活に及ぼす影響が少なからずあるからである。したがって、市民裁判官の選出方法については、市民の意見を十分配慮できるような方策が望まれる。また、一口に行政訴訟といっても、その範囲は広く、また多様である。まず、これを整理・検討した上で、市民裁判官制度の設計をすべきであろう[33]。

(9) 市民裁判官の選出

特別な資格要件を伴わない市民裁判官の選任は、公職選挙人名簿にもとづき、くじ引きを基本に行うべきである。我々は、既に、五〇余年間にわたる検察審査会制度の経験を持つ。また、市民裁判官を公募することも考慮に値しよう[34]。さらに、無作為抽出方式と公募方式を併用することも考えられよう。

特定領域から選出される市民裁判官や専門知識の求められる市民裁判官については、その選出方法を特に明確にすべきであり、また、その選出過程において、裁判所の利用者である市民に異議権を認めるなど、市民の意見が反映できる手続を設けるべきである。

いずれにせよ、市民裁判官の選出には、広く透明な方式が模索されるべきである。

（1）小林昭三＝土居靖美編著『日本国憲法論』（嵯峨野書院、二〇〇〇年）八四頁。

（2）木川統一郎「民事裁判と市民感覚」ジュリ九七九号（一九九一年）五七頁に、次のような挿話がある。「昨年まである大裁判所で、合議事件を代理人として担当した。」「証拠調中に裁判長が四回更迭した」。「三回目に裁判長が更迭したときのことである。新しい裁判官が陪席を従えて入廷し、裁判所の構成が代わったことを告げ、証人調が続行された。そして当日の証人調べが終わり、ぞろぞろと訴訟関係者が廊下に出たときのことである。その中の一人が、ひょいと隣りの法廷を覗いたところ、われわれの事件の従前の裁判長がそこで期日を主宰していることを発見したのである」。

（3）大塚仁『刑法概説（総論）』（有斐閣、昭和五四年）四頁。

（4）刑事訴訟の目的については、田口守一「刑事訴訟目的論序説」西原春夫先生古稀祝賀論文編集委員会『西原春夫先生古稀祝賀論文集』第四巻（成文堂、一九九八年）五一頁、椎橋隆幸「被害者保護、手続参加、損害の回復」ジュリ一一四八号（一九九九年）二五五頁参照。平良木登規男「国民の司法参加」ジュリ一一七〇号（二〇〇〇年）七八頁は、刑事裁判の本質を事実認定ととらえ、職業裁判官と素人による参審制がもっとも真実発見に近づきやすいとする。

（5）田口・前掲『西原古稀祝賀』四巻六八頁は、刑事訴訟の究極的な目的は刑事事件の解決であり、手続の終了形態において実現される実体的正義、手続的正義あるいは社会的平和といった刑事訴訟の中間的目的の達成により高次の法的社会秩序が達成されるが、これは社会構成員によって維持・形成される秩序であるから、刑事事件の解決手続には一般国民も積極的に関与すべきことになる、とされる。

（6）刑事事件と民事事件の場合の扱いの相違について、同様のことは既に、原嘉道「裁判の本質」黒住成章・友次壽太郎編『陪審法の実際知識』（甲子社書房、昭和二年）一一～二頁で述べられている。

（7）高橋宏志『重点講義民事訴訟法〔新版〕』（有斐閣、二〇〇〇年）一頁以下、和田吉弘「民事訴訟目的論無用論の試み」明治学院法学研究六九号（二〇〇〇年）六五頁参照。

（8）アメリカのサーマン教授とレンパート教授、ドイツのエイザー教授の発言。

（9）参審制と陪審制の併用制を採用する国は、参審制または陪審制のみを採用する単用国と比べても、その数は少ない。併用国としてオーストリア、デンマーク、およびノルウェーなどが知られるが、［表17－1］は三国の制度の概要をまとめたものである。三国の間には、併用形態の相違のみならず、陪審制および参審制の内容にも大きな相違があることが理解できよう。

そのほか、刑事事件について、参審制と陪審制を併用する国としては、スウェーデン、ロシア、ベネズエラがある。参審制採用国として、ドイツのほか、ギリシャ、フィンランド、フランス、ポルトガル（以上、欧州）、アルゼンチン（中南米）、アルジェリア、ウガンダ、コンゴ、ジンバブエ、タンザニア、ナミビア、南アフリカ（以上、アフリカ）、サモア、トゥヴァル、バヌアツ、ピトケルン島、フィジー（以上、南太平洋）がある。陪審採用国として、アイルランド、イングランド・ウェールズ、スコットランド、スペイン、ベルギー（以上、欧州）、アメリカ、カナダ、エルサルバドル、ギアナ、ニカラグア、パナマ、ブラジル、ベリーズ、メキシコ（以上、北米および中南米）、ガーンジー島、ジャージー島、セントヘレナ島、マン島（以上、大西洋諸島）、ジブラルタル島、マルタ島（以上、地中海）、ガーナ共和国、マラウィ（以上、アフリカ）、スリランカ、香港（以上、アジア）、オーストラリア、クック諸島、トンガ、ニュージーランド（以上、南太平洋）、アングイラ、ケイマン諸島、ジャマイカ、セント・ヴィンセント・グレナディン、セント・クリストファー・ネヴィス、タークス・アンド・ケーコス諸島、トリニダード、バハマ、バーミューダー島、バルバドス、モントセラト（以上、カリブ海）がある。資料提供、日弁連司法改革実現本部（出典は、最高裁判所判例調査会『世界の裁判所』（一九九五年）、Neil Vidmar 'Juries and Lay Assessors in the Commonwealth on Nations : A 1999 Survey' in Neil Vidmar ed. "World Jury System" (2000) および Stephen Thaman（セントルイス大学教授）による調査）。

（10）例えば、日弁連の「刑事陪審法改正討議要綱〔改定版〕」（一九九六年）について、四宮啓「選択的刑事陪審制度とその実現のための前提条件」月刊司法改革五号（二〇〇〇年）三五頁を参照のこと。

（11）参審制の導入を唱えるものとして、平野龍一「参審制度採用の提唱」ジュリ一一八九号（二〇〇〇年）五〇頁、同「参審制の採用による『核心司法』を」ジュリ一一四八号（一九九九年）二頁、佐藤博史「なぜ『日本に参審制を』か」自由と正義四八巻四号（一九九八年）一〇八頁、同「陪審・参審・職業裁判官(2)——参審制の立場から——」刑法雑誌三九巻一号（一九九九年）三〇頁、同「陪審制の幻想を捨て、市民主体の参審制で『法曹一元』の実現を」全友ニュース六三号（二〇〇〇年）一頁。

（12）平良木・前掲ジュリ一一七〇号八〇頁は、地裁単独事件に二人の参審員を加え、死刑事件および出版・表現の自由が問題にな

［表17－１］ 刑事事件における参審制と陪審制の交錯

	オーストリア	デンマーク	ノルウェー
訴訟構造	職権主義	当事者主義	当事者主義
参審事件	法定事件（長期５年以上の事件）	陪審事件以外の第１審否認事件と控訴事件	第１審否認事件、控訴事件（量刑不当のみ又は長期６年以下の事件の事実認定）
参審裁判所の設置	地方裁判所	地方裁判所、高等裁判所	地方裁判所、高等裁判所
参審裁判所の構成	裁判官２人と参審員２人	地方裁判所：裁判官１人と参審員２人 高等裁判所（控訴事件）：裁判官人３と参審員３人	地方裁判所：裁判官１人と参審員男女各１人＊法定刑長期６年以上の事件の場合、裁判官２人と参審員３人とすることができる。 高等裁判所：裁判官２人と参審員男女各２人（控訴事件）
参審員候補者名簿の実質的作成方法	公職選挙人名簿から無作為抽出	政党による推薦＊名簿は参審員と陪審員は共通	政党による推薦＊名簿は参審員と陪審員は共通
評決（有罪に必要な票数）	絶対多数決	絶対多数決	地方裁判所：絶対多数決 高等裁判所：特別多数決（５票以上）
少数意見制	不採用	採用	採用
量刑の判断	裁判官と参審員の共同	裁判官と参審員の共同	裁判官と参審員の共同
参審員名の記載と署名	記載＊署名は裁判長と書記官のみ	記載と署名なし（匿名制）	記載と署名
上訴	高等裁判所への控訴、最高裁への無効抗告	控訴、上告	控訴、上告
陪審事件	法定重罪事件（短期５年以上で長期10年以上）とすべての政治犯罪事件	４年以上の自由刑が求刑された第１審否認事件	長期６年以上の事件の有罪・無罪に対する控訴事件
陪審裁判所の設置	地方裁判所	高等裁判所	高等裁判所
陪審裁判所の構成	裁判官３人と陪審員８人	裁判官３人と陪審員12人	裁判官３人と陪審員10人（男女５人）
陪審員候補者名簿の実質的作成方法	公職選挙人名簿から無作為抽出	政党による推薦＊名簿は参審員と陪審員は共通	政党による推薦＊名簿は参審員と陪審員は共通
法の説示	評議室＊陪審員と協議	公開法廷	公開法廷
陪審の評決（有罪に必要な票数）	絶対多数決＊裁判官は、陪審員の過半数の同意を得て、事実問題、法律問題の解明のため、陪審の評議に参加することができる。	特別多数決（８票以上）	特別多数決（７票以上）
陪審答申の更新	全員一致	全員一致＊但し、有罪の場合に限る	有罪の場合：過半数 無罪の場合：全員一致
陪審制における量刑の判断者	裁判官３人と陪審員８人	裁判官３人と陪審員12人＊但し、各裁判官は４票、各陪審員は１票。	裁判官３人と陪審員４人（互選された陪審長と抽選された３人）
理由	あり	なし	なし
陪審員名の記載と署名	全員の記載＊署名は裁判長と書記官のみ	記載と署名なし（匿名制）	量刑判断に加わった陪審員４人の記載と署名
上訴	高等裁判所への控訴、最高裁への無効抗告	量刑に対する最高裁への上告（２審制）	上告

る事件に職業裁判官三人と四人ないし六人の参審員とするのと、地裁事件すべてに参審制を導入し、単独事件について参審員二人、合議事件に参審員四人を加える、ふたつの方策を提唱する。

(13) 日独裁判官の俸給の比較について、木佐茂男監修・高見澤昭治著『市民としての裁判官』(日本評論社、一九九九年)五五・五六頁。

(14) 兼子一＝竹下守夫『裁判法〔第四版〕』(有斐閣、二〇〇〇年)三一頁、安村勉「国民の司法参加」ジュリ一一四八号(一九九九年)二六〇・二六三頁参照。

(15) 浅香吉幹「損害賠償請求訴訟における民事陪審制度の前提条件」月刊司法改革五号(二〇〇〇年)二四頁は、キャリア裁判官に代わるものとしての陪審の可能性を、社会規範からかけ離れることのない実定法規範のために、一定のフィードバックの契機を持たせ、「認定される事実も社会における人間行動ゆえに多義性をはらむ事実である、という動態的裁判観に立脚する」ことを指摘する。

(16) 民事陪審制度の導入および証拠優越準則の採用を視野に入れた法科大学院における新しい民事実務教育の指針を示すものとして、遠藤直哉『ロースクール教育論』(信山社、二〇〇〇年)三一頁以下がある。

(17) 新堂幸司「司法改革論議における制度改善論と制度選択論—陪審制導入と法曹一元論をめぐって」NBL六九〇号(二〇〇〇年)二四頁参照。

(18) エヴァ・スミス教授は、アメリカおよびイギリスの民事陪審を疑問視し、「手に怪我をしたというような損害賠償請求事件に陪審制を使うことは不要」と指摘する。日本弁護士連合会司法改革推進センター・東京三弁護士会陪審制度委員会編『デンマークの陪審制・参審制』(現代人文社、一九九八年)三四頁。

(19) 医療過誤事件や建築紛争事件の領域において、専門家の活用が論じられるが、その導入については消極論が多い。これは、いうまでもなく、専門家に対する不信感の現れである。例えば、医療過誤について、「〈特集〉医療過誤訴訟にみる司法改革の方策」月刊司法改革八号(二〇〇〇年)、川端和治「市民の司法の実現のために」学術の動向二〇〇〇年五月号二七頁等。また、司法制度改革審議会の公聴会における市民の意見も貴重である。月刊司法改革一三号(二〇〇〇年)一八五頁。

(20) ロウラ・ホヤノ「近代における陪審制度の正当化」鯰越溢弘編『陪審制度をめぐる諸問題』(現代人文社、一九九七年)五〇頁以下は、Devlin, 1959 : chapter 6, Griffiths, 1987 : 10-11 を引用する。

(21) 医療関係訴訟および建築関係訴訟に焦点をあてた裁判所側の研究として、司法研修所編『専門的な知見を必要とする民事訴訟の運営』(法曹会、平成一二年)がある。これによれば、将来的な専門家の関与を参審員としてではなく「裁判所の要請に基づき専門的事項に関して意見を述べることができる専門委員」として導入する方向を示唆する(同書一三四頁)。そのほか、「民事訴訟における専門家の関わり」を論じるものとして、西口元・早法七二巻四号(一九九七年)四〇七頁などがある。

(22) 佐藤博史「司法改革と医療過誤訴訟―専門家参審制の可否―」あさひ view 第八巻六号(平成一二年)一〇頁、齋藤哲「専門的事件における専門家と参審―ドイツからの示唆」月刊司法改革一一号(二〇〇〇年)五七頁。

(23) 組合の推定組織率は、一九四九(昭和二四)年の約六〇パーセントをピークに、一九九九(平成一一)年、二二・二パーセントにまで落ち込んでいる。「平成十一年労働組合基礎調査結果速報」中央労働時報九六七号(二〇〇〇年)一三頁参照。

(24) 労働委員会に持ち込まれる労働争議も減少の一途にあり、新規申立総件数は、一九七四(昭和四九)年一万四六二件をピークに、一九九八(平成一〇)年には一一六四件にまで落ち込んでいる。山口浩一郎「わが国の労使関係における労働委員会の役割」日本労働研究雑誌四七三号(一九九九年)六七頁。

(25) 不当労働行為事件の処理日数は、初審、再審にかかわらず昭和二〇年代の一〇〇日台から三〇年代には三〇〇日前後に増加し、平成に入ってからは一〇〇〇日台がほぼ定着し、さらにこれが増える傾向にある。日本労働組合総連合会「新しい労使紛争解決システムの研究」(一九九八年)三三頁。

(26) 当時の立法趣旨によれば、参与委員に評決権を与えると、利害が対立し、収拾がつかなくなるというのがその理由として挙げられるが、これでは労使が主体となる労働界の自治が本来の意味で育たない。

(27) 江森民夫「労働事件と裁判制度の課題」大出良知他編『裁判を変えよう――市民がつくる司法改革』(日本評論社、一九九九年)四一頁および特別インタビュー「高木剛司法制度改革審議会委員に聞く――労働者が泣き寝入りしないで済む司法に」月刊司法改革四号(二〇〇〇年)二一頁参照。

(28) 「平成一〇年度労働関係民事・行政事件の概況」法曹時報五一巻八号(平成一一年)四一頁。

(29) このような見地から、裁定合議制の導入に積極的なものとして、廣瀬健二「少年審判への裁定合議制の導入」現代刑事法五号(一九九九年)三七頁。

(30) 団藤重光「少年法改正批判――強行すれば世紀の恥辱」団藤重光他編『ちょっとまて少年法『改正』』(日本評論社、一九九九年）二九頁。

(31) 桐山剛「民事行政裁判における参審制」自由と正義二〇〇〇年五号五五頁。

(32) 少年審判に参審制導入が唱えられるようになったのは、比較的最近のことである。参審制導入論として、佐藤博史「わが国の少年審判に裁定合議制を」自由と正義一九九八年一二号一四頁、同「わが国の少年審判と裁定合議制」ジュリスト一一五二号（一九九九年）四七頁、中山博之「少年審判・『裁定合議制』より『参審制』を」自由と正義五〇巻五号八六頁、日本弁護士連合会司法改革推進センター・東京三弁護士会陪審制度委員会編『フランス・オーストリアの少年司法――少年審判に参審制を』（現代人文社、二〇〇〇年）。

(33) 西村健「国や自治体を当事者とする民事陪審制度の前提条件と可能性」月刊司法改革五号（二〇〇〇年）二九頁は、広義の民事事件を種別化し、陪審制導入の可能性を検討する。なお、桐山・前掲自由と正義五一号五五頁は、行政訴訟における参審構想を提唱する。

(34) 一九九九（平成一一）年、地域福祉権利擁護制度が発足し、各地において独自に支援員の選出・養成が行われている。多くの地域では、推薦にもとづく選出が行われたが、公募による地域もあった。推薦にもとづいた理由は主に、現実になり手が少ないであろう、との推測からであったが、公募の実施に踏み切った地域では、定員の数倍を超える志願者があったという。

3 結びに代えて

一九九〇年七月発足した司法制度改革審議会の議論は、大きなうねりとなって司法界のみならず、わが国社会全体を席巻している。もとより市民の司法参加の問題は、いわゆる陪審とか参審とかの問題に限られるものではなく、裁判官の給源、任用方法、人事制度の在り方、法曹養成、法曹人口との関係をはじめ、さまざまな問題に関わる。このような観点からすれば、ひとつの制度のみの改革および議論に終始すれば、それは自ずから限定的な、片手間な改革に終わってしまうであろうし、また後に、諸制度との歪みを生じる結果となろう。このような観点から、審議会が「二十一世紀の我が国社会において司法が果たすべき役割を明らかにし、国民が利用しやすい司法制度の実現、国民の司法制度の関与、法曹の在り方とその機能の充実強化その他の司法制度の改革と基盤の整備に関し必要な基本的施策について調査審議する」（司法制度改革審議会設置法二条）ために設置され、自由闊達な議論がなされているのだと評価したい。

市民裁判官制度の研究は、本来、職業裁判官制度と密接に関わるものであると考えている。元来、司法における市民参加の議論は、職業裁判官の下す判決と市民の感覚との乖離から始まったものと理解するが、これがいつのまにか、裁判官の給源、任用方法、および人事制度の在り方の問題を抜きにした陪審制度や参審制度の導入論にすり替わってしまっている。確かに、司法への市民参加が実現されることにより、キャリア裁判官制度の持つ弊害はある程度是正されるであろう。しかし、市民参加制度を導入しても、職業裁判官はなくならない。単独裁判官に委ねる領域は少なからず残る。市民が司法に関与するにしても、職業裁判官と市民裁判官の協力は必要である。この司法を、キャリア裁判官という閉ざされた社会の一群に、すべてを委ねることは誤りである。裁判所という社会に常に異質の社会から人材を招き入れ、司法に携わらせることが肝要であり、また市民裁判官制度を通して裁判所外の常識を反映できる裁判制度を構築することが必要である。このような趣旨から、市民裁判官制度の議論は、裁判官の給源などや法曹養成の問題を抜きにして考えることはできない。「開かれた司法」は「開かれた組織」なくしてはありえない。いかなる組織も、透明な人事機構を持たない限り、組織や制度の壊滅に繋がるであろう。にもかかわらず、ここでは、時間がなく、裁判官の給源などや法曹養成の問題についてほとんど言及することのないまま幕を閉じなければならない。

法的紛争を抱える市民には、裁判所以外に究極的な紛争解決機関として救済を求める道はない。さまざまな裁判所外の紛争解決制度が容認されているように、裁判所において多様な事件の解決に対するニーズ、当事者の要請、そして国民の納得が得られるような制度を競合させることもありえるはずである。

著者紹介

齋藤　哲（さいとう・てつ）

1959年　埼玉県所沢市に生まれる

現　在　島根大学法文学部教授

論文「民事執行手続における不動産の評価―評価人の役割を中心にして」白川和雄先生古稀記念『民事紛争をめぐる法的諸問題』（信山社、1999年）、「訴訟参加と訴訟引受け」『現代裁判法大系・13巻』（新日本法規、1998年）、「EC裁判所における法形成の構造―アヴォカジェネラル（法務官）の役割を中心にして」判例タイムズ732号（1990年）、「弁論併合における当事者の手続権保障と裁判所の裁量⑴・⑵」民商法雑誌99巻4、5号（1989年）他

市民裁判官の研究

2001年2月28日　第1版第1刷発行

著　者　齋《さい》　藤《とう》　　哲《てつ》

発行者　今井　貴・稲葉文子

発行所　信山社出版株式会社

〒113-0033　東京都文京区本郷6-2-9-102

TEL 03-3818-1019

FAX 03-3818-0344

制作：編集工房INABA

印刷・製本／松澤印刷・大三製本

ISBN4-7972-9027-7　C3332

9027-01-01

索　引

あ

い

う

え

お

か

き

く

け

こ

さ

し

な

に

ね

の

は

ひ

ふ

へ

ほ